DIE SEHENSWERTESTEN ORTE

Ribe

Das kleine Städtchen im Südwesten Dänemarks gilt als älteste Stadt des Landes. Kein Wunder, dass es mit einer charmanten Altstadt glänzt, durch die man gemütlich schlendern kann, um dann in einem der vielen Restaurants einzukehren (s. S. 61).

240wd-mm

Aarhus

Nicht ohne Grund war Aarhus im Jahr 2017 Europäische Kulturhauptstadt. So viel interessante Kunst, Kultur und auch sehenswerte Architektur, gebündelt an einem Ort, sorgen dafür, dass man gern mehr als einen Tag für den Besuch der Stadt einplant (s. S. 141).

241wd-mm

Odense

Märchenhaft ist die Stadt im Zentrum der Insel Fyn vielleicht nicht. Aber um Märchen dreht sich hier alles. In Hans Christian Andersens Geburtsort kann man aber nicht nur das Museum des Dichters besuchen, sondern auch viele andere Ausstellungen und Museen (s. S. 171).

089wd-mm

Helsingør

Einen gelungenen Strukturwandel erlebt man in den ehemaligen Werftanlagen von Helsingør: gestern noch Schiffsdock, heute Kulturzentrum und ein sehenswertes Seefahrtsmuseum, dazu flankiert von einer schönen Altstadt und dem aus „Hamlet" bekannten Schloss Kronborg (s. S. 196).

242wd-mm

Kopenhagen

Die Hauptstadt Dänemarks ist natürlich ein Hauptanziehungspunkt. Royale Atmosphäre, gepaart mit berühmten Sehenswürdigkeiten wie der Kleinen Meerjungfrau oder dem Freizeitpark Tivoli sowie einer Vielzahl an Einkehrmöglichkeiten in Nyhavn machen Kopenhagen zu einem „Must see" (s. S. 200).

129wd-mm

DIE BESTEN STELLPLÄTZE IN DÄNEMARK

Stellplatz Marsk Tower, Rømø 54

Der moderne Stellplatz bietet auf einem riesigen Areal jede Menge Stellflächen, die sich zwischen Bäumen rund um einen See erstrecken. Ein Aussichtsturm, der auch von Weitem nicht zu übersehen ist, und ein stilvolles Restaurant komplettieren das Angebot (s. S. 66).

231wd-mm

230wd-mm

Stellplatz Oasen, Rømø 55

Es gibt wohl kaum zwei Meinungen über den Stellplatz im Süden der Insel. Sehr große Parzellen, moderne Einrichtungen, schnell ab Deutschland erreichbar und mit einem Reservierungssystem versehen, damit man tagsüber mit dem Womo zum Strand fahren kann (s. S. 68).

Stellplatz Haverslev Havn 127

Schon die Anfahrt verspricht Ruhe und Gemütlichkeit. Hat man die kleine Marina dann erreicht, weiß man noch vor dem Einparken, dass das eine ruhige und erholsame Nacht werden wird. Bis auf die gepflegte Marina findet sich weit und breit nichts (s. S. 107).

233wd-mm

232wd-mm

Stellplatz Frederiksværk Havn 260

Am Roskilde-Fjord übernachtet man in ruhiger Lage direkt am Wasser, während man tagsüber Ausflüge zum Dom nach Roskilde, zum Hamlet-Schloss in Helsingør oder zum Schloss Frederiksborg in Hillerød machen kann. Selbst Kopenhagen ist nur einen Katzensprung entfernt (s. S. 193).

Stellplatz Kalvehave Lystbådehavn 286

In Kalvehave, am südöstlichen Zipfel der Insel Sjælland, nächtigt man mit Blick auf die Brücke zur Insel Møn. Am nächsten Morgen ist es nur noch eine kurze Fahrt zur wunderschönen Felslandschaft Møns Klint (s. S. 227).

234wd-mm

DIE SCHÖNSTEN LANDSCHAFTEN

235wd-mm

Møns Klint

Die steilen Kreidefelsen am östlichen Ufer der Insel Møn muss man einfach erlebt haben. Von oben blickt man auf das türkis schimmernde Wasser der Ostsee und unten, am Fuß der steilen Felswand, fühlt man sich ganz klein. Dazwischen liegen Hunderte Treppenstufen (s. S. 226).

236wd-mm

Nationalpark Thy

Eine Dünenlandschaft, die ihresgleichen sucht und die weit in das Landesinnere hineinragt. Mehrere Wandermöglichkeiten und Aussichtspunkte machen den Nationalpark an der Nordseeküste zu einem beliebten Reiseziel und dennoch ist es hier nicht überlaufen (s. S. 105).

237wd-mm

Ringkøbing Fjord

Die schmale Landzunge bei Hvide Sande verläuft viele Kilometer zwischen dem Wasser vom Ringkøbing Fjord und der Nordsee. Dazwischen gibt es nichts außer meterhohen Dünen, einer Straße und langen Sandstränden, die zum stundenlangen Spazieren am Brandungsstrand einladen (s. S. 73).

238wd-mm

Helnæs

Die ruhige und abgeschiedene Halbinsel Helnæs bietet mit ihren gemütlichen Küstenabschnitten Ruhe und Erholung. Sehenswert ist auf jeden Fall der schmale Damm, der das Eiland mit der Insel Fyn verbindet und aus gutem Grund gerne als Fotomotiv verwendet wird (s. S. 162).

239wd-mm

Rubjerg Knude Fyr

Eine Wanderdüne, die man einfach erlebt haben muss. Sie ist im letzten Jahrhundert so weit gewandert, dass man vor wenigen Jahren sogar einen ausgedienten Leuchtturm kurzerhand verschoben hat. Absolut sehenswert, aber Achtung: Winddicht anziehen! (s. S. 112)

DIE SCHÖNSTEN ROUTEN DURCH DÄNEMARK

INHALT

Von einem kleinen Parkplatz aus hat man beste Sicht auf den Damm zur Halbinsel Helnæs (s. S. 160, Foto: 287wd-mm)

4

Bornholm
Aalborg
Århus
Kopen-
hagen

5

Bornholm
Aalborg
Århus
Kopen-
hagen

6

Bornholm
Aalborg
Århus
Kopen-
hagen

7

Bornholm
Aalborg
Århus
Kopen-
hagen

VORWORT

Ganz schwach kann ich mich noch daran erinnern, wie ich als kleines Kind mit meinen Großeltern an der deutschen Ostseeküste Urlaub machte. Dabei fuhren wir zum zollfreien Einkauf mit einem Schiff über die Kieler Bucht und kamen mit leckeren Bonbons und Lakritzen aus Dänemark zurück. Ob mich diese Erfahrung geprägt hat und ich mich deswegen gerne in Dänemark aufhalte, ist fraglich. Fest steht, an den Geschmack kann ich mich noch bis heute erinnern, ohne die Süßigkeiten jemals wieder gegessen zu haben.

Weitere Besuche in Dänemark führten mich erst in den 1990er-Jahren nach Legoland und später mit dem Fahrrad auf die Insel Bornholm. Bei späteren Skandinavienreisen mit einem VW-Bus hielt ich mich auch oftmals und gerne im nördlichen Nachbarland auf. Seitdem weiß ich z. B., dass Dänemark nicht nur aus Flachland besteht, dass es in der Hauptstadt recht hektisch zugehen kann und dass Verkehrspolizisten auf der Insel Rømø außerordentlich freundlich sind. Letztere Erfahrung hat mich allerdings umgerechnet 75 € gekostet – und das war bereits vor Ewigkeiten im Jahr 2002 – man sollte eben die zahlreichen Verkehrsschilder beachten und nicht versuchen, auf der Insel frei zu übernachten. Dies soll jedoch nicht vor einer Reise nach Dänemark abschrecken. Auf Rømø ist man einfach nur besonders streng und dies auch zu Recht.

Wie bei jedem Land gibt es natürlich auch über Dänemark zahlreiche Vorurteile. So sei Dänemark z. B. langweilig, teuer, nur etwas für Familien und eigentlich nur eine Durchgangsstation auf dem Weg in das „wahre" Skandinavien. Dass diese Vorurteile widerlegt werden können, zeigt sich in diesem Wohnmobil-Reiseführer. Interessante Städte wie Odense, Aalborg und natürlich Kopenhagen lassen keine Langeweile aufkommen, zahlreiche Schlösser präsentieren sich dem kulturbegeisterten Reisenden und spektakuläre Steilklippen wie auf der Insel Møn laden zu stundenlangen Spaziergängen ein.

Mit diesem Tourguide möchte ich meine Dänemark-Erfahrungen, die weit über den Geschmack von Lakritz und Bonbons hinausgehen, weitergeben. In den sieben Routen, die über zahlreiche Inseln durch das Königreich führen, sind alle individuellen Bedürfnisse berücksichtigt. So sind zahlreiche Campingplätze, alle mir bekannten Wohnmobilstellplätze, Ver- und Entsorgungsstationen sowie Trinkwasserstellen aufgeführt. Dies alles wird mit der Angabe von GPS-Daten abgerundet, sodass jeder Reisende, ob mit Karte oder Unterstützung von Navis, jeden erwähnten Ort genau und problemlos findet.

Ich wünsche Ihnen eine gute Reise und einen schönen Aufenthalt. Und übrigens: Lakritz schreibt sich in Dänemark *lakrids.*

Michael Moll

288wd-mm

HINWEISE ZUR BENUTZUNG

GPS-KOORDINATEN

Alle GPS-Daten in diesem Buch sind als **geografische Koordinaten** (Breite/Länge; Lat./Lon.) in Dezimalgrad (hddd.dddd) angegeben, also z.B. 54.85361, 9.40222. Die erste Angabe zeigt den Wert für die nördliche Breite (°N), die zweite den für die östliche Länge (°O) an. Alle modernen GPS-Geräte akzeptieren die Schreibung als Dezimalgrad, gegebenenfalls muss das Eingabeformat in den Einstellungen des Gerätes aber erst ausgewählt werden. Einige Geräte verlangen möglicherweise statt des Punktes ein Komma als Trennzeichen.

Das **Kartendatum** ist WGS84.

Umrechnung der Koordinaten

Wenn Sie die GPS-Angaben **von Dezimalgrad in Dezimalminuten** (dd°mm,mmm') umrechnen müssen, so beachten Sie bitte, dass ein Grad 60 (nicht 100!) Minuten hat. Die Angaben in Dezimalgrad können daher nicht einfach durch Kommaverschiebung in Dezimalminuten umgewandelt werden! 54.85361°N sind nicht 54° 85,361'N, sondern 54° 51.217'N. Wer dies nicht beachtet, erhält beträchtliche Fehler. Ein Datenkonverter wie z.B. www.geoplaner.de erleichtert die Umrechnung beträchtlich.

Nutzung der GPS-Koordinaten

Wer ein GPS-Gerät oder Navigationssystem benutzt, das Koordinaten-Eingaben akzeptiert, der kann sich direkt zu den jeweiligen Punkten führen lassen. Praktisch alle GPS-Handgeräte bieten diese Möglichkeit, während manche Navigationssysteme nur Eingaben von Adressen akzeptieren – und Park- oder Stellplätze haben nicht immer eine Adresse.

Einige **Internet-Kartendienste oder Routenplaner** wie GoogleMaps™ (http://google.de/maps) zeigen nach Eingabe der geografischen Daten den gesuchten Punkt an, auf Wunsch mit Satellitenansicht und an vielen Stellen mit StreetView-Funktion.

Koordinaten zum Download

Die **GPS-Koordinaten der Stell- und Campingplätze im Buch** können auf der Verlags-Website www.reise-know-how.de von der Artikelseite dieses Buches als Waypoint-Liste heruntergeladen werden.

Benötigt Ihr Gerät ein **anderes Datenformat als kml oder gpx,** kann die Umrechnung beispielsweise unter www.routeconverter.de oder www.gpsvisualizer.com erfolgen.

SERVICE FÜR MOBILGERÄTE

Durch Einscannen des QR-Codes auf dem Umschlag bzw. die Eingabe der Internet-Adresse **www.reise-know-how.de/womo/daenemark24** wird ein für den mobilen Einsatz optimierter Internet-Dienst aufgerufen. Damit kann die Lage der Stell- und Campingplätze auf einer Karte und die Route dorthin angezeigt werden. Außerdem können darüber Updates nach Redaktionsschluss aufgerufen werden.

Voraussetzung ist eine Datenverbindung über das Mobilfunknetz oder WLAN.

STELL- UND CAMPINGPLÄTZE

In diesem Wohnmobil-Tourguide wird eine breite Auswahl der in der Region verfügbaren Stell- und Campingplätze mit allen wichtigen Angaben beschrieben. Darüber hinaus listen einschlägige Apps und Stellplatzführer weitere Übernachtungsmöglichkeiten auf. Die Nichterwähnung in unserem Buch bedeutet nicht, dass ein Platz nicht mehr existiert oder eine geringe Qualität aufweist.

⊡ Die Windmühle auf Mandø ist nicht nur wunderschön anzuschauen, sondern auch das höchste Bauwerk der Insel (303wd-mm)

162wd-mm

163wd-mm

164wd-mm

161wd-mm

PRAKTISCHE REISETIPPS VON A BIS Z

ANREISE

Bei der Planung der Anreise muss man sich zwischen zwei Möglichkeiten entscheiden. Diese wären entweder die Anfahrt über das Festland bei **Flensburg,** so wie es hier im Buch empfohlen ist, oder von der deutschen Ostseeküste aus auf das dänische Eiland Lolland. Letzteres wird auch gerne von Schwedenreisenden genutzt und dient in diesem Reiseführer als Route für die Rückfahrt nach Deutschland. Aktuell pendelt man hier noch mit der Fähre. Doch im Jahr 2021 haben die Arbeiten am **Fehmarnbelt-Tunnel** begonnen. Dieser soll im Jahr 2029 fertiggestellt sein und damit unter der Ostsee eine feste Verbindung zwischen Deutschland und Dänemark werden. Die Fährverbindung wird dann eingestellt.

Eine Ausnahme bei der Anreise bildet Bornholm. Da Bornholm als Teil der Routen mit in diesem Buch aufgeführt ist, empfiehlt sich die Anreise dorthin vom dänischen Køge aus.

Des Weiteren bleibt noch zu klären, ob die Reise durch das Königreich Dänemark mit dem eigenen oder mit einem Mietwagen stattfinden soll. Wer lieber sein eigenes Dach über dem Kopf haben möchte, der kann das folgende Kapitel überschlagen.

MIETWAGEN

Auch unter Wohnmobilreisenden soll es solche geben, die die Anreise mit dem Fahrzeug vermeiden und lieber mit der Bahn anreisen und sich in Dänemark mit einem geliehenen Wohnmobil das Land anschauen möchten. Dieses Unterfangen hat natürlich seine Vor- und Nachteile. Der größte Nachteil ist wohl der Preis, denn das Leihen eines Mobils und die eigene Anreise dürften zu einem kostspieligen Abenteuer werden, besonders in der Hauptsaison. Außerdem besteht noch das Problem, dass man nicht nur sich, sondern auch sein Gepäck zum Startpunkt der Reise befördern muss. Und welcher Wohnmobilist reist schon gerne mehrere Wochen nur mit ein oder zwei Koffern voll Gepäck durch die Gegend, wenn es doch so viele Staumöglichkeiten gibt?

In den meisten Fällen steht das Mieten eines Wohnmobils in Dänemark in keinem Verhältnis zum Aufwand, wenn man auch noch die zusätzlichen Kosten für An- und Abreise und die meist vorhandene Sprachbarriere berücksichtigt.

Anders sieht es aus, wenn man das Wohnmobil bereits in Deutschland ausleiht oder zumindest reserviert. Denn in den letzten Jahren hat sich in Sachen Womo-Vermietung einiges getan und es gibt mittlerweile zahlreiche Online-Anbieter, die entweder selber vermieten oder zumindest vermitteln. Zu den bekanntesten gehören zum Beispiel www.paulcamper.de, www.indiecampers.de und auch www.tuicamper.de. Natürlich ist darauf zu achten, dass der Mietpreis eine **Vollkaskoversicherung** enthält und wie viele Kilometer man mit dem Wagen ohne Aufpreis fahren darf. Der **Mietpreis** ist abhängig von der Fahrzeugart und der Mietdauer. In der Regel werden die Fahrzeuge wochenweise vermietet. Bei den dänischen Wohnmobilvermietern liegen die Beträge in der Hauptsaison umgerechnet bei 800–1000 €.

Autovermieter

- **DanCamper,** Vegavej 8, 8700 Horsens, www.dancamper.dk. Beispielhafter dänischer Vermieter von Wohnmobilen unterschiedlicher Größe.
- **ADAC.** Unter www.adac.de/wohnmobile kann man online in mehreren deutschen Städten ein Wohnmobil anmieten. ADAC-Mitglieder erhalten Ermäßigung.

ROUTENPLANUNG

Um die Strecken so zu bereisen, wie in diesem Buch vorgeschlagen, bleibt nur die Möglichkeit, geradewegs nach Norden zu fahren und die längste Autobahn Deutschlands zu benutzen. Sei es nun von Füssen aus oder von Köln oder Leipzig, spätestens ab Ham-

❶ Stellplatz Citti-Park, Flensburg

GPS 54.773718, 9.393964

Der einfache, aber praktische Stellplatz in Flensburg hat sich für Skandinavienreisende etabliert, die zu Beginn oder am Ende ihrer Tour ihre erste bzw. letzte Übernachtung in Deutschland verbringen. Allerdings ist Straßenlärm zu hören und die Parzellen sind eng. **Lage/Anfahrt:** Der Stellplatz befindet sich gleich gegenüber vom gleichnamigen Einkaufszentrum und ist kein Urlaubsort, sondern passt in die Kategorie „Praktischer Übernachtungsplatz". Die Autobahn 7 an der Ausfahrt 2 verlassen und auf der Bundesstraße 199 in Richtung Flensburg fahren. An der großen Ampelkreuzung rechts und sofort wieder rechts auf den parkplatzähnlichen Stellplatz; **Platzanzahl:** 40; **Untergrund:** Asphalt; **Preiskat.:** kostenlos; **Geöffnet:** ganzjährig; **Kontakt:** Lilienthalstraße 6, 24911 Flensburg.

243wd-mm

burg heißt es für jeden Dänemarkreisenden, die letzten 150 km bis zur dänischen Grenze auf der A7 zu verbringen.

Reisende aus dem Westen Deutschlands erreichen in der Regel **Hamburg** über die A1 (Bremen) oder über die A2 (Hannover). Urlauber, die östlich der A7 leben, haben die Wahl, ebenfalls über Hannover nach Hamburg zu gelangen oder die **A24** zwischen Berlin und Hamburg zu nutzen.

Alternativ hierzu könnte man auch die beiden Fährmöglichkeiten auf die Insel Lolland nutzen, doch dann bliebe die Autobahn 7 für den Rückweg übrig, außer man nutzt noch zahlreiche Schiffsverbindungen innerhalb Dänemarks. Die beiden Fähren nach Lolland starten in Puttgarden auf Fehmarn und in Rostock.

Strecke nach Flensburg

Für Reisende aus dem Süden und Westen führt die Anreise in der Regel über Hamburg. Die Hansestadt ist bequem über die Autobahn 1 oder die Autobahn 7 zu erreichen, dann kommt man allerdings an das Nadelöhr **Elbtunnel,** in dem sich besonders bei Feierabend der Verkehr staut. Wer hier hindurch ist, der hat nur noch 150 km vor sich, bis er das Grenzschild nach Dänemark passiert. Je nach Abreiseort innerhalb Deutschlands, Österreichs oder der Schweiz empfiehlt sich noch eine Übernachtung in Höhe von Flensburg. So kann man am nächsten Morgen völlig ausgeruht damit beginnen, Dänemark zu erkunden.

❷ Ostseecamp Glücksburg-Holnis

GPS 54.858680, 9.590294

Ruhiger Platz in unmittelbarer Nähe zur Flensburger Förde. **Lage/Anfahrt:** außerhalb von Glücksburg, umgeben von zahlreichen Feldern; über die Landstraße 199 von Flensburg kommend, liegt der Platz auf der linken Seite; **Platzanzahl:** 200; **Untergrund:** Wiese; **Sicherheit:** umzäunt; **Preiskat.:** €€€; **Geöffnet:** Ende März–Mitte Oktober; **Kontakt:** 24960 Glücksburg, Am Kurstrand 3, Tel. 04631 622071, www.ostseecamp-holnis.de.

Strecke nach Fehmarn

Wer die Routenvorschläge in diesem Buch rückwärts angeht, der muss zuerst nach **Fehmarn.** Aber auch für die Rückfahrt ist es natürlich gut zu wissen, wo es entlanggeht. Der Weg von oder zur Ostseeinsel Fehmarn verläuft auf jeden Fall über Lübeck. Reisende aus West- oder Süddeutschland wechseln spätestens bei Hamburg auf die Autobahn 1, während Urlauber aus dem ostdeutschen Raum in der Regel über die **Autobahn 20,** der sogenannten Ostseeautobahn, bei Lübeck auf die A1 wechseln. Dieser folgt man schließlich bis zu ihrem Ende, wo sie noch vor Heiligenhafen in die Bundesstraße 207 übergeht. Fehmarn ist über die **Fehmarnsundbrücke** mit dem deutschen Festland verbunden. Je nach Wetterlage sollte aber auf Hinweise geachtet werden, ob eine Überfahrt möglich ist. Zwischen 20- und 30-mal pro Jahr muss die Brücke wegen des starken Windes für mehrere Stunden gesperrt werden.

⊡ *Zum Strand für Menschen mit Behinderung*

Schiffsverbindung

› **Scandlines Deutschland GmbH,** 18119 Rostock, Trelleborger Straße 5, Tel. 0381 54350, www.scandlines.de.

Strecke nach Bornholm

Um von Deutschland aus direkt auf die Ostseeinsel Bornholm überzusetzen, gibt es nur eine Möglichkeit. Von **Sassnitz** auf der Insel Rügen startet einmal täglich die Fähre der Gesellschaft Bornholmslinjen**.** Rügen erreicht man in jedem Fall über die Autobahn 20, von der man auf die Bundesstraße 96 in Richtung Stralsund wechselt. Schließlich kann man wählen, ob man südlich von Stralsund die Fähre bei Stahlbrode oder die schnellere Brückenverbindung direkt bei Stralsund benutzt. In beiden Fällen fährt man schließlich auf der Bundesstraße 96 über Bergen auf Rügen zum Sassnitzer Ortsteil Neu Mukran, wo das Schiff ablegt.

Schiffsverbindung

› **Molslinjen,** Hveensgade 4, 8000 Aarhus, Tel. +45 70101418, www.bornholmslinjen.de

BARRIERERFREIES REISEN

Reisende mit Handicap sollen sich in Dänemark in Zukunft noch sicherer fühlen als bisher. Das ist das Ziel des dänischen Vereins Tilgængelighed for alle (Erreichbarkeit für alle). Ein eigens entwickeltes Logo weist auf besonders handicap-geeignete touristische Einrichtungen hin. Seit dem Jahr 2004 werden dänische Tourismusunternehmen mit diesem Gütesiegel ausgezeichnet, dazu zählen beispielsweise der Tivoli in Kopenhagen oder das Legoland in Billund. Auch die meisten öffentlichen Verkehrsmittel sind für Reisende mit Behinderungen ausgerichtet und beispielsweise mit niedrigen Einstiegsmöglichkeiten oder Fahrscheinautomaten, die im Sitzen bedient werden können, versehen. Mit der Ledsagerkort, was in etwa „Begleitkarte" bedeutet, können Begleitpersonen kostenlos mitfahren. Auch die meisten Theater und Museen in Dänemark haben spezielle Tarife für Behinderte und ihre **Begleitpersonen.** Kurz gesagt, das barrierefreie Reisen wird in Dänemark großgeschrieben, zahlreiche Sehenswürdigkeiten und Strände, die auch von Menschen mit einem Handicap besucht werden können, finden sich über das gesamte Land verteilt.

Weitere Informationen zum oben beschriebenen Gütesiegel gibt es auf der Website www.godadgang.dk.

DIPLOMATISCHE VERTRETUNGEN

DÄNISCHE BOTSCHAFTEN

- **Deutschland (auch für die Schweiz zuständig):** Kgl. Dänische Botschaft, 10787 Berlin, Rauchstr. 1, Tel. 030 50502000, http://tyskland.um.dk
- **Österreich:** Dänische Botschaft, 1015 Wien, Führichgasse 6, Tel. +43 (1) 5127904, http://oestrig.um.dk

VERTRETUNGEN IN DÄNEMARK

Deutsche Vertretungen

- **Botschaft der Bundesrepublik Deutschland,** 2150 København Nordhavn, Göteborg Plads 1, Tel. +45 35459900, www.kopenhagen.diplo.de, geöffnet: Mo., Di., Do., Fr. 9–12 Uhr, Mi. 13–16 Uhr

Österreichische Vertretungen

- **Botschaft der Republik Österreich,** 2100 Kopenhagen, Sølundsvej 1, Tel. +45 39294141, www.bmeia.gv.at/oeb-kopenhagen

Schweizer Vertretungen

- **Schweizer Botschaft,** 2900 Hellerup, Richelieus Allé 14, Tel. +45 33141796, www.eda.admin.ch

EINKAUFEN

Dänemarks Anzahl an Lebensmittelketten ist überschaubar. Neben den beiden deutschen Discountern Lidl und Aldi existiert noch die Marke Brugsen, die sich je nach Größe in Dagli Brugsen und Super Brugsen aufteilt. Häufig sieht man auch Filialen der Firma Netto bzw. Rema 1000. Einkaufszentren sind meist nur in größeren Städten zu entdecken.

An vielen Geschäften steht geschrieben Åben alle dage, was bedeutet, dass auch am Sonntag geöffnet ist, in der Regel aber dann nur für wenige Stunden. In den meisten Fällen haben die Geschäfte sonst bis 21 Uhr oder sogar bis 22 Uhr geöffnet.

LEBENSMITTEL

Existieren typisch dänische Speisen? „Na klar!", wird jetzt jeder Dänemarkkenner rufen, denn **Buko-Frischkäse** ist in Deutschland sehr bekannt und der Begriff vom **Smørrebrød** hat sich ebenfalls etabliert. Zudem können diese beiden dänischen Produkte gut miteinander kombiniert werden, da es sich bei Smørrebrød um ein reich belegtes Brot handelt.

165wd©borishots, stock.adobe.com

Hotdog

Man nehme ein weiches Weizenbrötchen und toaste es ein wenig auf. Anschließend wird es der Länge nach aufgeschnitten und mit einem rot gefärbten Wiener Würstchen gefüllt. Garniert wird das Würstchen mit einem Mix aus mildem Senf, Ketchup und einer dänischen Remouladensauce. Abschließend verfeinert man das Brötchen und die Wurst mit Röstzwiebeln sowie dünnen Scheiben von Gewürzgurken. Um jedoch den originalen Geschmack zu genießen, fahre man nach Dänemark und koste dieses Nationalgericht an einem der zahlreichen Hotdogstände, die sich in jeder Stadt befinden. Sämtliche Zutaten, inklusive der roten Würstchen, sind aber auch in den Supermärkten erhältlich, sodass man sich seinen eigenen Hotdog herstellen kann. Guten Appetit.

Smørrebrød

„Smørrebrød, Smørrebrød …", so schallte es in den 1980er-Jahren aus dem Fernseher, wenn die Puppenfigur des dänischen Kochs in der berühmten Muppet Show den Kochlöffel schwang. Gemeint ist mit Smørrebrød eine Scheibe Brot, die in erster Linie mit einer dicken Schicht Butter bestrichen ist. Darauf kommen in der Regel Käse- oder Wurstscheiben oder Eier und Fleisch. Der Fantasie sind keine Grenzen gesetzt.

Darüber hinaus gibt es aber noch die sogenannten **Røde Pølser,** bei dem es sich um das dänische Nationalgericht handelt. Allerdings nur, wenn der Pølser in einem weichen Brötchen steckt und mit Sauce oder Mayonnaise und Zwiebeln garniert ist – ein typisch dänischer Hotdog.

Den Pølser gibt es in verschiedenen Ausführungen. Mal wird er einfach in ein Brötchen hineingeschoben, mal liegt er zwischen zwei Brötchenhälften, doch geschmacklich gibt es hierbei keinen großen Unterschied. Wer Lust hat, kann sich alle Zutaten im Supermarkt kaufen. Selbst das merkwürdig aussehende Brötchen, bei dem die Füllung zu fehlen scheint, ist dort erhältlich. Wer Gefallen an dem Hotdog gefunden hat, kann auf Dauer so eine Menge Geld sparen, da er am Hotdogstand nicht unbedingt günstig ist.

Doch ein Land, das zwischen Nord- und Ostsee liegt, hat natürlich mehr zu bieten als Hotdogs und Butterbrote. Eine weitere typische Spezialität ist selbstverständlich der Fisch, speziell der **Hering.** Ob mariniert, gesalzen oder mit verschiedenen Saucen und Gewürzen angerichtet, landet der Hering verhältnismäßig oft auf dem Tisch der dänischen Bevölkerung.

Dänemark bietet eine große Auswahl an Backwaren

Und zu dem Essen passt in der Regel ein leckeres, gekühltes **Bier.** Eine Tatsache, die man beinahe vergisst, ist, dass Dänemark über mehrere große und über die Landesgrenzen hinaus bekannte Biermarken verfügt. Da wäre zum Beispiel das Faxe-Bier oder die Carlsberg-Brauerei, zu der auch die in Deutschland sehr bekannte Marke Tuborg gehört.

DÄNISCHE PRODUKTE

Jedes Kind kennt dänische Produkte und viele Erwachsene erinnern sich ebenfalls daran, dass sie als Kind mit einem typisch dänischen Spielzeug ihre Kindheit verbrachten, dem **Legostein.**

Außerdem ist Dänemark auch für **Lakritze** bekannt. Es gibt sie süß und salzig, mit Karamell und mit Salmiak in unterschiedlichen Formen und Größen. Empfehlenswert ist hier der Besuch eines Feinkostgeschäftes.

Dänisches Design von Arne Jacobsen

Das Hamburger Gymnasium Christianeum, das Gebäude der Vattenfall GmbH in Hamburg und das SAS Royal Hotel in Kopenhagen haben eines gemeinsam: Sie wurden vom dänischen Designer Arne Jacobsen entworfen. Nach seinem Abschluss an der Königlich Dänischen Kunstakademie war er als Architekt tätig, entwarf jedoch auch zahlreiche Sitzgelegenheiten, die aufgrund ihres Designs Weltruhm erlangten. Für seine Arbeiten erhielt er im Jahre 1963 den Fritz-Schumacher-Preis.

Weitere dänische Produkte haben in der Regel mit der **Design-Entwicklung** zu tun. Ob es sich hierbei nun um Möbel, Kunsthandwerk, Architektur oder industrielles Design handelt, Namen wie Arne Jacobsen, Poul Kjærholm, Finn Juhl und Hans Wegner haben das dänische Design weltweit bekannt gemacht.

LEGO

Wer kennt sie nicht? Aus fast keinem Kinderzimmer sind sie wegzudenken, die kleinen bunten Bausteine aus Kunststoff, mit denen sich zahlreiche Figuren, Autos, Häuser und ganze Landschaften zusammenbauen lassen. Die Rede ist von den berühmten Legosteinen.

Der Name LEGO setzt sich aus dem dänischen Begriff „leg godt" zusammen, was so viel bedeutet wie „spiel gut". Gegründet wurden der Name und die Firma vom Schreinermeister Ole Kirk Christiansen, der sich ursprünglich auf Holzspielzeug spezialisiert hatte. Die typischen Legosteine besitzen auf der Oberseite eine Hervorhebung, auf die ein anderer Stein aufgesetzt werden kann, da alle Steine auf der Unterseite hohl sind und sich wie Puzzleteile zusammenfügen lassen.

Trotz zahlreicher Weiterentwicklungen, neuer Ideen und Bausteinen für Modethemen wie z. B. Harry-Potter-Legosteine sind alle Teile aus der heutigen Produktion kombinierbar mit Steinen aus den 1960er-Jahren.

Zur Firma LEGO gehört auch die Marke Duplo. Duplosteine sind doppelt so groß wie die herkömmlichen Steine und wurden Ende der 1960er-Jahre eingeführt, um das Verschlucken von Steinen bei Kleinkindern zu verhindern. Am berühmtesten sind aber wohl die legendären Legofigürchen, die aus einem Kopf, einem Ober- und einem Unterkörper bestehen und ebenfalls auf jedem Legostein befestigt werden können.

Heute gibt es mehrere Filme, in denen Legofiguren der Produktlinie Bionicle die Hauptrolle spielen, sowie zahlreiche Computerspiele mit virtuellen Legowelten. „Echte" Legowelten existieren bereits seit dem Jahr 1968. Im dänischen Billund *(s. S. 85)* *wurde der erste Freizeitpark der Firma LEGO eröffnet. Weitere folgten im englischen Windsor, im kalifornischen Carlsbad, in Florida, in Günzburg/Bayern und weiteren Orten. Heute existieren über zehn Legoland-Parks weltweit.*

Weltmeisterschaften im Straßenradrennsport

Nach 90 Jahren kehrte 2011 die Weltmeisterschaft im Straßenradrennsport an ihren ersten Austragungsort nach Kopenhagen zurück. Im Jahr 1921 fand das erste Radrennen dieser Art in der dänischen Hauptstadt statt, welches damals der schwedische Radsportler Gunnar Sköld für sich entscheiden konnte. Drei Jahre später gewann er die Bronzemedaille bei den Olympischen Spielen in Paris. Seit dem ersten Wettkampf fanden die Weltmeisterschaften im jährlichen Rhythmus an jeweils wechselnden Austragungsorten statt. In den Anfängen durfte sich die dänische Hauptstadt noch in den Jahren 1931, 1937 und 1948 als Veranstalter bezeichnen. 1956 wurde das Rennen in der Kleinstadt Ballerup, nur wenige Kilometer nordwestlich von Kopenhagen, ausgetragen.

Seitdem fanden keine Weltmeisterschaften im Radrennsport mehr in Dänemark statt – bis zum Jahr 2011, als das Ereignis seinen 90. Geburtstag feierte und die Sportler ihre Radtouren am Rathaus von Kopenhagen starteten und dort auch nach insgesamt 260 km beendeten. Sieger wurde der britische Radsportler Mark Cavendish, der im Schnitt mit einer Geschwindigkeit von 45 km/h unterwegs war. Die Frauen absolvierten ihr Rennen über 140 km, welches die Italinierin Giorgia Bronzini für sich entscheiden konnte. Darüber hinaus gibt es noch Wettkämpfe im Einzelzeitfahren. Nach fast einhundertjähriger Geschichte der Weltmeisterschaft gewann im Jahr 2016 endlich auch eine Dänin das Straßenrennen. Amalie Dideriksen stand in Doha als Siegerin auf dem Podest. Drei Jahre später folgte der Däne Mads Pedersen bei der Weltmeisterschaft der Herren.

EINREISEBESTIMMUNGEN

Dänemark gehört bereits seit 1973 zur Europäischen Union (damals noch EWG) und unterzeichnete im Jahr 1996 das **Schengener Abkommen,** das den Grenzübertritt innerhalb der EU regelt. Durch dieses Abkommen finden keinerlei Grenzkontrollen mehr statt, doch dies bedeutet nicht, dass keine Dokumente mitgenommen werden müssen. Es kann grundsätzlich trotzdem nach dem Personalausweis gefragt werden.

Der einzige Autobahngrenzübergang nach Dänemark ist bereits seit einigen Jahren nur einspurig und es werden stichprobenartig Fahrzeuge zu einer Kontrolle angehalten.

Bei einer Einreise mit dem Wohnmobil müssen zudem natürlich der Fahrzeugschein und der Führerschein vorhanden sein. Ein Nationalitätskennzeichen ist nicht erforderlich, wenn das **Kfz-Kennzeichen** mit dem blauen Nationalitätssymbol ausgestattet ist, das im Übrigen ein europäisches Erkennungssymbol ist, welches es in Dänemark selbst noch nicht gibt.

FÄHREN, STOREBÆLTBRÜCKE

VORÜBERLEGUNGEN

Eine der größten Hängebrücken Europas verbindet die beiden Inseln Fünen und Seeland. Zwischen diesen beiden Eilanden gibt es deshalb keine direkte Schiffsverbindung mehr.

Wer jedoch ein ungutes Gefühl hat, über das lange Bauwerk zu fahren, welches sich schwungvoll über den **Großen Belt** erhebt, der hat die Möglichkeit, mit dem Schiff auf großen Umwegen zwischen den beiden größten Inseln Dänemarks zu pendeln. Hierfür muss man jedoch kleinere Brücken zwischen Fünen, Tåsinge und Langeland nutzen und von Langeland mit der Fähre nach Lolland übersetzen. Um lediglich die Kosten für die Storebæltbrücke (s. S. 21) zu sparen, lohnt sich dieser Umweg auf keinen Fall.

▷ *Kaum eine Dänemarkreise ohne Schifffahrt*

018wd-mm

ROUTEN

Dänemark war und ist ein Seefahrerland. Einstmals eroberten und bereisten die Dänen ferne Länder, doch auch heute noch gehört der Schiffsverkehr zum Alltag in Dänemark. Kein Wunder, hat das Land doch über 400 Inseln, von denen sehr viele bewohnt sind. Alle Inseln sind irgendwie miteinander verbunden, sei es durch Brücken oder durch Fährverbindungen, von denen es allein schon innerhalb des Landes nicht weniger als 40 gibt. Hinzu kommen noch die internationalen Schiffsrouten, daher würde eine Auflistung an dieser Stelle den Rahmen sprengen, zumal die meisten Fähren mehrmals täglich ablegen und innerhalb Dänemarks aufgrund der kurzen Distanzen nur wenige Minuten fahren.

Die kürzeste Fahrzeit – zur Insel Fur – dauert z.B. nur rund 2 Minuten und zwischen Sundsøre und Hvjalpsund verkehrt das Schiff sogar bis zu 50-mal täglich. Manche Fähren wiederum fahren nur in der Hauptsaison, um eine nahe liegende Brücke zu entlasten.

TAGES- ODER NACHTPASSAGE?

Die Frage nach der Tages- oder Nachtpassage stellt sich kaum, da die Streckenverbindungen auf hoher See nach und innerhalb Dänemarks relativ kurz sind. Eine Ausnahme bildet hierbei das weit entfernte Bornholm, bei dem es jedoch keine Alternative gibt. Nur einmal täglich legt in **Køge,** südlich von Kopenhagen, das Schiff ab und nimmt Kurs auf Bornholms Hauptstadt **Rønne.** Die Fahrt dauert von 0.30 Uhr bis zum nächsten Morgen um 6 Uhr. Zurück geht es von 17 Uhr bis 22.30 Uhr. Es ist nicht zwingend vorgeschrieben, eine Kabine zu buchen, aber selbstverständlich besteht die Möglichkeit.

Die **Nachtpassage** hat natürlich den Vorteil, am nächsten Morgen ausgeruht die Insel zu erkunden. Zudem spart man sich die Übernachtung auf einem Campingplatz. Trotzdem sollte man vorher ausrechnen, ob sich die Überfahrt mit Wohnmobil lohnt. Wer nur für einen Tag nach Bornholm möchte, der sollte sein Fahrzeug besser in Køge stehen lassen (evtl. auf dem dortigen Campingplatz) und sich in Rønne am nächsten Morgen ein Fahrrad ausleihen.

Bei der abschließenden Rückfahrt von Dänemark nach Deutschland benutzt man die Fähren der Gesellschaft **Scandlines** auf der sogenannten **Vogelfluglinie** zwischen Rødbyhavn und Puttgarden auf Fehmarn. Auch hier stellt sich die Frage nach der Tageszeit kaum, da die Überfahrt lediglich 45 Minuten dauert. Man fährt am besten, wenn man dort ankommt, denn die Schiffe legen rund um die Uhr ab. In der Regel ist eine Buchung nicht notwendig.

Vogelfluglinie

> Der Begriff „Vogelfluglinie" erinnert an den Weg, den die Zugvögel seit Menschengedenken benutzen, um von ihrem Winterquartier im Süden zu den nördlich gelegenen Brutplätzen zu gelangen.

Ø-pas bzw. Inselpass

Eine nette Idee ist der „Inselpass" (Ø = Insel), der auch auf Deutsch erhältlich ist. Hierin werden 37 dänische Inseln grafisch und inhaltlich kurz vorgestellt. Die Auswahl reicht von sehr kleinen Eilanden wie Strynø bis zu Bornholm und Lolland. Dabei kann man sich jeden Inselbesuch selbst abstempeln und versuchen, das Heft im Laufe der Zeit (üblicherweise im Laufe mehrerer Dänemarkreisen) mit Stempeln zu füllen und sich so ein kleines Andenken zu schaffen. Der Stempel besteht aus einer kleinen Messingtafel vor Ort, die sich mit einem Stift in das Heft durchpausen lässt.

Den Pass erhält man an ausgewählten Orten auf den Inseln oder in manchen Fällen auch auf den Fähren, die zu den Eilanden übersetzen. Mehr Informationen, allerdings nur auf Dänisch, gibt es unter www.oepas.dk.

PREISE

Der Preis ist natürlich erst einmal davon abhängig, mit wie vielen Personen und was für einem Fahrzeug man sich bewegt: Ist es kleiner als sechs Meter oder größer? Dann stellt sich die Frage, wann die Überfahrt stattfinden soll? In den Ferien, am Wochenende, nachts oder tagsüber, Haupt- oder Nebensaison? Des Weiteren gibt es Sparangebote, Angebote für Camper und natürlich Ermäßigungen, wenn man direkt Hin- und Rückfahrt bucht, daher kann hier keine klare Aussage getroffen werden und es wird empfohlen, auf den entsprechenden Seiten im Internet (z. B. www.scandlines.de) seinen individuellen Preis zu ermitteln.

BUCHUNG

Für die Nutzung der oben beschriebenen kleinen Fähren zwischen den einzelnen Inseln Dänemarks ist keine Buchung vorgesehen. Man fährt einfach zum Ablegekai, wartet darauf, eingewiesen zu werden und zahlt entweder auf dem Schiff oder vorher. Da die meisten Schiffe mehrmals am Tag fahren, gibt es in der Regel keine Probleme, an das andere Ufer zu wechseln. Wie schon oben beschrieben, gilt dies auch für die Fahrt zwischen den Inseln Lolland und Fehmarn. Lediglich für eine Reise nach Bornholm kann, je nach gewünschter Jahreszeit, eine Buchung sinnvoll sein. Da das Schiff nur einmal täglich ablegt und es in der Hauptsaison im Sommer sehr voll werden kann, ist hier eine Buchung empfehlenswert. Diese sollte man direkt im Internet unter www.bornholmslinjen.de vornehmen, da bei Onlinebuchungen Ermäßigungen angeboten werden.

EINSCHIFFUNG

Das Einschiffen verläuft in der Regel unproblematisch. Beim Erreichen des Hafengeländes muss man lediglich darauf achten, die richtige Fahrspur für das entsprechende

Fahrzeug zu benutzen. Am Ende jeder Spur erscheint dann ein Kassenhäuschen, an dem das Ticket vorgelegt oder spätestens jetzt gekauft wird. Bei kleineren Fähren findet die Bezahlung erst auf dem Schiff statt. Den Anweisungen des Personals ist selbstverständlich Folge zu leisten. Es teilt mit, auf welcher Spur man sich einordnen und warten soll bzw. welche Spuren der Reihe nach auf das Schiff dürfen.

Im oder auf dem Schiff angekommen, soll man so dicht wie möglich an den Vordermann heranfahren und anschließend das Fahrzeug verlassen. Der Aufenthalt auf dem Fahrzeugdeck ist auf den großen Fährüberfahrten (Rødbyhavn–Puttgarden und Køge–Rønne) während der Überfahrt grundsätzlich untersagt.

019wd-mm

DIE FÄHRLINIEN

Wie schon oben erwähnt, pendeln innerdänisch die verschiedensten Fährgesellschaften. Bei den kleineren und lokalen Gesellschaften handelt es sich zumeist um kleine, nicht überdachte Roll-On-Roll-Off-Schiffe, bei denen die Fahrt noch einen romantischen Charakter hat.

Scandlines

Marktführer auf der Ostsee ist die Gesellschaft Scandlines, die drei deutsche Häfen ansteuert, wobei für eine Reise nach Dänemark nur die Häfen Puttgarden auf Fehmarn und Rostock in Frage kommen. Je nach Schiff können sich 600–1000 Passagiere die kurze Fahrzeit auf dem Sonnendeck, im Restaurant oder im Duty-free-Shop vertreiben.

Buchungszentrale

› **Scandlines Deutschland GmbH,** 18119 Rostock, Trelleborgstraße 5, Tel. 0381 54350, www.scandlines.de

Nicht nur zu offiziellen Anlässen wird die Flagge gehisst

Molslinjen

Die Gesellschaft besteht seit 2018 und ist ein Zusammenschluss mehrerer Fährgesellschaften, die Strecken innerhalb Dänemarks, aber auch die Route von Sassnitz auf Rügen nach Rønne und zwischen dem dänischen Køge und Rønne bedient. Zwei Autodecks, ein Bistro, ein Geschäft und ein Spielraum für Kinder sorgen für Abwechslung auf der Überfahrt.

Buchungszentrale

› **Molslinjen,** Hveensgade 4, 8000 Aarhus, Tel. +45 70101418, www.bornholmslinjen.de

DIE STOREBÆLTBRÜCKE

Die drittgrößte Hängebrücke der Welt verbindet nicht nur die Insel Fünen mit der Insel Seeland, sondern ist auch ein Erlebnis der besonderen Art. Von Nyborg kommend, fährt man zunächst einige Kilometer auf einer ebenen Strecke über dem Meer. Dabei sieht man vor sich schon die höchsten Punkte Dänemarks, die die beiden Spitzen der Pylonen markieren. Anschließend geht es bergauf, um die rund 1600 m lange Strecke zwischen den beiden Trägern zu überwinden. Das Bauprojekt unter Führung der Essener Firma Hochtief kostete mehr als alle bisherigen dänischen Brücken zusammen. Nur selten wird die Strecke für den Verkehr gesperrt, da die **Hauptwindrichtung** an dieser Stelle von West nach Ost verläuft und nur selten Seitenwind herrscht. Dennoch, verlassen sollte man sich hierauf nicht, schon gar nicht mit einem windanfälligen Wohnmobil.

Die Überfahrt kostet zwischen 270 DKK (Wohnmobil bis 3,5 Tonnen und unter 6 m Länge) und 605 DKK (über 3,5 Tonnen und über 10 m Länge). Die Fahrzeugdaten werden an der Mautstation automatisch vermessen. Diese befindet sich nur auf der östlichen Seite der Brücke, das heißt auf Seeland. Gezahlt werden kann mit Kreditkarte oder in bar auch mit Euro. Die **bemannten Kassenhäuschen befinden sich bei den rechten Fahrspuren** und sind mit gelben Hinweisschildern markiert. Bei den blauen Markierungen kann nur bargeldlos gezahlt werden, dort befinden sich auch keine Mitarbeiter. Die grünen *BroBizz*-Spuren sind nur für Autofahrer mit einem Abonnement, die ohne anhalten zu müssen direkt durchfahren können.

› www.storebaelt.dk

FESTE UND FEIERTAGE

Die gesetzlichen Feiertage entsprechen in etwa denen in Deutschland. So sind der 1. Januar, der 25. sowie der 26. Dezember arbeitsfreie Tage. Hinzu kommen noch die beweglichen Feiertage wie Karfreitag, Ostermontag und Himmelfahrt. Der 1. Mai ist in Dänemark ein regulärer Arbeitstag, dafür wird wiederum der Gründonnerstag gefeiert und vier Wochen nach Ostern haben die Geschäfte auch am Buß- und Bettag geschlossen. Neben diesen christlichen Feiertagen gibt es in Dänemark noch den Tag der Verfassung, der am 5. Juni begangen wird. Dieser ist zwar nicht gesetzlich verankert, jedoch haben in der Regel an dem Nationalfeiertag die meisten Geschäfte geschlossen.

FLORA UND FAUNA

Die dänische Natur unterscheidet sich nur unwesentlich von der deutschen. Rehe, Dam- und Rothirsche, Füchse und Dachse sind nur einige der möglicherweise anzutreffenden Tiere. Auch Vögel kann man in Dänemark

Grönland und die Färöer-Inseln

Für den Wohnmobilreisenden ist Grönland eher uninteressant. Auch die Färöer-Inseln dürften aufgrund der langen und teuren Überfahrt als spontanes Reiseziel ausfallen. Erwähnt werden sollen die beiden Regionen dennoch, da sie durch ihren Sonderstatus zu Dänemark gehören.

*Grönland ist die größte Insel der Erde. Der Name ist vom dänischen **„Grønland"** abgeleitet und vermittelt den Eindruck, die Insel blühe pflanzenreich und sei fruchtbar. Beides könnte wohl möglich sein, wären da nicht die bis zu 3 km dicken Eisschichten auf der Landmasse, die trotz des anstehenden Klimawandels hoffentlich auch noch lange dort bleiben. Geografisch zählt Grönland zwar zu Nordamerika, politisch gehört die 2650 km lange und 1000 km breite Insel jedoch seit der ersten Hälfte des 19. Jahrhunderts zu Dänemark. Dies gilt allerdings nur außenpolitisch. Innenpolitisch ist Grönland unabhängig und gehört zudem seit 1985 aufgrund einer Volksabstimmung auch nicht mehr zur Europäischen Union. Im dänischen Parlament befinden sich jedoch zwei grönländische Abgeordnete.*

Wesentlich kleiner als Grönland sind die Färöer-Inseln, die sich zwischen Island, Norwegen und Großbritannien befinden. Von den Färöer-Inseln sitzen ebenfalls zwei Abgeordnete im dänischen Parlament und auch diese Inselgruppe ist kein Mitglied der EU. Rund 54.000 Färinger, wie die Einheimischen heißen, leben auf 18 Inseln verteilt, die sich gerade einmal auf rund 100 km im Nordatlantik ausstrecken.

sehr gut beobachten. Vor allem an den Küsten sieht man Seeschwalben, Seetaucher und natürlich Möwen. Vorsicht gilt jedoch im Straßenverkehr! Fasane können plötzlich aus Feldern und Gebüschen am Straßenrand auftauchen und ihren letzten Versuch machen, eine Straße zu überqueren. Ich spreche aus Erfahrung und weiß, welche Schäden sie am Fahrzeug verursachen können.

An den Küsten Dänemarks leben **Seehunde.** Diese sieht man zumeist jedoch in der Nebensaison, da ein lauter Strand mit zahlreichen Menschen eher abschreckend auf die scheuen Tiere wirkt. Für den Urlauber meist unsichtbar sind zudem Heringe, Dorsche und Schollen, die sich rund um Dänemark im Wasser tummeln.

Die Flora des Landes kann man in zwei Bereiche teilen: zum einen das landwirtschaftlich geprägte Dänemark, vor allem im Landesinneren, zum anderen den Küstenbereich, mit zahlreichen **Heidelandschaften.** Besonders in den Sommermonaten leuchten diese in schönstem Violett, was z. B. auf der Insel Rømø sehr gut zu beobachten ist. Die Küsten der Nord- und Ostsee sind sehr unterschiedlich. An der Nordsee herrscht manchmal eine starke Brise und die Küste ist mit ihren langen, breiten Sandstränden eher flach. Direkt dahinter erscheinen schließlich die Dünen und die Heide. An der Ostseeküste dagegen gibt es die eine oder andere Steilküste und eher steinigen Strand, der bei Weitem nicht so breit ist wie der im Westen des Landes.

GASVERSORGUNG

Wer mit einem Wohnmobil reist, das mit zwei gefüllten 11-kg-Tausch-Gasflaschen ausgestattet ist (graue Flaschen), der kommt im Normalfall damit problemlos durch den gesamten Urlaub. Auch dann, wenn dieser vier Wochen lang ist, der Kühlschrank hauptsächlich mit Gas betrieben und ständig gekocht wird. Sogar einige Nächte, die im Norden dem einen oder anderen in der Nebensaison zu kühl sind, können damit geheizt werden. Wer aber annimmt, dass er mehr als zwei Flaschen braucht, der kann selbstverständlich auch eine dritte Flasche mitnehmen. Wichtig ist nur, dass unter der Flasche im Gepäckraum eine Entlüftung angebracht ist, damit im Fall der Fälle das Gas entweichen kann und nicht im Fahrzeuginneren bleibt.

Geht das Gas während des Dänemarkurlaubs doch zur Neige, stellt dies kein größeres Problem dar. Deutsche Flaschen können auf vielen Campingplätzen eingetauscht werden, was jedoch deutlich teurer als in Deutschland ist.

Alternativ bietet die Firma Kosan Gas eine Vielzahl an Füllstationen an, die im Netz auch ohne Dänischkenntnisse gut einsehbar sind: www.kosangas.dk. Auf Deutsch wird dort auch erläutert, dass deutsche Flaschen bei Kosan nicht mehr getauscht, jedoch mit einem Adapter befüllt werden können (www.kosangas.dk/privat/koeb-og-ombytning/saadan-koeber-du/gaeste-aus-deutschland). Den Adapter erhält man im Vorfeld der Reise im Campingzubehörgeschäft oder bei der Firma Kosan (Artikelnummer 30055). Allerdings ist der Kauf dänischer Gasflaschen mit hohen Kosten verbunden, da es sich nicht um Pfandflaschen handelt.

Eine andere Möglichkeit ist der Kauf von sogenannten Selbsttankflaschen. Diese haben ebenfalls ein Volumen von 11 kg und können an jeder Autogastankstelle problemlos gefüllt werden. Allerdings dürfte sich die Anschaffung dieser Flasche für eine einzige Reise nicht lohnen, da der Preis bei über 200 Euro liegt und der Behälter alle zehn Jahre vom TÜV für weitere 90 Euro überprüft werden muss.

Sinnvoller scheinen hier Wohnmobile mit einem fest eingebauten Gastank, der ebenfalls an den Gastankstellen befüllt werden kann.

› Eine Liste von entsprechenden **Autogastankstellen in Europa** findet man auf der Website www.gas-tankstellen.de.

Kartensperrung

Bei Verlust der Debit-/Giro-, SIM- oder der Kreditkarte gibt es für Kartensperrungen eine deutsche Zentralnummer (unbedingt vor der Reise klären, ob die eigene Bank diesem Notrufsystem angeschlossen ist). Aber Achtung: Mit der telefonischen Sperrung sind die Karten zwar für die Bezahlung/Geldabhebung mit PIN gesperrt, nicht jedoch für das Lastschriftverfahren mit Unterschrift. Man sollte daher auf jeden Fall den Verlust zusätzlich bei der Polizei zur Anzeige bringen, um gegebenenfalls auftretende Ansprüche zurückweisen zu können.

In Österreich und der Schweiz gibt es keine zentrale Sperrnummer, daher sollten sich Besitzer von in diesen Ländern ausgestellten Debit- oder Kreditkarten vor der Abreise bei ihrem Kreditinstitut über den zuständigen Sperrnotruf informieren.

Generell sollte man sich immer die wichtigsten Daten wie Kartennummer und Ausstellungsdatum separat notieren, da diese unter Umständen abgefragt werden.

› ***Deutscher Sperrnotruf:*** *Tel. +49 116116 oder Tel. +49 3040504050*
› *Weitere Infos: www.kartensicherheit.de, www.sperr-notruf.de*

GELD

Das sogenannte „Euroland" endet im Norden an der Grenze zu Dänemark, wo man noch mit der **Dänischen Krone** bezahlen kann. Bei einer Volksabstimmung im Jahr 2002 wurde die Einführung des Euro abgelehnt und so verbleibt die Krone im Wechselkursmechanismus II, der zwei Jahre lang Pflicht ist, bevor der Euro als Zahlungsmittel eingeführt werden kann. Die Dänische Krone (DKK oder auch dkr) ist jedoch fest an den Euro gebunden und so erhält man für einen Euro ca. 7,45 Kronen (Stand: Frühjahr 2024). Und für das schnelle, grobe Kopfrechnen hilft es zu wissen, dass 100 Kronen etwas weniger als 13,50 € sind.

Hat man früher vor einer Reise Geld in der heimatlichen Bank getauscht, so empfiehlt es sich heute, mit der eigenen Debitkarte/Girocard Geld am Bankautomaten abzuheben.

Beim Abheben von Bargeld in Landeswährung wird manchmal angeboten, dass die Abrechnung mit dem eigenen Konto in Euro erfolgen kann. Das Verfahren ist als **Dynamic Currency Conversion (DCC)** bekannt. Wählt man diese Option, die ja sicherer erscheint, wird aber ein ungünstiger Wechselkurs zugrunde gelegt, der erhebliche Kosten verursa-

166wd©Comugnero Silvana, stock.adobe.com

„Skandinavische“ Kronen

Von 1878 bis Mitte der 1920er-Jahre gab es zwischen Dänemark, Norwegen und Schweden eine Währungsunion, in der die Krone als gemeinsame Währung genutzt wurde. In Dänemark wurde dadurch der Reichstaler („Riksdaler“) und in Schweden und Norwegen der „Speciestaler“ abgelöst. Nach dem Ende dieser Union entschied man sich in den drei einzelnen Staaten, den Namen „Krone“ für die jeweilige nationale Währung beizubehalten.

chen kann. Deshalb sollte man Abhebungen immer in der Landeswährung vom eigenen Konto abbuchen lassen. Dann legt die eigene Bank den offiziellen Devisenkurs zugrunde.

In Dänemark ist es mittlerweile üblich, fast ausnahmslos **bargeldlos zu bezahlen.** Ausländische Debit-, Giro- und Kreditkarten werden problemlos akzeptiert. Unter Umständen kann es sogar passieren, dass die Annahme von Bargeld abgelehnt wird.

Es sind folgende Banknoten im Umlauf: 50-, 100-, 200-, 500- und 1000-Kronen-Scheine sowie Münzen zu 1, 2, 5, 10 und 20 Kronen. Zudem existieren als kleinste Einheit 50-Øre-Münzen, denn die dänische Krone wird in 100 Øre unterteilt. Dies hat zur Folge, dass **Beträge beim Bezahlen auf- oder abgerundet** werden. Beläuft sich der Wert der Waren auf z. B. 143,83 Kronen, macht man ein Verlustgeschäft, da man 144 Kronen zu zahlen hat und vergeblich auf sein Wechselgeld wartet. Gewinn macht man dementsprechend z. B. bei einem Betrag von 144,17 Kronen. Die bis dahin kleinste Münze mit einem Wert von 25-Øre wurde im Jahr 2008 abgeschafft.

◁ *Einige Kronen-Münzen haben ein Loch in der Mitte*

GESUNDHEIT

Seit dem Jahr 2004 gibt es in allen EU-Ländern die **Europäische Krankenversicherungskarte,** die den Auslandskrankenschein damit abgelöst hat. Die sogenannte EHIC (European Health Insurance Card) hat im Ausland dieselbe Funktion wie die gewohnte Krankenkassenkarte im Inland. Abhängig von der Krankenkasse erhält man dabei eine Ersatzbescheinigung oder die EHIC-Funktion ist auf der Rückseite der gewöhnlichen Krankenkassenkarte aufgeführt.

Ist man also verletzt oder krank, so begibt man sich mit der Europäischen Versicherungskarte zum Arzt oder zu einem Krankenhaus und lässt sich dort behandeln. Die Art und der Umfang der zu erstattenden Leistungen, zu denen in der Regel ärztliche, zahnärztliche und die Krankenhausbehandlung gehören, richten sich nach den jeweiligen Rechtsvorschriften des Aufenthaltsstaates. Somit besteht Anspruch auf alle erforderlichen medizinischen Sachleistungen. Um jedoch das Risiko auszuschließen, auf Kosten sitzen zu bleiben, und auch um einen möglichen Rücktransport zu gewährleisten, empfiehlt sich weiterhin, eine zusätzliche Auslands-Krankenversicherung abzuschließen.

Das **Apothekensystem** in Dänemark gleicht dem in Deutschland. In jeder Ortschaft findet man Apotheken und wenn eine geschlossen hat, steht am Aushang, an welche nächstgelegene Apotheke man sich wenden kann.

HAUSTIERE

Seit dem Jahr 2004 existiert in der Europäischen Union der **Heimtierausweis,** mit dem gängige Impfungen nachgewiesen werden können. Gültig ist dieser jedoch nur, wenn das Tier gleichzeitig eine Kennzeichnung in Form einer Tätowierung oder eines Mikrochips hat, entwurmt und gegen Tollwut geimpft ist. Damit ist die Einreise des Haustie-

021wd-mm

res sehr vereinfacht und stellt keine Probleme dar. Nur wenn es sich bei dem Hund um einen Pitbull-Terrier oder einen Tosa handelt, wird es schwierig. Diese dürfen nicht nach Dänemark eingeführt werden. Alle anderen Hunde sind an den Stränden in der Zeit von April bis September an der Leine zu führen.

Auf den Schiffen innerhalb Dänemarks und auf der Fahrt von Rødby nach Fehmarn dürfen Haustiere ebenfalls mitgenommen werden, jedoch müssen alle Hunde auch hier an der Leine geführt werden.

INFORMATIONEN

IN DEUTSCHLAND/ÖSTERREICH/ SCHWEIZ

Dänemark ist gastfreundlich, sehr um den Tourismus bemüht und gibt Informationen und Prospekte in Hülle und Fülle heraus. Um es auf den Punkt zu bringen: Die touristische Infrastruktur lässt keine Wünsche offen.

› **VisitDenmark,** www.visitdenmark.de

IN DÄNEMARK

Beinahe jeder dänische Ort bzw. jede dänische Region hat ein eigenes Touristenbüro, sodass man im Land über 150 dieser Einrichtungen finden kann. Alle sind sehr gut ausgestattet und bieten zahlreiche kostenlose Prospekte, Informationen und gelegentlich auch kostenlosen Internetanschluss, den man zur Recherche nutzen darf. Die Mitarbeiter sprechen allesamt Englisch, in vielen Fällen auch Deutsch.

Meistens sind die Informationsbüros so ausgestattet, dass man ein oder mehrere Regale für lokale Informationen und weitere Ständer für die anderen Regionen findet.

Die **Öffnungszeiten** der Büros sind zum Teil sehr unterschiedlich, in den Sommermonaten haben größere Büros sogar täglich von 8 bis 20 Uhr geöffnet. Da die Aufzählung sämtlicher Öffnungszeiten den Rahmen dieses Buches sprengen würde, sind nur die jeweils längsten (meist zwischen Ende Juni und Ende August) und die kürzesten Zeiten in der Nebensaison angegeben. Die Adressen stehen jeweils bei den Ortsbeschreibungen im Buch.

In einigen Städten ist man aber mittlerweile dazu übergegangen, die klassischen Touristinformationen durch dezentrale **Infopoints** zu ersetzen bzw. sie durch solche zu ergänzen. Hierbei handelt es sich dann um digitale Selbstbedienungsterminals, die in Kulturzentren, Bibliotheken oder anderen öffentlichen Räumen aufgestellt werden.

IM INTERNET

Im 21. Jh. ist eine Präsentation im weltweiten Datennetz unabdingbar. Daher findet man viele Informationen über Dänemark auch schon zu Hause am heimischen Computer. Neben den offiziellen Seiten finden sich na-

Viele Nordseestrände in Dänemark sind hundefreundlich

Die Touristeninformationen sind gut ausgeschildert und geben zahlreiche Auskünfte

Karten

Detaillierte Karten über die einzelnen Regionen erhält man in der Regel kostenlos in fast jedem Touristenbüro.

türlich auch Webseiten von Dänemark-Fans, die sich mit dem Thema befassen. Hier eine Aufstellung der wichtigsten Angebote

- **www.visitdenmark.de:** DIE Seite überhaupt, denn sie ist das offizielle Portal des dänischen Tourismusverbandes. Zahlreiche Informationen über die einzelnen Regionen und Städte sowie allgemeine Reise-Infos, Informationen zu Unterkunftsmöglichkeiten, Routenplaner und ein Formular zur Katalogbestellung werden angeboten. Und wer regelmäßig über neueste Änderungen informiert werden will, der kann selbstverständlich den Newsletter bestellen.
- **www.danskecampingpladser.dk:** Webseite des dänischen Campingrates, der Dachorganisation sämtlicher dänischer Campingverbände. Fast 500 Campingplätze werden hier, meist mit Kurzinfos in Form von Piktogrammen, vorgestellt.
- **www.denmark.dk:** Diese Seite wird vom dänischen Ministerium des Äußeren, also dem Außenministerium herausgegeben und richtet sich zwar in erster Linie an Journalisten und Wirtschaftsinteressierte, ist aber für Touristen nicht minder interessant.
- **www.kongehuset.dk:** leider nur auf Dänisch, Englisch und Französisch, aber dennoch nicht uninteressant. Diese Seite wird vom dänischen Königshaus präsentiert und bietet zahlreiche Informationen zu den königlichen Palästen und zur Geschichte der bisherigen Monarchen des Landes.
- **www.molls-reiseforum.de:** Der Autor dieses Buches bietet ebenfalls ein Reiseforum zum Informationsaustausch an.

Zudem bietet jede Region und fast jede Ortschaft seine eigene mehrsprachige Website an. In der Regel findet man die Website unter www.stadtname.dk. Im Zweifelsfall bedient man sich einer Suchmaschine. Die Sonderbuchstaben å, æ und ø werden in der Regel entweder ohne diakritische Zeichen geschrieben oder mit aa, ae und oe übersetzt.

022wd-mm

Viele der in diesem Reiseführer genannten Campingplätze haben eine eigene Website. Es werden von den Betreibern der Campingplätze nicht nur die neuesten Informationen gepostet, sondern es sind auch in sozialen Netzwerken wie Facebook oder Instagram entsprechende Seiten eingerichtet. Zu erreichen sind die Campingplätze in der Regel über die Suchfunktion des Netzwerks oder über die hauseigene Website.

PANNE/UNFALL

Kleine Pannen sollten vom Fahrzeugführer in der Regel selbst behoben werden können, zumal man als Wohnmobilist meistens einen geeigneten **Werkzeugkoffer** mit sich führt. Größere Pannen versucht man zu vermeiden, indem man vor Reiseantritt noch einmal alles gründlich durchcheckt. Sollte dennoch der Ernstfall eintreten und es muss der Pannendienst gerufen werden, ist eine **ADACplus-Mitgliedschaft** sehr zu empfehlen. Was vielleicht an dieser Stelle wie Werbung klingen mag, sind eigene Erfahrungen, da mir die „gelben Engel“ im Ausland tatsächlich schon mehrfach unkompliziert aus der Klemme geholfen haben. So kostet ein Anruf aus Dänemark nach München zwar etwas mehr, jedoch ist man mit deutschsprachigen Helfern verbunden, die für eine Weiterreise sorgen.

Notrufnummern

- **Polizei, Notruf und Feuerwehr:** Tel. 112
- **ADAC-Notrufzentrale München,** Tel. +49 (0) 89 222222 (24 Std. besetzt, Hilfe bei Panne, Unfall, Diebstahl, Verlust von Papieren, Kreditkarten u. a.)
- **Dänischer Pannendienst Falck:** Tel. 79424285

PARKEN UND RASTEN

Dänemark ist kein großes und weites Land. Das spürt man manchmal auch in den Ortschaften. Alles wirkt etwas eng und klein, eben „hyggelig“ (s. S. 30), wie der Däne sagen würde. Dies macht sich aber auch beim Parken bemerkbar. Das direkte Zentrum einer Großstadt sollte man besser nicht ansteuern, sondern eher in einem der umliegenden Wohnviertel einen Parkplatz aufsuchen, was selten ein Problem darstellt. Grundsätzlich sind Parkplätze in dänischen Städten **gut ausgeschildert.** Und spätestens auf dem Parkplatz steht ein Schild, wie lange und in welchem Zeitraum geparkt werden darf. Außerhalb der Städte findet man Parkplätze immer an Sehenswürdigkeiten. Vielfach sind diese kostenlos, bestehen aus einer Schotterfläche und laden zum Erholen ein. Man sollte aber genau hinschauen, denn es kommt nicht selten vor, dass bei einem Parkplatz ein Schild aufgestellt ist, welches das **nächtliche Parken** verbietet.

Ansonsten gibt es an den Landstraßen häufig kleine Rastplätze. Viele von ihnen sind nur Einbuchtungen an der Straße, an denen man zum Telefonieren oder für den Blick auf die Landkarte anhalten kann, doch es gibt auch schöne Plätze mit Tischen, Bänken, Mülleimern und Übersichtskarten der lokalen Region, an denen man eine erholsame Pause einlegen kann.

124wd-mm

Die Olsenbande

Die Olsenbande ist im Westen Deutschlands, in Österreich und der Schweiz recht unbekannt. Doch im Osten Deutschlands und auch in Polen kennt man die drei Kleinkriminellen Egon Olsen, Kjeld und Benny sehr gut. Zwischen 1968 und 1998 drehte man 14 sehr erfolgreiche Krimikomödien über eine Bande, deren illegale Tätigkeiten regelmäßig scheitern. Schon in den 1970er-Jahren sollte eigentlich der letzte Film gedreht werden, doch Fans und auch Schauspieler forderten mehrfach einen erneuten Dreh. Erst der 14. Film war der definitiv letzte, unter anderem auch, weil während der Dreharbeiten einer der Schauspieler und der Regisseur verstarben. In Kopenhagen wurde 2004 sogar die Straße, die am Gefängnis vorbeiführt, nach einem der Charaktere benannt: Egon Olsens Vej. Die Filme bestachen durch ihren Witz und ihre sogenannten Running Gags, die sich in ähnlicher Form ständig wiederholten. So erklärt der Kopf der Bande, Egon Olsen, in jeder Folge, er habe „einen Plan". Dieser Spruch prägte sich so sehr ein, dass im Herbst 1989 bei den Montagsdemonstrationen in der DDR sogar Plakate gesichtet wurden, die den Aufdruck trugen: „Egon, hast du einen Plan?" Gerichtet waren diese Plakate an Egon Krenz.

REISEZEIT

Dänemark kann man **ganzjährig** bereisen. Es gibt viele Campingplätze, die auch im Winter geöffnet haben, doch da das Land keine typische Wintersportregion ist, fehlt für viele der Reiz, in den Wintermonaten nach Dänemark zu reisen. Lohnenswert ist die Zeit in der Nebensaison, also die Monate April, Mai, September und Oktober. In dieser Zeit gibt es noch sehr viele schöne sonnige Tage, an denen es zwar keine sommerlichen Temperaturen gibt, aber die ihren besonderen Reiz ausüben. Einsame Sandstrände, Ruhe und Erholung stehen in dieser Zeit im Vordergrund. Und gegen eine steife Brise, die man an der Nordsee erwarten kann, hilft einfach gute Kleidung.

Im Sommer hingegen wird es, ähnlich wie in Deutschland, sehr warm und trocken. Zwar sind die Strände dann gut besucht und auf so manchem Campingplatz fehlt es an Ruhe, doch dafür haben die Sehenswürdigkeiten des Landes geöffnet, von denen viele erst im Mai, manche sogar erst im Juni ihre Pforten öffnen.

◁ *An den Landstraßen gibt es häufig kleine Rastplätze*

SICHERHEIT

Dänemark kann als sicheres Reiseland betrachtet werden. Doch es gibt dennoch ein paar Sicherheitstipps, die man beachten sollte. So gehört zum Beispiel dazu, nicht auf Autobahnrastplätzen zu übernachten und das Fahrzeug immer abzuschließen. Auch am Strand sollten die Wertsachen nicht unbeaufsichtigt gelassen werden und in den Städten wie Kopenhagen oder Odense gelten natürlich die normalen Vorsichtsmaßnahmen wie in anderen europäischen Großstädten auch. Das bedeutet, keine Wertsachen zur Schau tragen und nichts sichtbar im Fahrzeug zurücklassen.

SPRACHE

Vor der Reise einen Dänisch-Sprachkurs zu belegen, lohnt sich für einen dreiwöchigen Urlaub nicht. Natürlich freut sich jeder Däne, wenn man wenigstens die grundlegenden Begriffe kennt und ansatzweise aussprechen kann. Doch die Verständigung klappt auch ohne Dänisch sehr gut. Viele Dänen sprechen oder verstehen **Deutsch** und wenn es damit mal nicht klappt, dann steht meist auch **Englisch** zur Verfügung.

Das niedliche Adjektiv „hyggelig"

Dänemark ist hügelig? Nun ja, das Königreich gilt als eher flaches Land, dennoch findet sich in der dänischen Sprache vielmals das Adjektiv „hyggelig". Dieses bezeichnet auch keine Landschaftsformen, sondern ist vielmehr ein Ausdruck von Gemütlichkeit – dänischer Gemütlichkeit. Den Begriff kann man nicht so einfach ins Deutsche übersetzen, wahrscheinlich hat er auch deshalb schon bei Dänemarkfreunden Einzug in die deutsche Sprache gefunden. Ersetzt werden kann er beispielsweise mit den Adjektiven lieblich, malerisch, freundlich, niedlich, geborgen, vertraut oder angenehm. So kann das dänische Lebensgefühl als „hyggelig" bezeichnet werden oder auch das gesamte Land. Dementsprechend ist Dänemark also doch hyggelig? Eindeutig ja!

Bei einem Blick auf das dänische Alphabet fallen einem aber sofort verschiedene Buchstaben auf, die man in deutschsprachigen Ländern nicht kennt: æ/Æ, ø/Ø und å/Å, die in dieser Reihenfolge am Ende des dänischen Alphabets stehen. Das æ ist vergleichbar mit dem deutschen Umlaut ä, während das ø wie ein ö ausgesprochen wird. Lediglich das å hat mit dem ähnlich aussehenden deutschen a nichts gemein. Es spricht sich wie ein offenes o (wie z. B. in „vorn") aus. Erwähnt werden sollte die Rechtschreibreform, die vor vielen Jahren in Dänemark stattgefunden hat. Unter anderem sah sie vor, dass der Buchstabe aa durch å abgelöst wird und es wurde aus einer Stadt wie Aabenraa die Stadt Åbenrå. Da sich dadurch aber nicht nur die Schreibweise, sondern auch die Aussprache geändert hat, sind viele betroffene Gemeinden dazu übergegangen, die alte Schreibweise weiterzubenutzen. So ist es nicht ungewöhnlich, wenn in einer Stadt wie Aalborg bzw. Ålborg beide Schreibweisen zu lesen sind.

Einige wichtige dänische Begriffe

Guten Tag	*Goddag*
Auf Wiedersehen	*Farvel/På gensyn*
ja/nein	*ja/nej*
bitte/danke	*Undskyld/Tak*
geöffnet	*åben*
geschlossen	*lukket/sluttet*
Montag	*mandag*
Dienstag	*tirsdag*
Mittwoch	*onsdag*
Donnerstag	*torsdag*
Freitag	*fredag*
Samstag	*lørdag*
Sonntag	*søndag*
Einkaufszentrum	*indkøbscenter*
Hilfe	*hjälp*
Polizei	*politi*
Arzt	*læge*
Zahnarzt	*tandlæge*
Apotheke	*apotek*
Krankenhaus	*sygehus, hospital*
Null	*nul*
Eins	*en*
Zwei	*to*
Drei	*tre*
Vier	*fire*
Fünf	*fem*
Sechs	*seks*
Sieben	*syv*
Acht	*otte*
Neun	*ni*
Zehn	*ti*
Hundert	*et hundrede*
Tausend	*et tusinde*

STRASSEN

Auch die Straßenverhältnisse unterscheiden sich nicht sonderlich von denen in Deutschland. Auffällig ist die Randmarkierung auf den Landstraßen. Diese ist gestrichelt, was aber keine Bedeutung hat. An Kreuzungen regeln Markierungen auf dem Boden den Verkehr. Wer die kleinen weißen Dreiecke sieht, der muss Vorfahrt gewähren. Positiv ist in Dänemark das Verhältnis zu **Radfahrern.** Sie werden nicht als „Verkehrsstörung", sondern als Teil des Verkehrs wahrgenommen. Zahlreiche Radwege innerhalb und außerhalb der Städte werden von nicht wenigen Radlern genutzt. An den Ampelkreuzungen finden sich auch Lichtsignale für Radfahrer und selbst innerhalb von Kreisverkehren gibt es im Rondell sogar eigene Kreisverkehre für Velofahrer.

BESCHILDERUNG

Die Beschilderung entspricht weitestgehend der in Deutschland, Österreich und der Schweiz. Hier gibt es keine großen Überraschungen. Einzig in den Städten sieht man Hinweisschilder mit der Bezeichnung O1 oder O2. Dabei handelt es sich um die Verkehrsführung auf den **Ringstraßen.** O1 ist in der Regel die Straße, die einmal rund um den engen Stadtkern verläuft. O2 ist dann schon weiter außerhalb und führt den Autofahrer meist sicher um die Stadt herum. Nur in der größten Stadt des Landes, in Kopenhagen natürlich, gibt es noch eine O3 und eine O4.

Ein weiteres Schild, das vielfach zu sehen ist, zeigt auf braunem Grund eine **Margeritenblume.** Sie kennzeichnet die gleichnamige Route, die sich auf über 3500 km durch ganz Dänemark erstreckt und an jeder Sehenswürdigkeit des Landes vorbeiführt. Wer dieser Blume folgen möchte und wirklich alles sehen will, der muss sehr viel Zeit mitbringen.

Zudem gibt es die beiden Hinweisschilder auf Sving und Bump. Was niedlich klingt, sind aber Gefahrenhinweise. Mit Sving ist eine Kurve gemeint und Bump macht es, wenn man zu schnell über die damit gemeinten Hügel zur Verkehrsberuhigung fährt. Und wer das Schild Gågade mit dem Fahrzeug passiert, hat etwas falsch gemacht. Es steht nämlich für eine Fußgängerzone.

Touristische Hinweisschilder an Autobahnen

Entlang der dänischen Autobahnen weisen große braun-weiße Schilder auf Sehenswürdigkeiten hin, die sich hinter den nächsten Abfahrten verstecken. Die nationale Verkehrsbehörde will landesweit mit 70 bis 80 dieser touristischen Hinweisschilder vor allem auf bedeutende Schlösser, Kirchen und Museen aufmerksam machen, die nicht mehr als zehn Kilometer von der Autobahn entfernt liegen.

STROM

In Dänemark gibt es **230-Volt-Wechselstrom** und es passen alle deutschen Stecker in die dänischen Steckdosen. Eine 10-m-Kabeltrommel ist für die Stromsäule auf dem Campingplatz meistens genug, weniger sollten es

024wd-mm

⊡ *Kein anderes Land ist so fahrradfreundlich wie Dänemark*

aber nicht sein. Manche der Plätze haben zu den üblichen dreipoligen CEE-Steckdosen auch die handelsübliche Steckdose als Alternativangebot.

TANKEN

Die Versorgung mit Benzin oder Diesel ist auch nördlich von Flensburg kein Problem. In jeder größeren dänischen Ortschaft befindet sich mindestens eine Tankstelle, meistens handelt es sich um die Mineralölgesellschaften Statoil oder Q8. Doch selten haben die Tankstellen rund um die Uhr geöffnet. Die meisten schließen am späten Abend, das Betanken jedoch ist dank Tankautomaten weiterhin möglich. Diese kann man natürlich auch tagsüber benutzen, um sich den Weg in das Kassenhäuschen zu ersparen. Hierfür drückt man lediglich vor dem Betanken die Taste für Kartenzahlung („Kort").

Urlaubsfotos können dank der guten Netzabdeckung problemlos verschickt werden

TELEFON, HANDY UND INTERNET

In der EU gibt es keine Roaminggebühren mehr. Damit ist das Telefonieren und Surfen mit dem Handy im EU-Ausland so günstig wie zu Hause – es sei denn, man nutzt das Handy im Ausland über einen längeren Zeitraum hinweg, dann können je nach Anbieter Nutzungsobergrenzen gelten.

WLAN-Hotspots stehen an zahlreichen öffentlichen Orten wie Restaurants, Cafés, Kneipen, Bars und Hotels zur Verfügung.

Vorwahl nach Dänemark

Aus Deutschland, Österreich und der Schweiz wählt man die Ländervorwahl 0045 und danach direkt die achtstellige Telefonnummer, da in Dänemark keine Ortsvorwahlen existieren.

Vorwahlen aus Dänemark

- Deutschland 0049
- Österreich 0043
- Schweiz 0041

ÜBERNACHTEN

„Dänemark gehört zu Skandinavien und Skandinavien wird immer mit dem Jedermannsrecht verbunden. Und das Jedermannsrecht besagt, man darf mit dem Wohnmobil überall hin, wo man will." Diese Aussagen sind immer noch weit verbreitet, aber purer Unsinn. Das Jedermannsrecht findet hauptsächlich in Schweden Anwendung, richtet sich aber ohnehin eher an Wanderer oder Reisende im Outdoorbereich und nicht an Wohnmobilisten!

In Dänemark gilt grundsätzlich: Das Übernachten in einem Wohnmobil ist außerhalb von Campingplätzen und Stellplätzen verboten. Allerdings gilt auch: Das Erholen bzw. Ausruhen zur Wiedererlangung der Fahrtüchtigkeit nach Müdigkeit ist erlaubt. Jedoch gibt es immer wieder Zeitgenossen, die auf einem „handelsüblichen" Parkplatz die Markise ausfahren, Campingstühle und die dazugehörigen Tische aufstellen und ihre Bratwurst auf den Grill legen. Dies ist schlicht und einfach Camping und nicht erlaubt.

Aber in manchen Fällen ist es schwer, hier eine Grenze zu ziehen. Manche Behörden sprechen schon von Camping, wenn bloß das Ausstellfenster ein Stück auf ist. Denn streng genommen ändern sich dadurch die Außenmaße des Fahrzeugs und schon ist es nicht nur ein bloßes Parken. Daher gehen manche Kommunen auf Nummer Sicher und verbieten das nächtliche Parken von Wohnmobilen, was ja dann auch eindeutig ist.

Wer sich aber rücksichtsvoll und bescheiden gibt und sich zudem an die örtlichen ausgeschilderten Vorschriften hält, der wird wohl keine Probleme bekommen, seine Fahrtüchtigkeit bei Ermüdung wiederherzustellen – denn das ist sehr wohl gestattet. Dazu gehört natürlich auch, nicht direkt in Nachbarschaft zu einem Campingplatz zu übernachten. Dänemark ist kein großes Land, aber trotzdem groß genug, um ein ruhiges Eckchen zu finden, wo man im Wohnmobil übernachten kann.

CAMPING

Camping ist in Dänemark sehr populär und so kommt es nicht von ungefähr, dass in diesem verhältnismäßig kleinen Land rund 500 Campingplätze existieren. Die wohl größte Campingorganisation Dänemarks heißt DK-Camp mit ca. 200 angeschlossenen Plätzen. Häufig sieht man aber auch die Dansk Camping Union (DCU) und FDM-Camping mit mehreren Plätzen. Darüber hinaus trifft man gelegentlich auf die schwedische Campingplatz-Kette First Camp, die auch Plätze in Dänemark betreibt.

In der Vergangenheit wurden viele dänische Campingplätze vom **Campingrat** klassifiziert und mit unterschiedlichen Sterne-Angaben ausgezeichnet. Die Arbeit des Campingrates wurde jedoch unter anderem aus wirtschaftlichen Gründen eingestellt. Ein weiterer Grund war der vom Campingrat ausgestellte Campingpass, der auf manchen Campingplätzen verpflichtend war und damit gegen das Wettbewerbsgesetz verstieß.

Man wird natürlich auch noch in naher Zukunft **Sterne-Symbole** an den Campingplätzen sehen, besonders dann, wenn es sich um mehrere Sterne handelt. Doch eine aktuelle Bedeutung haben sie nicht mehr. Sie können nur darauf hindeuten, wie der Platz einst ausgezeichnet wurde. Allerdings erkennt man den Unterschied zwischen einem Einsterne- und einem Fünfsterneplatz ohne Weiteres. Letztere haben eine umfangreiche Ausstattung inkl. Waschmaschine, Trockner und Speiseraum sowie eine Rezeption, die täglich von 8 Uhr bis 22 Uhr besetzt ist. Auch die Parzellen sind deutlich größer als bei einem 1-Stern-Campingplatz.

Die meisten Campingplätze befinden sich an den Küsten der Nord- und Ostsee, wo man meist nicht lange suchen muss. Einige wenige findet man wiederum auch im Binnenland an Seen oder besonderen Sehenswürdigkeiten wie beispielsweise dem Legoland. Nur wenige Campingplätze befinden sich an beschaulichen Orten. Meistens sind diese Plät-

©025wd-mm

ze verhältnismäßig klein, bieten aber dafür viel Ruhe.

In der Regel sieht man die Campingplätze schon von Weitem, da entweder an der Einfahrt oder auf dem Platz Fahnenstangen stehen. An diesen wehen dann Flaggen mit einem Campingsymbol und der Flagge der dazugehörigen Campingorganisation.

Früher wurde das von vielen Campingplätzen angebotene Prinzip einer **vereinfachten Übernachtung** als **Quickstop** bezeichnet und war an die Uhrzeit (Anreise nach 20 Uhr und Abreise vor 10 Uhr) gebunden. Mittlerweile wird das etwas flexibler gehandhabt und DK-Camp bezeichnet diese Plätze nun als **DK-Stellplätze.** (Manche Campingplätze werben aber weiterhin mit dem Begriff Quickstop.)

Man sollte die DK-Stellplätze allerdings nicht mit klassischen Wohnmobilstellplätzen, wie man sie aus Deutschland kennt, vergleichen, sondern eher mit einer etwas vereinfachten Übernachtungsmöglichkeit auf bzw. an einem Campingplatz (meist vor der Schranke). Außerdem gelten die Preise in der Regel nur für zwei Personen. Ab der dritten Person im Wohnmobil fallen üblicherweise weitere Gebühren an. Eine Übersicht der über 200 Campingplätze, die DK-Stellplätze anbieten, findet man auf der Website http://dk-camp.dk, in zahlreichen Tourismusbüros liegt zudem eine Broschüre zu diesem Thema aus.

⊡ *Nicht immer ist freies Stehen gern gesehen. Zuwiderhandlungen können teuer werden.*

Darüber hinaus kategorisiert DK-Camp seine Campingplätze noch in CityCamping und Små Pladser. Mit Små Pladser sind zwar keine Wohnmobilstellplätze gemeint, doch diese über 40 Campingplätze sind in der Regel kleine Familienbetriebe und daher oftmals „hyggeliger“ (s. S. 30) als die großen Ferienzentren.

Die Angabe des Preises für ein Fahrzeug auf einem Campingplatz kann auf manchen Plätzen auch ersetzt werden durch den Preis einer Platzeinheit. Die Kosten für Personen kommen natürlich hinzu. Teilweise ist der Preis abhängig von der Lage des einzelnen Stellplatzes oder ob es sich um einen einfachen oder einen komfortablen Platz handelt. Da es den Rahmen sprengen würde, für jeden einzelnen Platz sämtliche Preis-Variationen aufzuführen sind in diesem Buch immer die höchsten Preise angegeben. Das bedeutet, dass bei einer Reise in der Nebensaison mit weniger Kosten gerechnet werden kann. Die Hauptsaison verläuft in der Regel von Mitte Juni bis Ende August.

Dennoch können die Preise nur als Richtlinie gesehen werden, da kurzfristige Preiserhöhungen oder Umgestaltungen des Tarifs bzw. Ergänzungen durch Müllgebühren durch den Platzbetreiber nicht ausgeschlossen werden können.

Leider ist es in Dänemark noch weit verbreitet, Duschmünzen (bzw. Scheckkarten) auszugeben. Nur wenige Campingplätze bieten das Duschen im Preis mit an.

› www.dk-camp.dk

WOMO-STELLPLÄTZE

Immer noch selten sieht man in Dänemark klassische Wohnmobilstellplätze, wie man sie vielleicht aus Deutschland oder Frankreich kennt. Die Gründe liegen klar auf der Hand:

Keine freie Übernachtung auf Rømø

Es war im August 2002, als ich mit einem alten VW-Bus durch Skandinavien reiste und mich in den letzten Tagen der Reise im Süden Dänemarks herumtrieb. Als abschließender Höhepunkt sollte die ausgiebige Erkundung der Insel Rømø stattfinden. Obwohl die Gemeinschaft der Rømø-Strandbesucher meinen Wagen bereits zweimal wieder aus dem Sand herausgezogen hatte, beschloss ich, die Nacht am Strand zu verbringen. Ich stellte den Wagen, wie viele andere auch, am Rand der Dünung ab und ignorierte die zahlreichen Verbotsschilder auf der gesamten Insel. Es war gegen halb eins in der Nacht, als es energisch gegen die Scheibe klopfte und eine freundliche Stimme rief: „Bitte aufmachen, Polizei!" Wenig später wechselten umgerechnet 75 Euro den Besitzer und ich bekam den Tipp, dass der Damm zwischen der Insel und dem Festland formal zu letzterem gehöre und auf dem Festland die einmalige Übernachtung erlaubt sei. So konnte ich also die Insel verlassen und versuchen, auf dem Parkstreifen des Dammes zu nächtigen. Ein Versuch blieb es deswegen, weil noch bis um 5 Uhr morgens Wohnmobile kamen, deren „gute" Verstecke auf der Insel durch die Polizeiaktion aufgespürt worden waren.

Seitdem weiß ich, dass Rømø tagsüber ein Muss ist, nachts jedoch muss ich auf den Campingplatz, auf den mittlerweile vorhandenen einzigartigen Stellplatz Oasen (55) oder auf das Festland.

Rund 500 Campingplätze in einem recht kleinen Land lassen kaum noch Platz für ausgewiesene Stellplätze, die zudem auch weniger Geld in die Gemeindekasse bringen.

Eine Alternative sind jedoch die vielen **Gäste- bzw. Jachthäfen (Marinas),** die Wohnmobilgäste ebenfalls für sich entdeckt haben. Zahlreiche Ortschaften entlang den Küsten verfügen über einen kleinen Hafen, der meistens natürlich mit Strom und Toilette ausgestattet ist. Bezahlt wird dann entweder am Automaten (meist nur mit Karte), an dem auch die Freizeitsegler ihr Übernachtungsentgelt entrichten und an dem man das entsprechende Womo-Symbol auswählt, oder beim Hafenmeister. In einigen Fällen kann es auch vorkommen, dass man nur mit Bargeld im Umschlag mittels Einwurf in einen Briefkasten bezahlt.

PINTRIP

Über 300 **private Gastgeber** stellen ihr Grundstück für eine Übernachtung zur Verfügung, wenn man die **Pintrip-Vignette** vorweisen kann. Sie ist zusammen mit einem Reiseführer für 52,90 € auf www.pintrip.eu erhältlich und wird für ein Jahr ausgestellt. Wer möchte, kann diese Art Mitgliedschaft auch abonnieren. Dazu gibt es die App „Pintrip – Erlebnisse Wohnmobil" für Android und iOS. Ohne Reiseführer oder Abo kann man die App auch einmalig einen Monat lang für 39,90 € nutzen.

⊡ Dänische Campingplätze kann man nur schwer übersehen

027wd-mm

URLAUBSAKTIVITÄTEN

WASSERSPORT

Eingezwängt zwischen Nord- und Ostsee und im Landesinneren einige Seen und Flüsse, da wundert es nicht, wenn man zahlreiche Badegelegenheiten vorfindet. Meistens sind diese auch ausgeschildert und manche, vor allem an der Küste, verfügen über Duschen und Toiletten.

In der Hauptsaison achten Rettungsschwimmer an den hoch frequentierten Badestränden auf die Sicherheit der Badegäste und viele Strände sind aufgrund der guten Infrastruktur und der hohen Wasserqualität mit dem Siegel der **Blauen Flagge** ausgezeichnet.

Ein weiterer Zeitvertreib in Dänemark ist das **Angeln.** Zahlreiche Plätze bieten die Möglichkeit, die Leine auszuwerfen, doch es wird in Dänemark ein Angelschein benötigt. Dieser kann in allen Postämtern erworben werden und gilt beispielsweise für einen Tag oder eine Woche. Er kann auch online unter www.fisketegn.dk bestellt werden.

Bjørn Dunkerbeck

Wer aus Dänemark stammt und 42 Weltmeistertitel errungen hat, der hat höchstwahrscheinlich mit dem Wassersport zu tun. So ist es bei Bjørn Dunkerbeck, der als erfolgreichster Windsurfer aller Zeiten gilt. Dunki, wie er liebevoll genannt wird, lebt heute in Spanien und Andorra, besitzt einen niederländischen Pass, spricht vier Sprachen und stellt eigene Surfbretter her. Er begann seine sportliche Karriere mit neun Jahren und konnte im Laufe der Zeit die Erfolge der Windsurflegende Robby Naish überbieten. Das Einzige, was er auf dem Surfbrett nicht gewinnen konnte, war ein Sieg bei den Olympischen Spielen.

029wd-mm

Tour de France

Das wohl berühmteste Radrennen der Welt, die Tour de France, startet oftmals außerhalb Frankreichs. Im Jahr 2022 war Dänemark Ausgangspunkt für die Tourenfahrer auf ihrem Weg nach Paris. Dabei durfte das skandinavische Land gleich drei Etappen für sich beanspruchen. Der Startpunkt für das Einzelzeitfahren am ersten Juliwochenende war in Kopenhagen. Nach der kurzen Distanz von 13 Kilometern folgten zwei Flachetappen und zwar von Roskilde nach Nyborg (199 km) und von Vejle nach Sønderborg (182 km).

RADFAHREN

Ganz ehrlich? Wer sein Fahrrad zu Hause lässt und nicht mit nach Dänemark nimmt, der verpasst etwas. Eine solch gute Infrastruktur gibt es höchstens in den Niederlanden oder in Estland. Hinzu kommt noch, dass das Land relativ flach ist. Zahlreiche Radwege durchkreuzen das gesamte Land. Vielfach verlaufen sie auf eigenen Wegen und wenn nicht, dann gibt es eine extra markierte Spur auf der Straße. Auf dem Land hat man sogar Kreuzungen mit Kreisverkehren teilweise so perfekt gelöst, dass sich die Wege der Fahrrad- und Autofahrer gar nicht kreuzen. In Dänemark bedeutet Fahrrad fahren tatsächlich Entspannung für die ganze Familie. Darüber hinaus gibt es zahlreiche sogenannte Fahrradautobahnen. Die Strecke C99 (Albertslundruten) führt über 17 km von Albertlund direkt in das Zentrum von Kopenhagen. Weitere Radschnellwege sind in den letzten Jahren hinzugekommen bzw. noch in Planung. Die längste von ihnen ist die Frederikssundruten (C97) von Frederikssund bis in den Kopenhagener Vorort Bellahøj.

Begegnungen mit Radfahrern sind keine Seltenheit

Zahlreiche Tourenvorschläge für längere Fahrten, aber auch kurze Tagestouren erhält man auf der deutschsprachigen Website www.denmarkbybike.dk.

WANDERN

Egal, wo man sich befindet, überall trifft man auf Wanderwege. Ob es die kurze Route an einer Sehenswürdigkeit ist oder die größere Tour durch die nähere Umgebung: In Dänemark ist Wandern angesagt! Bei Wanderungen in der Nähe von **Militärübungsplätzen** sollte man auf die an einem Mast angebrachten Ballone achten. Sind sie oben, dann wird scharf geschossen, anderenfalls hat man auf den Wanderwegen seine Ruhe.

Informationen über regionale Wanderwege haben die Touristeninformationen vor Ort.

Bjarne Riis

Der erste Radsportler aus den skandinavischen Ländern, der die legendäre Tour de France gewann, heißt Bjarne Riis. 1964 im dänischen Herning geboren, begann seine Profikarriere bereits im Alter von 12 Jahren. Im Jahre 1996 holte er den berühmtesten Radsport-Titelgewinn nach Dänemark, doch schon zur Jahrtausendwende zog er sich aus dem aktiven Radsport zurück, da er im Jahr zuvor einen schweren Sturz erlitten hatte, von dem er sich nicht mehr erholen konnte. Später war er als sportlicher Leiter für ein eigenes Team verantwortlich. Im Mai 2007 gestand er – wie viele seiner Radkollegen – vor der Presse, dass sein damaliger Sieg unter Einfluss von Dopingmitteln zustande gekommen war.

Als Bjarne Riis 1996 die Tour de France gewann, wurde im selben Jahr in Hillerslev Jonas Vingegaard geboren. Dieser trat in seine Fußstapfen und wurde in den Jahren 2022 und 2023 Gesamtsieger der Tour de France.

Dänemark und der Fußball

Ein dänisches Sommermärchen fand im Jahre 1992 in Schweden statt. Aufgrund des Balkankonfliktes wurde der damalige Staat Jugoslawien kurzfristig von der Fußball-Europameisterschaft ausgeschlossen. Als Ersatz wurde die dänische Nationalmannschaft nominiert, die in der Qualifikation nur Gruppenzweiter geworden war und somit eigentlich nicht hätte teilnehmen dürfen. Die Dänen setzten sich im Turnier durch und erreichten schließlich das Finale. Dort trafen sie auf den damaligen Weltmeister Deutschland und gewannen das Spiel mit 2 : 0. Damit holte die eigentlich gar nicht qualifizierte Mannschaft den Titel des Europameisters zu sich nach Dänemark.

Bei der Europameisterschaft 2020, die wegen der Corona-Pandemie erst im Jahr 2021 ausgetragen wurde, erreichte die Nationalmannschaft immerhin das Halbfinale, in dem sie aber schließlich gegen England ausschied.

DRACHEN STEIGEN LASSEN

Drachen steigen lassen ist nicht typisch dänisch, aber Dänemark bietet sehr gute Möglichkeiten, diesem Hobby nachzugehen. Lange, weite Sandstrände – viele davon fast menschenleer – und recht häufig ein guter Wind, der von der Nordsee her bläst. Im Juni findet alljährlich auf der Insel Fanø das **Drachenfestival** statt, während jedes erste Septemberwochenende den Drachenfans auf der Insel Rømø vorbehalten ist. Tausende Flugdrachen werden in die Höhe geschickt und es ist immer wieder faszinierend, die verschiedenen Formen und Farben am Himmel zu beobachten.

Wer keine Lust hat, stehend einen Drachen steigen zu lassen, der kann einen der **Kitestrände** benutzen. Der harte Sand bietet sehr gute Möglichkeiten, im Kitebuggy seine Runden zu drehen. Viele küstennahe Gemeinden haben daher schon extra Abschnitte ihrer Strände für Kitefans abgetrennt.

VERHALTENSHINWEISE

TRINKGELD

Es ist nicht üblich, Trinkgelder zu geben. Hierbei spielt es keinerlei Rolle, ob man nun beim Friseur sitzt oder im Café. Gezahlt wird nur das, was auf der Rechnung steht.

Ein anderer finanzieller Posten, der in Deutschland anfallen würde, fällt in Dänemark ebenfalls weg: die **Kurtaxe.** Das Gesetz sieht vor, dass jede Küste und jeder Strand kostenlos von jedem Menschen betreten werden darf.

TÜREN UND TORE

Durch ganz Dänemark ziehen sich Wanderwege, von denen viele über Weiden und Wiesen führen. Häufig befinden sich dort Tiere, auch wenn man diese nicht immer sieht. Damit die Tiere nicht über die Wanderwege weglaufen können, gibt es mehrere Möglichkeiten, wie der Wanderer die Weiden betreten kann. An Verkehrswegen befinden sich in der Regel **Weidegitter** im Boden, die die Tiere nicht betreten können. Diese Variante kommt in Dänemark jedoch nicht so häufig vor. An Weidezäunen sieht man dagegen häufiger kleine Holzstufen, die den Wanderer auf die Höhe des Zaunes bringen und auf der anderen Seite wieder hinab. Eine weitere Variante sind Weidetore oder kleine Türchen, die im Regelfall mit einem Zugband automatisch geschlossen werden. Doch nicht immer funktioniert dies wirklich, dann ist es an dem Wanderer, Verantwortung zu zeigen und das Tor wieder ordnungsgemäß hinter sich zu verschließen. Daher bitte niemals Weidetore offen stehen lassen!

VERTRAUENSVERHÄLTNIS

Man radelt auf einem einsamen Feldweg entlang oder fährt mit dem Wohnmobil über eine bewaldete ruhige Nebenstraße und plötzlich sieht man am Wegesrand einen kleinen **Verkaufsstand**. Ein kurzer Blick hinein und man stellt fest, dass der Besitzer nicht in der Nähe ist, jedoch die Waren und eine kleine Kasse aufgestellt wurden. Manchmal besteht letztere sogar nur aus einer Schüssel, damit man sich sein Wechselgeld nehmen kann. Sein Wechselgeld selbst nehmen? Ja, denn die Preise stehen an den Waren, ob es nun Kartoffeln, Erdbeeren, frisch gebackener Kuchen oder selbstgemachte Marmeladen sind. Man nimmt sich einfach so viel man möchte und bezahlt laut Preisliste. Ein schöner Brauch, der natürlich auf Vertrauen basiert, und es wäre schade, wenn dies missbraucht würde. Daher die Bitte: Auch wenn es manchmal verlockend ist, sich kostenlos zu bedienen oder kostenlos ein Museum zu besichtigen (auch das gibt es), die Herstellung/Pflege kostet Geld und es wäre nicht nur Diebstahl, sondern einfach unfair, nicht dafür zu zahlen. Langfristig würde es dann wohl soweit kommen, dass niemand mehr auf diese Art seine Waren anbietet. Und das wäre sehr schade, denn frischer bekommt man diese Produkte selten.

VERKEHRSREGELN

Im Großen und Ganzen entsprechen die dänischen Verkehrsregeln dem Standard der übrigen EU. So herrscht selbstverständlich Anschnallpflicht und das Tempolimit richtet sich nach der Beschilderung. Innerhalb geschlossener Ortschaften sind maximal 50 km/h und außerorts 80 km/h erlaubt. Beim Ortseingangsschild handelt es sich um ein weißes Schild, auf dem die Silhouette einer Stadt abgebildet ist. Fahrzeuge mit Anhänger dürfen auf Landstraßen 80 km/h und auf Autobahnen 100 km/h fahren. Diese Regelung gilt seit 2016 und setzt voraus, dass der Anhänger oder Wohnwagen eine Zulassung für das Fahren mit 100 km/h besitzt. Für die übrigen Fahrzeuge gelten auf den Autobahnen die vorgeschriebenen 110 oder maximal 130 km/h, je nach Beschilderung. Die **Geschwindigkeitsbeschränkungen** sollten zur Schonung des Reisebudgets strikt eingehalten werden, denn der „günstigste“ Verstoß beträgt umgerechnet 70 Euro. Bereits bei einem Tempo von 140 km/h wird das Doppelte fällig, vorausgesetzt, es waren 130 km/h erlaubt. Die Promillegrenze liegt auch in Dänemark bei 0,5 ‰.

Umweltzonen

In den fünf dänischen Städten Kopenhagen, Frederiksborg, Aaborg, Odense und Aarhus existierten Umweltzonen. Bestimmte Fahrzeugtypen älteren Semesters müssen vorab online registriert werden. Genauere Informationen erhält man unter https://miljoezoner.dk/de.

ABWEICHENDE VERKEHRSREGELUNGEN

Es existieren auch einige Regeln, die dem Autofahrer aus den deutschsprachigen Ländern nicht vertraut sind. Eine davon beinhaltet einen Handgriff, den man bei jedem Fahrtantritt zu tätigen hat: Es herrscht das ganze Jahr hindurch die Pflicht, auch tagsüber das Abblendlicht einzuschalten, Standlicht reicht nicht aus.

Eine andere Pflicht besteht bei Stau auf der Autobahn. Hier hat man den nachfolgenden Verkehr mit Warnblinklicht zu warnen. Doch mit einem Stau ist in Dänemark, außer im Großraum Kopenhagen, kaum zu rechnen. Häufig sieht man auf den Straßen auch kleine weiße Dreiecke, auch Haifischzähne genannt. Wer diese vor sich hat, muss schlicht und einfach Vorfahrt gewähren.

Umweltgerecht entsorgen

Manche machen es und manche werden es immer wieder machen. Sie leben nach dem Motto „Es ist ja nur Wasser und außerdem versickert es ja gleich“ und lassen einfach ihren Abwassertank geöffnet oder machen ihn in einem scheinbar unbeobachteten Moment auf. Wenn es wenigstens nur Wasser wäre, aber anscheinend wird vergessen, dass es sich auch um Spülmittel, Duschgel, Zahnpasta und Essensreste handelt. Manche schütten ihr Zeug auch einfach mittels Schüssel aus der Tür ins Gebüsch und den Inhalt der Toilette gleich hinterher, getreu dem Motto „Sieht ja keiner und was weg ist, ist weg“.

Nicht nur, dass es verboten ist, es ist auch einfach eine Sauerei. Einmal der Natur gegenüber, andererseits dem Gastgeberland Dänemark. Und zu guter Letzt schadet man mit diesem Verhalten dem Ruf der Wohnmobilreisenden und so darf man sich nicht wundern, wenn man in bestimmten Ländern oder Regionen als Wohnmobilist bereits jetzt schon nicht mehr gern gesehen wird und dieser Fall eines Tages auch in Dänemark eintritt.

Zugegebenermaßen ist es in Dänemark nicht einfach, irgendwo außerhalb eines Campingplatzes zu entsorgen. Aber gegen einen kleinen Obolus hilft sicherlich auch mal eine Tankstelle weiter. Und wer partout Campingplätze zur Übernachtung vermeiden möchte, der kann dort zumindest entsorgen. Auch hier ist in den meisten Fällen ein kleines finanzielles „Dankeschön“ hilfreich.

Wer also jemanden beim „Womo-Wasserlassen“ beobachtet, der sollte ihn einfach mal darauf ansprechen. Wenn derjenige demnächst auch nur ein einziges Mal aus Gewissensbissen ordentlich entsorgt, dann hat es sich schon gelohnt!

Und schließlich darf ein Fahrzeug **mit deutschem Kennzeichen** nicht an Personen ausgeliehen werden, die in Dänemark ihren Wohnsitz haben. Diese Regel hat allerdings nichts mit der Verkehrssicherheit zu tun, sondern besteht aus steuerlichen Gründen.

VER- UND ENTSORGUNG

Mit Ver- und Entsorgungsstellen ist es ähnlich wie mit Womo-Stellplätzen. Auch wenn die Entsorgungsstationen in den letzten Jahren mehr wurden und sie in diesem Buch aufgeführt werden, sind es im Vergleich zu anderen Reiseländern immer noch sehr wenige. Es geht nach dem Motto: Wofür welche einrichten, wenn es jede Menge Campingplätze gibt? Aber auch hier wird man immer öfter an den Marinas fündig. Selbst an Marinas, an denen man nicht übernachten darf, besteht oftmals eine Entsorgungsmöglichkeit.

ROUTE 1

DER SÜDEN JÜTLANDS MIT RØMØ UND FANØ

167wd©embeki, stock.adobe.com

6 km
© Reise Know-How 2024
Skødstrup
Varde
Tofterup
SYDDANMARK
Skulpturenmusem Tørskind Grusgrav
Egtved
Hovborg
Kragelund
Ho Bucht
Rebelsig
ROUTE 1
KOLDING
ESBJERG
Birksbøl
Vejen
Nordby Sogn
Gredstedbro
Foldingbro
Fanø
Aussichts-punkt
Sønderho Sogn
Hoppeshuse
Dansk Klokkemuseum
Jels
Christiansfelde
Wikingerspiele
Rødding Kommune
Ribe
Låningsvejen
Mandø By
Mandø
Rejsby
Gram Sogn
Vojens
Gabøl
E45
Haderslev
Nationalpark Wattenmeer
Brøns Sogn
Rømø
Rømø Damm
Toftlund
Skovby
Toftum
Marsk Tower
Rangstrup
Spidsbjerg
Roost
Genner
Havneby
Husum-Ballum
Hellevad Sogn
HighPark Sonderjylland
Bodum
Rødekro Kommune
List
Trøjborg Schlossruine
Söllstedt
Aabenraa
Uwe Düne
Sylt
Hoyer
Tonder
Bredevad
Røllum
Saksborg
Rickelsbüller Koog
Westerland
Tingleff
Klippleff
Nolde Museum
Klanxbüll
SCHLESWIG-HOLSTEIN
Padborg
Niebüll
FLENSBURG
Dagebüll
DEUTSCHLAND
A7
Ockholm
Tarp
Bornholm
Rønne
Nexø
Aalborg
Århus
KØBENHAVN
Sjælland
Fyn
Køge
Langeland
Ærø
Møn
Flensburg
Lolland
Falster

ROUTENÜBERSICHT

Die Region Syddanmark umfasst das Grenzgebiet zu Schleswig-Holstein und die Insel Fünen, die jedoch erst in einer späteren Route bereist wird. Die nun gefahrene Strecke beginnt mit einer Fahrt über die in der Ostsee gelegene Insel Als. Anschließend wird das im Norden der Region liegende Kolding besucht, welches zu einer Besichtigung des Koldinghus im gleichnamigen Schloss einlädt. Weiter geht es an der ehemaligen Grenze zu Deutschland entlang, die noch bis 1920 von Kolding bis Esbjerg verlief. Hier sind nicht nur zahlreiche Museen sehenswert, sondern auch die vorgelagerte Insel Fanø, die von Esbjerg aus in wenigen Minuten erreichbar ist. Im Anschluss verläuft die Route in Ribe an der einzigen fünfschiffigen Kirche des Landes vorbei. Von dort sind es nur noch wenige Kilometer zur Ferieninsel Rømø, die durch einen Damm mit dem Festland verbunden ist und einen kilometerlangen Sandstrand besitzt, der mit dem Wohnmobil befahren werden darf. Im August finden auf der Insel beliebte Drachenfestivals statt.

Strecke:

Flensburg – **Padborg** (7 km) – **Kruså** (1 km, s. S. 44) – **Sønderborg** (28 km, s. S. 46) – **Nordborg** (18 km, s. S. 49) – **Aabenraa** (37 km, s. S. 51) – **Haderslev** (21 km, s. S. 53) – **Christiansfeld** (12 km, s. S. 55) – **Kolding** (39 km, s. S. 56) –**Vejen** (24 km, s. S. 57) – **Esbjerg** (50 km, s. S. 58) – **Insel Fanø** (1 km, s. S. 60) – **Ribe** (32 km, s. S. 61) – **Insel Rømø** (39 km, s. S. 65) – **Tønder** (45 km, s. S. 71)

Streckenlänge:

Ohne Abstecher circa 342 km

S. 41: Auf dem Marktplatz (Torvet) von Esbjerg erhebt sich die Reiterstatue von Christian IX.

PADBORG UND KRUSÅ

(8 km – km 8)

Den ersten Kontakt mit Dänemark hat man in **Padborg,** einem kleinen, fast unbedeutenden Ort, der direkt an der Grenze zu Deutschland liegt. Der Übergang ist jedoch eher fließend, denn in Pattburg, wie der Ort einstmals hieß, existieren eine deutsche Schule und ein deutscher Kindergarten.

Direkt neben Padborg befindet sich ein weiterer kleiner Grenzort, der sogar mit der deutsch-dänischen Grenze wirbt, **Kruså.** Es ist der östlichste Ort an der Grenze und ein beliebter Ausgangspunkt für Radtouren durch das Grenzgebiet von der Ostsee bis zur Nordsee. Dabei überquert der Radler auf einer Gesamtstrecke von 130 km über ein Dutzend Mal den Grenzverlauf. Beide Ortschaften liegen am **Gendarmstien,** einem 74 km langen Wanderweg entlang der Küste.

Unterwegs lernt man zahlreiche Grenzgeschichten kennen, die heute zum Teil kurios wirken. Nördlich der deutschen Ortschaft Niehuus, am zum Teil noch erhaltenen gebliebenen alten kopfsteingepflastertern Grenzweg, wird man über das sogenannte **Grenztelefon** informiert. Dabei handelte es sich um ein unterirdisches Rohr, das auf beiden Seiten der Grenze an die Oberfläche trat und durch das dann kommuniziert werden konnte.

Wer sein Fahrrad nicht dabei hat oder sich nicht zu einer Radtour entschließen möchte, der hat in Kruså die Möglichkeit, ein ehemaliges deutsches Gefangenenlager zu besichtigen. In den letzten beiden Jahren des Zweiten Weltkriegs diente das **Frøslev-Lager** der deutschen Sicherheitspolizei in Dänemark hauptsächlich zur Inhaftierung von Widerstandskämpfern. Gebaut wurde es, um Deportationen von Dänen in Konzentrationslager auf deutschem Boden zu verhindern. Genützt hat es ca. 1600 Gefangenen leider nichts – sie wurden trotzdem deportiert. Rund 10.000 Gefangene konnten aber gerettet werden. Zu sehen gibt es in dem Bau, der zum Dänischen Nationalmuseum gehört und aus einem Hauptwachturm und zwei ehemaligen Gefangenenbaracken besteht, eine interessante Ausstellung über die Geschichte des Lagers.

Touristeninformation

› **Aabenraa Touristenbüro,** 6200 Aabenraa, Storegade 30, Tel. +45 74623500, www.visitaabenraa.dk

Sehenswertes

› **Frøslev-Lager Museum,** 6330 Padborg, Lejrvejen 83, Tel. +45 74676557. Die Gefangenenbaracke und der Hauptwachturm können besichtigt werden und befinden sich zum Teil noch im Originalzustand. Von Februar bis November Di–So 10–18 Uhr.

Essen

› **Holdbi Kro,** 6340 Kruså, Åbenråvej 24a, Tel. +45 74673000, www.ahb.dk. Täglich 17.30–21 Uhr geöffnet, werden hier auf einem ehemaligen Bauernhof leckere Steaks angeboten.

Entsorgungsstation

› Gleich auf dem ersten Rastplatz auf der E45 hinter der deutsch-dänischen Grenze befindet sich in beiden Fahrtrichtungen eine Entsorgungsmöglichkeit für Grauwasser. GPS 54.82654, 9.330028

3 Krusaa Camping og Hytter

GPS 54.85361, 9.40222

Großer, lebhafter Platz mit Pool, von Bäumen umrandet. **Lage/Anfahrt:** an der 170, im Norden der Stadt auf der linken Seite; **Platzanzahl:** 400; **Untergrund:** Wiese; fest; **Sicherheit:** bewacht; **Preiskat.:** €€€; **Geöffnet:** ganzjährig; **Kontakt:** 6340 Kruså, Åbenråvej 7, Tel. +45 74671206, www.krusaacamping.dk

4 Frigård Camping

GPS 54.84236, 9.45824

Großer, lebhafter Platz mit Pool, durch einen Wald von der Ostsee getrennt, Quickstop. **Lage/Anfahrt:** von der 8 in Richtung Sønderborg rechts abbiegen, kurz darauf auf der linken Seite; **Platzanzahl:** 650; **Untergrund:**

Wiese; fest; **Sicherheit:** bewacht; **Preiskat.:** €€€; **Geöffnet:** ganzjährig; **Kontakt:** 6340 Kruså, Kummelefort 14, Tel. +45 74678830, www.firstcamp.dk

5 Lærkelunden Camping

GPS 54.90111, 9.57083
Familiärer Platz mit direkter Anbindung an die Ostsee. **Lage/Anfahrt:** von der 8 in Richtung Sønderborg rechts abbiegen und kurz darauf auf der linken Seite; **Platzanzahl:** 250; **Untergrund:** Wiese; fest; **Sicherheit:** bewacht; **Preiskat.:** €€€; **Geöffnet:** April–21. Oktober; **Kontakt:** 6300 Gråsten, Nederbyvej 17–25, Tel. +45 74650250, www.laerkelunden.dk

6 Gammelmark Strand Camping

GPS 54.88619, 9.72822
Quickstop. großer, abgelegener Platz direkt an der Bucht von Sønderborg. **Lage/Anfahrt:** von der 8 in Richtung Sønderborg in Broager rechts abbiegen, später links in die Straße Gammelmark; **Platzanzahl:** 240; **Untergrund:** Wiese; fest; **Sicherheit:** bewacht; **Preiskat.:** €€€, Stellplatz vor der Schranke für zwei Personen €€; **Geöffnet:** April–Ende Sept.; **Kontakt:** 6310 Broager, Gammelmark 20, Tel. +45 74441742, www.gammelmark.dk

7 Stellplatz Kruså

GPS 54.872130, 9.454148
Bei einem reetgedeckten Bauernhof mit freundlichen Besitzern. **Lage/Anfahrt:** Von Kruså auf der Straße 401 Richtung Nederby und nach kurzer Fahrt links in den Hønsnapvej einbiegen. Gleich darauf wieder links zum Hof. Das Haupthaus befindet sich auf der rechten Seite. Sehr ruhige Lage. **Platzanzahl:** 4; **Untergrund:** Schotter; **Service:** Toilette darf benutzt werden; **Sicherheit:** direkt am Haus; **Preiskat.:** €; **Geöffnet:** ganzjährig; **Kontakt:** Hof Lindegaarden, Bygaden 18, 6340 Kruså

Die Gefangenenbaracke des Frøslev-Lagers

8 Rinkenæshus Camping

GPS 54.894085, 9.554342
Kleiner, einfacher Campingplatz ohne Anbindung an das Wasser. **Lage/Anfahrt:** Direkt neben einer Schule an der Straße 401 in Gråsten; **Platzanzahl:** 40; **Untergrund:** Rasen; **Sicherheit:** umzäunt, beleuchtet; **Preiskat.:** €€; **Geöffnet:** März–Oktober; **Kontakt:** Sejrsvej 41–43, 6300 Gråsten, Tel. +45 81816300, www.rinkenaeshus.dk

Hans Christian Andersen: „Das kleine Mädchen mit den Schwefelhölzern"

Ein kleines Mädchen versucht an einem kalten Winterabend, Streichhölzer zu verkaufen, und friert elendig in ihrer kaputten Kleidung. Obwohl es ihr verboten ist, zündet sie ein Streichholz an, um sich zu wärmen. Dabei stellt sie sich vor, an einem warmen Ofen zu sitzen, und zündet weitere Hölzer an, bis sie tragisch stirbt.

SØNDERBORG

(28 km – km 36)

Die erste größere Stadt Dänemarks liegt schon nicht mehr auf dem Festland, sondern auf der mit einer Brücke verbundenen **Insel Als** und heißt **Sønderborg.** Zuvor durchquert man jedoch auf der Straße 8 in östlicher Richtung einige kleinere Dörfer und Weiler der Halbinsel Sundeved, die den nördlichen Abschnitt der Flensburger Förde (auf Dänisch: „Flensborg Fjord") bildet.

Entstanden ist die Gemeinde durch eine Festung, die Valdemar II. in der zweiten Hälfte des 12. Jh. erbauen ließ. Sie wurde später als Gefängnis, Lager, Krankenhaus und Kaserne genutzt. Heute befindet sich dort das Museum der Region Süd-Jütland mit Ausstellungen über die Seeschifffahrt und die Besetzung Dänemarks durch die Deutschen. Im Kontrast dazu befindet sich nicht weit von der Festung entfernt das **Deutsche Museum Nordschleswig,** in dem über die Geschichte der deutschen Minderheit in Dänemark berichtet wird. Untergebracht ist die Ausstellung

mit der deutschen Bücherei im Verwaltungsgebäude einer ehemaligen Brauerei.

Schnell fällt auf, dass Sønderborg kaum historische Gebäude zu präsentieren hat. Dieser Umstand begründet sich durch den Deutsch-Dänischen Krieg im Jahr 1864, in dem der Ort stark zerstört wurde. Im Süden der Stadt, direkt am Alssund, befindet sich mit Blick auf die nach König Christian X. benannte Klappbrücke das **Schloss.** Diese Königsburg stand zwar auch schon vor den vernichtenden Bränden, die durch den Krieg verursacht wurden, hat ihr Äußeres jedoch seit ihrer Errichtung gegen Ende des 12. Jahrhunderts mehrfach verändert. Im Inneren befindet sich ein Museum, das die Geschichte Nordschleswigs präsentiert.

Ein weiteres Museum der Stadt, das **Geschichtszentrum Dybbøl Banke,** befasst sich ausschließlich mit den Ereignissen des Jahres 1864. Es liegt außerhalb der Stadt im Westen am Originalschauplatz, wo im April 1864 die Wehranlage namens Düppeler Schanzen eingenommen wurden.

Nur wenige Schritte vom einstigen Schlachtfeld entfernt, erhebt sich die strahlend weiße **Dybbøl-Mühle.** Sie steht aufgrund der Ereignisse rund um die Mühle in Dänemark sinnbildlich für Tapferkeit. Betrieben wurde sie bis 1990, heute lädt sie zu einem Besuch ein und im Erdgeschoss kann man sich über die Geschichte der aus dem 18. Jahrhundert stammenden Getreidemühle informieren.

Mit Sønderborg hat man zum ersten Mal das dänische Festland verlassen und die erste der zahlreichen Inseln auf den vorgeschlagenen Routen erreicht. Durch ihre Lage kann die Stadt auch als Tor zur Insel Als bezeichnet werden, die sich im Osten erstreckt. Nach dem bereits erwähnten Deutsch-Dänischen Krieg war das Eiland bis 1920 Teil der preußischen Provinz Schleswig-Holstein und somit des Deutschen Reichs.

Nach Verlassen von Sønderborg erreicht man zunächst **Augustenborg,** das mit einem **Rokokoschloss** aufwarten kann. Biegt man dort auf die Straße 427 nach Süden ab, so sieht man bereits von Weitem den Leuchtturm, der sich am Damm zwischen Als und der **Halbinsel Kegnæs** erhebt. Kegnæs besticht im Süden durch einen schönen langen Sandstrand, ist aber sonst eher landwirtschaftlich geprägt.

036wd-mm

Touristeninformation

› **Sønderborg Touristenbüro,** 6400 Sønderborg, Perlegade 50, Tel. +45 74423555, www.visitsonderborg.com, Mo–Fr 10–17 Uhr, Sa 10–13 Uhr, von Juli bis Mitte August Mo–Fr auch bis 17.30 Uhr.

Eine ehemalige Mühle auf der Insel Als dient heute als Museum

Dänemarks Farben können auch Blau und Gelb sein

Sehenswertes

- **Deutsches Museum Nordschleswig,** 6400 Sønderborg, Rønhaveplads 12, Tel. +45 74435423, www.deutsches-museum.dk, geöffnet Mo 10–15 Uhr, Di 10–16 Uhr und Fr 10–13 Uhr. Sammlungen über die Entwicklungsgeschichte der deutschen Kultur in Nordschleswig.
- **Museum Schloss Sønderborg,** Sønderbro 1, Sønderborg, www.msj.dk/de/schloss-sonderburg, 95 DKK
- **Geschichtszentrum Dybbøl Banke,** Dybbøl Banke 16, 6400 Sønderborg, GPS 54.906497, 9.753126, www.1864.dk, 130 DKK
- **Dybbøl-Mühle,** https://1864.dk/dybboel-moelle, 50 DKK

9 Stellplatz an der Marina Sønderborg

GPS 54.899088, 9.794263

Stellplatz an der Marina, allerdings ohne Blick auf das Wasser. **Lage/Anfahrt:** Im Süden der Stadt und nur 200 m hinter dem Campingplatz; **Platzanzahl:** 8; **Untergrund:** Asphalt; **Preiskat.:** €€; **Geöffnet:** April–Sept.; **Kontakt:** Marina Allé 12, 6400 Sønderborg, Tel. +45 27848525, www.soenderborg-lystbaadehavn.dk

10 Sønderborg Camping

GPS 54.90083, 9.79777

Kleiner, angenehmer Platz am Südrand der Stadt in unmittelbarer Nähe zum Jachthafen. **Lage/Anfahrt:** auf der Ringgade Richtung Hafen fahren, der Platz befindet sich auf der rechten Seite; **Platzanzahl:** 150; **Untergrund:** Wiese; fest; **Sicherheit:** bewacht; **Preiskat.:** €€€; **Geöffnet:** Ende März–Oktober; **Kontakt:** 6400 Sønderborg, Ringgade 7, Tel. +45 74424189, www.sonderborgcamping.dk

11 Madeskov Camping

GPS 54.93527, 9.84578

Kleiner und ruhiger Platz, der zwischen Waldrand und Fjord gelegen ist. **Lage/Anfahrt:** am Kreisverkehr auf der Straße 8 hinter dem Ortsausgang von Sønderborg der Beschilderung zum Platz folgen; **Platzanzahl:** 60; **Untergrund:** Wiese; fest; **Sicherheit:** bewacht; **Preiskat.:** €€€; **Geöffnet:** 15. März–21. Oktober; **Kontakt:** 6400 Sønderborg, Madeskov 9, Tel. +45 74421393

⑫ Augustenborg Yachthavn Camping

GPS 54.94138, 9.87055

Sehr kleiner, ruhiger Platz am Jachthafen von Augustenborg. 19 Stellflächen mit einer Größe von 50 qm auf Rasen oder Kies. **Lage/Anfahrt:** auf der Straße 8 fährt man Richtung Fynshav und biegt an der Ausfahrt Augustenborg und vor dem Jachthafen links ab; **Platzanzahl:** 19; **Untergrund:** Schotter, Wiese; fest; **Sicherheit:** umzäunt; **Preiskat.:** €€; **Geöffnet:** April–Okt.; **Kontakt:** 6440 Augustenborg, Langdel 6, Tel. +45 74471562, https://ayh.dk/de/campingplatz

NORDBORG

(18 km – km 54)

Auf dem Weg von Sønderborg bzw. Augustenborg nach Norden verlässt man die Straße 8 und trifft über die Straße 405 auf die Ortschaft **Nordborg,** die trotz der geringen Größe der Insel Als keinen Zugang zum Meer besitzt.

Geprägt ist die Stadt seit 1933 durch die ansässige Firma Danfoss, die im Bereich der Wärmeheiztechnik überregional bekannt ist. Im Jahr 2005 wurde neben dem Firmengebäude der Universe Wissenschaftspark errichtet, der sich hauptsächlich an Kinder richtet. Ausprobieren und Verstehen lautet die Devise dieses kleinen Freizeitparks und so werden technische und naturwissenschaftliche Themen in spielerischer Form erläutert.

Touristeninformation

› **Nordborg Touristenbüro,** 6430 Nordborg, Storegade 15, Tel. +45 60171357, www.visitsonderborg.com, geöffnet: Mo–Fr 10–16 Uhr, in der Hauptsaison Mo–Fr 10–17 Uhr, Sa 10–13 Uhr

◁ Typische Architektur dänischer Gotteshäuser

Sehenswertes

› **Universe Wissenschaftspark,** 6430 Nordborg, Mads Patent Vej, www.universe.dk, geöffnet: April–Okt. meist 10–17 oder 11–16 Uhr, jedoch an Einzeltagen geschlossen, daher vor dem Besuch auf der Website informieren, Eintritt: 29 € (online 24 €), unter 5 J. frei

⑬ Hertugbyns Camping

GPS 54.94694, 9.85416

Quickstop. Kleiner, angenehmer Platz auf der Halbinsel bei Augustenborg mit der Möglichkeit, frischgefangenen Fisch zu genießen. **Lage/Anfahrt:** auf der Straße 8 fährt man in Richtung Fynshav und biegt an der Ausfahrt Augustenborg und hinter dem Jachthafen links ab; **Platzanzahl:** 70; **Untergrund:** Wiese; fest; **Sicherheit:** bewacht; **Preiskat.:** €€€€; **Geöffnet:** ganzjährig; **Kontakt:** 6440 Augustenborg, Ny Stavnsbøl 1, Tel. +45 74471639

⑭ Augustenhof Strand Camping

GPS 55.07750, 9.71444

Kinderfreundlicher Platz im Norden der Insel Als, wenige Schritte zur Ostsee. **Lage/Anfahrt:** Nordborg westlich über die Straße Rugløkke verlassen und der Beschilderung folgen; **Platzanzahl:** 190; **Untergrund:** Wiese; fest; **Sicherheit:** bewacht; **Preiskat.:** €€€; **Geöffnet:** ganzjährig; **Kontakt:** 6430 Nordborg, Augustenhofvej 30, Tel. +45 74450304, www.augustenhof-camping.dk

⑮ Købingsmark Strand Camping

GPS 55.07861, 9.72861

Quickstop. Familiärer Platz an der Nordseite der Insel Als inmitten von Ferienhäusern, mit Anbindung an den Strand. **Lage/Anfahrt:** in Nordborg dem Købingsmarkvej bis zum Ende folgen; **Platzanzahl:** 100; **Untergrund:** Wiese; fest; **Sicherheit:** umzäunt; **Preiskat.:** €€€, Stellplatz vor der Schranke für zwei Personen nach 20 Uhr €; **Geöffnet:** Ende März–Oktober; **Kontakt:** 6430 Nordborg, Købingsmarkvej 53, Tel. +45 74451870, www.koebingsmarkcamping.dk

16 Lavensby Strand Camping

GPS 55.07083, 9.79583
Quickstop. Ruhiger, abgelegener Platz, überwiegend Festcamper, direkt am Strand. **Lage/Anfahrt:** auf der Straße 405 südlich von Nordborg der Beschilderung folgen; **Platzanzahl:** 120; **Untergrund:** Wiese; fest; **Sicherheit:** umzäunt; **Preiskat.:** €€€; **Geöffnet:** April–Oktober; **Kontakt:** 6430 Nordborg, Arnbjergvej 49, Tel. +45 74451914, www.lavensbystrandcamping.dk

17 Naldmose Camping

GPS 54.99416, 9.97638
Quickstop. Familienfreundlicher Platz mit Minigolf zwischen Wald und der Ostsee. **Anfahrt:** auf der Straße 8 am Ortsanfang von Fynshav links ab, zweimal die nächste Straße rechts; **Platzanzahl:** 180; **Untergrund:** Wiese; fest; **Sicherheit:** umzäunt; **Preiskat.:** €€€; **Geöffnet:** April–Oktober; **Kontakt:** 6440 Augustenborg, Naldmose 12, Tel. +45 74474249, www.naldmose.dk

18 Lillebælt Camping

GPS 54.98527, 9.98861
Kleiner, ruhiger Platz südlich des Fähranlegers zur Insel Fyn. **Lage/Anfahrt:** am Ortsanfang von Fynshav rechts abbiegen und später links in den Lillebæltvej; **Platzanzahl:** 150; **Untergrund:** Wiese; fest; **Sicherheit:** umzäunt; **Preiskat.:** €€€€; **Geöffnet:** April–September; **Kontakt:** 6440 Augustenborg, Lillebæltvej 4, Tel. +45 74474840, www.lillebaeltcamping.dk

19 Mommark Marina Camping

GPS 54.93250, 10.04333
Schmaler, langer Stellplatz am Jachthafen von Mommark. **Anfahrt:** auf Straße 8 Richtung Fynshav hinterm Kreisverkehr bei Sønderborg rechts ab, später links den Mommarkvej bis zum Ende; **Platzanzahl:** 100; **Untergrund:** Wiese; fest; **Sicherheit:** umzäunt; **Preiskat.:** €€€–€€€€; **Geöffnet:** 1. März–15. Okt.; **Kontakt:** 6470 Sydals, Mommarkvej 382, Tel. +45 74407700, www.mommarkmarina.dk

20 Lysabildskov Camping

GPS 54.88972, 10.05500
Quickstop. Familienfreundlicher Platz mit Pool, großem Spielplatz und Tennisanlage. **Lage/Anfahrt:** im Südosten der Insel Als der Beschilderung ab Mommark bzw. Sydals folgen; **Platzanzahl:** 190; **Untergrund:** Wiese; fest; **Sicherheit:** bewacht; **Preiskat.:** €€€, Quickstop 20–10 Uhr inkl. zwei Personen €€; **Geöffnet:** April–September; **Kontakt:** 6470 Sydals, Skovforten 4, Tel. +45 74404398, www.alscamping.dk

21 Skovmose Camping

GPS 54.87138, 10.01388
Angenehmer Platz am Ortsrand von Skovby mit Strandzugang. **Anfahrt:** auf Straße 8 Richtung Fynshav hinter dem Kreisverkehr bei Sønderborg rechts ab, am Ende rechts und zweite Straße links; **Platzanzahl:** 170; **Untergrund:** Wiese; fest; **Sicherheit:** bewacht; **Preiskat.:** €€€; **Geöffnet:** April–September; **Kontakt:** 6470 Sydals, Skovmosevej 8, Tel. +45 74404133, www.skovmose-camping.dk

22 Drejby Strandcamping

GPS 54.86055, 9.99916
Großer, lebhafter Platz an der Südspitze der Insel Als, direkt am Damm zur Insel Kegnæs. **Lage/Anfahrt:** auf der Straße 8 in Richtung Fynshav hinter dem Kreisverkehr bei Sønderborg rechts abbiegen, am Ende rechts, der Platz ist auf der linken Seite; **Platzanzahl:** 460; **Untergrund:** Wiese; fest; **Sicherheit:** bewacht; **Preiskat.:** €€€€; **Geöffnet:** 23. März–21. Okt.; **Kontakt:** 6470 Sydals, Kegnæsvej 85, Tel. +45 74404305, www.drejby.dk

In Dänemark findet man häufig Holzschnitzereien

039wd-mm

23 Sønderkobbel Camping

GPS 54.85388, 9.95861

Kleiner, ruhiger Platz mit Strandzugang und Blick auf die Flensburger Förde. **Lage/Anfahrt:** über den Damm von der Insel Als zur Insel Kegnæs, links in die Straßen Bredsten und Piledøppel; **Platzanzahl:** 130; **Untergrund:** Wiese; fest; **Sicherheit:** umzäunt; **Preiskat.:** €€€; **Geöffnet:** ganzjährig; **Kontakt:** 6470 Sydals, Piledøppel 2, Tel. +45 74405162, www.sonderkobbel.de

24 Sønderby Strand Camping

GPS 54.86555, 9.89166

Ruhiger Platz am Ortsrand von Sønderby auf der Insel Kegnæs. **Lage/Anfahrt:** über den Damm von der Insel Als zur Insel Kegnæs, auf der Hauptstraße bis zum Ende, hinter der Kirche von Sønderby links; **Platzanzahl:** 125; **Untergrund:** Wiese; fest; **Sicherheit:** bewacht; **Preiskat.:** €€€; **Geöffnet:** Ende März–Sept.; **Kontakt:** 6470 Sydals, Sønderbygade 4–6, Tel. +45 74405313, www.sonderbystrandcamping.dk

AABENRAA

(37 km – km 91)

Nach erneuter Überquerung des Alssundes bei Sønderborg führt die Straße 41 in nördliche Richtung nach **Aabenraa.**

Südlich der Stadt wechselt man auf die Straße 170 und passiert auch schon die ersten Hafenanlagen. Früher war der Ort eine bedeutende Hafenstadt und auch heute sind noch einige Reedereien in Aabenraa angesiedelt. Auf dem Weg ins Zentrum liegen erst der Jachthafen (Achtung Stellplatz! Der Beschilderung folgen.), dann der Südhafen, der Alte Hafen und schließlich der Industriehafen. Auf der linken Seite beginnt die Straße Møllemærsk, die zum kleinen **Schloss Brundlund** führt. Die weiß getünchte ehemalige Befestigungsanlage wurde auf Befehl von Königin Margarete I. erbaut und schließlich als Wohnsitz des Landrates benutzt. Heute beherbergt es im Inneren ein Kunstmuseum mit Werken, die hauptsächlich aus dem südlichen Jütland stammen. In Aabenraa sollte man außerdem die kleine Altstadt besichtigen, die einige hübsche alte Giebelhäuser sowie die sehenswerte St.-Nikolai-Kirche vorzuweisen hat.

Touristeninformation

› **Aabenraa Touristenbüro,** 6200 Aabenraa, Storegade 30, Tel. +45 74623500, www.visitaabenraa.dk, Mo–Fr 9–16 Uhr, Sa 9–12 Uhr, in der Hauptsaison Mo–Fr 9–17.30 Uhr, Sa 9–13 Uhr

Sehenswertes

› **Schloss Brundlund,** 6200 Aabenraa, http://msj.dk/brundlund-slot, Di–So 11–17 Uhr, Eintritt: Erw. 85 DKK, Kinder unter 18 Jahren frei. Das dazugehörige gemütliche Schlosscafé bietet Kaffee und Kuchen. Im Sommer können die Speisen und Getränke auch im Schlosspark genossen werden.

Picknickplatz

1 **An der Straße 41,** GPS 54.95972, 9.68888, zwischen Vester Sottrup und Ullerup Sogn

25 Aabenraa Citycamping

GPS 55.02472, 9.41444

Quickstop. Jugendherberge mit Campingmöglichkeiten am Südrand der Stadt Aabenraa. **Lage/Anfahrt:** von der Straße Rugkobbel abbiegen in den Sønderskovvej; **Platzanzahl:** 150; **Untergrund:** Wiese; fest; **Sicherheit:** bewacht; **Preiskat.:** €€€; **Geöffnet:** ganzjährig; **Kontakt:** 6200 Aabenraa, Vandrerhj. Sønderskovvej 100, Tel. +45 74622699, https://aabenraa-citycamping.dk

26 Camper Stop Aabenraa

GPS 55.02444, 9.412983

Stellplatz, der zum Citycamping Aabenraa gehört. **Lage/Anfahrt:** Die Einfahrt befindet sich gleich links neben der Ausfahrtschranke vom Campingplatz; **Platzanzahl:** 30; **Untergrund:** Schotterrasen; **Sicherheit:** Schranke; **Preiskat.:** €; **Geöffnet:** ganzjährig; **Kontakt:** Sønderskovvej 100, 6200 Aabenraa, Tel. +45 74622699, www.camperstop.dk

27 Skarrev Camping

GPS 55.04666, 9.49916

Kleiner, ruhiger Platz am Nordrand des Aabenraa Fjords. **Lage/Anfahrt:** in Aabenraa der Beschilderung nach Avbæk folgen, der Campingplatz liegt weit außerhalb der Stadt; **Platzanzahl:** 60; **Untergrund:** Wiese; fest; **Sicherheit:** umzäunt; **Preiskat.:** €€€; **Geöffnet:** April–23. Sept.; **Kontakt:** 6200 Aabenraa, Skarrevvej 334, Tel. +45 74617421, https://skarrevcamping.dk

28 Tiny Seaside, Loddenhøj

GPS 55.10444, 9.52500

Sehr kleiner, ruhiger Platz mit Strandzugang und Blick auf Insel Barsø. Derselbe Betreiber wie Skarrev Camping 27. Der Schwerpunkt liegt nach einem größeren Umbau mittlerweile auf der Vermietung von modernen Tiny Houses. Einige Stellflächen stehen jedoch weiterhin zur Verfügung. **Lage/Anfahrt:** in Løjt Kirkeby nordöstlich von Aabenraa nach Barsmark und links in den Loddenhøjvej einbiegen; **Platzanzahl:** 20; **Untergrund:** Wiese; fest; **Sicherheit:** umzäunt; **Preiskat.:** €€€; **Geöffnet:** April–23. September; **Kontakt:** 6200 Aabenraa, Loddenhøjvej 245, Tel. +45 74617090, www.tinyseaside.dk

29 Sandskær Camping

GPS 55.11666, 9.49666

Großer, familienfreundlicher Platz an der Genner Bucht mit verhältnismäßig kleinem Strand. **Anfahrt:** in Løjt Kirkeby nordöstlich von Aabenraa Richtung Sandskær fahren; **Platzanzahl:** 290; **Untergrund:** Wiese; fest; **Sicherheit:** bewacht; **Preiskat.:** €€€€; **Geöffnet:** April–23. September; **Kontakt:** 6200 Aabenraa, Sandskærvej 592, Tel. +45 74617326, www.sandskaer.dk

30 Genner Hoel Camping

GPS 55.11027, 9.43916

Kleiner Platz zwischen Hauptstraße und Wald. **Lage/Anfahrt:** direkt an der Straße 170 von Aabenraa nach

31 Stellplatz Kystvej

GPS 55.034239, 9.423565
Übernachtungsmöglichkeit an der Marina von Aabenraa. **Lage/Anfahrt:** Auf der Straße 170 nordwärts in den Ort fahren und gleich am ersten Hafen rechts abbiegen, dann zwischen den beiden Hafengebäuden hindurch zum Stellplatz; **Platzanzahl:** 30; **Untergrund:** Sand/Schotter; **Sicherheit:** Schranke; **Preiskat.:** €€–€€€ je nach Größe (bis 8 m und über 8 m Länge); **Geöffnet:** ganzjährig; **Kontakt:** Kystvej 55, 6200 Aabenraa, Tel. +45 74628985, www.aabenraa-sejlclub.dk

037wd-mm

Haderslev, kurz vor Genner auf der rechten Seite; **Platzanzahl:** 50; **Untergrund:** Wiese; fest; **Sicherheit:** umzäunt; **Preiskat.:** €€€; **Geöffnet:** Ostern–Anfang Okt.; **Kontakt:** 6200 Aabenraa, Haderslevvej 462–464, Tel. +45 74698927, www.gennerhoel.dk

HADERSLEV

(21 km – km 112)

Ebenfalls schmale Altstadtgassen und hübsch restaurierte Fachwerkhäuser findet man im weiter nördlich gelegenen **Haderslev.** Das Örtchen ist etwas umständlich über die Autobahn zu erreichen oder auf dem direkten Weg, der Straße 170, die parallel verläuft. Bereits aus der Ferne ist der **Dom** zu erkennen, der bereits seit dem 13. Jahrhundert leicht erhöht über der Altstadt thront. Diese Backsteinkirche ist die größte von Nordschleswig und beherbergt ein Bronzetaufbecken, jedoch keine Altartafel. Rund um die Kirche lohnt es sich, ein wenig durch die verträumten Gassen zu wandeln, die die 20.000-Einwohnerstadt gemütlich wirken lassen.

Touristeninformation

› **Haderslev Touristen-Infopoint,** 6100 Haderslev, Bispebroen 3, Infopoint im Kulturhaus, einer von mehreren Infopoints, die in der Stadt verteilt sind, Tel. +45 73545630, www.visithaderslev.dk

32 Sønderballe Camping

GPS 55.13194, 9.47611
Kinderfreundlicher Platz nördlich der Genner Bucht. **Lage/Anfahrt:** von der Straße 170 von Aabenraa nach Haderslev rechts in den Sønderballevej, der Platz liegt auf der linken Seite; **Platzanzahl:** 175; **Untergrund:** Wiese; fest; **Sicherheit:** bewacht; **Preiskat.:** €€€; **Geöffnet:** ganzjährig; **Kontakt:** 6100 Haderslev, Diernæsvej 218, Tel. +45 74698933, https://soenderballe-camping.dk

33 Gåsevig Strand Camping

GPS 55.14250, 9.50138
Quickstop. Einsam gelegener und kinderfreundlicher Platz direkt an der Ostsee. **Lage/Anfahrt:** am Camping

Sønderballe vorbei und an der nächsten Möglichkeit rechts; **Platzanzahl:** 230; **Untergrund:** Wiese; fest; **Sicherheit:** bewacht; **Preiskat.:** €€€€; **Geöffnet:** 30. März–30. Sept.; **Kontakt:** 6100 Haderslev, Gåsevigvej 19, Tel. +45 74575597, www.gaasevig.dk

34 Vikær-Diernæs Strand Camping

GPS 55.14972, 9.49583

Großer, belebter Platz an der Ostseeküste. **Lage/Anfahrt:** von der Straße 170 von Aabenraa nach Haderslev rechts nach Diernæs und der Beschilderung folgen; **Platzanzahl:** 330; **Untergrund:** Wiese; fest; **Sicherheit:** bewacht; **Preiskat.:** €€€€; **Geöffnet:** Anfang April–Mitte Sept.; **Kontakt:** 6100 Haderslev, Dundelum 29, Tel. +45 74575464, www.vikaercamp.dk

35 Stellplatz im Jachthafen von Haderslev

GPS 55.248026, 9.500216

Stellplatz an der Marina. **Lage/Anfahrt:** Östlich des Stadtzentrums direkt am Hafen. Von der Straße 170 an der Tankstelle in den Ny Erlevvej einbiegen. Nach kurzer Fahrt links auf das Hafengelände. **Platzanzahl:** 15; **Untergrund:** Schotter; **Sicherheit:** beleuchtet; **Preiskat.:** €€; **Geöffnet:** ganzjährig; **Kontakt:** Sydhavnsvej 1, 6100 Haderslev, www.haderslevsejlclub.dk

36 Camper Parken

GPS 55.272548, 9.497277

Kleiner, reizender Privatcampingplatz an einem Wohnhaus. Mit einem kleinen Flohmarkt in der hauseigenen Garage. **Lage/Anfahrt:** Nördlich von Haderslev direkt an der Straße 170 und dennoch im Wald. Einfach ab Haderslev der Straße 170 nordwärts bis zum Abzweig nach Ladegård folgen. Gleich gegenüber befindet sich die kleine Einfahrt. **Platzanzahl:** 10 (4 x mit Strom); **Untergrund:** Schotter; **Service:** Sanitär im Wohnhaus, **Sicherheit:** Privatgrundstück; **Preiskat.:** €; **Geöffnet:** ganzjährig; **Kontakt:** Christiansfeld Landevej 63, 6100 Haderslev, Tel. +45 60144621, www.camperparken.dk

⊡ Durch dieses Tor betritt man den Friedhof von Christiansfeld

37 Park2Night

GPS 55.271473, 9.499686

Moderner Stellplatz, der von den Eigentümern des CamperParken gebaut wurde und betrieben wird. Dazu gehört eine kleine Golfanlage, auf der man die bereitgestellten Schläger schwingen darf. **Lage/Anfahrt:** Gleich gegenüber vom CamperPark an der Abzweigung nach Ladegård; **Platzanzahl:** 50; **Untergrund:** Schotter; **Service:** Waschmaschine; **Sicherheit:** beleuchtet; **Preiskat.:** €€; **Geöffnet:** Mai–Sept.; **Kontakt:** Højgårdvej 49, 6100 Haderslev, Tel. +45 60144621

38 Stellplatz Årøsund

GPS 55.262536, 9.707311

Stellplatz an der Marina mit Blick aufs Wasser und auf den Jachthafen. **Lage/Anfahrt:** Östlich von Haderslev am Hafen von Årøsund in unmittelbarer Nähe zum Fähranleger auf die Insel Årø. In Haderslev von der Straße 170 auf den Ny Erlevvej wechseln und die Stadt verlassen. Immer geradeaus bis zum Fähranleger, dort links; **Platzanzahl:** 10; **Untergrund:** Schotter; **Sicherheit:** beleuchtet; **Preiskat.:** €€; **Geöffnet:** ganzjährig; **Kontakt:** Aarøsund Havn, 6100 Haderslev

39 Gammelbro Camping

GPS 55.2501, 9.711251

Sehr großer Campingplatz mit Schwimmbad, Kreativwerkstatt und zahlreichen Freizeitmöglichkeiten wie Tauchen und Fischen. **Lage/Anfahrt:** Südlich von Årøsund. In Haderslev von der Straße 170 auf den Ny Erlevvej wechseln und die Stadt verlassen. Immer geradeaus bis zum Fähranleger, dort rechts; **Platzanzahl:** mehr als 300 Parzellen; **Untergrund:** Rasen; **Sicherheit:** Schranke, beleuchtet; **Preiskat.:** €€€€; **Geöffnet:** ganzjährig; **Kontakt:** Gammelbrovej 70, 6100 Haderslev, Tel. +45 74584170, www.gammelbro.dk

384wd-mm

40 Camping am Bauernhof Kolindsholm

GPS 55.282148, 9.556150

Ruhige Übernachtungsmöglichkeit an einem sehr gepflegten Hof. **Lage/Anfahrt:** In Haderslev am Rathaus vorbei auf den Fjelstrupvej in Richtung Sillerup. Ca. 3 km hinter dem Ort auf der linken Seite; **Platzanzahl:** 8; **Untergrund:** Schotter; **Sicherheit:** auf Privatgrundstück am Hofgebäude; **Preiskat.:** €€; **Geöffnet:** ganzjährig; **Kontakt:** Fjelstrupvej 71, 6100 Haderslev, Tel. +45 745662229

CHRISTIANSFELD

(12 km – km 124)

Auf halber Strecke zwischen Haderslev und Kolding befindet sich der kleine Ort Christiansfeld, der die Liste des UNESCO-Weltkulturerbes seit dem Jahr 2015 aufgrund der hier vorhandenen, sehr gut erhaltenen Siedlung der sogenannten **Herrnhuter Brüdergemeine** bereichert.

Das Wohnmobil sollte man hierfür in der Jernbanegade stehen lassen, um einen kurzen Spaziergang durch die überschaubare Stadt zu machen. Überschaubar ist das Stadtzentrum auch deshalb, weil die Straßen der Planstadt rechtwinklig angelegt wurden und man sich schnell und einfach zurechtfindet. Beherrscht wird das Stadtbild von der an sich schlichten **Saalkirche,** die als größter Kirchensaal Dänemarks gilt, der nicht von Säulen getragen wird. Über die Nørregade kommt man in wenigen Gehminuten zum Friedhof Gottesacker, der zur Herrnhuter Brüdergemeine gehört – ebenso ein kleiner Wald außerhalb der Ortschaft. Er ist nach Christina Friederica von Holstein benannt und heißt Christinero bzw. **Christinenruh.** Eigentlich handelt es sich um eine Parkanlage, in der die Brüdergemeine zahlreiche exotische Bäume anpflanzte. Heute ist der Park daher recht zugewachsen, aber die kleine hölzerne Kapelle ist in dem dichten Gehölz gerade deshalb besonders nett anzusehen.

Sehenswertes

› **Christiansfeld** (Museum Kolding), Nørregade 14, 6070 Christiansfeld, https://museumkolding.dk, 50 DKK. Kulturzentrum und Museum, das einen guten Einblick in die Geschichte der Stadt und in die Brüdergemeine ermöglicht. Angeboten werden auch Führungen zu den Stätten der Herrnhuter Brüdergemeine.

Parken

P 2 **Jernbanegade,** GPS 55.354400, 9.482151

KOLDING

(27 km – km 151)

Kolding gilt als Industrie- und Dienstleistungsstadt sowie als wichtiger Verkehrsknotenpunkt. Immerhin treffen hier Autobahnen aus vier Himmelsrichtungen aufeinander, was in Dänemark einmalig ist. Hinzu kommt der gleichnamige Fjord, der es der Schifffahrt ermöglicht, von Kolding aus südlich und auch nördlich zur benachbarten großen Insel Fyn zu fahren. Als touristischer Höhepunkt einer Dänemarkrundreise kann die Stadt jedoch nicht bezeichnet werden. Sehenswert ist aber auf jeden Fall das **Koldinghus,** das zentral an einem See gelegene Schloss aus der Mitte des 13. Jahrhunderts. Bei einem Brand vor rund 200 Jahren wurden große Teile des Bauwerks zerstört. Nach dem Wiederaufbau bzw. der Restaurierung beherbergt es heute oberhalb der Stadt Kolding ein kulturhistorisches Museum. Koldinghus gehörte lange zu einem südlichen Vorposten Dänemarks, da bis zum Deutsch-Dänischen Krieg die Grenze zu Schleswig-Holstein am Südrand der Stadt verlief.

Südlich des Schlosses schließt sich die Altstadt Koldings an, die aber im Gegensatz zu anderen Städten Dänemarks eher unharmonisch und einfach ausfällt. Lohnenswert hingegen ist der **Geografische Garten,** der wesentlich weiter südlich, am Rande der Stadt liegt. Über 2000 verschiedene Gewächse, ob Baum oder Strauch, wachsen hier und können betrachtet werden. Das Besondere daran ist die Anordnung der Pflanzen, die ihrer Herkunft nach geografisch sortiert sind. Zudem existieren ein **Rosengarten** mit mehr als 200 verschiedenen Sorten sowie ein großer Bambushain.

Touristeninformation

- **Touristinformation Kolding,** Infopoint in der Kolding Bibliothek, Slotssøvejen 4

Sehenswertes

- **Koldinghus,** 6000 Kolding, Markdannersgade 11, Tel. +45 76338100, täglich 10–17 Uhr, Eintritt: 130 DKK
- **Botanischer Garten Kolding,** 6000 Kolding, Christian 4 Vej 38, Tel. +45 75503880, Eintritt: 85 DKK

169wd©emeraldphoto, stock.adobe.com

Entsorgungsstationen

- Auf der Autobahn E20 befindet sich zwischen den Ausfahrten 64 und 65 ein Rastplatz. In beiden Fahrtrichtungen kann entsorgt werden. GPS 55.51389, 9.39818
- Auf der Autobahn E45, westlich von Kolding, befindet sich zwischen den Ausfahrten 64 (Kolding Vest) und 65 (Kolding Syd) ein Rastplatz. In beiden Fahrtrichtungen kann entsorgt werden. GPS 55.475534, 9.42424

41 Stellplatz Kolding Lystbådehavn

GPS 55.487788, 9.501392

Stellplatz an der Marina mit direktem Blick auf den Fjord. **Lage/Anfahrt:** Südlich des Hafens befindet sich der Jachthafen, der über den Skamlingvejen ab der Straße 170 zu erreichen ist; **Platzanzahl:** 10; **Untergrund:** Schotter; **Sicherheit:** beleuchtet; **Preiskat.:** €€; **Geöffnet:** Mai-Sept.; **Kontakt:** Skamlingvejen 5, 6000 Kolding, Tel. +45 75532722, www.koldinglystbaadehavn.dk

42 Dancamps Kolding

GPS 55.53808, 9.45065

Der Campingplatz befindet sich in einem Industriegebiet am Rand der Stadt. Der Standort ist ruhig und naturbelassen, aber recht weit vom Stadtzentrum entfernt. **Lage/Anfahrt:** in Kolding die E20 an der Ausfahrt 63 verlassen und ein kurzes Stück auf der 441 in Richtung Dons fahren; **Platzanzahl:** 150; **Untergrund:** Wiese; fest; **Sicherheit:** bewacht, Schrankenanlage; **Preiskat.:** €€€€; **Geöffnet:** ganzjährig; **Kontakt:** 6000 Kolding, Dons Landevej 101, +45 75521388, www.dancamps.dk/kolding

◁ *Das Königsschloss Koldinghus stammt aus dem 12. Jahrhundert*

VEJEN

(24 km – km 175)

Von Kolding bzw. der Ostseeküste geht es nun westwärts zur Nordseeküste, wobei das dänische Festland einmal komplett durchquert werden muss. Die schnellste und einfachste Verbindung führt über die Autobahn E20. Wesentlich langsamer würde es per pedes gehen, was aufgrund eines eigens hierfür angelegten Wanderweges mit der Bezeichnung Kyst til Kyst Stien aber gut möglich wäre. In der gemütlichen Kleinstadt Vejen trifft dieser auf den von Nord nach Süd verlaufenden „Ochsenweg". Dieser auch als „Heerweg" bekannte Wanderweg entstand im Laufe der letzten Jahrhunderte als Handelsroute auf dem Reisende, Geschäftsleute und Pilger unterwegs waren.

Rund 10 km südlich von Vejen, über die Straße 403 erreichbar, befinden sich neben einem Planetarium die Seen von Jels. Diese bilden alljährlich in den ersten beiden Wochen im Juli die Kulisse für **Wikingerspiele.**

Touristeninformation

- **Vejen Touristenbüro,** Sdr. Tingvej 10, 6630 Rødding, Tel. +45 73848520, www.visitvejen.dk, Mo–Fr 10–16 Uhr, Hauptsaison Mo–Fr 10–17 Uhr, Sa 10–12 Uhr

Womo-Reparaturen

- **FB Camping Service,** Industriparken 13, 6630 Rødding, Tel. +45 28749725. Rund 5 km südlich von Vejen befindet sich in einem Industriegebiet der Ortschaft Skodborg eine Werkstatt für Reparaturen speziell für Wohnmobile. GPS 55.42565, 9.160655.

43 Foldingbro Camping

GPS 55.44111, 9.00000

Quickstop. Ruhiger Platz zwischen zwei kleinen Seen. **Lage/Anfahrt:** auf der Straße 32 zwischen Kolding und Ribe auf halbem Weg im Weiler Foldingbro; **Platzanzahl:** 40; **Untergrund:** Wiese; fest; **Sicherheit:**

bewacht; **Preiskat.:** €€€; **Geöffnet:** ganzjährig; **Kontakt:** 6650 Brørup, Kongeåvej 1, Tel. +45 75381078, www.foldingbro-camping.dk

44 Darum Camping

GPS 55.43416, 8.64083

Kleiner, ruhiger Platz zwischen Ribe und Esbjerg, umgeben von Bäumen. **Lage/Anfahrt:** auf der Straße 24 von Ribe nach Esbjerg bei Store Darum links in den Alsædvej abbiegen; **Platzanzahl:** 80; **Untergrund:** Wiese; fest; **Sicherheit:** umzäunt; **Preiskat.:** €€€€; **Geöffnet:** ganzjährig; **Kontakt:** 6740 Bramming, Alsædvej 24, Tel. +45 75179116, www.darumcamping.dk

ESBJERG

(50 km – km 225)

Nach einer ruhigen Fahrt auf der Autobahn E20 erreicht man ihr westliches Ende an der Nordseeküste bei Esbjerg. War Kolding „auf der anderen Seite“ Jütlands touristisch weniger interessant, so ist dies in Esbjerg völlig anders. Neben den Sehenswürdigkeiten hat die Stadt auch regelmäßig stattfindende Veranstaltungen und Festivals zu bieten. Doch auch hier findet man Industrie sowie einen großen Containerhafen.

Direkt nebenan besteht die Möglichkeit, frühmorgens der **Fischauktion** im größten Fischereihafen Dänemarks beizuwohnen. Um die Hafenanlagen aus einer anderen Perspektive betrachten zu können, werden Hafenrundfahrten angeboten und zwischen den zahlreichen Fischtrawlern und Ausflugsschiffen verkehren zusätzlich Fähren nach England, auf die Faröer-Inseln und die vorgelagerte Insel Fanø. Wie viele dänische Städte

Kunst am Strand: „Menschen am Meer“

244wd-mm

lässt sich auch Esbjerg, das vor gerade mal etwas mehr als 150 Jahren gegründet wurde, gut zu Fuß besichtigen. Direkt an den Hafen grenzt das Zentrum mit den rechtwinklig angelegten Straßen rund um den Hauptplatz an der Kongensgade. Gegenüber vom Touristenbüro erhebt sich die Reiterstatue von Christian IX., dessen Blick auf das Musikhaus gerichtet ist.

Dort kann zugleich das **Kunstmuseum** der Stadt besucht werden oder man wagt den Aufstieg auf den **Wasserturm,** der einen schönen Blick auf den Hafen und auf das Zentrum bietet.

Doch das Wahrzeichen der Stadt befindet sich weiter außerhalb am Nordrand von Esbjerg, kann dort aber nicht übersehen werden: Vier Herren sitzen seit dem Jahr 1994 am Strand und blicken auf das Meer. Die acht Meter hohen Statuen der Skulpturengruppe **„Menschen am Meer“** wurden zum einhundertjährigen Bestehen der Stadtrechte feierlich eingeweiht. Allerdings hat zu diesem Zeitpunkt niemand damit gerechnet, dass sie sich zu einem beliebten Fotomotiv und zum Wahrzeichen Esbjergs entwickeln würden. Segler können die vier Männer bei gutem Wetter aus einer Entfernung von 10 km erkennen.

Touristeninformation

- **Esbjerg Infopoint** (wird als Tourist Inspiration bezeichnet), untergebracht in der Bibliothek, Nørregade 19

Sehenswertes

- **Esbjerg Kunstmuseum,** 6700 Esbjerg, Havnegade 20, Tel. +45 75130211, www.eskum.dk, täglich 10–16 Uhr, Eintritt: 90 DKK

Einkaufen

- Jeden Mittwoch und Samstag ist Markt am Torvegade.

Essen und Trinken

- **Dronning Louise,** Torvet 19, www.dr-louise.dk. Dänische Küche mit Fassbier und Livemusik in den Abendstunden.
- **Spisestuen,** Skolegade 21, www.spisestuen.com. Dänische Speisen im Weinlokal.

Entsorgungsstation

- Auf der Autobahn E20 befindet sich zwischen den Ausfahrten 70 und 71 östlich von Esbjerg auf beiden Seiten jeweils ein Rastplatz mit einer Entsorgungsmöglichkeit für Wohnmobile. GPS 55.51878, 8.847856

45 Esbjerg Camping

GPS 55.51250, 8.38833

Familienfreundlicher Platz mit Pool am Nordrand von Esbjerg gelegen. **Lage/Anfahrt:** auf der Küstenstraße an den Skulpturen „Menschen am Meer" vorbei, nach 4 km rechts in den Gudenåvej abbiegen, Einfahrt zum Platz nach 800 m auf der linken Seite; **Platzanzahl:** 190; **Untergrund:** Wiese; fest; **Sicherheit:** bewacht; **Preiskat.:** €€€€; **Geöffnet:** ganzjährig; **Kontakt:** 6710 Esbjerg Vest, Gudenåvej 20, Tel. +45 75158822, http://esbjergcamping.dk

46 Sjelborg Camping

GPS 55.54320, 8.33895

Großer, komfortabler Platz im Erholungsgebiet Marbæk gelegen. **Lage/Anfahrt:** von der Straße 463 Richtung Oksbøl bei Kokspang links in den Kokspang Hedevej einbiegen; **Platzanzahl:** 450; **Untergrund:** Wiese; fest; **Sicherheit:** bewacht; **Preiskat.:** €€€; **Geöffnet:** Mitte April–Mitte September; **Kontakt:** 6710 Esbjerg Vest, Sjelborg Strandvej 11, Tel. +45 75115432, https://sjelborgcamping.dk

INSEL FANØ

(1 km – km 226)

Weniger als eine Viertelstunde dauert die Überfahrt von Esbjerg auf die Insel Fanø und lohnt sich nicht nur für Naturfreunde. Das Schiff legt an der Inselhauptstadt **Nordby** an. Dort lohnt ein Blick in die Kirche. Altar und Kanzel stammen aus dem 17. Jahrhundert und befinden sich in einem schlichten Innenraum, doch von der Decke hängen Schiffsmodelle herab, was darauf zurückzuführen ist, dass Seefahrer sehr gläubig waren und ihr erster Weg nach einer erfolgreichen Reise in die Kirche führte.

Weitere Modelle findet man im **Schifffahrts- und Trachtenmuseum.** Dort wird zudem das Leben der Seemänner und das ihrer Frauen, die sich zu Hause um Arbeit, Kindererziehung und Landwirtschaft kümmern mussten, dokumentiert.

Auf der einzigen Hauptstraße der Insel gelangt man nach Süden, hat zuvor jedoch Möglichkeit, zu den Campingplätzen abzubiegen, die sich in unmittelbarer Nähe zu den bis zu 18 km langen Sandstränden befinden. Wie an vielen Stränden der dänischen Nordseeküste können diese mit dem Fahrzeug befahren werden und so ist es kein Wunder, dass in der Hochsaison zahlreiche Wohnmobile am Strand zu sehen sind. Zu weit nördlich kann und darf man aber nicht fahren, denn dort erstreckt sich eine beeindruckend große

Sandbank, auf der man gelegentlich Seehunde sehen kann.

Kleinere Dinge kann man an Tagen nach Stürmen finden, denn Fanø ist bekannt für seine Bernsteinfunde. Wenn also die Ebbe beginnt und sich das Nordseewasser ein wenig zurückzieht, dann kann der suchende Blick nach unten lohnenswert sein.

Auf dem Weg in den südlichen Teil der Insel durchquert man lange Heideflächen, an denen sich mehrere Parkplätze befinden und so lange und kurze Wanderungen möglich machen. Das Pendant zu Nordby nennt sich **Sønderho.** Dort befindet sich eine schöne holländische Mühle, von der man eine gute Rundumsicht hat. Auch in Sønderho gibt es ein Museum, das sich mit dem Leben von Seefahrerfamilien beschäftigt, das **Hannes Hus.** Benannt wurde es nach der Kapitänswitwe Hanne, die bis in die 1960er-Jahre in dem Haus wohnte. Das Innere des Gebäudes ist für den Besucher so hinterlassen worden, als wäre die Seemannsfamilie gerade eben erst ausgezogen.

Touristeninformation

› **Fanø Touristenbüro,** 6720 Fanø, Nordby, Skolevey 5, Tel. +45 70264200, www.visitfanoe.dk

Sehenswertes

› **Fanø Schifffahrts- und Trachtensammlung,** 6720 Fanø, Nordby, Hovedgaden 28, Tel. +45 21140043, www.fanoskibs-dragt.dk, Okt. 11–15 Uhr, März bis September 11–17 Uhr, Mo geschlossen, November bis Februar generell geschlossen, Eintritt: 50 DKK

47 Rødgård Camping Fanø

GPS 55.42666, 8.39083

Lebhafter Platz mitten auf der Insel Fanø mit Spielplatz. **Lage/Anfahrt:** vom Fährhafen dem Postvejen folgen und rechts in den Kirkevejen einbiegen; **Platzanzahl:** 270; **Untergrund:** Wiese; fest; **Sicherheit:** bewacht; **Preiskat.:** €€€; **Geöffnet:** Mai–August; **Kontakt:** 6720 Fanø, Kirkevejen 13, Tel. +45 75163311, www.rodgaard-camping.dk

48 Feldberg Familie Camping

GPS 55.42888, 8.39166

Lebhafter, großer Platz mitten auf der Insel Fanø. **Lage/Anfahrt:** vom Fährhafen dem Postvejen folgen und rechts in den Kirkevejen einbiegen; **Platzanzahl:** 350; **Untergrund:** Wiese; fest; **Sicherheit:** bewacht; **Preiskat.:** €€€€, Stellplatz vor der Schranke €€; **Geöffnet:** Ende März–21. Oktober; **Kontakt:** 6720 Fanø, Kirkevejen 5, Tel. +45 75163680, www.feldbergfamiliecamping.dk

49 Feldberg Strand Camping

GPS 55.42298, 8.38421

Kleinerer Platz auf Fanø, gehört zum Feldberg Familie Camping, jedoch weniger für Kinder gedacht. **Lage/Anfahrt:** vom Fährhafen dem Postvejen folgen und rechts in den Kirkevejen einbiegen; **Platzanzahl:** 85; **Untergrund:** Wiese; fest; **Sicherheit:** bewacht; **Preiskat.:** €€€€; **Geöffnet:** Ende März–Oktober; **Kontakt:** 6720 Fanø, Kirkevejen 39, Tel. +45 75162490, www.feldbergstrandcamping.dk

RIBE

(32 km – km 258)

In Esbjerg hat man Anschluss an Route 2, jedoch sollte der Rest dieser Routenempfehlung auf keinen Fall ausgelassen werden. Auf der Straße 24 erreicht man weiter südlich geradewegs die **älteste Stadt Dänemarks,** Ribe. Um das Jahr 700 handelte es sich noch um einen Handelsplatz der Wikinger, heute ist Ribe eine gemütliche Kleinstadt, die über keine zentrale Altstadt verfügt, da die ganze Stadt das Flair von Mittelalter versprüht. Doch an Wikingern kommt man auch im 21. Jahrhundert nicht vorbei, wenn man Ribe besucht. Rund einen Kilometer südlich liegt das Freigelände **Ribe VikingeCenter,** wo man sich dem Bogenschießen widmen oder auf einem Wikingermarktplatz bewegen kann. Interessant ist auch ein Gang durch das Ribe des

Beschaulich: die kleinen Gassen von Ribe

286wd-mm

frühen 9. Jahrhunderts, das hier nachgebaut wurde.

Etwas kleiner, aber nicht minder interessant ist das **Museum Ribes Vikinger** am Odins Plads in unmittelbarer Nähe von Ribes Innenstadt. Da es sich bei beiden Ausstellungen um dasselbe Thema handelt, muss man aber ehrlicherweise zugeben, dass eine dieser Präsentationen ausreicht.

Im Zentrum, und schon bei der Anfahrt zu sehen, ist der **Dom von Ribe,** dessen 52 m hoher Turm zu besteigen ist. Von dort oben hat man einen herrlichen Panoramarundblick auf den Ort und die Umgebung. Direkt gegenüber an der Ecke ist das alte Rathaus zu sehen. Das Touristenbüro Ribes veranstaltet mehrere Stadtrundgänge, die jedoch themenbezogen sind. Neben einer herkömmlichen Führung gibt es im Juli und August jeden Mittwoch um 21 Uhr einen Geisterrundgang, bei dem von schauerlichen Dingen wie Königsmord und Hexenverbrennungen berichtet wird, und den 45-minütigen Nachtwächterrundgang, der ebenfalls in den Abendstunden stattfindet. Die Aufgabe des Nachtwächters bestand einstmals darin, die Stadt durch seinen wachsamen Blick vor Brand oder Flut zu schützen. Heute führt er Interessierte durch das abendlich beleuchtete Ribe.

Wer einen längeren Aufenthalt in Ribe und Umgebung plant und mehr als nur eine Sehenswürdigkeit entdecken möchte, für den empfiehlt sich unter Umständen der Kauf des sogenannten **Vadehavspas (Wattenmeerpass),** mit dem es eine Ermäßigung auf den Eintritt vieler Sehenswürdigkeiten und Ausflugsziele im Südwesten Dänemarks gibt. Informationen hierüber hält das Touristenbüro bereit.

Von Ribe ist es nicht mehr weit auf das gerade einmal 8 km² große Eiland **Mandø.** Das Leben und der Aufenthalt auf Mandø, wo es neben dem Campingplatz einige Ferienhäuser, ein Restaurant und das Mandøcenter gibt, ist eher ruhig. Etwa 70 Einwohner rund um den Campingplatz trotzen auf der kleinen Insel, die durch einen Damm mit dem Festland verbunden ist, den Naturgewalten

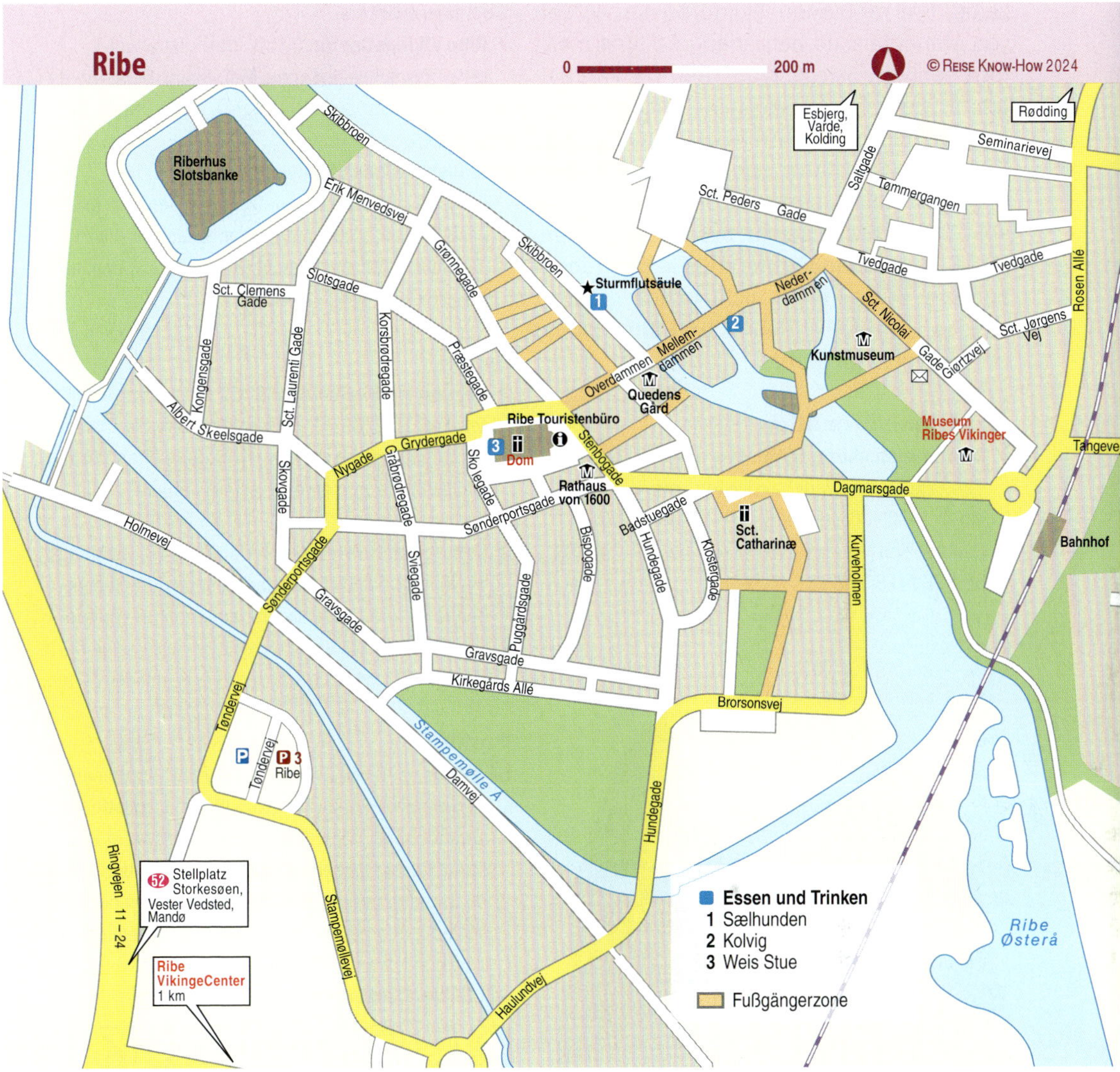

der Nordsee. Es gilt aber zu beachten, dass der Damm bzw. die Wegstrecke nur bei Ebbe befahrbar ist. Die Zeiträume, an denen man zur Insel gelangen kann, werden am Ende der Straße auf dem Festland angezeigt und sind zwingend einzuhalten. Es gab in der Vergangenheit Wohnmobilfahrer, die diese Schilder ignoriert haben und sich dadurch selbst in Gefahr brachten. Am **Wattenmeerzentrum** (www.vadehavscentret.dk), einem informativen Besucherzentrum, kann man alternativ das Wohnmobil stehen lassen und sich für einige Stunden mit einem sogenannten Traktorbus nach Mandø befördern lassen. Dabei handelt es sich um einen zweiachsigen Waggon, der von einem Traktor gezogen wird. Die Waggons bieten teilweise sogar die Möglichkeit, auf dem Dach Platz zu nehmen. Die Überfahrt dauert rund eine Dreiviertelstunde und ist ebenfalls tidenabhängig. Nach einer Aufenthaltsdauer von 2–3 Stunden wird man wieder aufs Festland gebracht. Es gibt zwei Anbieter, die rund um das Wattenmeerzentrum starten, wegen der Tide übrigens gleichzeitig. Die rot-blauen Traktorbusse werden von Mandøbussen betrieben und sind meistens sehr gut belegt. Man kann die Fahrkarten für sie schon vorab online buchen (www.mandoebussen.dk). An hochfrequentierten Tagen können dann auch schon mal drei oder gar vier Busse im Konvoi unterwegs sein. Deutlich weniger gut besucht ist der einzige Bus von Mandøtraktorbus in rot-grünem Farbton. Dieser kann nicht online gebucht werden, ist deutlich leerer und dabei sogar um ein Drittel günstiger.

Touristeninformation

› **Ribe Touristenbüro,** 6760 Ribe, Torvet 3, Tel. +45 75421500, www.vadehavskysten.com, geöffnet: Mo–Fr 9.30–16.30 Uhr, Sa 10–13 Uhr, in der Hauptsaison Mo–Fr 9–18 Uhr, Sa 10–17 Uhr, GPS 55.33027, 8.76333

146wd-mm

⊡ *Der Dom zu Ribe präsentiert sich mit zwei unterschiedlichen Türmen*

Sehenswertes

› **Ribe VikingeCenter,** 6760 Ribe, Lustrupvej 4, www.ribevikingecenter.dk, Mai, Juni u. Sept. Mo–Fr 10–15.30 Uhr, Juli–Aug. täglich 11–17 Uhr, Eintritt: 145 DKK.

› **Museum Ribes Vikinger,** 6760 Ribe, Odins Plads, www.ribesvikinger.dk, von November–März geschlossen, sonst in der Hauptsaison Di–So 10–18 Uhr und Mi sogar bis 21 Uhr, in der Nebensaison 10–16 Uhr, Eintritt: 110 DKK.

Essen

› **Restaurant Sælhunden,** 6760 Ribe, Skibbroen 13, Tel. +45 75420946, www.saelhunden.dk. Direkt an der Schiffsbrücke in einem 400 Jahre alten, rustikalen Gebäude wird eine große Auswahl an Fischgerichten geboten.

› **Restaurant Kolvig,** Mellemdammen 13, www.kolvig.dk. Mittags Sandwiches und abends europäische Küche im ehemaligen Kaufmannshof Kolvigsgård.

› **Restaurant Weis Stue,** Torvet 2, www.weisstue.dk. In einem Fachwerkhaus aus dem 17. Jh. mit Biergarten.

Parken

P **3 Ribe,** GPS 55.324976, 8.757743, Tøndervej. Parkplatz mit Entsorgungsmöglichkeit, Toilette. In unmittelbarer Nähe der Landstraßen 11 und 24. Camping ist nicht erlaubt, aber man darf bis zu 48 Stunden parken, was das Übernachten einschließt. Allerdings steht man sehr eng beieinander.

50 Ribe Camping

GPS 55.34194, 8.76666

Quickstop. Campingplatz mit Pool und Streichelzoo am Waldrand nördlich von Ribe. **Lage/Anfahrt:** auf der Straße 11 Richtung Esbjerg und links in den Farupvej einbiegen; **Platzanzahl:** 210; **Untergrund:** Wiese; fest; **Sicherheit:** bewacht; **Preiskat.:** €€€€, Stellplatz vor der Schranke €€; **Geöffnet:** ganzjährig; **Kontakt:** 6760 Ribe, Farupvej 2, Tel. +45 75410777, www.ribecamping.dk

⊡ *Mit dem Traktorbus fährt man bei eintretender Ebbe vom Festland auf die Insel Mandø*

301wd-mm

51 Mandø Brugs Camping

GPS 55.27388, 8.53888
Sehr kleiner, ruhiger Platz. **Lage/Anfahrt:** auf der Westseite der Insel Mandø, der Inselhauptstraße folgen, nur bei Ebbe erreichbar (Details s. Website); **Platzanzahl:** 40; **Untergrund:** Wiese; fest; **Sicherheit:** umzäunt; **Preiskat.:** €€€; **Geöffnet:** April–Oktober; **Kontakt:** 6760 Ribe, Mandø Byvej 1, Tel. +45 75445102, www.mandoebrugs.dk

52 Stellplatz Storkesøen Ribe

GPS 55.317008, 8.760268
Für den Angelurlaub am Ortsrand von Ribe, gepflegtes Ferienzentrum mit Angelteich. **Lage/Anfahrt:** Südlich und außerhalb von Ribe. Auf der Straße 24 südwärts bis zum Kreisverkehr mit der Straße 11, jedoch weiter auf der 24 bis zum nächsten Kreisverkehr. Dort rechts zur Ferienanlage. Zwar außerhalb von Ribe, aber der Dom ist nur eineinhalb Kilometer und damit fußläufig erreichbar; **Platzanzahl:** 30; **Untergrund:** Rasen; **Sicherheit:** beleuchtet; **Preiskat.:** €€; **Geöffnet:** ganzjährig; **Kontakt:** Haulundvej 164, 6760 Ribe, Tel. +45 75410411, www.storkesoen.dk

53 Stellplatz Kammerslusen

GPS 55.338393, 8.678412
Moderner Wohnmobilstellplatz in ruhiger Lage an einer Schleuse und neben einem Restaurant. **Lage/Anfahrt:** Kurz vor der Mündung des Flusses Ribe Å. Im Westen von Ribe die Straße 24 Richtung Kammerslusen auf dem Bjerrumvej verlassen. Nach etwas mehr als fünf Kilometern erreicht man die Schleuse und davor auf der rechten Seite den Stellplatz; **Platzanzahl:** 28; **Untergrund:** Rasengittersteine; **Service:** Waschmaschine; **Sicherheit:** beleuchtet; **Preiskat.:** €€; **Geöffnet:** April–Sept.; **Kontakt:** Bjerrumvej 30, Tel. +45 92443443, www.kammerslusen.dk

INSEL RØMØ

(39 km – km 297)

Ebenfalls über einen Damm verbunden, ist die Insel Rømø die südlichste der dänischen Nordseeinseln. Um dort hinzugelangen, fährt man von Ribe südwärts auf der Straße 11 in Richtung Tønder und biegt bei **Skærbæk** rechts ab. Noch bevor man den Damm in Richtung Insel befährt, sieht man auf der linken Seite den außergewöhnlichen **Aussichtsturm Marsk Tower,** der im Jahr 2021 gebaut wurde. Der kostenpflichtige Turm wurde aus Stahl errichtet und besteht streng genommen nur aus einer Wendeltreppe, auf der man bis zur oberen Aussichtsplattform gelangt. Zu sehen gibt es die weite, flache Küstenlandschaft inklusive Blick über das Wattenmeer bis zur Insel Rømø. Gleich neben dem Turm befindet sich das dazugehörige elegante Restaurant. Der Außenbereich des Restaurants ist an drei Seiten von einem reetgedeckten Wandelgang umschlossen. Gleich dahinter

172wd-mm

54 Stellplatz Marsk Tower

GPS 55.15628, 8.744258

Moderner, großzügig angelegter Stellplatz mit zwei Entsorgungsstationen, Minigolf, Restaurant und Aussichtsturm. Die Stellflächen wurden rund um einen See angelegt, dessen kleine Inseln über Fußgängerbrücken erreichbar sind. **Lage/Anfahrt:** Am westlichen Ortsrand von Skærbæk gelegen. Zu erreichen über die Straße 175 in Richtung Rømø. Kurz vor dem Damm zweimal scharf nach links abbiegen und der kleinen Straße folgen. Der Turm ist ab der Straße 175 nicht zu übersehen; **Platzanzahl:** 126; **Untergrund:** Asphalt; **Sicherheit:** beleuchtet, Schranke; **Preiskat.:** €€; **Geöffnet:** ganzjährig; **Kontakt:** Hjemstedvej 60, 6780 Skærbæk, Tel. +45 72186780, www.marskcamp.dk

246wd-mm

300wd-mm

erstreckt sich wiederum eine Abenteuer-Minigolfanlage und die Zufahrt zum topmodernen Wohnmobilstellplatz 54.

Sehenswertes

› **Marsk Tower Aussichtsturm,** 90 DKK/Erw., www.marskcamp.dk

Rund 10 km lang führt der Damm je nach Uhrzeit durch die Nordsee oder das Wattenmeer, das im Jahr 2014 von der UNESCO in die Liste des Weltnaturerbes aufgenommen wurde. Der nördliche Abschnitt der Insel ist zum großen Teil militärisches Sperrgebiet, daher lohnt sich das Rechtsabbiegen an der ersten Kreuzung auf der Insel nur, wenn man den Campingplatz Toftum anfahren oder den **Zaun aus Walknochen** sehen möchte. Dieser fast 250 Jahre alte Zaun befindet sich in Juvre und steht unter Denkmalschutz. Kurz davor liegt der frühere **Gutshof Kommandørgården,** in dem heute ein Teil des dänischen Nationalmuseums untergebracht ist.

Das lebhafte Zentrum der Insel ist das im Westen gelegene **Lakolk,** doch im Wesentlichen besteht der kleine Ort aus dem Campingplatz, Geschäften und Ferienhäusern. Am Ende der Straße befindet sich die Zufahrt zum festen Sandstrand, der nach Süden hin sehr weit befahren werden kann. Der Strand ist in Abschnitte unterteilt, unter anderem für Kite-Fahrer, Strandsegler und für Windsurfer, die sich dort ausbreiten können. Wie auch an allen anderen Stränden gelten die üblichen Verkehrsregeln und es ist natürlich Rücksicht zu nehmen.

Fährt man an der ersten Kreuzung hinter dem Damm nach Süden, also nach links, passiert man die kleineren Ortschaften **Kirkeby** und **Østerby.** Auf der rechten Seite der Straße wurden mehrere Parkplätze angelegt, um in den beiden dortigen Wäldern wandern zu können. Am Ende der Straße besteht die Möglichkeit, in das Nachbarland Deutschland zu reisen. Von Havneby aus legt das **Schiff nach Sylt** ab.

Touristeninformation

› **Rømø Touristenbüro,** 6792 Rømø, Juvrevej 6, Tel. +45 73709650, www.romo-tonder.dk

⌃ *Am südlichen Ende von Rømø legen die Fähren von Sylt an*

‹ *Die Insel Rømø steht nicht nur für weite Strände, sondern auch für Wanderwege in blühender Heidelandschaft*

55 Stellplatz Oasen

GPS 55.094202, 8.541481

Einer der wohl mittlerweile bekanntesten Wohnmobilstellplätze Dänemarks besticht nicht nur durch seine Größe, sondern auch durch seine Art. Der Platz besteht aus zwei Bereichen, in denen die Parzellen jeweils vorwiegend um einen Teich angelegt sind. Der gesamte Platz ist gepflegt. Bezahlt wird am modernen Servicegebäude mit Karte. Die Dusch- und Toilettenräume sind groß gehalten und die Parzellen können über ein Schildsystem (rot/grün) als reserviert markiert werden, damit man tagsüber mit dem Womo zum Strand fahren kann. **Lage/Anfahrt:** Nicht direkt am Strand, sondern im südlichen Bereich der Insel kurz vor dem Fähranleger nach Sylt. Nach Verlassen des Damms bis zur Ampelkreuzung, links abbiegen und geradeaus bis zur Beschilderung nach rechts; **Platzanzahl:** 25 auf der kleinen Anlage, ca. 160 Plätze auf der größeren Anlage, davon rund 90 Plätze mit Blick auf den künstlichen See; **Untergrund:** Schotter; **Sicherheit:** beleuchtet; **Preiskat.:** €€; **Geöffnet:** der kleinere Platz ist ganzjährig geöffnet, die größere Anlage von März bis Oktober; **Kontakt:** Rømersvej 9, 6792 Rømø, Tel. +45 73755200, www.oasen-roemoe.dk

230wd-mm

175wd-mm

Picknickplätze an der Straße 11

4 Tøndervej 54, südlich von Ribe,
GPS 55.301415, 8.743179

5 Vesterhavsvej, Rømø,
GPS 55.14972, 8.52916

Stellplätze

› Zum Campingplatz Skærbæk 56 gehört auch ein von Wald umgebener Wohnmobilstellplatz. Anreise jederzeit möglich, jedoch muss der Platz zwischen 12 und 14 Uhr frei sein. Die Übernachtung kostet 50 DKK. Entsorgung kostenlos, Frischwasser 30 DKK.

56 Skærbæk Familie Camping

GPS 55.16777, 8.78416
Angenehmer Platz in Waldrandlage nordöstlich von Skærbæk. **Lage/Anfahrt:** von der Straße 11 im Norden von Skærbæk in den Ullerupvej abbiegen, am Ende links, der Platz liegt hinter dem Wald auf der rechten Seite; **Platzanzahl:** 125; **Untergrund:** Wiese; fest; **Sicherheit:** bewacht; **Preiskat.:** €€€; **Geöffnet:** ganzjährig; **Kontakt:** 6780 Skærbæk, Ullerupvej 76, Tel. +45 74752222

Ankommen, anhalten, aussteigen und direkt am Strand von Rømø die Sonne genießen

Übergang von der Straße zum Strand von Rømø

177wd-mm

57 Lakolk Camping

GPS 55.14583, 8.49337

Sehr großer, lebhafter Platz direkt hinter der Dünung. **Lage/Anfahrt:** nach Überquerung des Dammes geradeaus weiter bis zum Strand, vor der Strandzufahrt auf der rechten Seite; **Platzanzahl:** 800; **Untergrund:** Wiese; fest; **Sicherheit:** bewacht; **Preiskat.:** €€€€; **Geöffnet:** April–21. Oktober; **Kontakt:** 6792 Rømø, Lakolk, Tel. +45 74755228, https://firstcamp.de/reiseziele/lakolk-strand-romo

178wd-mm

58 Kommandørgårdens Camping

GPS 55.09973, 8.54258

Großer, lebhafter Platz auf der Ostseite der Insel Rømø. **Lage/Anfahrt:** nach Überquerung des Dammes an der ersten Kreuzung (Tankstelle) links, der Platz liegt nach 5 Kilometern auf der linken Seite; **Platzanzahl:** 550; **Untergrund:** Wiese; fest; **Sicherheit:** bewacht; **Preiskat.:** €€€€; **Geöffnet:** ganzjährig; **Kontakt:** 6792 Rømø, Havnebyvej 201, Tel. +45 74755122, www.kommandoergaarden.dk

302wd-mm

174wd©Doin Oakenhelm, stock.adobe.com

TØNDER

(45 km - km 342)

Um den letzten Ort dieser Route zu erreichen, folgt man in Skærbæk entweder der Straße 11 oder man biegt gleich hinter dem Damm am Kreisverkehr auf die Straße 419 und fährt mehr in Küstennähe Richtung Süden.

Wer diese Route wählt, der kann am **Windmühlenpark** nach rechts über das Meer blicken und die Nordspitze Sylts erkennen, zugleich ist dies der nördlichste Punkt Deutschlands. Im Übrigen soll man sich in Dänemark nicht von dem Begriff Windmühlenpark täuschen lassen. Es handelt sich nicht um alte, traditionelle Flügelwindmühlen, sondern um Windräder zur Stromerzeugung.

Tønder lag ursprünglich direkt an der Nordseeküste, doch durch Eindeichungen des Marschlandes gewann man Land und musste sich im Ort um eine neue Beschäftigung kümmern, da die Schifffahrt schließlich wegfiel. So kam es, dass Tønder lange Zeit die Tradition des Spitzenklöppelns bewahrte und sich auch heute noch alle drei Jahre Künstler und Sammler treffen, um dieses Handwerk im Rahmen eines Festivals fortzuführen.

Das Zentrum des Ortes besticht durch niedrige Giebelhäuser und kleine kopfsteingepflasterte Straßen wie beispielsweise die **Uldgade** und wird durch den Kongevej umrahmt.

⊼ *Gemütliche Gassen, in denen Häuser dicht nebeneinander stehen, sind typisch für Dänemarks Kleinstädte*

Touristeninformation

› **Tønder Touristenbüro,** 6270 Tønder, Storegade 2–4, Tel. +45 74721220, www.romo-tonder.dk

179wd-mm

Sehenswertes

› **Museum Sonderjylland,** www.museum-sonderjylland.dk. Das Museum Sonderjylland ist ein Verbund mehrerer kleiner Museen in der Region. Dazu gehören zum Beispiel die Holländermühle in Højer, das Kunstmuseum auf Schloss Brundlund und das Schloss Sønderborg, das einen Einblick in die dänische Geschichte bietet. Noch viel weiter in die Vergangenheit blickt man in Gram, wo ein Naturkundemuseum paläontologische Fundstücke zeigt.

Entsorgungsstation

› Südlich von Tønder befindet sich an der Landstraße 11 kurz vor der deutschen Grenze eine Tankstelle auf der linken Seite, an der entsorgt werden kann. Eine Übernachtung ist hier nicht erlaubt. Nur ein kleines Stück weiter kommt jedoch direkt an der Grenze ein Rastplatz mit Toilette und Imbiss. GPS 54.909512, 8.907668

59 Tønder Camping

GPS 54.93444, 8.87944

Kleiner, ruhiger Platz. Wenige Gehminuten zum Zentrum von Tønder. Zum Campingplatz gehört auch ein Stellplatz mit fast 40 großzügigen Stellflächen. Der Stellplatz befindet sich direkt neben großen Sportplätzen. **Lage/Anfahrt:** im Zentrum auf den Sønderlandvej, kurz hinter der Brücke auf der linken Seite; **Platzanzahl:** 75; **Untergrund:** Wiese; fest; **Sicherheit:** bewacht; **Preiskat.:** €€€€; **Geöffnet:** ganzjährig; **Kontakt:** 6270 Tønder, Sønderport 4, Tel. +45 74928000, https://tonderhallerne.dk/toender-camping

60 Campingplatz Højer

GPS 54.986944, 8.663056

Westlich von Tønder, auf Höhe von Kampen/Sylt wurde auf einem Teil des Campingplatzes, der 68 klassische Campingflächen anbietet, ein zusätzlicher moderner Stellplatz mit Platz für 61 Womos eröffnet. **Lage/Anfahrt:** auf der 419 in Richtung Emmerlev Sogn; **Platzanzahl:** 61; **Untergrund:** Schotter, **Sicherheit:** umzäunt; **Preiskat.:** €€; **Geöffnet:** ganzjährig; **Kontakt:** Emmerlev Klev 1, 6280 Højer, Tel. +45 92444343, www.stellplatz-vadehav.dk

Ein ungeschriebenes Gesetz besagt, dass man das Fahrzeug am Rand des Strands abstellt

ROUTE 2

VOM RINGKØBING FJORD BIS ZUM NISSUM FJORD

180wd©stefanie, stock.adobe.com

6 km
© Reise Know-How 2024
Nordsee
Vesterhavet
Thyborøn
Harboøre
Vandborg
Lemvig
Fjaltring
Thorsminde
Sønder Nissum
Husby Klitplantage Wanderweg
Ulfborg
VW & Retro Museum
Vemb
Bækmarksbro
Paris
Humlum
Struer
Odby
Jestrup
Jegind
Thyholm Kommune
Nissum Bredning
Nissum Fjord
Troll Statue Askhøj
Karby
Mors
Schloß Højriis
Refshammer
Sønderby
Kås Bredning
Venø
Venø Bucht
Rødding
Geddal
Handbjerg
Bajlum
Sundsøre
Lundø
Skive
Krabbesholm
Bårup
Estvad
Sjørup
Bjergby
Kongenshus Mindepark
HOLSTEBRO
Karup
Aulum
Klejnstrup
Præstbjerg Naturcenter
Sunds
MIDTJYLLAND
Herning
Elia Skultpur
Ikast
Naturkraft -Park
Ringkøbing
Søndervig
Leuchtturm Lyngvig
Videbæk Kommune
WOW PARK Skjern
Flugzeug-museum
Favrby
Hvide Sande
Østerby
Ringkøping Fjord
Skjern
Skjern Enge
Tarm
Naturcenter
Sonder Felding
Arnborg
Brande
18
Hoven
Wikingerhafen
Nymindegab
Nørre Nebel
Ølgod
Sønder Omme
Hindsig
Vittarb
Kærgård
Filsø
Hodde Sogn
Grindsted Sogn
Billund
Legoland
SYDDANMARK
Skødstrup
Vejers
Varde
Tofterup
Hovborg
Kragelund
Ho Bucht
Oksby
ESBJERG
Birksbøl
Rebelsig
ROUTE 2

ROUTENÜBERSICHT

An der Nordsee verläuft die Strecke auf die schmale Landzunge mit dem Namen Holmsklint. Kilometerlanger Sandstrand und weite Dünen trennen die Nordsee vom Ringkøbing Fjord, dem größten Binnengewässer Dänemarks. Bei Hvide Sande geht es über eine Hebebrücke auf die nördliche Halbinsel bis Søndervig. Dort wird das Meer vorübergehend verlassen und die Reiseroute führt in das Landesinnere bis an den Rand der Silkeborger Seenlandschaft. In Billund liegt das bei Groß und Klein beliebte Legoland und wer Lust hat, kann mit seinem Wohnmobil im Zoo- und Safaripark bei Givskud auf Safari gehen. Auf dem Weg zum Nissum Fjord spürt man die Ruhe, die Ornithologen bevorzugen, um brütende Vögel im Naturreservat zu beobachten. Schließlich kann man in Lemvig eine interstellare Reise antreten. Ein maßstabsgerechtes Modell unseres Planetensystems findet sich über das gesamte Stadtgebiet verstreut. Vorbei an der Klosterhede Plantage, dem größten aufgeforsteten Wald Dänemarks, verläuft die Strecke über Holstebro, Viborg und Skive auf die Halbinsel Salling.

Strecke:

Esbjerg – **Varde** (11 km, s. S. 76) – **Blåvand** (29 km, s. S. 76) – **Hvide Sande** (77 km, s. S. 79) – **Søndervig** (14 km, s. S. 82) – **Ringkøbing** (9 km, s. S. 82) – **Skjern** (24 km, s. S. 84) – **Billund** (54 km, s. S. 85) – **Give** (28 km, s. S. 86) – **Silkeborg** (48 km, s. S. 87) – **Ikast und Herning** (36 km, s. S. 90) – **Holstebro** (34 km, s. S. 91) – **Nissum Fjord** (46 km, s. S. 92) – **Lemvig** (23 km, s. S. 93) – **Halbinsel Salling** (60 km, s. S. 94)

Streckenlänge:

Ohne Abstecher circa 493 km

◁ S. 73: Der Blåvandshuk Fyr auf der gleichnamigen Landzunge (s. S. 76) ist der westlichste Leuchtturm des Landes

VARDE

(11 km – km 11)

Auf dieser Route gibt es weniger kulturelle Höhepunkte als in der vorherigen. Der Schwerpunkt der Region liegt für den Reisenden vielmehr in der Natur und den langen Sandstränden der Nordsee. Startet man Route 2 in Esbjerg, so passiert man die Statuen „Menschen am Meer" und biegt wenig später rechts auf die Straße 475 nach Varde ab. Reisende, die die Route 1 in Tønder beendeten, müssen wieder nach Ribe zurück, wo sie über die Straße 11 bis Varde fahren.

Bereits im Mittelalter hatte **Varde** zwei Kirchen, was darauf schließen lässt, dass der Ort damals eine gewisse Bedeutung hatte. Heute ist sie eine typisch dänische, ruhige Ortschaft, verfügt jedoch über keinerlei Sehenswürdigkeiten oder Attraktionen und wird vom **Fluss Varde Å** durchquert.

046wd-mm

BLÅVAND

(29 km – km 40)

Für die Strecke nach Blåvand geht es zunächst über die Straße 181 nach Westen, doch schon nach 2 Kilometern biegt man am Kreisverkehr links auf die Straße 431 nach Blåvand ab. Am Ende der Straße befindet man sich am **westlichsten Punkt Dänemarks,** wenn man von Grönland und den Faröer-Inseln absieht. Der dortige **Leuchtturm** kann aus einer Entfernung von 50 km noch gesehen werden. In unmittelbarer Nähe von Blåvand und dem Leuchtfeuer sind zahlreiche **Bunkeranlagen** aus dem Zweiten Weltkrieg zu sehen. Diese Relikte sind an vielen Stellen der dänischen Nordseeküste zu finden und sollten ein Teil des Atlantikwalles werden. Auf der kleinen Straße zwischen Blåvand und Ho weiter im Osten ist die **Bunkeranlage Tirpitz-Stillingen** für den Besucher freigegeben. Grundsteinlegung war im Sommer 1944, im September des folgenden Jahres sollte die Anlage rund um den Geschützraum fertiggestellt werden, doch die Geschichte nahm zum Glück eine Wendung.

Touristeninformation

- **Blåvand Touristenbüro,** 6857 Blåvand, Fyrvej 106, Tel. +45 75271800, tägl. 10–15 Uhr, in der Hauptsaison tägl. 10–17 Uhr

Sehenswertes

- **Tirpitz-Stillingen,** 6857 Blåvand, Tane Hedevej 40, Tel. +45 75278427, April–Juni tägl. 10–17, Juli–Mitte Aug. tägl. 9–18, Mitte Aug.–Nov. tägl. 9–17, Dez.–März Di–So 10–17 Uhr, Eintritt: 160 DKK, https://tirpitz.dk/de

Südlich von Blåvand und Ho dehnt sich die flache **Halbinsel Skallingen** aus. Sie steht unter Naturschutz und dient als Vogelreservat. Auf dem weiteren Weg nach Norden kann man entweder zurück zum Kreisverkehr und der Straße 181 nordwärts folgen oder auf kleinen Nebenstraßen in Küstennähe entlangfahren.

Touristeninformation

› **Blåvand Touristenbüro,** 6857 Blåvand, Fyrvej 106, Tel. +45 75271800, tägl. 10–15 Uhr, in der Hauptsaison tägl. 10–17 Uhr

61 Stellplatz Sternlicht

GPS 55.548681, 8.153207

Kleiner, privater Stellplatz hinter einem unscheinbaren Fachwerkwohnhaus. Der Strand ist über einen fünfzehnminütigen Fußweg erreichbar. **Lage/Anfahrt:** Ein Kilometer westlich der Tirpitz-Stellung im östlichen Bereich der Stadt; **Platzanzahl:** 8; **Untergrund:** Rasen; **Sicherheit:** auf Privatgrundstück hinter Wohnhaus; **Preiskat.:** €€; **Geöffnet:** Ostern–Okt.; **Kontakt:** Tane Hedevej 48, 6857 Blåvand, Tel. +45 40338441, www.sternlicht.dk

62 Hvidbjerg Strand Camping

GPS 55.54673, 8.13756

Großer, kinderfreundlicher Platz mit zahlreichen Freizeitmöglichkeiten. Große Unterschiede in der Ausstattung, die bis zu einem eigenen Bad eines XL-Stellplatzes reichen. **Lage/Anfahrt:** ab Oksbøl auf dem Blåvandvej (Straße 431), am Abzweig Hvidbjerg Strandvej links; **Platzanzahl:** 550; **Untergrund:** Wiese; fest; **Sicherheit:** bewacht; **Preiskat.:** €€€€; **Geöffnet:** 23. März–21. Oktober; **Kontakt:** 6857 Blåvand, Hvidbjerg Strandvej 27, Tel. +45 75279040, www.hvidbjerg.dk

Die Küste sieht man während der Fahrt zwar nicht, außer man besucht die Badeorte Vejers Strand, Græerup Strand oder Henne Strand, an denen man zum Teil abermals mit dem Fahrzeug auf den Strand fahren darf, doch die Fahrt geht durch eine sehr schöne unbewohnte Heidelandschaft. Unbewohnt deshalb, weil hier das dänische Militär gelegentlich Übungen abhält, wie die tiefen Panzerspuren in der Landschaft verraten. Dennoch, wenn keine Manöver stattfinden, lohnt sich eine Fahrt hier entlang schon wegen der (scheinbar) unberührten Natur. Zur Orientierung sollte man sich immer nach der Beschilderung Richtung Nørre Nebel richten, bis man wieder auf die Straße 181 trifft.

Hans Christian Andersen: „Der standhafte Zinnsoldat“

Einer von 25 Zinnsoldaten, der dadurch auffällt, dass er nur ein Bein hat, verliebt sich in eine Papierpuppe, die augenscheinlich auch nur ein Bein besitzt. Durch zufällige Irrwege kommt er weit herum und landet schließlich wieder zu Hause, wo er mit seiner Angebeteten den gemeinsamen tragischen Tod stirbt.

63 Vejers Familie Camping

GPS 55.61944, 8.13583

Kinderfreundlicher Platz mit Pool. **Lage/Anfahrt:** in Oksbøl auf den Blåvandvej (Straße 431), hinter einer lang gezogenen Linkskurve rechts in den Vejers Havvej, der Platz liegt links; **Platzanzahl:** 150; **Untergrund:** Wiese; fest; **Sicherheit:** bewacht; **Preiskat.:** €€€€; **Geöffnet:** Ostern–Okt.; **Kontakt:** 6853 Vejers Strand, Vejers Havvej 15, Tel. +45 75277036, www.vejersfamiliecamping.dk

64 Vejers Strand Camping

GPS 55.61944, 8.11888

Quickstop. Großer, weitläufiger Platz in den Dünen der Nordsee. **Lage/Anfahrt:** hinter dem Vejers Familie Camping links in die Straße Veyers Sydstrand; **Platzanzahl:** 450; **Untergrund:** Wiese; fest; **Sicherheit:** bewacht; **Preiskat.:** €€€€; **Geöffnet:** April–15. September; **Kontakt:** 6853 Vejers Strand, Vejers Sydstrand 3, Tel. +45 75277050, www.vejersstrandcamping.dk

Viele Nordseestrände sind sehr weitläufig und dürfen mit dem Auto befahren werden

65 Stjerne Camping I/S

GPS 55.61916, 8.14277
Quickstop. Großer, lebhafter Platz in direkter Nachbarschaft zum Vejers Familie Camping. **Lage/Anfahrt:** in Oksbøl auf den Blåvandvej (Straße 431) fahren, hinter einer lang gezogenen Linkskurve rechts in den Vejers Havvej abbiegen, der Platz befindet sich links; **Platzanzahl:** 240; **Untergrund:** Wiese; fest; **Sicherheit:** bewacht; **Preiskat.:** €€€; **Geöffnet:** ganzjährig; **Kontakt:** 6853 Vejers Strand, Vejers Havvej 7, Tel. +45 75277054, www.stjernecamping.dk

66 Børsmose Strand Camping

GPS 55.67138, 8.14555
Großer, weitläufiger Platz hinter der Dünung zur Nordseeküste. **Lage/Anfahrt:** ab Oksbøl nordostwärts über den Præstegaardsvej bis zum Strand fahren, der Platz befindet sich auf der linken Seite; **Platzanzahl:** 400; **Untergrund:** Wiese; fest; **Sicherheit:** bewacht; **Preiskat.:** €€€€; **Geöffnet:** April–15. September; **Kontakt:** 6840 Oksbøl, Børsmosevej 3, Tel. +45 75277070, www.børsmosecamping.dk

67 Henne Strand Camping

GPS 55.73777, 8.18416
Familienfreundlicher Platz mitten im Ferienhausgebiet von Henne Strand. **Lage/Anfahrt:** auf der Straße 465 kurz vor dem Erreichen der Küste auf der rechten Seite; **Platzanzahl:** 200; **Untergrund:** Wiese; fest; **Sicherheit:** bewacht; **Preiskat.:** €€€€; **Geöffnet:** April–28. Oktober; **Kontakt:** 6854 Henne, Henne Strandvej 418, Tel. +45 75255079, www.hennestrandcamping.dk

68 Henneby Camping

GPS 55.73361, 8.22222
Familienfreundlicher und ruhiger Platz am Ortsrand von Henne. **Lage/Anfahrt:** von der Straße 465 am Ortsanfang von Henne rechts in den Hennebysvej; **Platzanzahl:** 180; **Untergrund:** Wiese; fest; **Sicherheit:** bewacht; **Preiskat.:** €€€€; **Geöffnet:** April–28. Oktober; **Kontakt:** 6854 Henne, Hennebysvej 20, Tel. +45 75255163, www.hennebycamping.dk

69 Lyngboparken Naturistcamping

GPS 55.73583, 8.20777
Kleiner, ruhiger Platz mitten im Wald für FKK-Touristen, daher auch kein Zutritt für Alleinstehende. **Lage/Anfahrt:** auf der Straße 465 Richtung Küste, rechts in den Strandfogedvej, die Einfahrt liegt links zwischen den Bäumen; **Platzanzahl:** 75; **Untergrund:** Wiese; fest; **Sicherheit:** umzäunt; **Preiskat.:** €€€€; **Geöffnet:** 15. Mai–15. Sept.; **Kontakt:** 6854 Henne, Strandfogedvej 15, Tel. +45 75255092, www.lyngbo.dk

70 Houstrup Camping

GPS 55.77444, 8.23805
Familienfreundlicher Platz mit Freizeitmöglichkeiten, Swimmingpool gratis. **Lage/Anfahrt:** von der Straße 181 zwischen Varde und Nymindegab bei Lønne links abbiegen; **Platzanzahl:** 220; **Untergrund:** Wiese; fest; **Sicherheit:** bewacht; **Preiskat.:** €€€€; **Geöffnet:** April–21. Oktober; **Kontakt:** 6830 Nørre Nebel, Houstrupvej 90, Tel. +45 75288340, www.houstrupcamping.dk

71 Nymindegab Familie Camping

GPS 55.81239, 8.20011
Großer, lebhafter Platz, von Wald umgeben. **Lage/Anfahrt:** von der Straße 181 von Varde nach Nymindegab links abbiegen; **Platzanzahl:** 335; **Untergrund:** Wiese; fest; **Sicherheit:** bewacht; **Preiskat.:** €€€€; **Geöffnet:** April–September; **Kontakt:** 6830 Nr. Nebel, Lyngtoften 12, Tel. +45 75289183, www.nymindegabcamping.dk

Ausblick auf den Ringkøbing Fjord in Hvide Sande

72 Tipperne Camping

GPS 55.82666, 8.21527

Ruhiger und abgelegener Platz. **Lage/Anfahrt:** von der Straße 181 kurz vor Nymindegab rechts abbiegen, der Platz befindet sich hinter dem Wald auf der linken Seite; **Platzanzahl:** 80; **Untergrund:** Wiese; fest; **Sicherheit:** bewacht; **Preiskat.:** €€€; **Geöffnet:** April–15. Dezember; **Kontakt:** 6830 Nr. Nebel, Vesterlundvej 101, Tel. +45 71788851, www.tipperne camping.dk

HVIDE SANDE

(77 km – km 117)

Bei **Nymindegab** können im **Walhaus** die Überreste eines in der Nähe gestrandeten Pottwales besichtigt werden. Gleichzeitig liegt diese Ortschaft am südlichen Ende des **Holmsland Klit,** einer Nehrung, die das Wasser der Nordsee vom Ringkøbing Fjord abtrennt. Nordöstlich von Nymindegab ragt das **Vogelschutzgebiet Tipperne** in den Fjord hinein. Ein Betreten dieser mit Schilf bewachsenen Landzunge ist zum Schutz der hier brütenden Tiere nur eingeschränkt möglich und sollte besser vermieden werden.

Wiederum östlich davon befindet sich der kleine Hafenort **Bork Havn,** der mit einem **Freilichtmuseum** einen Einblick in die Geschichte der Wikinger ermöglicht. Mit Marktangeboten und Vorführungen zwischen reetgedeckten Wikingerhäusern ist das ein Erlebnis für die gesamte Familie. Dieser Wikingerhafen ist Teil des dezentralen **Ringkøbing Fjord Museums.**

Rund um den Ringkøbing Fjord befinden sich zwölf unterschiedliche Ausstellungen und Angebote des Museums. Dazu zählen zum Beispiel auch die rekonstruierte Eisenzeitsiedlung Dejbjerg bei Skjern, das eigentliche Ringkøbing Museum in der gleichnamigen Stadt am nördlichen Ufer des Fjords oder eine Bunkerwanderung entlang der Anlagen an den weitläufigen Stränden zwischen Fjord und Meer.

› **Ringkøbing Fjord Museum,** www.ringkobingfjordmuseer.dk

181wd@m_rink, stock.adobe.com

73 Bork Havn Camping

GPS 55.848111, 8.282882

Klassischer Campingplatz, von dem aus man das Wikingerdorf gut zu Fuß erreichen kann. **Lage/Anfahrt:** Am südlichen Ufer des Fjords, mitten in Bork Havn. Bei Nørre Nebel Sogn rechts auf die Straße 423 abbiegen und dieser bis Nørre Bork folgen. Hinter dem Ort links auf den Kirkehøjvej bis Bork Havn; **Platzanzahl:** 100; **Untergrund:** Rasen; **Sicherheit:** umzäunt, bewacht; **Preiskat.:** €€€, Übernachtung vor der Schranke €€; **Geöffnet:** Anfang April–Mitte Okt.; **Kontakt:** Kirkehøjvej 9a, 6893 Hemmet, Tel. +45 75280037, www.borkhavncamping.dk

Die Straße 181 verläuft geradewegs nach Norden zwischen den Dünen der Nehrung hindurch. Die Nordsee ist von der Straße aus durch die Dünung nicht zu sehen, während man auf der rechten Seite den Fjord ständig sehen kann. Es stehen aber genügend Parkmöglichkeiten zur Verfügung, um zwischendurch rechts oder links anzuhalten und eine der Dünen zu erklimmen, von der man dann in beide Richtungen blicken kann.

Hvide Sande liegt in etwa auf der Hälfte der Nehrung und beherbergt eine Klappbrücke, unter der sich eine Schleuse befindet. Sie trennt das Meerwasser von dem des Fjords, da hier ein Durchbruch in der Nehrung geschaffen wurde. Diese Wasserverbindung hat also keinen natürlichen Ursprung. Ansonsten ist die Ortschaft berühmt durch die allmorgendlich **Fischauktionen** (7 Uhr).

Etwas weiter nördlich von Hvide Sande erhebt sich aus den Dünen der **Leuchtturm Lyngvig Fyr,** dessen Besteigung möglich und wegen des herrlichen Panoramas empfehlenswert ist. Er ist der jüngste Leuchtturm Dänemarks und wurde 1906 erbaut, nachdem wenige Jahre zuvor ein Schiff bei Hvide Sande gestrandet war und dabei 24 Seeleute tödlich verunglückten. Über 200 Stufen sind zu erklimmen, wenn man die Aussicht vom Leuchtturm genießen möchte, der ebenfalls vom Ringkøbing Fjord Museum verwaltet wird. Freunde des Klettersports können etwas Außergewöhnliches wagen: Es besteht jeden Mittwochabend die Möglichkeit, sich am Turm von oben abseilen zu lassen.

- **Lyngvig Fyr Leuchtturm,** Ringkøbing Fjord Museum, Holmsland Klitvej 109, 6960 Hvide Sande, GPS 56.050039, 8.106077, 75 DKK

Die Dünen der breiten weißen Strände gelten als Wahrzeichen von Hvide Sande.

Touristeninformation

- **Hvide Sande Touristenbüro,** 6960 Hvide Sande, Kirkevej 4, Tel. +45 70227001, www.visitvesterhavet.dk

Einkaufen

- **Fischgeschäft Edgar Madsen,** 6960 Hvide Sande, Metheasvej 11, www.edgarmadsen.dk. Große Auswahl an frisch angeliefertem Fisch oder Räucherfisch.
- **Havnens Røgeri,** 6960 Hvide Sande, Strandgade, www.facebook.com/Havnensroegeri. Große Räucherei mit Frischfischverkauf.

74 Nordsø Camping og Badeland

GPS 55.94984, 8.14916

Schön gelegener Platz in der Dünung zwischen Nordsee und Fjord. **Lage/Anfahrt:** auf der Straße 181 zwischen Nymindegab und Søndervig auf der linken Seite; **Platzanzahl:** 220; **Untergrund:** Wiese; fest; **Sicherheit:** bewacht; **Preiskat.:** €€€€; **Geöffnet:** April–28. Oktober; **Kontakt:** 6960 Hvide Sande, Tingodden 3, Tel. +45 96591722, www.dancamps.dk

75 Holmsland Klit Camping

GPS 55.96210, 8.14200

Schön gelegener Platz in der Dünung zwischen Nordsee und Fjord. **Lage/Anfahrt:** auf der Straße 181 zwischen den Orten Nymindegab und Søndervig auf der linken Seite, der Platz befindet sich kurz hinter Nordsø Camping; **Platzanzahl:** 130; **Untergrund:** Wiese; fest; **Sicherheit:** bewacht; **Preiskat.:** €€€€;

Geöffnet: April–21. Oktober; **Kontakt:** 6960 Hvide Sande, Tingodden 141, Tel. +45 97311309, www.dancamps.com

76 Hvide Sande Camping

GPS 55.98728, 8.13439

Quickstop. Schön gelegener Platz in der Dünung zwischen Nordsee und Fjord, wenige Gehminuten nach Hvide Sande. **Lage/Anfahrt:** auf der Straße 181 zwischen Nymindegab und Søndervig, kurz vor dem Ortsanfang von Hvide Sande; **Platzanzahl:** 100; **Untergrund:** Wiese; fest; **Sicherheit:** bewacht; **Preiskat.:** €€€€, Quickstop €€; **Geöffnet:** Ostern–28. Okt.; **Kontakt:** 6960 Hvide Sande, Karen Brands Vej 70, Tel. +45 97311218, www.hvidesandecamping.dk

77 Nørre Lyngvig Camping DCU

GPS 56.04194, 8.11750

Großer, weitläufiger Platz hinter der Dünung, südlich vom Leuchtturm. **Lage/Anfahrt:** auf der Hälfte zwischen Hvide Sande und Søndervig an der linken Seite der Straße 181; **Platzanzahl:** 600; **Untergrund:** Wiese, Sand; fest; **Sicherheit:** umzäunt; **Preiskat.:** €€€€; **Geöffnet:** ganzjährig; **Kontakt:** 6960 Hvide Sande, Holmsland Klitvej 81, Tel. +45 97311231, www.lyngvigcamping.dk

78 Stellplätze Hvide Sande

GPS 55.997986, 8.122193

Der Campingplatz Hvide Sande Camping ist auch zuständig für die Standorte bzw. Stellplätze, an denen man mit dem Wohnmobil im Ort und Hafen übernachten darf. Sämtliche Plätze haben eine ähnliche Ausstattung und denselben Preis für die Übernachtung. Alle Plätze befinden sich fußläufig von der Schleuse und vom Ortskern entfernt und sind auch untereinander zu Fuß schnell erreichbar, da sie im weitesten Fall nur wenige hundert Meter voneinander entfernt liegen. **Lage/Anfahrt:** Mitten in Hvide Sande rund um die Schleuse. Die Anfahrt erfolgt über die Straße 181. Von Süd nach Nord: **Platz 1 – Tungevej** (GPS-Daten s. o.) zwischen Strand und Ortskern südlich der Schleuse; **Platz 2 – Otto Peddersvej** (GPS 56.001342, 8.128685) unmittelbar westlich an der Schleuse; **Platz 3 – Beddingsvej 55** (GPS 56.001912, 8.134118) am Ufer des Fjords östlich der Schleuse; **Platz 4 – Fabriksvej 31** (GPS 56.002664, 8.120414) am Hafen auf der Nordseite der Schleuse mit Blick auf selbige; **Platzanzahl:** jeweils ca. 15; **Untergrund:** befestigt (Schotter bzw. Asphalt); **Sicherheit:** keine; **Preiskat.:** €€; **Geöffnet:** ganzjährig; **Kontakt:** Karen Brands Vej 70, Tel. +45 97311218, www.hvidesandecamping.dk

248wd-mm

SØNDERVIG
(14 km – km 131)

Am nördlichen Rand der Nehrung zwischen Meer und Fjord befindet sich der kleine Badeort **Søndervig,** der über einen weiten Strand verfügt. Im Zweiten Weltkrieg wurden natürlich auch an dieser Stelle Bunkeranlagen der deutschen Wehrmacht errichtet.

Heute wird in Søndervig alljährlich das **Sandskulpturenfestival** veranstaltet. Zahlreiche Künstler lassen ihrer Kreativität freien Lauf und fertigen sehr detaillierte Skulpturen an oder bilden berühmte Gesichter nach, die bis zu 4 m hoch sein können. Das Festival findet in der Regel von Mitte Juni bis Anfang September statt.

2022 hat hier das dritte Lalandia Dänemarks eröffnet, das überdachtes Wasservergnügen für Groß und Klein bietet (GPS 56.119740, 8.122382, am Kreisverkehr der Straße 15, www.lalandia.dk). Im sogenannten **Aquadome** herrscht eine konstante Wassertemperatur von 28 ° C, es gibt mehrere Wasserrutschen und Highlights, die in den anderen Lalandia-Standorten in Billund und Rødby nicht existieren.

79 Søndervig Camping

GPS 56.11184, 8.11755

Ruhiger Platz mitten im Ort Søndervig. **Lage/Anfahrt:** auf Straße 181 Richtung Søndervig, auf der linken Seite vor dem Zentrum; **Platzanzahl:** 200; **Untergrund:** Wiese; fest; **Sicherheit:** bewacht; **Preiskat.:** €€€€; **Geöffnet:** April–28. Okt.; **Kontakt:** 6950 Ringkøbing, Solvej 2, Tel. +45 97339034, www.soendervigcamping.dk

80 Stellplatz Søndervig

GPS 56.111706, 8.117099

Gepflegter Wohnmobilstellplatz vor dem Campingplatz. Im Gegensatz zum Campingplatz kann der Stellplatz auch in den Wintermonaten genutzt werden. **Lage/Anfahrt:** auf der Straße 181 in den Ort fahren und vor dem Zentrum nach links zum Campingplatz abbiegen; **Platzanzahl:** 10; **Untergrund:** Schotter; **Sicherheit:** umzäunt, Schranke; **Preiskat.:** €; **Geöffnet:** ganzjährig, im Sommer Check-in an der Rezeption, im Winter Selbst-Check-in; **Kontakt:** Solvej 2, 6950 Ringkøbing (Søndervig), Tel. +45 97339034, www.soendervigcamping.dk

RINGKØBING
(9 km – km 140)

Die Stadt am Nordufer, die dem **Fjord** seinen Namen gibt, ist ein beliebter Ausgangspunkt für Windsurfer. Auf dem Fjord herrscht ständig eine gute Brise, das Wasser jedoch ist ruhig und flach. Um Ringkøbing zu erreichen, nutzt man am Einkaufszentrum in Søndervig den Abzweig nach rechts auf die Straße 15 und folgt dieser bis in das Zentrum, das mit seinen kleinen Gassen einen gemütlichen Charakter hat. Sehenswert ist das Äußere der **gotischen Kirche,** deren Turm eine Besonderheitheit aufweist: Das Fundament ist von der Grundfläche her kleiner als die Turmspitze.

Touristeninformation

› **Ringkøbing Touristenbüro,** 6950 Ringkøbing, Torvet 22, Tel. +45 70227001, www.visitvest.dk, Mo–Fr 9.30–16, Sa 10–13 Uhr, Hauptsaison Mo–Fr 9–17 Uhr, Sa 10–14 Uhr

81 Ringkøbing Camping

GPS 56.08833, 8.31666

Quickstop. Ruhiger Platz mitten im Wald, östlich von Ringkøbing, Minigolf gratis. **Lage/Anfahrt:** auf der Straße 15 Richtung Videbæk, hinter dem Kreisverkehr die dritte Straße links durch den Wald; **Platzanzahl:** 150; **Untergrund:** Wiese; fest; **Sicherheit:** bewacht; **Preiskat.:** €€€, Quickstop vor der Schranke von 20 bis 10 Uhr €€; **Geöffnet:** April–23. September; **Kontakt:** 6950 Ringkøbing, Herningvej 105, Tel. +45 97320420, www.ringkobingcamping.dk

Parken

P 6 Ringkøbing-Vesterled, GPS 56.093704, 8.237127. Schotterparkplatz im Westen der Stadt an der Ortseinfahrt.

82 Stellplatz FjordViking Hof

GPS 56.130483, 8.295878

Charmanter Hof in abgelegener, aber absolut ruhiger Lage. Allerdings sind alle Posten einzeln zu bezahlen. **Lage/Anfahrt:** In Ringkøbing auf der Umgehungsstraße 15 bis zum Kreisverkehr, an dem man auf die Straße 16 wechselt. Hinter (!) dem Abzweig nach Skjern (Straße 28) auf den Ølstrupvej und diesem rund einen Kilometer folgen. Links auf die schotterige Zufahrt zum Hof; **Platzanzahl:** 35; **Untergrund:** Rasen; **Service:** kleine Küche und Waschmaschine mit Trockner; **Sicherheit:** privater Hof; **Preiskat.:** €; **Geöffnet:** ganzjährig; **Kontakt:** Ølstrupvej 11, 6950 Ringkøbing, Tel. +45 31129938, https://surf-n-sleep.dk

83 Stellplatz Ringkøbing Havn

GPS 56.086237, 8.240593

Einfacher Stellplatz mit lebhaftem Pkw-Verkehr an der Marina. Das Toilettenhäuschen ist nicht ausschließlich für Gäste der Marina, sondern öffentlich zugänglich. **Lage/Anfahrt:** Direkt an der Marina, von der Straße 15 in den Ort hinein und der Beschilderung zur Marina bzw. zum Lystbadehavn folgen; **Platzanzahl:** 20; **Untergrund:** asphaltiert; **Preiskat.:** €€; **Geöffnet:** ganzjährig; **Kontakt:** Fiskerstræde, 6950 Ringkøbing

249wd-mm

⊡ *In Dänemark trifft man überall auf Wasser – so wie hier am Ringkøbing Fjord*

182wd©utamaria, stock.adobe.com

SKJERN

(24 km – km 164)

Von Ringkøbing aus führt die Route zunächst einmal wieder ein ganzes Stück weit nach Süden, sodass beinahe der gesamte Fjord umrundet wird. Den Ort selbst verlässt man ostwärts auf der Straße Richtung Videbæk, doch schon nach kurzer Zeit erscheint die Abzweigung nach rechts zur jüngsten Stadt Dänemarks.

Skjern erhielt erst im Jahr 1958 Stadtrechte und beherbergt rund 7000 Einwohner. Im Ort selbst gibt es keine herausragende Sehenswürdigkeit, selbst die Kirche ist typisch dänisch und ohne große Besonderheiten, doch einmal im Jahr ist Skjern Treffpunkt von Oldtimerliebhabern. Regelmäßig werden rund 100 Veteranenliebhaber erwartet, die ihre Fortbewegungsmittel voller Stolz präsentieren. Zugegeben, 100 Oldtimer klingen eigentlich eher nach einem kleinen, gemütlichen Nachmittagstreff, doch weit gefehlt. Es handelt sich um Oldtimer der Lüfte und das Treffen wird vom ortsansässigen **Veteranen- und Flugmuseum** veranstaltet. Allein das Museum präsentiert zusätzlich noch rund 50 Fluggefährte aus dem letzten Jahrhundert, vom Hubschrauber bis zum Rettungsflugzeug, 16 davon sind sogar noch heute flugfähig.

Sehenswertes

› **Dänische Veteranen- und Flugzeugsammlung,** 6900 Skjern, Lufthavnsvej 4, Tel. +45 97369333, www.flymuseum.dk, geöffnet: Mai–Oktober täglich 11–17 Uhr, Eintritt: 100 DKK

Alternativ besteht die Möglichkeit, Skjern auf eine besondere Art und Weise zu verlassen. Denn hier werden kleine Touren für die gesamte Familie mit der Draisine auf einem 13 km langen ausgedienten Bahngleis angeboten – ein schönes Erlebnis für Jung und Alt.

› Astrup Købmandshandel, Højevej 25, Astrup, 6900 Skjern, Tel. +45 97364010. 4 Std. für 150 DKK, 6 Std. für 200 DKK

183wd©Frankix, stock.adobe.com

050wd-Lego

84 Grindsted Aktiv Camping

GPS 55.74972, 8.91722

Kleiner Platz mit im Kreis angeordneten, ruhigen Stellplätzen neben dem Sportplatz. **Lage/Anfahrt:** auf der Straße 30 Richtung Sportplatz (Idrott), am Kreisverkehr links; **Platzanzahl:** 80; **Untergrund:** Wiese; fest; **Sicherheit:** bewacht; **Preiskat.:** €€€; **Geöffnet:** April–September; **Kontakt:** 7200 Grindsted, Søndre Boulevard 15, Tel. +45 75311751, www.grindstedcamping.dk

BILLUND

(54 km – km 218)

Wenig aufregend und zugegebenermaßen recht eintönig ist die Landschaft auf dem weiteren Weg nach Billund. Sich zu verfahren ist kaum möglich, da man schlicht der Straße 28 folgen muss. Dabei umrundet man zunächst **Tarm** und durchquert später **Grindsted.**

Für die nächsten Besichtigungspunkte sollte man allerdings viel Zeit einplanen, insbesondere wenn im Heck des Wohnmobils Kinder mit erwartungsfrohen Gesichtern sitzen. Dabei spielt der Ort Billund selbst weniger eine Rolle, genauso wenig der internationale Flughafen, über den die Stadt verfügt. Es handelt sich vielmehr um die Attraktionen rund um den Spielzeughersteller **LEGO,** der in Billund gegründet wurde. 1968 wurde LEGOLAND Billund eröffnet und feierte schnell Erfolge, sodass weitere Parks in den USA, England und Deutschland eröffnet wurden. Im LEGOLAND gibt es viele Attraktionen, u. a. das sogenannte Miniland, in dem zahlreiche Modelle von Sehenswürdigkeiten aus aller Welt, aber hauptsächlich aus Dänemark, mit Abermillionen Legosteinen nachgebaut wurden. Des Weiteren gibt es verschiedene Themenparks wie das Piratenland oder das Abenteuerland. Manche sind auch unter dem Begriff einer ganzen LEGO-Produktpalette aufgebaut, so z. B. das DUPLO Land.

2017 wurde dann mitten in Billund das **LEGO House,** das sich selbst „Home of the Brick“ nennt, eröffnet. Schon an der Architek-

Miniland fasziniert kleine und große Besucher des Freizeitparks in Billund

Südlich von Skjern überquert man bei einer Wanderung den gleichnamigen Fluss

tur des Gebäudes wird klar, um was es innen geht: Auf 12.000 m² kann man in sechs „Experience Zones“ mit ca. 25 Millionen LEGO-Steinen kreativ werden.

Doch Billund bietet an Freizeitspaß nicht nur das Legoland an, sondern auch das **Badeparadies Lalandia.** Der zweite Standort der Ferienparks liegt direkt neben dem LEGOLAND und bietet seinen Besuchern und Gästen zahlreiche vergnügliche Stunden im Wasser, auf den Wasserrutschen, im Wellenbad, beim Bowlen, Flanieren und Shoppen.

Sehenswertes

- **LEGOLAND Billund,** 7190 Billund, Nordmarksvej 6–9, Tel. +45 75331333, www.legoland.dk. Die Öffnungszeiten variieren sehr stark und sind abhängig von Jahreszeit, Ferienzeit und Kalendertag, GPS 55.73611, 9.13194. Bis zu 15 % Rabatt erhält man, wenn man vorab online ein Ticket bestellt.
- **LEGO House,** 7190 Billund, Ole Kirks Vej 1, www.legohouse.com. Die Öffnungszeiten variieren und es ist sinnvoll, die Tickets im Voraus zu buchen (online zudem günstiger). GPS 55.73288, 9.11403.
- **Lalandia Billund,** Ellehammers Alle 3, 7190 Billund, Tel. +45 76149405, www.lalandia.dk, GPS 55.732689, 9.136512

Parken

P 7 **Dagli'Brugsen,** GPS 55.713066, 9.218021, v/Jørn Bøndergaard, Hans Thomsens Vej 103, 7184 Vandel, Tel. +45 75885002. Östlich von Billund gelangt man wieder zu einem Kreisverkehr der Landstraße 28. Dort befindet sich neben dem Supermarkt Dagli'Brugsen eine kleine Tankstelle mit einem Lkw-Parkplatz, auf dem genächtigt werden darf. Platz für zwei Fahrzeuge, maximal eine Nacht.

85 Legoland Holiday Village

GPS 55.730743, 9.136112

Großer, familienfreundlicher Platz, nur wenige Gehminuten vom Legoland entfernt. Der Platz ist dem benachbarten Legoland (450 Meter) angegliedert. **Lage/Anfahrt:** auf der Straße 28 zwischen Freizeitpark und Flughafen hindurch, links in die Ellehammer Allé; **Platzanzahl:** 600; **Untergrund:** Wiese; fest; **Sicherheit:** bewacht; **Preiskat.:** €€€€; **Geöffnet:** ganzjährig; **Kontakt:** 7190 Billund, Ellehammer Allé 2, Tel. +45 75331521, www.legoland.dk

86 Stellplatz Billund

GPS 55.705315, 9.124894

Privater Stellplatz auf einer Wiese bei einem Bauernhof. Vorsicht nach Regentagen. **Lage/Anfahrt:** Südlich von Billund. Die Stadt über den Koldingvej in Richtung Kolding verlassen und gleich hinter dem Kreisverkehr an der ersten Straße nach rechts in den Grenevej. Nach 500 Metern links in die Straße zum Hof; **Platzanzahl:** 20; **Untergrund:** Rasen; **Service:** Waschmaschine; **Sicherheit:** auf privatem Hofgrundstück; **Preiskat.:** €; **Geöffnet:** ganzjährig; **Kontakt:** Grenevej 5, 7190 Billund, Tel. +45 23209509, www.billund-autocamperplads.dk

Entsorgungsstation

- Östlich von Billund befindet sich an der Landstraße 28 zwischen Vandel und Bredsten in beiden Richtungen jeweils ein Rastplatz, auf dem das Chemie-WC entleert werden kann. GPS 55.706629, 9.265571

GIVE

(28 km – km 246)

Den Eingang des Legolandes lässt man auf der linken Seite liegen und biegt am nächsten Kreisverkehr rechts ab. Dabei blickt man rechts auf die Start- und Landebahn des Billunder Flughafens und bleibt auf der Straße 176 bis zu ihrem Ende. Sie mündet in die Straße 30, auf der es rechts in die kleine Ortschaft Give geht. Dieser kleine, eher unscheinbare Ort kann aber getrost durchquert werden.

Am Kreisverkehr geht es rechts auf die Straße 442 durch den Ort Ris bis **Givskud,** wo sich auf der rechten Seite der **Givskud Safaripark** befindet. Auch mit einem Wohnmobil darf dieser Park befahren werden. Es geht an Giraffen, Nashörnern und Löwen vorbei, wobei im Gehege der Letztgenannten die Scheiben des

Autos geschlossen sein müssen. Zwischen manchen Gehegen kann man auch aussteigen und Teile des Parks zu Fuß erkunden.

Sehenswertes

› **Givskud Zoo,** 7323 Give, Løveparkvej 3, Ende April–Ende Okt. tägl. ab 10 Uhr geöffnet, in der Hauptsaison bis 20 Uhr, sonst bis 18 Uhr, Eintritt: Personen ab 12 Jahren 250 DKK, sonst 150 DKK, www.givskudzoo.dk. GPS 55.81194, 9.35083.

87 Give Camping

GPS 55.85055, 9.22972

Kleiner, ruhiger Platz mit Pool in Waldrandlage, jedoch Bahngleise direkt nebenan. Im Januar 2024 suchte die Stadt einen neuen Pächter für den Platz, daher kann es sein, dass der Platz zeitweise geschlossen ist. **Lage/Anfahrt:** auf der Straße 30 mitten im Ort links abbiegen, hinter dem Ortsende rechts; **Platzanzahl:** 70; **Untergrund:** Wiese; fest; **Sicherheit:** umzäunt; **Preiskat.:** €€€, Stellplatz vor der Schranke für Ankünfte nach 20 Uhr €€; **Geöffnet:** April–22. Oktober; **Kontakt:** 7323 Give, Skovbakken 34, Tel. +45 75731134, www.givecamping.dk

Im eigenen Auto durch den Safaripark bei Givskud

SILKEBORG

(48 km – km 294)

Auf der Straße 442 geht es wieder ein Stück zurück bis zur Straße 176. Dieser wird bis zur Einmündung in die größere Hauptstraße 13 gefolgt und links abgebogen. Um hinter Silkeborg ein Straßenstück nicht doppelt zu befahren, kann man schon in Hjøllund am Kreisverkehr rechts abbiegen und bis Brande auf dem Faurholtvej bleiben. In dem kleinen Dorf wiederum nutzt man den Brandevej und landet schließlich nach waldreicher Fahrt im Südwesten von Silkeborg, wo sich auf der linken Seite der erste von mehreren Seen der näheren Umgebung erstreckt.

Silkeborg verfügt über kein mittelalterliches Stadtbild, da die Stadt erst in der Mitte des 19. Jahrhunderts rund um eine **Papierfabrik** entstand. Dennoch ist der Ort ein beliebtes Ziel für Touristen und so kann es in den Sommermonaten durchaus sehr voll werden. Grund hierfür ist die Landschaft um die Stadt herum. So gehört zum Beispiel der Wald, durch den man auf der Hinfahrt hindurch musste, zum größten zusammenhängenden Wald Dänemarks. Und mittendrin befinden sich zahlreiche Seen, die Kanufahrer und Radwanderer anlocken. Wer keines dieser Fortbewegungsmittel dabei hat, der sollte mit dem **Raddampfer Hjejlen** von Silkeborgs Zentrum aus starten, um auf dem Wasser zu einem der höchsten Berge des Landes zu gelangen. Mit „sagenhaften“ 147 m Höhe erhebt sich am südlichen Ufer des Julsø der **Himmelbjerget,** ein kleiner Turm markiert die Spitze des sanften Hügels, bei dem es sich um ein beliebtes Ausflugsziel handelt. Dennoch, eine schöne Aussicht hat man vom Himmelbjerget.

In Silkeborg selbst sollte man das Silkeborgmuseum nicht außer Acht lassen. Im ältesten Gebäude des Ortes, dem sogenannten **Hovedgården,** wird der Tollundmann aufbewahrt. Bei ihm handelt es sich um eine gut konservierte Moorleiche, die in der Mitte des letzten Jahrhunderts beim Torfstechen gefunden wurde.

Eine weitere sehenswerte Ausstellung befindet sich im Silkeborger **Kunstmuseum:** die Sammlung von Asger Jorn (1914–1973), einem der bekanntesten Künstler Dänemarks. Die Stilrichtung seiner Werke bewegt sich zwischen figurativer und abstrakter Malerei. Das wichtigste Kunstwerk der Sammlung trägt den Namen „Stalingrad“.

Touristeninformation

› **Silkeborg Touristenbüro,** 8600 Silkeborg, Havnen Silkeborg, Åhavevej 2a, Tel. +45 86821911, www.silkeborg.com.

Sehenswertes

› **Silkeborg Museum,** 8600 Silkeborg, Hovedgårdsvej 7, Tel. +45 86821499, www.museumsilkeborg.dk, Mai–Oktober 10–17 Uhr, sonst nur am Wochenende 12–16 Uhr, Eintritt: Hovedgården 85 DKK, Papiermuseum 60 DKK

› **Silkeborg Kunstmuseum,** 8600 Silkeborg, Gudenåvej 7, Tel. +45 86825388, www.museumjorn.dk, April–Oktober Di–So 10–17 Uhr, sonst nur Di–Fr 12–16 und am Wochenende 10–17 Uhr, Eintritt: 125 DKK

Hjejlen gehört zu den ältesten noch erhaltenen kohlebetriebenen Raddampfern der Welt

88 Ly Outdoor Camp

GPS 56.15665, 9.56293

Ruhiger Platz zwischen Kleingartenkolonie und Wald im Ortsteil Lysbro. **Lage/Anfahrt:** an der Sportanlage (Idrott) vorbei und der Beschilderung folgen; **Platzanzahl:** 150; **Untergrund:** Wiese; fest; **Sicherheit:** bewacht; **Preiskat.:** €€€ bzw. €–€€, abhängig davon, ob man vor oder hinter der Schranke nächtigt (17–10 Uhr); **Geöffnet:** April–21. Oktober; **Kontakt:** 8600 Silkeborg, Vejlsøvej 7, Tel. +45 86822201, www.lyoutdoorcamp.dk

89 Silkeborg Sø-Camping

GPS 56.16972, 9.57638

Schattiger Platz im Wald mit Zugang zum Badesee. **Lage/Anfahrt:** auf der Straße 15 in den Århusvej einbiegen, der Platz liegt auf rechter Seite; **Platzanzahl:** 150; **Untergrund:** Wiese; fest; **Sicherheit:** bewacht; **Preiskat.:** €€€€; **Geöffnet:** April–21. Oktober; **Kontakt:** 8600 Silkeborg, Århusvej 51, Tel. +45 86822824, www.seacamp.dk

90 Sejs Bakker Camping

GPS 56.14027, 9.62027

Quickstop. Baumreicher Platz zwischen zwei Hauptstraßen. **Lage/Anfahrt:** von Silkeborg nach Sejs, dort links in den Langdalsvej unter den Bahngleisen hindurch; **Platzanzahl:** 150; **Untergrund:** Wiese; fest; **Sicherheit:** bewacht; **Preiskat.:** €€€; **Geöffnet:** 4. April–16. September; **Kontakt:** 8600 Silkeborg, Borgdalsvej 15–17, Tel. +45 86846383, www.sejs-bakker-camping.dk

91 Skyttehusets Camping

GPS 56.12416, 9.63916

Schattiger, ruhiger Platz, direkt an einem See gelegen. **Lage/Anfahrt:** von Silkeborg auf Straße 52 nach Süden, vor Virklund links abbiegen und auf Beschilderung achten; **Platzanzahl:** 50; **Untergrund:** Wiese;

138wd-vd©Mikkel_Grabowski

fest; **Sicherheit:** bewacht; **Preiskat.:** €€€€; **Geöffnet:** April–23. September; **Kontakt:** 8600 Silkeborg, Svejbækvej 3, Tel. +45 86845111, www.skyttehusets camping.dk

92 Askehøj Camping

GPS 56.13611, 9.69027

Abgelegener, ruhiger Platz. **Lage/Anfahrt:** von der Straße 15 südlich nach Linå abbiegen; **Platzanzahl:** 200; **Untergrund:** Wiese; fest; **Sicherheit:** bewacht; **Preiskat.:** €€€€; **Geöffnet:** 4. April–16. September; **Kontakt:** 8600 Silkeborg, Askehøjvej 18, Tel. +45 86841282, www.askehoj.dk

93 Terrassen Camping

GPS 56.12472, 9.71000

Familienfreundlicher Platz, am Ortsrand von Laven gelegen. **Lage/Anfahrt:** am Camping Askehøj vorbei bis zum Ort Laven; **Platzanzahl:** 250; **Untergrund:** Wiese; fest; **Sicherheit:** bewacht; **Preiskat.:** €€€€; **Geöffnet:** April–23. September; **Kontakt:** 8600 Silkeborg, Himmelbjergvej 9, Tel. +45 86841301, www.terrassen.dk

94 Hesselhus Camping DCU

GPS 56.14833, 9.39694

Für Kinder geeigneter Platz mit Pool, Wasserrutsche und Hüpfburg. **Lage/Anfahrt:** auf der Straße 15 westlich von Silkeborg, durch Flunder Kirkeby hindurchfahren, der Platz befindet sich auf der rechten Seite; **Platzanzahl:** 300; **Untergrund:** Wiese; fest; **Sicherheit:** bewacht; **Preiskat.:** €€€€; **Geöffnet:** ganzjährig; **Kontakt:** 8600 Silkeborg, Moselundvej 30, Tel. +45 86865066, www.camping-hesselhus.dk

95 Stellplatz Tollundgaard Golfpark

GPS 56.153297, 9.423945

Inmitten von Wald und Golfplatz gelegener, ruhiger Stellplatz am Clubhaus des Golfplatzes. **Lage/Anfahrt:** Westlich von Silkeborg die Straße 15 an der Ausfahrt Funder verlassen und durch die Kreisverkehre dem Golfsymbol folgen. In Funder Kirkeby auf den Moselundvej und kurz hinter dem Ort rechts in die Zufahrt; **Platzanzahl:** 10; **Untergrund:** Schotter; **Sicherheit:** Privatgrundstück; **Preiskat.:** €; **Geöffnet:** ganzjährig; **Kontakt:** Tollundvej 3, 8600 Silkeborg, Tel. +45 86851008, www.tollundgaard.dk

139wd-vd©Wedigo Ferchland

IKAST UND HERNING

(36 km - km 330)

Die beiden Ortschaften Ikast und Herning liegen nur wenige Kilometer auseinander und sind über die Straße 15 miteinander verbunden und über diese auch von Silkeborg aus zu erreichen. Ikast hat jedoch außer einem **Wasserturm,** der als Aussichtsturm und Wasserversorgungsmuseum dient, nicht viel zu bieten. Zudem ist dieser nur an den Wochenenden im Juli für den Besucher geöffnet.

Herning hingegen ist die **Stadt der Museen.** Da wären unter anderem das Frilandsmuseet Herning, das HEART – Herning Museum of Contemporary Art und das Textilforum, denn die Herstellung von Stoffen, Trikots und Kleidern war der industrielle Mittelpunkt des Ortes. So ist das Museum auch in den Gebäuden der ehemaligen Kleiderfabrik untergebracht. Eine Sehenswürdigkeit ganz anderer Art ist **Elia.** Hierbei handelt es sich um eine 11 m hohe Kuppel mit einem Durchmesser von 60 m. Ingvar Cronhammar war der Architekt dieses Bauwerks, das im zufälligen Rhythmus urplötzlich eine gigantische Flamme entzündet, die wenige Sekunden lang brennt. Zu sehen bekommen das aber nur die wenigsten Besucher, denn es darf weder zu windig noch zu voll sein. Kein Wunder also, dass im Internet Videos kursieren, die die Kuppel als das frustrierendste Kunstwerk Dänemarks bezeichnen.

Elia reagiert auf elektrische Entladungen aus der Atmosphäre mit Geräuschen und Feuer

96 Stellplatz Sunds SøCamp

GPS 56.208078, 9.023696

Moderner Wohnmobilstellplatz am Südufer eines Sees. Adventure-Minigolf gleich nebenan. Gepflasterte Flächen mit Grünstreifen und jede Parzelle ist von Hecken umgeben. **Lage/Anfahrt:** bei Herning von der 18 auf die 34 nach Sunds wechseln, am Kreisverkehr geradeaus auf die 12 und in den Ort hinein; **Platzanzahl:** 23; **Untergrund:** gepflastert; **Sicherheit:** Schrankenanlage; **Preiskat.:** €€; **Geöffnet:** ganzjährig; **Kontakt:** Søgårdvej 2, 7451 Sunds, Tel. +45 97141024, www.soegaardensunds.dk

Touristeninformation

- **Herning Touristenbüro,** 7400 Herning, Østergade 21, Tel. +45 96272222, www.visitherning.com, Mo–Fr 10–17 Uhr, Sa 10–13 Uhr

Sehenswertes

- **Wasserturm Ikast-tårnet og vandværksmuseet,** 7430 Ikast, Sverigesgade, Tel. +45 99605115, an Wochenenden im Juli 14–17 Uhr, Eintritt: 50 DKK. Wer will, kann sich vom Dach des Wasserturms abseilen lassen.
- **Frilandsmuseet Herning,** 7400 Herning, Museumsgade 32, Tel. +45 97123266, www.museummidtjylland.dk, Di–Fr 10–16.30 Uhr, am Wochenende erst ab 11 Uhr, Eintritt: frei
- **Elia, im Birk Centerpark,** www.elia.dk
- **HEART – Herning Museum Of Contemporary Art,** Bitten og Aage, Damgaards Plads 2, 7400 Herning, Tel. +45 97121033, www.heartmus.dk, Di–So 10–16 Uhr, 85 DKK
- **Tekstilmuseet,** 7400 Herning, Vestergade 20, Tel. +45 97122980, Sa–Do 11–16 Uhr, Eintritt: 75 DKK

Entsorgungsstation

- Auf der A18, südlich von Herning, befindet sich zwischen den Ausfahrten Herning Syd und 13 auf beiden Seiten ein Rastplatz mit einer Entsorgungsmöglichkeit für Womos, GPS 56.037911, 9.000687.

HOLSTEBRO

(34 km – km 364)

Nachdem nun bereits einige Museen, darunter auch Kunstmuseen, besichtigt wurden, ist dies in Holstebro nicht notwendig. In der Stadt, die von Herning aus über die Straße 18 zu erreichen ist, steht an fast jeder Straßenecke im Zentrum eine Skulptur und so werden ihre Kunstschätze unter freiem Himmel präsentiert. Begonnen hatte alles mit einer kleinen und bescheidenen Figur von Alberto Giacometti, über die man sich aufgrund ihrer geringen Größe zunächst lustig machte. Doch heute hat man die „Frau auf der Karre“ ins Herz geschlossen und erweiterte die Sammlung um zahlreiche Plastiken, die über das gesamte Stadtbild verteilt zu sehen sind.

Touristeninformation

- **Holstebro Touristenbüro,** 7500 Holstebro, Nørregade 25, www.visitnordvestkysten.de, Tel. +45 20930766, geöffnet: Mo–Do 9.30–16, Fr 9.30–17, Sa 10–13, Juli/Aug. Mo–Fr 9.30–17, Sa 10–13 Uhr

Mittelalterliche Kirche in Staby, auf halben Weg zwischen Holstebro und dem Nissum Fjord

97 Camping Holstebro Sø DCU

GPS 56.34972, 8.64444

Kleiner Platz mit direktem Zugang zum See. **Lage/ Anfahrt:** im Osten von Holstebro, von der Umgehungsstraße 16 in den Prins Buris Vej einbiegen; **Platzanzahl:** 100; **Untergrund:** Wiese; fest; **Sicherheit:** bewacht; **Preiskat.:** €€€€; **Geöffnet:** 24. März–21. Oktober; **Kontakt:** 7500 Holstebro, Birkevej 25, Tel. +45 97422068, www.camping-mejdal.dk

NISSUM FJORD

(46 km – km 410)

Wer Holstebro auf der Straße 16 verlässt, nähert sich dem **Nissum Fjord.** Hierzu wird in Ulfborg auf die Straße 537 gewechselt, die schließlich auf die bereits bekannte Küstenstraße 181 trifft. Ähnlich wie beim Ringkøbing Fjord fährt man auf einer schmalen Nehrung zwischen der Nordsee auf der einen und dem Binnengewässer auf der anderen Seite. Der gesamte Fjord gilt als Naturreservat und ist für Ornithologen ein beliebtes Reiseziel, da hier zahlreiche Vögel nicht nur rasten, sondern auch brüten. Was Hvide Sande am Ringkøbing Fjord ist, ist am kleineren Nissum Fjord das Örtchen **Thorsminde.** Auch hier ist der Fjord durch eine Schleuse vom Meer abgetrennt.

Am südlichen Rand des Fjords befindet sich der kleine Ort **Helm Klink Havn.** Er ist Ausgangspunkt für einen sehr schön angelegten Wanderweg, der zwar am Nissum Fjord beginnt, jedoch zur Nordseeküste führt. Dabei wandert man auf dem Großteil des 15 km langen Weges durch die schöne Dünenlandschaft bei Husby, weshalb der **Wanderweg** den Namen Husby Klitplantage Ruten trägt. Zwischen Latschenkiefern und Dünen ist man überwiegend auf naturbelassenen Wegen unterwegs, was das Deutsche Wanderinstitut veranlasste, den Weg zu zertifizieren und ihn als Premiumwanderweg auszuzeichnen. Ausgangspunkt der Route ist der Parkplatz am kleinen Fjordhafen (GPS 56.330385, 8.148076).

Picknickplatz

8 Aa Mühle, GPS 56.541629, 8.503867. An der Straße 565 am Nissum Fjord befindet sich die alte Aa Mühle, vor dem Mühlstein links geht es auf den Rasenparkplatz.

Strand bei Thorsminde

141wd-vd©John Sommer

98 Fjand Camping og Feriecenter

GPS 56.31861, 8.14833

Einsam gelegener Platz in der Nähe des Nissum Fjords. **Lage/Anfahrt:** an der Straße 181 Richtung Thorsminde liegt der Platz auf der rechten Seite; **Platzanzahl:** 200; **Untergrund:** Wiese; fest; **Sicherheit:** bewacht; **Preiskat.:** €€€, Quickstop €€; **Geöffnet:** ganzjährig; **Kontakt:** 6990 Ulfborg, Klitvej 16, Tel. +45 97496011, www.nissumfjordcamping.dk

99 Thorsminde Camping

GPS 56.37625, 8.12257

Erholsamer Platz genau zwischen Nordsee und Fjord. **Lage/Anfahrt:** auf der nördlichen Nehrung bei Thorsminde, im Ort der Beschilderung nach rechts folgen; **Platzanzahl:** 200; **Untergrund:** Wiese; fest; **Sicherheit:** bewacht; **Preiskat.:** €€€, Stellplatz vor der Schranke €€; **Geöffnet:** April–21. Oktober; **Kontakt:** 6990 Ulfborg, Klitrosevej 4, Tel. +45 97497056, www.thorsmindecamping.dk

100 Stellplatz Thorsminde

GPS 56.365803, 8.121990

Wohnmobilstellplatz am südlichen Rand des Jachthafens, der vom Campingplatz Thorsminde betrieben wird. **Lage/Anfahrt:** Auf der Straße 181 von Süden in Richtung Thorsminde und gleich am Ortseingang nach links und im Hafengebiet scharf nach links; **Platzanzahl:** 15; **Untergrund:** geschottert; **Service:** Frischwasser im Hafen, Entsorgung auf dem Campingplatz Thorsminde (im Preis inbegriffen); **Sicherheit Sicherheit:** beleuchtet; **Preiskat.:** €€; **Geöffnet:** ganzjährig; **Kontakt:** Vesthavnen 11, 6990 Ulfborg, Thorsminde

LEMVIG

(23 km – km 433)

Die kleine Ortschaft Lemvig ist nicht spektakulär, doch sie liegt in leicht hügeliger Landschaft auf dem Weg und hat eine interessante Sehenswürdigkeit, den **Planetstien.** Es handelt sich um ein begehbares Modell unseres Planetensystems. Im Touristenbüro liegt ein Prospekt aus, das den Weg beschreibt, für den man etwas Zeit mitbringen sollte, denn die Sonne am Stadtrand mit einem Durchmesser von 1,4 m liegt maßstabsgerecht rund 5 km vom Kleinplaneten Pluto entfernt.

Ausblick über den Hafen von Lemvig

Touristeninformation

- **Lemvig Touristenbüro,** 7620 Lemvig, Skolegade 3, Tel. +45 97820077, www.visitnordvestkysten.de, geöffnet: Mo–Fr 10–18, Sa 10–13 Uhr

101 Lemvig Strand Camping

GPS 56.56722, 8.29305

Schön gelegen zwischen Lemvig Fjord und einem kleinem See. **Lage/Anfahrt:** in Lemvig am Hafen vorbei bis zum Jachthafen fahren, dort in unmittelbarer Nähe; **Platzanzahl:** 250; **Untergrund:** Wiese; fest; **Sicherheit:** bewacht; **Preiskat.:** €€€€; **Geöffnet:** April–16. September; **Kontakt:** 7620 Lemvig, Vinkelhagevej 6, Tel. +45 97820042, http://lemvig camping.dk

102 Bremdal Camping

GPS 56.50277, 8.58222

Zentral gelegen, mit Blick auf den Fjord. **Lage/Anfahrt:** in Struer am Hafen entlang und auf der rechten Seite der Bahngleise über den Damm nach Norden, nicht über die Straße 11 (!), Platz erscheint rechts; **Platzanzahl:** 200; **Untergrund:** Wiese; fest; **Sicherheit:** bewacht; **Preiskat.:** €€€; **Geöffnet:** 24. März–21. Oktober; **Kontakt:** 7600 Struer, Fjordvejen 12, Tel. +45 97851650, www.bremdal-camping.dk

103 Stellplatz Lemvig

GPS 56.547191, 8.496970

Kleiner Stellplatz in ruhiger, abgeschiedener Lage. **Lage/Anfahrt:** Am Südufer des Nissum Bredning. Von Lemvig aus auf der Straße 565 über Nissumby in Richtung Humlum, der Platz erscheint auf der linken Seite; **Platzanzahl:** 3; **Untergrund:** Betonplatten; **Preiskat.:** €; **Geöffnet:** ganzjährig; **Kontakt:** Remmerstrandvej 167, 7620 Lemvig

Kleiner, klassischer Leuchtturm an der Straße 11

HALBINSEL SALLING

(60 km – km 493)

Mit Lemvig hat man den Norden des dänischen Festlandes erreicht und fährt nun auf der Straße 513 zur Halbinsel Salling.

Alternativ kann man weiterhin der Straße 181 folgen. Sie führt über eine schmale Halbinsel nordwärts in den Ort **Thyborøn.** Dort überquert man bei einer kurzen Fährfahrt den Thyborøn-Kanal, der die Nordsee mit dem Nissum Bredning verbindet. Der Nissum Bredning ist bereits ein Seitenarm des Limfjords. Nach der Fährüberfahrt gelangt man geradeaus in den **Nationalpark Thy** und automatisch zur Route 3.

Auch östlich von Lemvig besteht die Möglichkeit, Anschluss zur Route 3 zu finden. Dabei hat man sogar noch Gelegenheit für einen wunderschönen und interessanten Zwischenstopp. Die Rede ist von der Straße 11, die ab Bremdal nach Norden verläuft und den Oddesund auf der gleichnamigen Brücke überquert. Zwei schmale Landzungen treffen hier fast aufeinander, die beide zu einem kurzen Zwischenstopp animieren.

Die südliche Halbinsel begeistert nämlich mit einem **Leuchtturm** aus dem Jahr 1909, der mit seinem klassischen rot-weißen Anstrich malerisch vor der dänischen Kulisse steht. Daher sollte man vor der Überquerung der Brücke rechts abbiegen und der schmalen Schotterpiste folgen, um sich den Anblick nicht entgehen zu lassen (GPS 56.580239, 8.565939).

Bei der folgenden Brücke handelt es sich um eine Kombination aus Klapp- und Bogenbrücke, die sowohl dem Straßen- als auch dem Bahnverkehr dient. Sie wurde 1938 in Anwesenheit des Königs Christian X. feierlich eingeweiht und war die bessere Alternative zu einem Damm. Denn bei der Überlegung, die beiden Halbinseln miteinander zu verbinden, wurde auch über einen Damm diskutiert. Das hätte aber vermutlich zu einer weitreichenden Verlandung geführt, weshalb man darauf verzichtete.

250wd-mm

Nach Überquerung der Brücke sollte man gleich noch einmal anhalten, denn auf der linken Seite findet man nicht nur einen kleinen Aussichtsturm mit einer Ausstellung über die Flora und Fauna der Region, sondern auch mehrere ehemalige **Bunkeranlagen.** Sie wurden während der deutschen Besatzung gebaut, weil die Brückenverbindung im Zweiten Weltkrieg eine große strategische Bedeutung hatte und daher streng bewacht wurde. Heute finden in einigen der Bunker gelegentlich Kunstausstellungen statt (GPS 56.578851, 8.553091).

Ansonsten durchquert man auf der Reise von Lemvig in Richtung Osten das Örtchen Struer und wechselt östlich davon in Nørre Bjert auf die Straße 189, um auf die Hauptstadt der Halbinsel zu treffen, Skive. Schwerpunkt dieser Region ist abermals die Natur beziehungsweise die Landschaft, die am besten per Rad oder zu Fuß erkundet werden sollte. Die am gleichnamigen Fjord liegende Stadt **Skive** ist eher industriell geprägt, lediglich der **Herrensitz Krabbesholm** aus dem 16. Jahrhundert im Nordosten der Stadt sollte einen kurzen Besuch wert sein. Nicht auf der Halbinsel, aber nur etwas über 20 km über die Straße 26 entfernt, liegt östlich von Skive die größere Stadt **Viborg.**

Die Stadt rühmt sich ebenfalls, die älteste Stadt in Dänemark zu sein, und tritt in dieser Hinsicht als Konkurrent von Ribe auf. Doch an den mittelalterlichen Charakter, den Ribe ausstrahlt, reicht Viborg nicht heran. Lediglich der **Dom** ist einen Besuch der Stadt wert, obwohl auch dieser nicht mittelalterlich ist. Nachdem mehrfach ein Brand das Gotteshaus zerstört hatte, wurde der Dom gegen Ende des 19. Jahrhunderts im romanischen Stil wieder errichtet.

Darüber hinaus bietet die Region westlich von Viborg ein schönes Ausflugsziel an Regentagen – und nicht nur dann. Bei Mønsted kann man die ehemaligen Kalkgruben besichtigen. Die **Mønsted-Kalkgruben** gelten als größte Kalkmine der Welt. Schon vor etwa eintausend Jahren hat man hier die ersten Gänge in die Erde geschlagen, doch die umfangreichste Nutzung fand im letzten Jahrhundert statt. Von den knapp 60 km langen Gängen sind 2 km beleuchtet und für Besucher geöffnet. Auf Holzbohlen spaziert man durch die 8 °C kühle Anlage, in der auch ein Film über die Geschichte des Kalkabbaus gezeigt wird.

› Mønsted-Kalkgruben (GPS 56.457344, 9.167204), Kalkværksvej 8, 7850 Viborg, www.monsted-kalkgruber.dk, Eintritt 120 DKK/Erw., nur in den Sommermonaten geöffnet

Touristeninformation

› **Viborg Touristenbüro,** 8800 Viborg, Tingvej 2a, Tel. +45 87878888, www.visitviborg.dk, Mo–Fr 10–16 Uhr, in der Hauptsaison Mo–Fr 10–17 Uhr, Sa 10–14 Uhr

104 Stellplatz Holstebro-Struer Lystbådehavn

GPS 56.494311, 8.58987

Schöner Stellplatz an einer Marina. **Lage/Anfahrt:** Am nördlichen Rand der Stadt Struer mit Blick auf das Wasser und auf einen Damm; **Platzanzahl:** 15; **Untergrund:** gepflastert; **Sicherheit:** beleuchtet; **Preiskat.:** €€; **Geöffnet:** April–Oktober; **Kontakt:** Ved Fjorden, 7600 Struer, www.struerhavn.dk

105 Stellplatz Handbjerg Marina

GPS 56.479345, 8.720911

Sehr schöner Wohnmobilstellplatz auf einer künstlich angelegten Insel am Südufer der Venø-Bucht. Die Insel dient einzig und allein als Marina und bietet dabei auch noch moderne und gepflegte Wohnmobilstellplätze. Es wird damit geworben, dass man mit Blick über das Wasser sowohl den Sonnenaufgang als auch den Sonnenuntergang genießen kann. Dem ist auch so, da man eben komplett vom Wasser umgeben ist. **Lage/Anfahrt:** ab Struer auf der Straße 513 nach Handbjerg, dort über den Strandvejen auf den Damm, der die Zufahrt zur Insel bzw. Marina bildet; **Platzanzahl:** 8; **Untergrund:** geschottert; **Sicherheit:** inmitten einer Privatmarina; **Preiskat.:** €€; **Geöffnet:** ganzjährig; **Kontakt:** Handbjerg Marina 10–12, 7830 Vinderup, Tel. +45 22733235, www.handbjergmarina.com

106 Viborg Sø Camping DCU

GPS 56.43777, 9.42166

Ruhiger Platz mit Blick über den See nach Viborg. **Lage/Anfahrt:** im Zentrum von Viborg über den Damm nach Osten fahren und dann sofort rechts in den Vinkelvej abbiegen; **Platzanzahl:** 150; **Untergrund:** Wiese; fest; **Sicherheit:** bewacht; **Preiskat.:** €€€€; **Geöffnet:** 24. März–21. Oktober; **Kontakt:** 8800 Viborg, Vinkelvej 36, Tel. +45 86671311, www.camping-viborg.dk

Der Dom von Viborg im neoromanischen Stil

Zurück zur Halbinsel Salling. Wer über die Straße 573 von Skive aus gen Westen reist, erreicht am Ende des Weges die **Burg Spøttrup.** Mit einem doppelten Wall und einem Wassergraben war die Burg aus Ziegelstein regelrecht uneinnehmbar. Heute kann das komplett restaurierte Bauwerk von innen besichtigt werden. Lohnenswert ist auch ein Blick in die angrenzenden Gärten, z. B. den Heilkräutergarten.

Touristeninformation

› **Spøttrup Touristenbüro,** 7860 Spøttrup, Borgen 6a, Tel. +45 97561606, www.visitskive.dk, Mai–August täglich 10–18 Uhr, September 10–17 Uhr, Oktober täglich 10–16 Uhr

Sehenswertes

› **Burg Spøttrup,** GPS 56.63888, 8.78194, www.museumsalling.dk, Eintritt 80 DKK

Dass Dänemark ruhig und hyggelig (s. S. 30) ist, ist bekannt und war bisher auch schon mehrfach zu spüren – doch es geht noch eine Spur ruhiger. Im Norden der Halbinsel fährt eine Autofähre nur wenige Minuten auf die vorgelagerte kleine **Insel Fur.** Im Osten trifft man auf schöne Sandstrände, während sich im Norden leichte Steilküsten befinden. Die Insel liegt zwar nicht im offenen Meer, ist dafür aber wesentlich ruhiger als mancher Nordseestrand, obwohl auch diese schon an manchen Orten beinahe menschenleer sind.

107 Skive Fjord Camping FDM

GPS 56.59777, 9.03805

Familienfreundlicher Platz mit Pool, Minigolf und Hüpfburg nur wenige Meter vom Skive Fjord entfernt. **Lage/ Anfahrt:** in Skive am Kreisverkehr nicht auf die Straße 26, sondern rechts in den Furvej; **Platzanzahl:** 200; **Untergrund:** Wiese; fest; **Sicherheit:** bewacht; **Preiskat.:** €€€, Quickstop €€; **Geöffnet:** April–14. Oktober; **Kontakt:** 7800 Skive, Marienlyst Strand 15–17, Tel. +45 97514455, www.skivefjordcamping.dk

108 Stellplatz Skive

GPS 56.575933, 9.050829

Der Stellplatz befindet sich an der Marina. **Lage/ Anfahrt:** Die Straße 26 bei Skive verlassen, in den Ort hineinfahren und über den Havnevej zum Hafen. Der Platz befindet sich im hinteren Teil der Marina; **Platzanzahl:** 5; **Untergrund:** Asphalt; **Sicherheit:** beleuchtet; **Preiskat.:** €€; **Geöffnet:** ganzjährig; **Kontakt:** Strandvejen 26, 7800 Skive, www.skivesoesportshavn.dk

109 Salling Camping

GPS 56.76305, 9.10027

Quickstop. Kleiner, sehr ruhiger Platz. **Lage/Anfahrt:** auf der Straße 551 nach Norden und in Richtung Junget abbiegen, der Platz befindet sich direkt an der Kreuzung in dem Weiler; **Platzanzahl:** 50; **Untergrund:** Wiese; fest; **Sicherheit:** bewacht; **Preiskat.:** €€€, Quickstop €; **Geöffnet:** Ostern–September; **Kontakt:** 7870 Roslev, Jungetgårdvej 3, Tel. +45 97597299, www.sallingcamping.dk

110 Fur Camping

GPS 56.83333, 8.97750

Der Platz ist ein Geheimtipp für ruhige Ferien. **Lage/ Anfahrt:** im Nordwesten der Insel Fur, hinter der

Hans Christian Andersen: „Nach Jahrtausenden“

Bei diesem Märchen handelt es sich eigentlich eher um eine Science-Fiction-Geschichte, deren Handlung in vielen tausend Jahren spielt. Amerikanische Reisende besuchen ein zerstörtes Europa und folgen den Spuren vergangener Kulturen, die einst in der alten Welt existiert haben. Übrigens wird in diesem Märchen ein Tunnel unter dem Ärmelkanal erwähnt, den es zu Andersens Zeiten natürlich noch nicht gab.

Fähre links halten bis zum Råkildevej; **Platzanzahl:** 100; **Untergrund:** Wiese; fest; **Sicherheit:** bewacht; **Preiskat.:** €€€, Stellplatz vor der Schranke: 1 € pro angefangene Stunde; **Geöffnet:** April–21. Oktober; **Kontakt:** 7884 Fur, Råkildevej 6, Tel. +45 97593333, www.furcamping.dk

111 Nøreng Strandcamping

GPS 56.79666, 8.95333

Einsamer Platz mit direktem Zugang zum Strand. **Lage/Anfahrt:** an Glyngøre vorbei in Richtung Nøreng, der Platz ist links, die Rezeption rechts neben der Straße; **Platzanzahl:** 75; **Untergrund:** Wiese; fest; **Sicherheit:** umzäunt; **Preiskat.:** €€€; **Geöffnet:** April–September; **Kontakt:** 7870 Roslev, Nørengvej 21, Tel. +45 97595081

112 Glyngøre Camping

GPS 56.74337, 8.86805

Quickstop. Campingplatz mit Blick auf die Sallingsundbrücke. **Lage/Anfahrt:** die Straße 26 noch vor der Brücke an der Ausfahrt verlassen; **Platzanzahl:** 250; **Untergrund:** Wiese; fest; **Sicherheit:** bewacht; **Preiskat.:** €€€; **Geöffnet:** ganzjährig; **Kontakt:** 7870 Roslev, Sundhøj 20, Tel. +45 97731788, www.glyngore-camping.dk

113 Wohnmobilstellplatz Glyngøre

GPS 56.763502, 8.867022

Stellplatz an einer Marina. **Lage/Anfahrt:** Auf einer kleinen Halbinsel der Ortschaft Glyngøre; **Platzanzahl:** 5; **Untergrund:** Rasen; **Sicherheit:** beleuchtet; **Preiskat.:** €€; **Geöffnet:** ganzjährig; **Kontakt:** Færgevej 7, 7870 Roslev, www.sallingsundsejlklub.dk

Auch im kleinen Dänemark gibt es endlose Weiten

ROUTE 3

DER NORDEN DÄNEMARKS

188wd-mm

ROUTENÜBERSICHT

Nordjütland besteht eigentlich aus einer Insel, aber das merkt man kaum, da sie in der Regel über eine Straßenverbindung, bei der es sich meist nur um eine kurze Brücke handelt, erreichbar ist. So auch am südlichen Ende von Nordjütland. Zwischen Sümpfen und Vogelreservaten hindurch, geht es an der Stadt Thisted vorbei, die am Limfjord genau gegenüber der kleineren Insel Mors liegt. In Hanstholm, wo das Skagerrak beginnt, hat man die Möglichkeit, im größten Fischereihafen Dänemarks einen fangfrischen Fisch zu erstehen. Als nächstes folgen breite Sandstrände, die sich an der Jammerbucht entlangziehen und bis Hirthals reichen. Von hier sind es nur noch wenige Kilometer bis zum nördlichsten Punkt Dänemarks. Bei Skagen kann man sehen, wie das Wasser der Ostsee auf die Nordsee trifft. An der Bucht von Ålbæk vorbei, erreicht man einen beliebten Fährhafen, von dem die Schiffe nach Norwegen und Schweden ablegen: Frederikshavn. Auch auf die kleine Insel Læsø gelangt man von hier. Zum Abschluss der Route trifft man schließlich in Nørresundby ein und blickt über den Sund, der aussieht wie ein Fluss.

◁ *Vorseite: Die versandete St.-Laurentii-Kirche (s. S. 118) bei Skagen*

Strecke:

Nykøbing M (s. S. 102) – **Stenbjerg, Hanstholm, Thisted** (61 km, s. S. 103) – **Løkken** (104 km, s. S. 109) – **Hjørring** (26 km, s. S. 111) – **Hirtshals** (10 km, s. S. 113) – **Skagen** (47 km, s. S. 116) – **Frederikshavn** (44 km, s. S. 120) – **Sæby** (14 km, s. S. 123) – **Nørresundby** (47 km, s. S. 124)

Streckenlänge:

Ohne Abstecher circa 353 km

6 km
© Reise Know-How 2024
Langesund (NO)
Larvik (NO)
Kristiansand (NO)
Bergen (NO)
Seydisfjordur (IS)
Skagen
Grenen
ROUTE 3
Kandestederne
Hulsig
Tannis Bucht
Horsnab
Hirtshals
Aalbæk
Farm Fun
Aalbæk Bucht
Uggerby
Tornby
Jerup
Sindal Kommune
Leuchtturm
Lønstrup
HJØRRING
Oslo (NO)
Göteborg (S)
FREDERIKSHAVEN
Læsø (DK)
Bunkermuseum
Tårs
Løkken
Vittrup
E39
NORDJYLLAND
Sæby
Fårup Sommerland
Ingstrup
Østervrå
Læsø Rende
okhus
Brønderslev
E45
Purkær
Flauenskjold
Voerså
Aabybro Kommune
Tylstrup
Hjallerup
Asaa
Vodskov
Meltholt
Østerby
Egholm
Ganderup
Nibe Bredning
AALBORG
Aalborg Bucht
Nibe
Storvorde
Hals
Svenstrup
Egense
Gunderup
Vegger
Dokkedal
Støvring
NORDJYLLAND
Øster Hurup
Haverslev
Terndrup
Rold
Als
E45
Bornholm
Rønne
Nexø
Aalborg
Århus
KØBENHAVN
Sjælland
Fyn
Køge
Langeland
Ærø
Møn
Flensburg
Lolland
Falster

NYKØBING M

In Route 3 wird das dänische Festland komplett verlassen. Auf der Halbinsel Salling nutzt man hierfür die Straße 26 nach Nordwesten. Diese führt über den Sallingsund auf die **Insel Mors,** wo sich am anderen Ende des Brückenkopfes die Kleinstadt **Nykøbing** befindet. Da Dänemark über mehrere Ortschaften mit diesem Namen verfügt, wird bei diesem Ort in der Regel der Buchstabe M angefügt, der für Mors steht. Ein anderes Nykøbing liegt auf der Insel Falster und heißt dementsprechend Nykøbing F. Das hiesige Nykøbing wird von dem 43 m hohen Kirchturm der St.-Clemens-Kirche überragt und verfügt zudem auch noch über ein **Kloster,** in dem aber heute ein Museum untergebracht ist. Die meisten Reisenden lassen die Stadt allerdings links liegen und fahren auf dem direkten Weg auf die nächste Insel.

Touristeninformation

› Morsø Touristenbüro, 7900 Nykøbing M, Havnen 4, Tel. +45 97720488, www.visitmors.dk, Januar-Mai und September-Dezember Mo-Fr 9-16 Uhr, Sa 9-12 Uhr, Juni und August Mo-Fr 9-17 Uhr, Sa 9-14 Uhr, Juli Mo-Fr 9-18 Uhr, Sa 9-15 Uhr.

114 Stellplatz Nykøbing Mors

GPS 56.793418, 8.864031

Stellplatz an der Marina. **Lage/Anfahrt:** Zentrale Lage, nur wenige Schritte in den Ortskern. Von der Straße 26 auf die Straße 545 wechseln und in den Ort fahren. Geradewegs bis zum Hafen, dort rechts und den Schildern folgen; **Platzanzahl:** 10; **Untergrund:** Schotter; **Sicherheit:** beleuchtet; **Preiskat.:** €€; **Geöffnet:** ganzjährig; **Kontakt:** Holmen, 7900 Nykøbing Mors, www.msogm.dk

115 Sallingsund Camping

GPS 56.75128, 8.83616

Kleiner Platz zwischen Wald und Sallingsund gelegen, mit Blick auf die Brücke. Angeboten wird hier auch ein sogenanntes „Gourmet Camping“. Man kann sowohl Frühstück als auch Abendessen bestellen und im angrenzenden Restaurant abholen, um es im eigenen Wohnmobil zu verspeisen. **Lage/Anfahrt:** auf der Insel Mors, auf der anderen Seite der Brücke, die Straße 26 an der ersten Möglichkeit nach Überquerung des Sunds verlassen und der Beschilderung zum Platz folgen; **Platzanzahl:** 50; **Untergrund:** Wiese; fest; **Sicherheit:** umzäunt; **Preiskat.:** €€€; **Geöffnet:**

053wd-mm

April–Mitte Oktober; **Kontakt:** 7900 Nykøbing M, Sallingsundvej 106, Tel. +45 97720088, www.sfkro.dk

116 Jesperhus Camping

GPS 56.76416, 8.81555
Großer, kinderfreundlicher Platz mit zahlreichen Freizeitmöglichkeiten. Anreisen sind mittlerweile nur noch an bestimmten Tagen möglich und der Aufenthalt erfordert eine Mindestdauer von 2 bzw. 3 Tagen. **Lage/Anfahrt:** an der Ausfahrt Nyborg die Straße 26 verlassen und der Beschilderung folgen, nicht in das Zentrum; **Platzanzahl:** 550; **Untergrund:** Wiese; fest; **Sicherheit:** bewacht; **Preiskat.:** €€€€; **Geöffnet:** ganzjährig; **Kontakt:** 7900 Nykøbing M, Legindvej 30, Tel. +45 96701400, www.jesperhus.dk

117 Morsø Camping

GPS 56.79750, 8.87638
Zentral gelegener, aber dennoch ruhiger Platz mit Zugang zum Strand. **Lage/Anfahrt:** an der Ausfahrt Nyborg die Straße 26 verlassen und der Beschilderung in das Zentrum folgen, der Platz ist nördlich vom Hafen gelegen; **Platzanzahl:** 250; **Untergrund:** Wiese; fest; **Sicherheit:** umzäunt; **Preiskat.:** €€€; **Geöffnet:** April–23. September; **Kontakt:** 7900 Nykøbing M, Pavillonvej 3, Tel. +45 97710199, www.mors-camping.dk

118 Stellplatz Ejerslev Havn

GPS 56.918445, 8.920847
So ruhig und abgelegen an einer kleinen Marina, wie man es sich nur wünschen kann. Mit kleinem Café und einer kurzen Wandermöglichkeit. **Lage/Anfahrt:** Bei Nykøbing Mors die Straße 26 verlassen und der Straße 581 bis Ejerslev folgen. Dort auf die Ausschilderung zum Hafen bzw. zur Marina achten; **Platzanzahl:** 5; **Untergrund:** Schotter; **Sicherheit:** keine; **Preiskat.:** €€; **Geöffnet:** ganzjährig; **Kontakt:** Utkærvej 11, Ejerslev; 7900 Nykøbing Mors, Tel. +45 23868751, www.ejerslevhavn.dk

STENBJERG, HANSTHOLM, THISTED
(61 km – km 61)

Über die Brücke, die den **Vilsund** überspannt, führt die Reise wieder in Richtung Nordsee. Als nächstes Ziel sollte man Hanstholm wählen, doch die Frage ist, auf welcher Strecke? Entweder fährt man über die Hauptstraße 26 weiter und passiert dabei Thisted oder man bleibt hinter der Unterführung, die der Brücke folgt, einfach geradeaus auf der Straße 571. Diese führt auf die aus Route 2 bekannte Straße 181, auf der man durch eine wunderschöne Heidelandschaft Hanstholm erreichen kann.

Gleichzeitig trifft man hier auf den **Nationalpark Thy.** Er umfasst den gesamten Küstenbereich zwischen Agger im Süden, kurz vor der Fähre nach Thyborøn (siehe Route 2), und Hanstholm im Norden.

Touristeninformation

- Hanstholm Touristenbüro, Tårnvej 21, 7730 Hanstholm, Tel. +45 97961219, www.visitthy.dk

119 Stellplatz Sundby

GPS 56.884228, 8.638590
Hier liegen sich zwei Stellplätze am Vilsund genau gegenüber und sind nur durch die Brücke über den Vilsund voneinander getrennt. **Lage/Anfahrt:** Die Insel Mors auf der Straße 26 in Richtung Vilsund verlassen. Vor der Brücke auf der linken Seite an der Marina. Dadurch jedoch direkter Straßenlärm; **Platzanzahl:** 3; **Untergrund:** Schotter; **Sicherheit:** beleuchtet; **Preiskat.:** €€; **Geöffnet:** ganzjährig; **Kontakt:** Sundbyvej 239, Øst Vilsund, 7950 Erslev, www.sundbyhavn.dk

Ein Strandspaziergang gehört dazu, egal bei welchem Wetter

120 Stellplatz Vilsund

GPS 56.882404, 8.627988

Auf der westlichen Seite des Sunds befindet sich der zweite Stellplatz nur 100 m von einem Campinghändler entfernt. Sehr hilfreich, wenn man Kleinteile für das Wohnmobil benötigt. **Lage/Anfahrt:** Auf der linken Seite hinter der Vilsundbrücke. Direkt an der ersten Möglichkeit hinter der Brücke links abbiegen und am Campingbedarf vorbei, dann wieder nach links; **Platzanzahl:** 6; **Untergrund:** Schotter; **Sicherheit:** beleuchtet; **Preiskat.:** €€; **Geöffnet:** ganzjährig; **Kontakt:** Gamle Færgevej 30, 7700 Thisted (Vildsund)

121 Vildsund Camping

GPS 56.88000, 8.62444

Quickstop. Kleiner, ruhiger Platz zwischen Wald und Sund. **Lage/Anfahrt:** nach Überquerung der Brücke über den Vilsund die erste Möglichkeit links und anschließend rechts in den Parkvej; **Platzanzahl:** 100; **Untergrund:** Wiese; fest; **Sicherheit:** bewacht; **Preiskat.:** €€€, Quickstop für maximal zwei Tage €€ (inkl. Nutzung des Sanitärbereichs und Strom); **Geöffnet:** April–23. September; **Kontakt:** 7700 Thisted, Parkvej 33, Tel. +45 97931169, www.vildsundcamping.dk

122 Krohavens Camping

GPS 56.91805, 8.36555

Kleiner, gemütlicher Platz. **Lage/Anfahrt:** an der Straße 181 auf der linken Seite bei Stenbjerg; **Platzanzahl:** 50; **Untergrund:** Wiese; fest; **Sicherheit:** bewacht; **Preiskat.:** €€€; **Geöffnet:** April–September; **Kontakt:** 7752 Snedsted, Stenbjerg Kirkevej 21, Tel. +45 97938899, www.kh-camp.dk

123 Vorupør Camping

GPS 56.95416, 8.36611

Direkt hinter den Dünen zur Nordsee gelegen. Der Platz funktioniert als Self-Service-Campingplatz und ist vollautomatisiert. Sollte man die Betreiber bei Problemen sprechen wollen, erreicht man diese entweder telefonisch oder zehn Minuten zu Fuß entfernt in dem von ihnen betriebenen Supermarkt Meny. Üblicherweise ist das aber nicht notwendig. **Lage/Anfahrt:** die Straße 181 bei Nørre Vorupør verlassen und in die Vesterhavsgade einbiegen; **Platzanzahl:** 120; **Untergrund:** Wiese; fest; **Sicherheit:** umzäunt; **Preiskat.:** €€€; **Geöffnet:** April–Oktober; **Kontakt:** 7700 Thisted, Vesterhavsgade 85, Tel. +45 97938005, www.vorupoercamping.dk

251wd-mm

054wd-mm

124 Nystrup Camping Klitmøller

GPS 57.03305, 8.47916

Von Bäumen umgebene Parzellen in Strandnähe. Zu Fuß erreicht man in wenigen Augenblick durch die Dünenlandschaft das Meer. **Lage/Anfahrt:** die Straße 181 vor Klitmøller in Richtung Strand verlassen; **Platzanzahl:** 200; **Untergrund:** Wiese; fest; **Sicherheit:** bewacht; **Preiskat.:** €€€; **Geöffnet:** März–Oktober; **Kontakt:** 7700 Thisted, Trøjborgvej 22, Tel. +45 97975249, www.nystrupcampingklitmoller.dk

Da es bis auf den Hafen in Thisted nicht viel zu sehen gibt, empfiehlt sich die Route in Küstennähe – alleine schon, um den **Nationalpark Thy** näher kennenzulernen.

Als Erstes erreicht man die **Klitplantagen** rund um Stenbjerg. Hierbei handelt es sich um Aufforstungen der Dünen. Angelegt wurden diese zum ersten Mal gegen Ende des 19. Jahrhunderts, um endlich etwas gegen die ständigen Versandungen zu unternehmen, die regelmäßig Wanderdünen entstehen ließen und für die Ortschaften zur Gefahr wurden. Weitere Aufforstungen findet man auf dem weiteren Weg nach Norden.

⌃ Auf dem Weg durch das Wildreservat bei Hanstholm

‹ Von der Steilküste bei Hanstholm blickt man über das Hafengelände

Kurz vor Hanstholm durchquert man das zur Ortschaft gehörende Wildreservat, wo die Landschaft bis zum Horizont reicht und keinerlei Bebauung zu sehen ist. Noch bevor man den Ort erreicht, erscheint dann ein kleiner Parkstreifen, an dem man sich Bauwerke älteren Datums ansehen kann. Sie gehören zum **Bunkermuseum von Hanstholm** und stammen aus deutscher Fertigung. Hanstholm war im Zweiten Weltkrieg von großer Bedeutung. Zum einen sollte der Hafen geschützt werden, zum anderen wollte man durch den Bau von Geschützen an dieser Stelle Angriffe auf den Fliegerhorst Aalborg abwehren. Wer durch die Landschaft geht und sich in den einen oder anderen Bunker hinein traut, wird noch mancherorts deutsche Motivationssprüche an den Wänden lesen können.

Doch auch das bereits erwähnte **Wildreservat** im nördlichen Bereich des Nationalparks

252wd-mm

ist ein Muss, wenn man in der Region unterwegs ist. Es reicht bis weit in das Hinterland zwischen Hanstholm und dem **Nors Sø (Nors-See)** hinein. Besonders um den See herum gibt es mehrere Parkmöglichkeiten (z. B. GPS 57.040755, 8.616052), von wo aus man wandernd durch die raue Landschaft streifen kann. Eine kleine, gerade mal eineinhalb Kilometer lange Tour sticht dabei besonders hervor: Sie beginnt am Nordufer des Sees und führt über die Hügellandschaft, in der mehrere Kunstinstallationen an Eisberge erinnern sollen. Gleichzeitig sind sie aber Sitzgelegenheit und Aussichtspunkt, von wo aus man einen wunderbaren Rundumblick bis zur Küste genießt. Über mehrere Stufen geht es schließlich wieder hinab zum Parkplatz.

Sehenswertes

› **MuseumsCenter Hanstholm,** 7730 Hanstholm, Molevej 29, Tel. +45 97961736. Ausführliche Dokumentationen rund um eine 38-cm-Kanone aus dem Zweiten Weltkrieg und die Geschichte Hanstholms während der Besatzung. Die Besucher werden mittels einer Bahn, die damals zum Munitionstransport genutzt wurde, durch das Gebiet gefahren. Mitte März–Mai täglich 10–16 Uhr, Juni–August 10–17 Uhr, Sept.–Nov. 10–16 Uhr, Eintritt: 100 DKK, www.bunkermuseumhanstholm.dk

Der Ort Hanstholm als solcher ist sehr klein, hat aber große Bedeutung durch den **Fischereihafen,** der sich unterhalb des Leuchtturmes befindet.

125 Hanstholm Camping

GPS 57.10888, 8.66722

Quickstop. Weitläufiger Platz, zum Teil in Dünung. **Anfahrt:** östlich von Hanstholm, von Straße 26 am Ortsausgang im Kreisverkehr links ab und dem Industrievangen folgen; **Platzanzahl:** 400; **Untergrund:** Wiese, Sand; fest; **Versorgung:** Strom, Trinkwasser, Abwasser, Chemie-WC, WLAN; **Sicherheit:** bewacht; **Preiskat.:** €€€€; **Geöffnet:** ganzjährig; **Kontakt:** 7730 Hanstholm, Hamborgvej 95, Tel. +45 97965198, www.hanstholm-camping.dk

In Dänemark ist man fast immer direkt an der Küste und hat freien Blick aufs Meer

Bereits bei Verlassen der **Insel Mors** hat man Westjütland erreicht. Dieser Teil Dänemarks ändert sich landschaftlich kaum. Heidelandschaft, Dünenplantagen und schier endlos weite Strände prägen die Region rund um die Vigsø Bucht und die Jammerbucht.

Der weitere Streckenverlauf führt über die Straße 29 bzw. später über die Straßen 11 und 55 bis Løkken. Doch man sollte den Weg nicht einfach „abrasen", sondern sich lieber Zeit nehmen und gelegentlich den Beschilderungen nach links folgen, die immer wieder zur Nordseeküste führen.

Zahlreiche Campingplätze und Badeorte, deren Namen meist mit der Bezeichnung „Strand" enden wie beispielsweise Grønnestrand, Tranum Strand oder Lild Strand, befinden sich an diesem sehr beliebten Küstenabschnitt.

Touristeninformation

› Jammerbugt Touristenbüro, 9460 Brovst, Bratskov, Fredensdal 8, Tel. +45 72578975, geöffnet: Mo-Sa 9-16 Uhr

126 Stellplatz Fjerritslev (Søndergård Stellplads)

GPS 57.085625, 9.274205

Nette kleine Anlage mit Wiese, die von einem Wohnmobilistenpärchen zur Übernachtung angeboten wird. **Lage/Anfahrt:** Am südöstlichen Ortsrand von Fjerritslev, nahe der Straße 11. Anfahrt nur über Parkvej möglich, nicht in den Bakkevej (Sackgasse) hineinfahren; **Platzanzahl:** 10; **Untergrund:** Rasen; **Sicherheit:** Privatgrundstück; **Preiskat.:** €€; **Geöffnet:** ganzjährig; **Kontakt:** Parkvej 100, 9690 Fjerritslev, Tel. +45 22894197

127 Stellplatz Haverslev Havn

GPS 57.029761, 9.399780

Unfassbar ruhig, schon bei der Anfahrt überkommt einem auf dem letzten Kilometer das Gefühl, sehr einsam unterwegs zu sein. Am Ende der schnurgeraden Zufahrtstraße erscheint dann beinahe überraschend doch noch eine kleine, überschaubare Marina. **Lage/Anfahrt:** Südöstlich von Fjerritslev am nördlichen Ufer des Nibe Bredning; **Platzanzahl:** 6; **Untergrund:** Schotter; **Sicherheit:** keine; **Preiskat.:** €; **Geöffnet:** ganzjährig; **Kontakt:** Havnegade 85, 9690 Fjerritslev, www.haverslevhavn.dk

253wd-mm

128 Svinkløv Camping

GPS 57.14833, 9.32027

Quickstop. Insidertipp für Naturliebhaber. **Lage/Anfahrt:** abgelegen und mitten im Wald, angrenzend an die Nordseeküste, in Fjerritslev die Straße 11 über Kollerup verlassen; **Platzanzahl:** 250; **Untergrund:** Wiese; fest; **Sicherheit:** bewacht; **Preiskat.:** €€; **Geöffnet:** April–16. September; **Kontakt:** 9821 Fjerritslev, Svinkløvvej 541, Tel. +45 98217180, www.svinkloevcamping.dk

129 Tranum Klit Camping

GPS 57.17083, 9.46222

Schattiger, einsamer Platz, fußläufig zur Nordseeküste. **Lage/Anfahrt:** die Straße 11 bei Tranum verlassen, dort der Beschilderung folgen; **Platzanzahl:** 200; **Untergrund:** Wiese, Sand; fest; **Sicherheit:** bewacht; **Preiskat.:** €€€, Stellplatz vor der Schranke €€; **Geöffnet:** April–16. September; **Kontakt:** 9460 Brovst, Sandmosevej 16, Tel. +45 98235282, www.tranumklitcamping.dk

130 Stellplatz Gjøl Havn

GPS 57.062467, 9.702276

Ruhiger Stellplatz an einer Marina. **Lage/Anfahrt:** Am nördlichen Ufer des Nibe Bredning, bereits kurz vor den Toren der Stadt Aalborg; **Platzanzahl:** 5; **Untergrund:** Schotter; **Sicherheit:** beleuchtet; **Preiskat.:** €€; **Geöffnet:** April–Okt.; **Kontakt:** Gjøl Havn 7, 9440 Aabybro

131 Rødhus Klit Camping

GPS 57.20113, 9.51606

Ruhiger, kinderfreundlicher Campingplatz mit vielen Bäumen, in der Dünenlandschaft untergebracht. Schnell erreicht man die Küste. **Lage/Anfahrt:** die Straße 11 bei Halvrimmen in Richtung Küste verlassen, am Ende links; **Platzanzahl:** 250; **Untergrund:** Wiese; fest; **Sicherheit:** bewacht; **Preiskat.:** €€€; **Geöffnet:** April–21. Oktober; **Kontakt:** 9490 Pandrup, Rødhusmindevej 25, Tel. +45 98248340, www.rodhuscamping.dk

132 Blokhus Natur Camping

GPS 57.22027, 9.58472

Großer, aber ruhiger Platz mit Spielmöglichkeiten für Kinder. Kostenfreier Eintritt zum Schwimmbad im Ferienzentrum Blokhus. **Lage/Anfahrt:** an der Landstraße zwischen Blokhus und Rødhus; **Platzanzahl:** 300; **Untergrund:** Wiese; fest; **Sicherheit:** bewacht; **Preiskat.:** €€€; **Geöffnet:** April–September; **Kontakt:** 9490 Pandrup, Kystvejen 52, Tel. +45 20774244, www.blokhusnaturcamping.dk

133 Blokhus By Camping

GPS 57.24972, 9.59777

In Waldrandlage mit Pool. **Lage/Anfahrt:** am Ortseingang von Blokhus, die Straße 55 verlassen und auf der Straße 559 Richtung Blokhus; **Platzanzahl:** 250; **Untergrund:** Wiese; fest; **Sicherheit:** bewacht; **Preiskat.:** €€€€; **Geöffnet:** April–23. September; **Kontakt:** 9492 Blokhus, Aalborgvej 62, Tel. +45 40449096, https://blokhusbycamping.dk

Sehenswertes

› **Fårup Sommerland,** Pirupvejen 147, 9492 Blokhus, Tel. +45 98881600, www.faarupsommerland.dk, GPS 57.266579, 9.646387. Großer Freizeitpark mit mehreren Achterbahnen und zahlreichen Wasserrutschen sowie weiteren Attraktionen.

134 Fårup Camping

GPS 57.25972, 9.64861

Ruhig gelegen, abseits der Küste, dafür nah am Freizeitpark Fårup Sommerland, der über einen einfachen, schmalen Fußweg nach 500 Metern zu erreichen ist. **Lage/Anfahrt:** von der Straße 559 vor dem Wald bzw. vor Blokhus rechts abbiegen in Richtung Fårup; **Platzanzahl:** 150; **Untergrund:** Wiese; fest; **Sicherheit:** bewacht; **Preiskat.:** €€€; **Geöffnet:** April–Septem-

254wd-mm

ber; **Kontakt:** 9493 Saltum, Fårupvej 184, Tel. +45 98881154, www.faarupcamping.dk

135 Saltum Strand Camping

GPS 57.28527, 9.65222

Lebhafter Platz in der Nähe der Küste. **Lage/Anfahrt:** die Straße 55 bei Saltum verlassen und dem Saltum Strandvej folgen, der Platz liegt auf der linken Seite; **Platzanzahl:** 250; **Untergrund:** Wiese; fest; **Sicherheit:** bewacht; **Preiskat.:** €€€; **Geöffnet:** Mai–September; **Kontakt:** 9493 Saltum, Saltum Strandvej 141, Tel. +45 98881159, www.saltumstrand.dk

136 Jambo Vesterhav Camping

GPS 57.27805, 9.66138

Großer, lebhafter Platz, Jambo bedeutet auf Suaheli Willkommen. Parzellen- und Wegenamen erinnern an afrikanische Orte und Tiere. **Lage/Anfahrt:** die Straße 55 bei Saltum verlassen und auf dem Saltum Strandvej links hinter dem Waldstück abbiegen; **Platzanzahl:** 400; **Untergrund:** Wiese; fest; **Sicherheit:** bewacht; **Preiskat.:** €€€€; **Geöffnet:** April–21. Oktober; **Kontakt:** 9493 Saltum, Solvejen 58, Tel. +45 98881666, www.jambo.dk

LØKKEN

(104 km – km 165)

Einer der populärsten Badeorte dieser dänischen Region ist **Løkken.** Rund 1500 Einwohner leben hier, doch in den Sommermonaten sind deutlich mehr Touristen im Ort. Will man in Dänemark von Massentourismus sprechen, so muss der Ort Løkken zwangsläufig erwähnt werden. Mehrere Campingplätze und eine große Zahl an Restaurants, Kneipen und Einkaufsmöglichkeiten sorgen in der Hauptsaison für ein besonders lebhaftes Treiben. Sogar am weiten Sandstrand mit etwa weißen 400 Badehäuschen kann es im Sommer sehr eng werden, wenn man nicht dessen 40 Kilometer Breite ein wenig ausnutzt.

Beliebt ist der Ort – bei entsprechender Wetterlage – auch bei Surfern. Die in das Meer hineinragende Mole bietet die einfache Möglichkeit, am Ende der Mole auf die richtige Welle zu warten.

Beeindruckend sind auch die **Bunkeranlagen aus dem Zweiten Weltkrieg** am nördli-

Zugang zum Strand von Løkken

chen Strandabschnitt. Die Bunker standen einst auf den Dünen rund 90 m im Landesinnern. Durch Erosion sind die Dünen rund um die Bauten komplett verschwunden und es scheint, als hätte man die Betonanlage mitten auf dem Strand gebaut.

Touristeninformation

› **Løkken Touristenbüro,** 9480 Løkken, Jyllandsgade 15, Tel. +45 98991009, www.visitnordvestkysten.dk, geöffnet: Mo–Fr 10–16 Uhr, Sa 10–13 Uhr

Essen

› **Restaurant Løkken,** 9480 Løkken, Torvet 8, Tel. +45 98992200, www.restaurantlb.dk. Internationale Küche im alten Badehotel direkt am Markt.

137 Grønhøj Strand Camping

GPS 57.32084, 9.67633

Großer Platz, der von vielen Bäumen eingerahmt wird. **Lage/Anfahrt:** die Straße 55 bei Ingstrup in Richtung Küste verlassen und am Campingplatz Rolighed vorbei; **Platzanzahl:** 400; **Untergrund:** Wiese; fest; **Sicherheit:** bewacht; **Preiskat.:** €€€, Quickstop €–€€; **Geöffnet:** April–9. September; **Kontakt:** 9480 Løkken, Kettrupvej 125, Tel. +45 98884433, www.gronhoj-strand-camping.dk

138 Løkken Klit Camping

GPS 57.34444, 9.70111

Großer, lebhafter Platz mit Pool. **Lage/Anfahrt:** an der Straße 55 auf der linken Seite, kurz vor Løkken; **Platzanzahl:** 450; **Untergrund:** Wiese; fest; **Sicherheit:** bewacht; **Preiskat.:** €€€€; **Geöffnet:** April–Oktober; **Kontakt:** 9480 Løkken, Jørgen Jensenvej 2, Tel. +45 98991434, www.loekkenklit.dk

139 Løkken Campingcenter

GPS 57.36416, 9.70888

Familienfreundlicher Platz ohne Parzellen und ohne Schatten. **Lage/Anfahrt:** in unmittelbarer Nachbarschaft zur Straße 55, in den Ny Strandvej einbiegen

140 Løkken Strand Camping

GPS 57.38555, 9.72555

Quickstop. Kleiner Platz mit direktem Zugang zum Sandstrand. **Lage/Anfahrt:** an der Straße 55 in Løkken am Kreisverkehr links, sofort wieder rechts, kurz hinter der Kirche auf der linken Seite; **Platzanzahl:** 120; **Untergrund:** Wiese; fest; **Sicherheit:** bewacht; **Preiskat.:** €€€€, Quickstop €; **Geöffnet:** 10. Mai–10. September; **Kontakt:** 9480 Løkken, Furreby Kirkevej 97, Tel. +45 98991804, www.loekkencamping.dk

255wd-mm

143 Løkken Familiecamping

GPS 57.37846, 9.74011

Kleiner, ruhiger Platz. **Lage/Anfahrt:** Løkken auf der Straße 55 in Richtung Hjørring verlassen, der Platz befindet sich hinter dem Kreisverkehr auf der linken Seite; **Platzanzahl:** 50; **Untergrund:** Wiese; fest; **Sicherheit:** bewacht; **Preiskat.:** €€€€, Stellplatz vor der Schranke €€; **Geöffnet:** April–August; **Kontakt:** 9480 Løkken, Løkkensvej 910, Tel. +45 98991238, www.lokkennord.dk

256wd-mm

und dann rechts; **Platzanzahl:** 120; **Untergrund:** Wiese; fest; **Sicherheit:** bewacht; **Preiskat.:** €€€€, Stellplatz vor der Schranke für zwei Personen ab 20 Uhr €€; **Geöffnet:** Mai–September; **Kontakt:** 9480 Løkken, Søndergade 69, Tel. +45 98991767, www.loekkenbycamping.dk

141 Gl. Klitgård Camping og Hytteby

GPS 57.42027, 9.76111

Großer, lebhafter und familienfreundlicher Platz. **Lage/Anfahrt:** auf der Straße 55 bei Tovbro links in den Lønstrupvej einbiegen, später erneut links in den Lyngbyvej; **Platzanzahl:** 300; **Untergrund:** Wiese, fest; **Sicherheit:** bewacht; **Preiskat.:** €€€€; **Geöffnet:** ganzjährig; **Kontakt:** 9480 Løkken, Lyngbyvej 331, Tel. +45 98996566, www.gl-klitgaard.dk

142 Stellplatz Løkken

GPS 57.389844, 9.773809

Private Wiesenfläche rund vier Kilometer außerhalb der Ortschaft, gleich neben der Straße 55. **Lage/Anfahrt:** Direkt neben der Straße 55 zwischen Løkken und Hjørring. Nach rund vier Kilometern rechts direkt auf das Grundstück; **Platzanzahl:** 20; **Untergrund:** Rasen; **Sicherheit:** Hecke rund um den Platz; **Preiskat.:** €; **Geöffnet:** ganzjährig; **Kontakt:** Tommy Grods, Straße 55, 9480 Løkken, Tel. +45 22994134

HJØRRING

(26 km – km 191)

Etwas größer und dennoch wesentlich ruhiger geht es in Hjørring zu. In der Stadt leben etwa 25.000 Einwohner. Über die Straße 55 ist die **Handelsstadt** von Løkken aus schnell zu erreichen. Genutzt wird Hjørring gerne als Einkaufsstadt, doch auch die **St.-Katharinen-Kirche** aus dem Jahr 1240 ist sehenswert. Die Abendmahlszene auf dem Altarbild wurde im 17. Jh. gefertigt und der Kalkstein des Taufbeckens wurde aus Gotland importiert.

Am südlichen Ende der Fußgängerzone befindet sich der **P. Nørkjærs Plads,** auf dem ein kunstvoll hergestellter Brunnen Wasser speit. Der Brunnen ist eine von über 150 Skulpturen im gesamten Stadtgebiet und befindet sich direkt beim **Vendsyssel Kunstmuseum,** wo zahlreiche Gemälde mit lokalen Motiven zu besichtigen sind.

Zwei weitere Highlights befinden sich außerhalb der Stadt, genauer gesagt in Richtung Nordseeküste bei der Ortschaft Lønstrup. Da wäre zum einen die **Venneberg-Windmühle,** die nicht nur nett anzuschauen ist, sondern wo in einem angrenzenden Gebäude ein kleines **Café** einlädt. Angeboten werden hier selbstgebackene Kuchen auf Keramiktellern, die von der Hausherrin ebenfalls aus eigener Herstellung stammen. Das

257wd-mm

Café ist im ehemaligen Atelier des Malers Johannes Hofmeister untergebracht, der hier bis 1990 lebte. Ein Höhepunkt ist zudem der Afternoon Tea, der jeden Donnerstag angeboten wird und an die viktorianische Zeit Großbritanniens erinnert. Auch die Sandwiches, Scones und die dazugehörige klassische clotted cream sind selbstgemacht. Der Afternoon Tea muss vorreserviert werden (www.mollehuset.com).

› **Venneberg-Mühle,** Skallerupvej 812, 9800 Hjørring, GPS 57.459024, 9.823737

Das zweite Highlight bei Lønstrup kann man bereits von der Straße an der Mühle aus sehen. In rund 3 km Entfernung ragt am Horizont ein **Leuchtturm** aus den riesigen Sanddünen. Der **Rubjerg Knude Fyr** wurde im Jahr 1900 eingeweiht und hatte eine Leuchtweite von mehr als 40 km. Vom Meer war der Turm nur durch eine maximal drei Meter hohe Düne getrennt. Im Laufe der Jahrzehnte wuchs die Düne durch Windverwehungen auf eine Höhe von rund 50 m an und das Leuchtfeuer war vom Meer aus nicht mehr zu sehen. Ende der 1960er-Jahre stellte man den Betrieb daher ein und aufgrund modernerer Technik war ein Ersatz nicht notwendig. Die Düne wanderte weiter, zerstörte durch die hohe Last die Nebengebäude und hatte den Leuchtturm im Jahr 2012 endgültig passiert. Damit stand der Turm sehr nahe an der Abbruchkante und es stand zu befürchten, dass er beim nächsten Wintersturm ins Meer stürzen würde. Man beschloss, den Leuchtturm zu retten, und investierte 5 Mio. Kronen, damit der Turm mit großem Aufwand verschoben werden konnte. Im Oktober 2019 erhielt der Leuchtturm 70 m weiter landeinwärts seinen neuen Standort. Er lässt sich kostenlos besteigen und bietet ein prächtiges Panorama über die Düne hinweg, während man als Besucher an den meisten Tagen im Jahr den starken Wind zu spüren bekommt.

› **Rubjerg Knude Fyr,** GPS 57.451450, 9.795270

Die Venneberg-Mühle ist nicht nur schön, sondern beherbergt auch ein gemütliches Café

Touristeninformation

› **Hjørring Touristenbüro,** www.visitnordvestkysten.de

Sehenswertes

› **Vendsyssel Kunstmuseum,** 9800 Hjørring, P. Nørkjærs Plads 15, Tel. +45 98924133, www.vkm.dk, Di–So 11–16 Uhr, Eintritt: 90 DKK

Essen

› **Hereford House,** 9800 Hjørring, Nørregade 35, Tel. +45 98927722, www.herefordhouse.dk. In einem alten Kaufmannshof eingerichtetes, klassisches Steakrestaurant mit einer großen Weinkarte.

144 Egelunds Camping Hytter og Motel

GPS 57.46611, 9.79722

Kleiner, gemütlicher Platz inmitten einer Ferienanlage. **Lage/Anfahrt:** von der Straße 55 nach Lønstrup abbiegen und der Beschilderung folgen; **Platzanzahl:** 70; **Untergrund:** Wiese; fest; **Sicherheit:** bewacht; **Preiskat.:** €€€€, Stellplatz vor der Schranke €€; **Geöffnet:** April–23. September; **Kontakt:** 9800 Hjørring, Rubjergvej 21, Tel. +45 98960134, www.loenstrup-camping.dk

145 Lønstrup Camping Møllebakken

GPS 57.47361, 9.80083

Kleiner, ruhig gelegener Platz. **Lage/Anfahrt:** von der Straße 55 nach Lønstrup abbiegen und der Beschilderung folgen; **Platzanzahl:** 50; **Untergrund:** Wiese; fest; **Sicherheit:** bewacht; **Preiskat.:** €€€€; **Geöffnet:** 4. April–23. September; **Kontakt:** 9800 Hjørring, Møllebakkevej 20, Tel. +45 70273828, www.camping loenstrup.dk

HIRTSHALS

(10 km – km 201)

Es spielt keine Rolle, ob man in Hjørring nach Westen oder Osten fährt. Man trifft an beiden Ortsausgängen auf eine Verbindung zum nächsten Ort, nämlich Hirtshals. Die Landstraße 55 und die weiter östlich gelegene Autobahn E39 führen zunächst parallel nach Hirtshals und treffen dort schließlich aufeinander.

Hirtshals ist bekannt für seine Schiffsverbindungen nach Norwegen und die meisten Norwegenreisenden werden den Ort nur kurz durchqueren. Zugegebenermaßen verpassen diese Reisenden nur wenig von der Stadt.

Doch das hier befindliche **Nordseemuseum** sollte unbedingt besucht werden. Nach einem Großfeuer im Jahr 2003, bei dem auch die größte Attraktion des Museums, der Mondfisch, ums Leben kam, wurde es wie-

258wd-mm

Mit riesigem Aufwand wurde der Leuchtturm Rubjerg Knude Fyr versetzt

Hirtshals

0 300 m © Reise Know-How 2024

133wd-vd©Cees van Roeden

der aufgebaut und renoviert. Selbst wer sich nicht für Aquarien erwärmen kann, wird sich nicht langweilen. In einem großen Seehundbecken, unter dem man zunächst hergeht und das man später im Außenbereich von oben betrachten kann, kommen die Bewohner neugierig und sehr nah an die Besucher heran. Herzstück des Nordseemuseums ist aber das riesige, über vier Etagen verteilte Becken mit 4,5 Millionen Liter Wasser. Zudem gibt es zahlreiche Lehrräume und Informationsbecken. Bei einem Rundgang begibt man sich auf eine sogenannte Expedition zu sieben besonders interessanten Biotopen der Nordsee. Dazu zählen die Sandbank Doggerbank, das Wrack des Trawlers Stornoway und auch die Norwegische Rinne, die mit ihrer Tiefe von über 700 Metern als tiefste Stelle der Nordsee gilt.

Touristeninformation

› **Hirtshals Touristenbüro,** 9850 Hirtshals, Jørgen Fibigersgade 26, Hirtshals Service- & Velkomstcenter, Tel. +45 98942220, www.toppenafdanmark.dk, Mo–Fr 10–15 Uhr, Sa 9–12 Uhr, in der Hauptsaison Mo–Fr 10–15 Uhr, Sa 10–15 Uhr

Sehenswertes

› **Nordsøen Oceanarium,** 9850 Hirtshals, Willemoesvej 2, Tel. +45 98944444, täglich 10–17 Uhr, im Juli und August auch bis 18 Uhr, Eintritt: 195 DKK, www.nordsoenoceanarium.dk

146 Tornby Strand Camping

GPS 57.55527, 9.93222

Großer, für Kinder geeigneter Platz in Strandnähe. **Lage/Anfahrt:** von der Straße 55 in Richtung Hirtshals in Nørre Tornby links abbiegen; **Platzanzahl:** 250; **Untergrund:** Wiese; fest; **Sicherheit:** bewacht; **Preiskat.:** €€€€, Quickstop €€€, max. 8,50 m Länge des Wohnmobils; **Geöffnet:** April–September; **Kontakt:** 9850 Hirtshals, Strandvejen 3, Tel. +45 98977877, www.tornbystrandcamping.dk

Das Nordsøen Oceanarium beeindruckt mit seinen großen Aquarien

147 Hirtshals Camping

GPS 57.58666, 9.94750

Schattenloser Platz direkt an der Küste und an Wanderwegen gelegen. **Lage/Anfahrt:** der Platz befindet sich unterhalb des Leuchtturmes im Westen von Hirtshals, von der Straße 55 kurz vor dem Ortseingang links in den Kystvejen einbiegen; **Platzanzahl:** 150; **Untergrund:** Wiese; fest; **Sicherheit:** bewacht; **Preiskat.:** €€€€; **Geöffnet:** Ende März–Mitte Oktober; **Kontakt:** 9850 Hirtshals, Kystvejen 6, Tel. +45 98942535, www.hirtshals-camping.dk

148 Kjul Camping

GPS 57.58250, 10.03055

Großer, parzellierter und ruhig gelegener Platz mit Zugang zum Strand. **Lage/Anfahrt:** der Platz befindet sich östlich von Hirtshals, auf der Straße 597 in Abyen links abbiegen; **Platzanzahl:** 350; **Untergrund:** Wiese; fest; **Sicherheit:** bewacht; **Preiskat.:** €€€; **Geöffnet:** 20. Mai–5. September; **Kontakt:** 9850 Hirtshals, Kjulvej 12, Tel. +45 98949103, www.kjulcamping.dk

149 Stellplatz Hirtshals

GPS 57.576582, 9.984602

Urlaubsflair versprüht dieser Stellplatz nicht. Er wird eher als letzte und praktisch gelegene Übernachtungsmöglichkeit genutzt, bevor es am nächsten Tag auf die Fähre nach Norwegen geht. Für eine Zwischenübernachtung aber auf jeden Fall hilfreich. **Lage/Anfahrt:** An einer Tankstelle gelegen und zwar am Kreisverkehr außerhalb von Hirtshals, an dem die Straße 55 auf die E39 trifft; **Platzanzahl:** 7; **Untergrund:** Asphalt; **Service:** Wagenwäsche und Staubsauger; **Sicherheit:** beleuchtet; **Preiskat.:** €€; **Geöffnet:** ganzjährig; **Kontakt:** Dalsagervej 1, 9850 Hirtshals

SKAGEN

(47 km – km 248)

Man verlässt Hirtshals auf der E39, aber schon am zweiten Kreisverkehr hinter der Stadt biegt man links in die Straße 597 ab und folgt der Beschilderung nach Skagen. Linker Hand führen kleine Stichstraßen zur Küste und zu den Campingplätzen dort. Wer nicht genug von den Stränden an der Nordseeküste bekomen kann: dies ist die so ziemlich letzte Gelegenheit. Denn nach etwa 25 km biegt man nach links in die Straße 40 in nördlicher Richtung direkt nach Skagen, wo Nord- und Ostsee aufeinander treffen und die Womo-Reise fortan entlang der Ostsee verläuft.

Touristeninformation

› **Skagen Touristenbüro,** 9990 Skagen, Sct. Laurentii Vej 6B, Tel. +45 98441377, www.toppenafdanmark.de, geöffnet: Mo–Fr 10–16 Uhr, Sa 10–13 Uhr, Mai, Juni, August und September Mo–Fr 9–17 Uhr, Sa 10–14 Uhr, Juli Mo–Sa 9–18 Uhr, So 10–16 Uhr

Kattegat

„Kattegat" bedeutet nichts anderes als „Katzenloch" und stammt aus dem Niederländischen und dem Plattdeutschen. „Katt" steht für Katze und „Gatt" ist das Loch. Zahlreiche Kapitäne haben die Meerenge zwischen Dänemark und Schweden als solches bezeichnet, da sie durch die vielen Untiefen selbst bei erfahrenen Seeleuten gefürchtet war.

Essen und Trinken

› **Restaurant Skagen Strand,** Tranevej 108, www.skagenstrand.dk. Unter anderem Speisen vom Grill.

› **Restaurant Holger,** Gl. Landevej 39, www.skagenhotel.dk. Hier serviert man in gemütlicher Atmosphäre nordische Küche, mitunter sogar zu den Klängen eines Pianisten.

Einkaufen

› **Butik Skagen,** Sct. Laurentii Vej 56. Kleines Geschäft mit zahlreichen Souvenirs und Geschenkideen.

150 Aabo Camping Vandland

GPS 57.58472, 10.18444

Großer Platz insbesondere mit zahlreichen Freizeitmöglichkeiten für Kinder. **Lage/Anfahrt:** von der Straße 597 hinter der Kirche in Tversted links abbiegen, der Åbovej liegt links; **Platzanzahl:** 450; **Untergrund:** Wiese; fest; **Sicherheit:** bewacht; **Preiskat.:** €€€€; **Geöffnet:** April–August; **Kontakt:** 9881 Bindslev, Åbovej 18, Tel. +45 98931234, www.aabo-camping.dk

151 Tannisby Camping

GPS 57.59027, 10.18833

Von Bebauung umgebener Platz in fußläufiger Entfernung zur Dünung. **Lage/Anfahrt:** von der Straße 597 hinter der Kirche in Tversted links abbiegen, der Platz liegt kurz vor dem Strandparkplatz rechts; **Platzanzahl:** 150; **Untergrund:** Wiese; fest; **Sicherheit:** bewacht; **Preiskat.:** €€€€, Quickstop €€; **Geöffnet:** ganzjährig; **Kontakt:** 9881 Bindslev, Tannisbugtvej 86, Tel. +45 98931250, www.tannisbycamping.dk

152 Skiveren Camping

GPS 57.61611, 10.27972

Großer, gut ausgestatteter Platz, der über einen direkten Zugang zum Strand verfügt. **Lage/Anfahrt:** in Tuen die Straße 597 nach links verlassen und der Beschilderung folgen; **Platzanzahl:** 550; **Untergrund:** Wiese; fest; **Sicherheit:** bewacht; **Preiskat.:** €€€€; **Geöffnet:** Mitte April–September; **Kontakt:** 9982 Ålbæk, Niels Skiverensvej 5, Tel. +45 98932200, www.skiveren.dk

Beliebt: das Aufeinandertreffen von Nord- und Ostsee

153 First Camp Råbjerg Mile Camping

GPS 57.65250, 10.45333

Kreisförmig angelegter Platz in der Nähe der Wanderdüne. **Lage/Anfahrt:** von Straße 40 bei Kandesterne links abbiegen; **Platzanzahl:** 400; **Untergrund:** Wiese; fest; **Sicherheit:** bewacht; **Preiskat.:** €€€€; **Geöffnet:** April–September; **Kontakt:** 9990 Skagen, Kandestedvej 55, Tel. +45 98487500, http://raabjergmilecamping.dk

154 Skagen Sydstrand Camping

GPS 57.64426, 10.46219

Sehr großer, mit Hecken abgetrennter Parzellenplatz zwischen Wanderdüne und Ostsee. **Lage/Anfahrt:** der Straße 40 in Richtung Skagen folgen, der Platz liegt auf der rechten Seite; **Platzanzahl:** 750; **Untergrund:** Wiese, Sand; fest; **Sicherheit:** bewacht; **Preiskat.:** €€€€; **Geöffnet:** März–Sept.; **Kontakt:** 9982 Ålbæk, Ålbækvej 288, Tel. +45 98487180, www.skagensydstrandcamping.dk

Die Straße mündet in die größere Hauptstraße 40, auf der es links nach Skagen geht. Doch zuvor sollte man nach Überqueren der Bahntrasse am Kreisverkehr nach links (dritte Ausfahrt) abbiegen, um rund drei Kilometer später erneut nach links abzubiegen. Dort erreicht man mit einem großzügig angelegten Parkplatz einen idealen Ausgangspunkt, um **Råbjerg Mile** kennenzulernen bzw. zu besteigen. Es handelt sich um die einen Quadratkilometer große Wanderdüne, die in den letzten 100 Jahren rund 1,5 km Wegstrecke hinter sich gelegt hat. Ihr höchster Punkt liegt rund 40 m über dem Meeresspiegel und bietet ein wunderbares Panorama: In die eine Richtung erblickt man die Nordsee und in die andere Richtung über die Bäume hinweg die Ostsee. Man sollte sich, wie schon am Leuchtturm Rubjerg Knude, winddicht anziehen, denn der Wind bläst enorm, was dazu führt, dass auch diese Wanderdüne stets in Bewegung ist. Sollte die drohende Klimaer-

wärmung aufzuhalten sein und somit Dänemarks nördlichster Punkt nicht unter dem Wasser der Nord- und Ostsee verschwinden, wird die Düne etwa im Jahr 2200 die Hauptstraße 40 erreicht haben und drei Jahrzehnte später direkt auf das Kattegat (s. S. 116) treffen.

Doch noch ist das Befahren der Straße möglich und so erreicht man schließlich Skagen.

Kurz vor dem Ortseingang zweigt eine kleine Straße nach rechts über die Bahngleise und abermals nach rechts zu einem Parkplatz an der **Skagener Klitplantage** ab. Von dort führt ein kurzer Wanderweg zur **versandeten Kirche** (Tilsandende Kirke, GPS 57.714882, 10.543966), die gegen Ende des 18. Jahrhunderts aufgegeben wurde. Nur der Turm ist noch zu sehen und dahinter markieren Steine das ehemalige Kirchenschiff, welches aufgrund der massiven Sandverwehungen abgerissen wurde.

Eigentlich ist **Skagen** ein schönes Örtchen, das sich hübsch präsentiert, doch in den Sommermonaten herrscht hier Hochbetrieb. Zahlreiche Touristen bevölkern den nördlichsten Ort des Landes und schleichen in Wagenkolonnen zum **Kap Grenen,** wo die Parkplätze zum Teil schon nicht mehr ausreichen, um alle Besucher aufzunehmen. Wer also in der Hauptsaison unterwegs ist, sollte den Besuch des Kaps und der Stadt in die frühen Morgenstunden legen, um dieser Verkehrssituation aus dem Weg zu gehen.

An den Parkplätzen des Kaps besteht die Möglichkeit, mit einem Traktor, dem sogenannten **Sandormen,** bis an den nördlichsten Punkt gebracht zu werden. Doch wesentlich schöner ist es, sich auf eigenen Füßen am Ostseestrand der Nordsee zu nähern, denn diese beiden treffen am Kap Grenen aufeinander und man kann sogar deutlich sehen, wie die Wellen von rechts und links aufeinander schlagen.

Aber auch hier gilt, dass der Ort zum Teil sehr gut besucht ist und man unter Umständen eine Weile Schlange stehen muss, um das Naturschauspiel fotografieren zu können. Wer die Einsamkeit bevorzugt, hat die-

⌃ *Der Wind formt den Sand auf der Wanderdüne Råbjerg Mile*

se aber ebenfalls schnell erreicht. Es reicht, einfach nach links zu gehen und dem Nordseestrand westwärts zu folgen. Auf diesem Strandabschnitt passiert man unbemerkt den nördlichsten Punkt Dänemarks und ist meist nur mit sehr wenigen anderen Spaziergängern unterwegs.

Übrigens: Lohnenswert ist auch die Besteigung des **Leuchtturms namens Det Grå Fyr,** des „grauen Leuchtturms". Er befindet sich auf dem Weg zum Parkplatz unübersehbar auf der rechten Seite. Er wurde Mitte des 19. Jahrhunderts gebaut und ist mit seiner Höhe von 44 Metern nach dem moderneren Turm auf Bornholm der zweithöchste dänische Leuchtturm.

› **Det Grå Fyr,** GPS 57.736132, 10.630578, 75 DKK

192wd-mm

Wer nicht am Strand entlangspazieren will, nutzt den Sandormen, um zur nördlichsten Spitze zu gelangen

Essen

› **Restaurant Pakhuset,** 9990 Skagen, Rødspættevej 6, Tel. +45 98442000, www.pakhuset-skagen.dk. Fischrestaurant mit Livemusik und Blick auf den Skagener Hafen.

Parken

P 9 **Kap Grenen Skagen,** GPS 57.73694, 10.63277

155 Skagen Camping

GPS 57.71972, 10.53972

Der Platz liegt genau zwischen Nord- und Ostsee, südlich von Skagen. **Lage/Anfahrt:** neben einem Bahngleis an der Straße 40 kurz vor Skagen rechts abbiegen; **Platzanzahl:** 250; **Untergrund:** Wiese; fest; **Sicherheit:** bewacht; **Preiskat.:** €€€€, Stellplatz vor der Schranke €€; **Geöffnet:** April–16. September; **Kontakt:** 9990 Skagen, Flagbakkevejen 55, Tel. +45 98443123, www.skagencamping.dk

156 Poul Eeg Camping

GPS 57.73500, 10.60388

Großer, lebhafter Platz, der nördlichste Dänemarks. **Lage/Anfahrt:** auf dem Weg zum Kap Grenen am Ortsausgang von Skagen links abbiegen; **Platzanzahl:** 400; **Untergrund:** Wiese; fest; **Sicherheit:** bewacht; **Preiskat.:** €€€€; **Geöffnet:** Mai–9. September; **Kontakt:** 9990 Skagen, Batterivej 21, Tel. +45 98441470, www.pouleegcamping.dk

192wd-mm

Auch auf dem Parkplatz von Skagen (Kap Grenen, s. o.) besteht die Möglichkeit zu übernachten

157 Stellplatz zwischen Skagen und Frederikshavn

GPS 57.59290, 10.42741

Nur mit einem kleinen Steinwall ist man von der Ostsee getrennt und blickt entweder auf das Wasser oder auf die Marina. **Lage/Anfahrt:** Auf der Straße 40 nach Aalbæk und im Ortskern hinter dem Kreisverkehr links auf den Søndre Havnevej bis zum Hafen. An der Gabelung vor den Hafengebäuden halblinks auf dem schmalen Schotterweg halten; **Platzanzahl:** 8; **Untergrund:** Asphalt; **Sicherheit:** Schranke, beleuchtet; **Preiskat.:** €€ (Bezahlt wird am Automaten. Dabei erhält man einen Pincode, den man an der Schranke eingibt, um diese zu öffnen. Erst dann kann man einfahren.); **Geöffnet:** ganzjährig; **Kontakt:** Søndre Havnevej 69, 9982 Ålbæk, https://aalbaekhavn.frederikshavn.dk

261wd-mm

Sonstiger Stellplatz

S 10 Skagen, GPS 57.738987, 10.633117, Fyrvej 40, 9990 Skagen, Preiskat.: €€€. Auf dem nördlichsten Parkplatz Dänemarks, direkt vor dem Bunkermuseum, sind einige Stellflächen für Wohnmobile reserviert. Tagsüber wegen der Besucher sehr rummelig.

FREDERIKSHAVN

(44 km – km 292)

Sonne, blaues Meer bis zum Horizont, Palmenstrand – so schön kann die Karibik sein, oder Frederikshavn in Dänemark. Und in der Tat, rund 50 km vom nördlichsten Punkt des Landes entfernt, gelangt man über die Straße zu einem extra angelegten **Palmenstrand** am Ostseeufer von Frederikshavn. Doch dieser ist nicht der Grund dafür, dass jedes Jahr mehrere Millionen Menschen in die Stadt strömen, denn die sind in der Regel nur auf der Durchfahrt. Vom Hafen der Stadt pendeln regelmäßig Fähren nach Schweden, ins weiter entfernte Norwegen und auf die verhältnismäßig kleine Insel Læsø, die südöstlich vor Frederikshavn liegt.

Wahrzeichen der Stadt ist der strahlend weiße **Pulverturm,** der sich direkt am Hafen befindet und gegen Ende des 17. Jahrhunderts (ursprünglich an einer anderen Stelle) erbaut wurde. Im oberen der drei Stockwerke befand sich die Artillerie, unten gibt es heute im Krudttårnet genannten Turm eine Ausstellung über den Hafen und über Fladstrand, wie Frederikshavn in früheren Zeiten hieß.

Fast genau gegenüber erhebt sich die 200 Jahre jüngere Kirche. Auffallend ist ihr für Dänemark untypisches Aussehen als **Kreuzkirche** mit Kupferdach. Im Turm ertönen 24 Glocken.

Im Südwesten der Stadt liegt im Dr. Margarethesvej der **Bangsbo Hovedgård.** Dieses Herrenhaus stammt aus der Mitte des

18. Jahrhunderts und ist umrahmt von einem botanischen Garten und einem kleinen Skulpturenpark. Im Inneren des dreiflügeligen Bauwerks sind das heimatkundliche Archiv und ein Museum untergebracht.

Touristeninformation

- **Frederikshavn Touristenbüro,** 9900 Frederikshavn, Skandiatorv 1, Tel. +45 98423266, www.toppenafdanmark.de

Sehenswertes

- **Bangsbo Museum,** 9990 Frederikshavn, Dr. Margrethesvej 6, Tel. +45 98423111, www.kystmuseet.dk. Textilien, Klöppelspitzen und gestickte Handwerkskunst sowie Schiffsmodelle, Galionsfiguren und einen Rittersaal mit wechselnden Ausstellungen. Di–Fr 10–16, Sa/So 11–16 Uhr, Eintritt: 100 DKK.

Der Pulverturm ist das Wahrzeichen von Frederikshavn

Essen

- **Restaurant Hyttefadet,** 9990 Frederikshavn, Auktionskajen 1, Tel. +45 98431877. Fischrestaurant mit Blick auf den Hafen und das Meer.

158 Frederikshavn Nordstrand Camping

GPS 57.46434, 10.52756

Großer, lebhafter Platz, nur wenige Gehminuten vom Hafen und vom Strand entfernt. **Lage/Anfahrt:** von der Straße 40 am Ortseingang im Kreisverkehr links abbiegen, nach 200 Metern kommt die Einfahrt zum Campingplatz; **Platzanzahl:** 400; **Untergrund:** Wiese; fest; **Sicherheit:** bewacht; **Preiskat.:** €€€€; **Geöffnet:** Ostern–September; **Kontakt:** 9900 Frederikshavn, Apholmenvej 40, Tel. +45 98429350, www.nordstrand-camping.dk

159 Svalereden Camping og Hytteby

GPS 57.36000, 10.50861

Baumreicher, ruhiger Platz, nur durch einen Acker von der Ostsee getrennt. **Lage/Anfahrt:** von der E45 von Frederikshavn nach Süden die Ausfahrt nach Sæby

123rf©Milan Kuminowski, stock.adobe.com

benutzen. Der Platz liegt auf der linken Seite kurz vor Sæby; **Platzanzahl:** 200; **Untergrund:** Wiese; fest; **Sicherheit:** bewacht; **Preiskat.:** €€€€; **Geöffnet:** ganzjährig; **Kontakt:** 9900 Frederikshavn, Frederikshavnsvej 112a, Tel. +45 98461937, www.svalereden camping.dk

160 Hedebo Strand Camping

GPS 57.35457, 10.51143

Großer, lebhafter Platz mit direktem Zugang zur Ostseeküste. **Lage/Anfahrt:** von der E45 von Frederikshavn nach Süden die Ausfahrt nach Sæby benutzen. Der Platz liegt auf der linken Seite kurz vor Sæby bzw. kurz hinter dem Campingplatz Svalereden; **Platzanzahl:** 500; **Untergrund:** Wiese; fest; **Sicherheit:** bewacht; **Preiskat.:** €€€€; **Geöffnet:** Ostern–September; **Kontakt:** 9300 Sæby, Frederikshavnsvej 108, Tel. +45 98461449, www.hedebocamping.dk

161 Stellplatz Strandby

GPS 57.492445, 10.503680

Sehr einfacher und etwas ungemütlich wirkender Stellplatz an der lebhaften Marina und direkt am Ortskern. **Lage/Anfahrt:** Zentrale Lage im Ort. Die Straße 40 in Richtung Strandby verlassen und einfach zum Hafen; **Platzanzahl:** 5; **Untergrund:** Asphalt; **Preiskat.:** €€; **Geöffnet:** ganzjährig; **Kontakt:** Gamle Sydhavnskaj, 9970 Strandby

262wd-mm

Hans Christian Andersen: „Tölpel-Hans“

Die Geschichte vom Tölpel-Hans erinnert sehr an das Märchen von Aschenputtel. Tölpel-Hans ist der dritte Sohn eines reichen Gutsherrn, der im Gegensatz zu seinen beiden Brüdern nicht besonders intelligent zu sein scheint. Als die beiden anderen Söhne zum Schloss reiten, weil sie die Prinzessin umwerben möchten, beschließt Tölpel-Hans mitzukommen. Er gewinnt ihr Herz, obwohl bzw. gerade weil seine Gastgeschenke aus einer toten Krähe, einem alten Holzschuh und jeder Menge Schlamm bestehen.

162 Stellplatz Frederikshavn Marina

GPS 57.424477, 10.527475

Neben der Marina gelegener Platz mit Blick auf das Meer. **Lage/Anfahrt:** Im Süden der Stadt. Auf der E45 Frederikshavn Richtung Süden verlassen und auf die Beschilderung nach links zur Marina achten. In der Straße Saltebakken nach kurzer Fahrt rechts auf den Platz; **Platzanzahl:** 15; **Untergrund:** Schotter; **Preiskat.:** €€; **Geöffnet:** ganzjährig; **Kontakt:** Søsportsvej 1, 9900 Frederikshavn

263wd-mm

134wd©Dirk70, stock.adobe.com

SÆBY

(14 km – km 306)

Frederikshavn verlässt man in südliche Richtung über die E45 und über die Straße 180, doch schon am Kreisverkehr hinter den drei Campingplätzen kann man links in den Frederikshavnsvej einbiegen, um in das Zentrum des beschaulichen Städtchens Sæby zu gelangen. Gleich hinter der kleinen **Wassermühle** beginnt auf der linken Seite die Algade, durch die man unbedingt einmal geschlendert sein sollte. Die pittoresken bunten Häuser, teilweise mit Rosensträuchern versehen, strahlen Ruhe und Gemütlichkeit aus. Am Ende gelangt man an der Kirche vorbei zum Hafen, wo sich auf der linken Seite in gewisser Weise das Pendant zu den Statuen von Esbjerg befindet: Dort erhebt sich die strahlend weiße Skulptur **„Die Frau vom Meer“**.

Die Kirche Sæby steht in der Strandgade

163 Stellplatz Sæby

GPS 57.331953, 10.534129

Einfacher Stellplatz am Hafen, gleich gegenüber der im Text erwähnten Skulptur. **Lage/Anfahrt:** Die E45 verlassen und auf der Straße 180 in den Ort hinein. Halblinks halten und in Richtung Marina. Dort bis zum pyramidenförmigen Hafengebäude; **Platzanzahl:** 4 (oft mit Pkw zugeparkt); **Untergrund:** Asphalt; **Sicherheit:** beleuchtet; **Preiskat.:** €€; **Geöffnet:** ganzjährig; **Kontakt:** Havnen 14, 9300 Sæby

164 Stellplatz Fiskerleje

GPS 57.203759, 10.493828

Der Platz ist ruhig an einer Flussmündung in die Ostsee und neben einer kleinen Marina gelegen. **Lage/Anfahrt:** auf der Straße 541 südwärts nach Voerså fahren, dort links wenige hundert Meter über die Schotterpiste bis zum Hafen. Vor den Hafengebäuden geht es links auf den Parkplatz; **Platzanzahl:** 15;

Untergrund: Schotter; **Sicherheit:** beleuchtet; **Preiskat.:** €€; **Geöffnet:** ganzjährig; **Kontakt:** Havstokken 11, 9300 Sæby

165 Stellplatz Asaa

GPS 57.144357, 10.425501

Stellplatz an einer Marina und an einem kleinen Strandabschnitt. **Lage/Anfahrt:** Asaa lässt sich über die Küstenstraße 541 erreichen. Im Ort links auf die Havnegade abbiegen; **Platzanzahl:** 10; **Untergrund:** Rasen; **Preiskat.:** €; **Geöffnet:** ganzjährig; **Kontakt:** Havnegade 50, 9340 Asaa, www.asaahavn.dk

NØRRESUNDBY

(47 km – km 353)

Die weitere Strecke ist relativ zügig befahren. Dazu verlässt man Sæby auf der Straße 180 und fährt sie bis zum Etappenziel Nørresundby oder man nutzt die direkt daneben entlangführende Autobahn E45. Teilweise kreuzen sich beiden Straßen, teilweise verlaufen sie direkt nebeneinander her. Die kleine Stadt Nørresundby liegt auf der nördlichen Seite des Limfjordes, direkt gegenüber von Aalborg und wird daher gar nicht als eigenständige Stadt wahrgenommen. Leider verfügt die Stadt auch über keinerlei Sehenswürdigkeiten, sodass man entweder auf der Autobahn bleiben und unter dem **Limfjord** hindurch fahren kann oder den Weg durch die Stadt benutzt und dabei den Fjord auf der Klappbrücke überwindet.

Entsorgungsstation

› Rastplatz an der Autobahn (E45), südlich der Ausfahrt 16 bSei Hjallerup. In beiden Fahrtrichtungen befinden sich Entsorgungsstationen für Wohnmobile. GPS 57.15398, 10.15808

Abendstimmung in Aalborg an der Veste Havnepromenade mit Blick in Richtung Nørresundby

ROUTE 4

DIE HALBINSEL DJURSLAND UND JÜTLANDS WESTEN

194wd-mm

6 km
© Reise Know-How 2024
Vodskov
Meltholt
Østerby
130
Egholm
Nibe Bredning
166
167
AALBORG
Ganderup
Nibe
Storvorde
Hals
Svenstrup
Egense
ROUTE 4
Gunderup
Vegger
Dokkedal
NORDJYLLAND
Støvring
Øster
Hurup
168
Haverslev
Terndrup
169
Rold
Als
E45
Nørager
170
171
Oue
Hadsund
172
Mariagerfjord
174
173
Mariager
Hobro
Udbyhøj
Randers Fjord
Gjerlev
Sønder
Onsild
Estruplund
Treå
Møllebucht
180
Bønnerup
Ørsted
177
179
178
Gjerrild
Bucht
Hammershøj
RANDERS
Uggelhuse
Glesborg
Djurs
Sommerland
175
Mastrup
Gammel
Estrup
176
Drastrup
Auning
Ramten
Ulstrup
182
181
Grenaa
MIDTJYLLAND
Bjerringbro
E45
Termestrup
ROUTE 4
Rostved
Balle
Hadsten
Ugelbølle
Tirstrup
Bjerringbro
Hammel
191
183
Studstrup
Kalø
Vig
188
Rugård
195
Nationalpark
Mols Bjerge
Hinnerup
Dejret
186
184
194
190
Ebeltoft
Vig
185
SILKEBORG
AARHUS
189
187
Elsegårde
90
Schloss
Marselisborg
193
15
92
93
91
Julsø
Kongsgårde
Aarhus
Bucht
192
Ry
Hørning
Museum
Moesgård
Leuchtturm
Mossø
Skanderborg
Norsminde
196
197
E45
Nordby
Sogn
Odder
Saksild
Bucht
Samsø
Labyrint
Tunø
Gedved
Hundslund
Hou
Fortsetzung
rechts oben
Samsø
Østerlund
Østerlund
Horsens
Ølholm
ROUTE 4
Hedensted
Jelling
Daugård
199
198
Vejle
200
Vejle
Fjord
Gauerslund
201
Overhøl
E45
Fredericia
202
Båring
Vig
Snoghøj
KOLDING
204
203
Trapholt
Museum
207
41
Middelfart
Bornholm
Rønne
Nexø
Aalborg
Århus
KØBENHAVN
Sjælland
Fyn
Køge
Langeland
Ærø
Møn
Flensburg
Lolland
Falster

289wd-mm

ROUTENÜBERSICHT

Nach einer Besichtigung der Universitätsstadt Aalborg verläuft die Strecke in südlicher Richtung, um in Himmerland das größte Waldgebiet Dänemarks zu erreichen und dann auf die Stadt Randers zu treffen. Östlich kann man das Herrenhaus von Gammel Estrup oder die Grabanlagen, die sich auf dem nördlichen Teil der Halbinsel Djursland befinden, besichtigen. Grenaa bietet Gelegenheit, die Insel Anholt zu besuchen, während sich der südliche Teil Djurslands noch einmal in mehrere Halbinseln aufteilt. Auf einer dieser Inseln ist die Kleinstadt Ebeltoft mit ihrer gemütlichen Altstadt sehenswert. Nach Umrundung der Kalø-Bucht heißt das nächste Ziel Aarhus. Die Universitätsstadt besticht durch ein schönes Freilichtmuseum und den Dom. Anschließend geht es über Skanderborg nach Horsens. In der Heimatstadt des Entdeckers Vitus Bering kann man jeden August das Europäische Mittelalterfestival besuchen. Zum Schluss umrundet man den Vejle Fjord, an dessen Ende sich die gleichnamige Stadt mit der weithin sichtbaren Brücke über den Fjord befindet. Die Route endet in der einstigen Festungsstadt Fredericia.

Strecke:

Aalborg (s. S. 128) - **Randers** (81 km, s. S. 132) - **Grenaa** (65 km, s. S. 135) - **Ebeltoft** (32 km, s. S. 138) - **Aarhus** (52 km, s. S. 141) - **Skanderborg** (19 km, s. S. 148) - **Horsens** (23 km, s. S. 149) - **Jelling** (32 km, s. S. 150) - **Fredericia** (45 km, s. S. 153)

Streckenlänge:

Ohne Abstecher circa 349 km

Aussicht am höchsten „Gipfel“ Dänemarks, dem Wiedervereinigungsturm auf dem Ejer Bavnehøj (s. S. 148)

S. 125: In Aarhus erhält man einen ganz besonderen Blick auf die Stadt (s. S. 141)

AALBORG

Aalborg ist die viertgrößte Stadt des Landes und demnach nicht mehr ganz so ruhig und gemütlich wie die bisherigen dänischen Ortschaften. Auch die Parkplatzsuche ist hier nicht mehr so einfach, doch wer an der Klappbrücke geradeaus fährt, der kann nach Überquerung der Bahngleise links in den Vesterbro einbiegen, dort ist am **Kongresscenter** ein großer Parkplatz, auf dem man fast immer einen freien Platz findet.

Anschließend begibt man sich auf direktem Weg zur Algade, wo sich nach wenigen Metern die helle Budolfi-Kirche erhebt. Gleich dahinter geht es über den **Gammel Torv** zur **Østerågade,** an der sich das Touristenbüro befindet. Ob man etwas von dort benötigt oder nicht, man sollte einmal die Straße dorthin überqueren und sich dann umdrehen, um den schönen Blick auf das **Jens Bangs Stenhus** zu genießen.

Dies ist wohl das schönste Bauwerk der Stadt und mit zahlreichen Figuren und Malereien versehen. Den Namen hat es durch seinen Bauherren, den Kaufmann Jens Bang. Geht man die Østerågade hinauf und am Limfjord rechts, erreicht man das **Aalborghus** bzw. das **Schloss.** Gebaut wurde es zwar als Festung, doch schon immer war im Inneren der Verwaltungssitz der Region Nordjütland und auch heute wird es noch als Verwaltungsgebäude genutzt.

Daher sollte man lieber links gehen und in der Ved Stranden erneut links in die kleine Gasse abbiegen, die über die Landesgrenzen hinaus bekannt ist, die **Jomfru Ane Gade.**

Tagsüber ist es dort relativ ruhig und unspektakulär, doch wenn der Abend anbricht, wird in dieser kurzen Straße gefeiert, gegessen und noch mehr. Zwischen den vielen Lokalen und Kneipen befindet sich im Haus Nummer 14 das nach der Straße benannte Theater.

Zurück zum Parkplatz kann man noch ein Stück auf der Straße 180 weitergehen und hinter dem Stadion rechts abbiegen. Direkt daneben liegt in einem kleinen Wäldchen der nicht sehr schöne **Aalborgtårnet,** der Turm bietet aber eine tolle Aussicht auf die Stadt.

143wd-vd©VisitAalborg

Touristeninformation

› **Aalborg Touristenbüro,** 9000 Aalborg, Kjellerups Torv, Tel. +45 99317500, www.visitaalborg.com, Mo–Fr 9–16.30 Uhr, Sa 10–13 Uhr, in der Hauptsaison Mo–Fr 9–17.30 Uhr, Sa 10–16 Uhr

Essen

› **Duus Vinkjælder,** 9000 Aalborg, Østerågade 9, Tel. +45 98125056, www.duusvinkælder.dk. Mittelalterliche Atmosphäre im rustikalen Weinkeller, der im Jens Bangs Hus untergebracht ist.

Parken

P 11 Am Kongresscenter, GPS 57.04444, 9.91472

⌃ *Das schönste Haus von Aalborg: das Jens Bangs Stenhus*

‹ *In den Gassen von Aalborg kann man schön bummeln*

Entsorgungsstationen

› **Rastplatz an der Autobahn (E45),** zwischen den Ausfahrten 28 und 29, südlich von Aalborg. In beiden Fahrtrichtungen befinden sich Entsorgungsstationen für Wohnmobile. GPS 56.993906, 9.900472

› **Rastplatz Himmerland (E45),** zwischen den Ausfahrten 32 und 33 befinden sich auf den Rastplätzen in beiden Fahrtrichtungen Entsorgungsstationen. GPS 56.842645, 9.740578

Hans Christian Andersen: „Fünf aus einer Hülse“

„Fünf aus einer Hülse“ handelt von fünf Erbsen, für die ihre Welt erst einmal nur grün ist. Nachdem sie aus ihrer Erbsenschote herauskommen, werden sie voneinander getrennt, als ein kleiner Junge sie als Knallerbsen verwenden möchte. Alle fünf Erbsen erleben etwas anderes, hauptsächlich wird aber von einer Erbse erzählt, die einem kranken Kind neuen Lebensmut gibt.

Aalborg

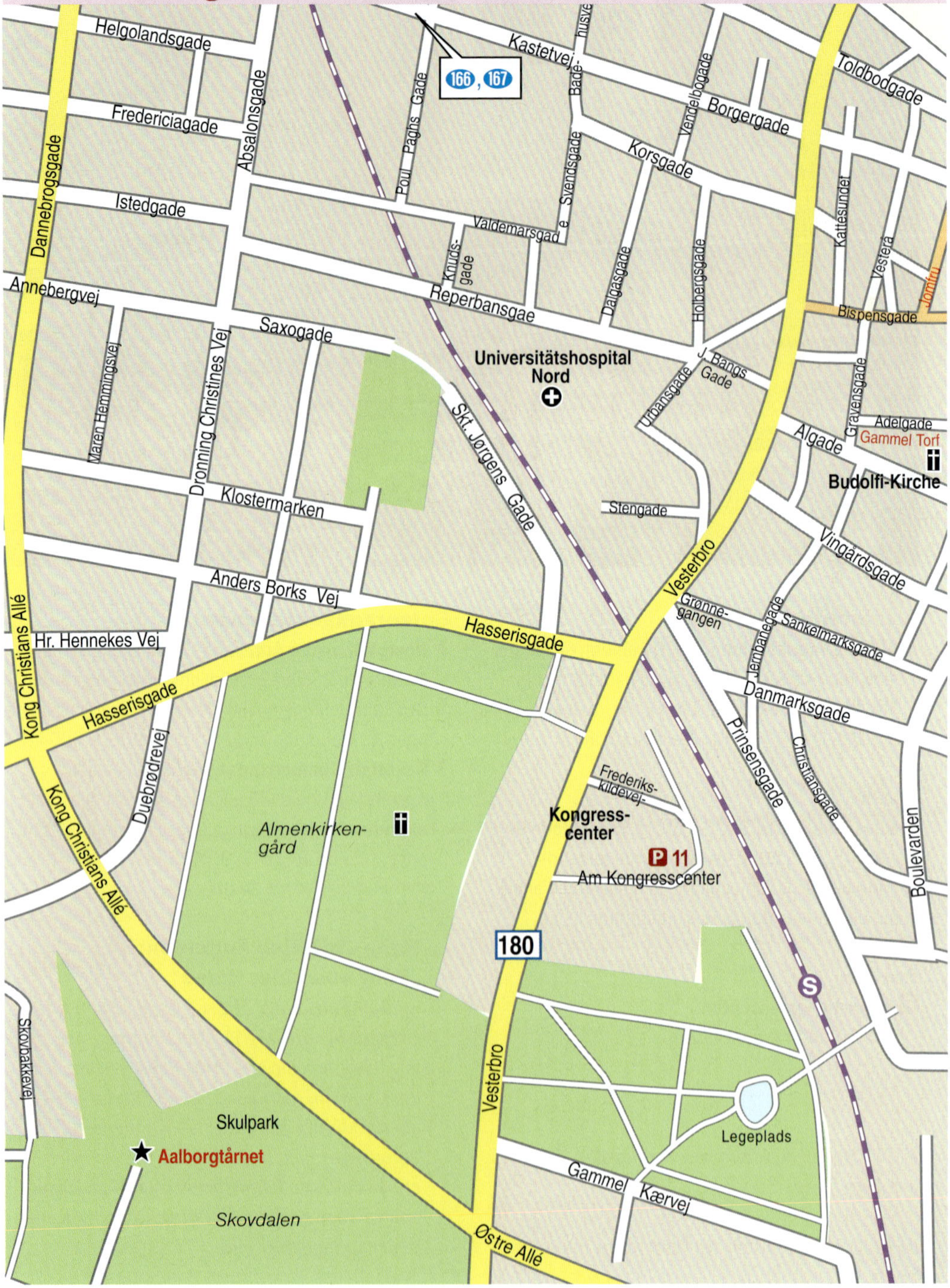
Helgolandsgade
Fredericiagade
Istedgade
Absalonsgade
Dannebrogsgade
Poul Paghs Gade
166, 167
Kastetvej
Badehusvej
Vendelbogade
Borgergade
Toldbodgade
Korsgade
Svendsgade
Valdemarsgade
Knudsgade
Dalgasgade
Holbergsgade
Kattesundet
Vesterå
Jomfru
Bispensgade
Annebergvej
Reperbansgade
Saxogade
Universitätshospital Nord
J. Bangs Gade
Urbansgade
Maren Hemmingsvej
Dronning Christines Vej
Skt. Jørgens Gade
Gravensgade
Adelgade
Gammel Torf
Algade
Budolfi-Kirche
Klostermarken
Stengade
Vingårdsgade
Anders Borks Vej
Vesterbro
Grønnegangen
Sankelmarksgade
Jernbanegade
Hasserisgade
Hr. Hennekes Vej
Kong Christians Allé
Danmarksgade
Prinsensgade
Christiansgade
Duebrødrevej
Frederikskildevej
Kongress-center
Almenkirkengård
P 11
Am Kongresscenter
Boulevarden
180
Skovbakkevej
Legeplads
Skulpark
Aalborgtårnet
Gammel Kærvej
Skovdalen
Østre Allé

0 200 m
© Reise Know-How 2024
LIMFJORDEN
Stellplätze
166 Aalborg Familie Camping Strandparken
167 Aalborg Camping
Essen und Trinken
1 Duus Vinkjælder
Aalborghus Slot
Jens Bangs Stenhus
Rathaus
Aalborg Touristenbüro
Strandvejen
Ved Stranden
Ane Gade
Maren Turis Gade
Lille Kongensgade
Cortesgyde
Budolfi plads
Østeragade
Algade
Gråbrødregade
Skipper Clements Gade
Møllegade
Mølle å
Nytorv
Slotsgade
Gabels-gade
Lille-Nygade
Braskens-gade
Bredegade
Nørregade
Slotspladsen
Rendsburggade
Fjordgade
Søndergade
Barkesgade
Klokkestøbergade
Løkkegade
Østerbro
Nyhavnsgade
Langesgade
Brettevillesgade
Kanalstien
Luise Plads
Danmarksgade
Agades P.
Agade
Kayerødsgade
Priorgade
Frederiksgade
Thomas Boss Gade
Rosenlundsp.
Rosenlundsgade
Niels Ebbesens Gade
Trækbanen
Tolds-trupsgade
Toldstrupsgade
Rantzausgade
Kjellerupsgade
Karolinelundsvej
Jyllandsgade
Bornholmsgade
Rømøgade
Fanøgade
Saltholmsgade
Amagergade
Sønderbro
Solvangsvej
Dag Hammarskjølds Gade

166 Aalborg Familie Camping Strandparken

GPS 57.05500, 9.88555

Quickstop. Kleiner, gemütlicher Platz. **Lage/Anfahrt:** im Zentrum von Aalborg den Kastetvej benutzen, vor dem Hafen befindet sich der Platz auf der rechten Seite; **Platzanzahl:** 100; **Untergrund:** Wiese; fest; **Sicherheit:** bewacht; **Preiskat.:** €€€€, Quickstop €€; **Geöffnet:** April–15. September; **Kontakt:** 9000 Aalborg, Skydebanevej 20, Tel. +45 98127629, www.strandparken.dk

167 Aalborg Camping

GPS 57.05388, 9.87194

Quickstop. Etwas größerer Platz als Aalborg Familiecamping, dennoch ruhig. Mit Blick auf die Insel Egholm. **Lage/Anfahrt:** am Campingplatz Aalborg Familie Camping vorbei; **Platzanzahl:** 250; **Untergrund:** Wiese; fest; **Sicherheit:** umzäunt; **Preiskat.:** €€, Quickstop €; **Geöffnet:** ganzjährig; **Kontakt:** 9000 Aalborg, Skydebanevej 50, Tel. +45 98116044, www.aalborgcamping.dk

Blick über Aalborg

RANDERS

(81 km – km 81)

Von Aalborg aus kann man bis Randers bequem die Autobahn E45 nutzen oder eine der weiter westlich gelegenen, kleineren Straßen südwärts. Entweder fährt man im Landesinneren auf der Straße 507 oder gar direkt an der Küste auf der Straße 541.

So oder so treffen sich die Straßen in Randers und passieren zuvor noch den fast 40 Kilometer langen **Mariagerfjord.** Dieser Meeresarm bietet abermals jede Menge Erholungsmöglichkeiten mit der entsprechenden Ausstattung an ruhig gelegenen Wohnmobilstellplätzen.

168 Stellplatz Øster Hurup Havn

GPS 56.803957, 10.278547

Stellplatz an einer Marina. **Lage/Anfahrt:** Auf der Straße 541 an der Küste entlang und an dem kleinen Aussichtsturm im Ortskern links in die Straße Havnepladsen hinein; **Platzanzahl:** 10; **Untergrund:** Schotter; **Sicherheit:** keine; **Preiskat.:** €€; **Geöffnet:** ganzjährig; **Kontakt:** Havnen 46, 9560 Hadsund

169 Stellplatz Hvirvelkærgård

GPS 56.764170, 10.285616

Private Rasenfläche an einem Hof, auf dem es allerlei Deko-Artikel, Kunsthandwerk und Künstlerbedarf zu erstehen gibt. **Lage/Anfahrt:** Auf der Küstenstraße 541 weiter in Richtung Als. Kurz vor dem Ort auf der rechten Seite sieht man das rot strahlende Gebäude. Links am Haus auf dem Schotterweg vorbei in den hinteren Bereich fahren; **Platzanzahl:** 4; **Untergrund:** Schotter, Rasen; **Sicherheit:** Privatgrundstück; **Preiskat.:** €; **Geöffnet:** ganzjährig; **Kontakt:** Kystvejen 202, 9560 Hadsund, Tel. +45 98581944, www.hvirvelkaergaard.dk

170 Hadsund Camping

GPS 56.721492, 10.133517

Kleiner, privat geführter Campingplatz mit Spaziermöglichkeiten zum Nordufer des Mariagerfjords und großzügigen Parzellen, die mit Hecken voneinander abgetrennt sind. **Lage/Anfahrt:** Auf den Straßen 541 oder 507 bis in den Ort Hadsund. Dort in Richtung Stadion und Sportzentrum am östlichen Ortsrand; **Platzanzahl:** 20; **Untergrund:** Rasen; **Sicherheit:** beleuchtet, bewacht; **Preiskat.:** €€€; **Geöffnet:** April–Okt.; **Kontakt:** Stadionvej 33, 9560 Hadsund, Tel. +45 22641619, www.hadsundcamping.dk

171 Stellplatz Hadsund

GPS 56.71046, 10.105382

Netter und ruhig gelegener Stellplatz an der Marina mit Blick auf den Fjord und auf die Hadsund-Brücke, die als

Die St.-Morten-Kirche in Randers ragt aus dem Häusermeer hervor

einzige den Fjord überspannt. Fahrradverleih. **Lage/Anfahrt:** Auf den Straßen 507 oder 541 bis Hadsund und dort zur Marina; **Platzanzahl:** 5; **Untergrund:** Rasen; **Sicherheit:** beleuchtet; **Preiskat.:** €€; **Geöffnet:** ganzjährig; **Kontakt:** Thygeslundvej 3, 9560 Hadsund, Tel. +45 98572439, www.hadsundsejlklub.dk

172 Stellplatz Kongsdal Lystbådehavn

GPS 56.683948, 10.070065

Gleich neben einem schönen, rot-weißen Leuchtturm übernachtet man an der Marina. Fahrradverleih. **Lage/Anfahrt:** Am Südufer des Mariagerfjords, direkt an der Marina von Assens, außerhalb des Ortes; **Platzanzahl:** 15; **Untergrund:** Schotter; **Sicherheit:** Schranke, beleuchtet; **Preiskat.:** €€; **Geöffnet:** ganzjährig; **Kontakt:** Kongsdalvej 8, 9550 Mariager, www.kongsdalbaadelaug.dk

173 Mariager Camping

GPS 56.65427, 9.975388

Sehr schöner Campingplatz direkt zwischen dem Südufer des Mariagerfjords und der Bahnstation für eine Museumseisenbahn, mit der man eine 15 Kilometer lange historische Zugreise machen kann. **Lage/Anfahrt:** Auf der Straße 555 nach Mariager und dort auf dem Ny Havnevej über die Bahngleise und dann nach links; **Platzanzahl:** 70; **Untergrund:** Rasen; **Sicherheit:** bewacht, umzäunt; **Preiskat.:** €€€€; **Geöffnet:** April–Mitte September; **Kontakt:** Ny Havnevej 5A, 9550 Mariager, Tel. +45 51951342, www.mariagercamping.dk

174 Stellplatz Hobro

GPS 56.643851, 9.811138

Stellplatz an einer Marina. **Lage/Anfahrt:** Am Nordufer und fast am Ende des Mariagerfjordes, direkt am Ortsrand von Hobro; **Platzanzahl:** 5; **Untergrund:** Rasen; **Sicherheit:** beleuchtet; **Preiskat.:** €€; **Geöffnet:** ganzjährig; **Kontakt:** Nedre Strandvej 75, 9500 Hobro, www.hobrosejlklub.dk

In Randers kann man wiederum gemütlich einkaufen oder nur durch die Straßen schlendern. Schön anzusehen, ist dabei das **Rathaus** mit seinem kleinen Turm auf dem Dach. Genau davor, auf dem Rathausplatz, steht die **Statue von Nils Ebbesen.** Dieser erschlug den Grafen Gerhard von Holstein, den zu dem Zeitpunkt mächtigsten Mann des Königreiches. Doch erst rund 500 Jahre später, als es zum Konflikt mit den Deutschen kam, startete posthum die Karriere von Ebbesen als dänischem Widerstandskämpfer und im Zweiten Weltkrieg wurde seine Person endgültig zum Symbol des Widerstandes gegen die Deutschen.

Vom Rathausplatz geht es in die **älteste Fußgängerzone Dänemarks** und dort links an der **St.-Morten-Kirche** vorbei. Wer auf seinem Rundgang durch Randers genügend schöne Fachwerkhäuser gesehen hat, der begibt sich am besten zum südlichen Rand der Innenstadt, auf der anderen Seite der Ringstraße. Unter drei mächtigen Glaskuppeln ist der **Randers regnskov** („Randers Regenwald") beheimatet. In dem Tropenzoo werden Tiere und Pflanzen in einer ihrer natürlichen Lebenswelt nachempfundenen Umgebung gezeigt.

Touristeninformation

› **Randers Touristenbüro,** 8900 Randers, Rådhustorvet 4, Tel. +45 86424477, www.visitranders.com, Mo–Fr 10–17 Uhr, Sa 10–13 Uhr.

Sehenswertes

› **Randers regnskov,** 8900 Randers, Tørvebryggen 11, Tel. +45 87109999, www.regnskoven.dk, Kernöffnungszeit 10–16 Uhr, abweichend je nach Wochentag, Ferien- und Jahreszeit, daher vor Besuch Website prüfen, Eintritt: 215 DKK,

Entsorgungsstation

› Auf der Autobahn (E45) rund um Randers befindet sich zwischen den Ausfahrten Randers Süd und Randers Centrum in beiden Fahrtrichtungen jeweils ein Rastplatz. Auf beiden Plätzen existieren Entsorgungsstellen für Wohnmobile. GPS 56.45005, 9.99886

175 Randers City Camp

GPS 56.45027, 9.95277

Schattiger Platz, mitten im Wald gelegen. **Lage/ Anfahrt:** in Randers auf die Straße 16 in Richtung Viborg, noch vor der Autobahnüberquerung links in den Fladbrovej, hinter Over Hornbæk rechts in den Himmelbovej; **Platzanzahl:** 150; **Untergrund:** Wiese; fest; **Sicherheit:** bewacht; **Preiskat.:** €€€; **Geöffnet:** ganzjährig; **Kontakt:** 8900 Randers, Hedevej 9, Tel. +45 86429361, www.randerscitycamp.dk

176 Auning Camping

GPS 56.43527, 10.38416

Ruhig und kinderfreundlich am Waldrand gelegen. **Lage/Anfahrt:** Straße 16 an der Hauptkreuzung in Auning nach links verlassen, später rechts in den Reimersvej; **Platzanzahl:** 120; **Untergrund:** Wiese; fest; **Sicherheit:** umzäunt; **Preiskat.:** €€€, Stellplatz vor der Schranke, wenn man nach 20 Uhr anreist, € inkl. Sanitärnutzung; **Geöffnet:** April-Sept.; **Kontakt:** 8963 Auning, Reimersvej 13, Tel. +45 86483397, www.auningcamping.dk

Sonstige Stellplätze

- S 12 **Stellplatz an der Marina,** GPS 56.611416, 10.306245, am nördlichen Zugang zum Randers Fjord. Zu erreichen über die Straße 531 ab Randers.
- S 13 **Stellplatz Bønnerup Lystbådehavn,** GPS 56.531348, 10.710803, Vestre Mole 2, 8585 Glesborg, Tel. +45 86386522. Einfacher Asphaltparkplatz unter Windrädern am Jachthafen.

GRENAA

(65 km - km 146)

Um wieder das Meer und damit die Stadt Grenaa zu erreichen, gibt es zwei Möglichkeiten. Entweder man nutzt den schnelleren Weg von Randers geradewegs über die Straße 16 oder man biegt auf der 16 in Fausing am Kreisverkehr links ab und durchquert die Ortschaft Allingåbro. Dieser kleine Umweg auf der Straße 547 ist landschaftlich nicht schöner, führt jedoch an den Campingplätzen am nördlichen Ufer der Halbinsel vorbei. Die Straße mündet kurz vor Grenaa wieder in die 16.

Wenige Kilometer hinter dem besagten Kreisverkehr befindet sich an der Straße 16 das **Gammel Estrup,** ein herrschaftlicher Landsitz aus dem 16. Jahrhundert, in dem heute ein **Landwirtschaftsmuseum** untergebracht ist. Ein Rundgang in und um das Herrenhaus zeigt das einstige Landleben inkl. der Tiere und der Maschinen, die einstmals verwendet wurden.

Sehenswertes

- **Gammel Estrup,** Jyllands Herregaardsmuseum, 8963 Allingåbro, Randersvej 2, täglich 10-15 Uhr, in der Hauptsaison bis 17 Uhr, Eintritt: 140 DKK, Kinder unter 18 Jahren frei, www.gammelestrup.dk, GPS 56.43722, 10.34194

177 Dalgård Camping

GPS 56.50972, 10.54416

Quickstop. Ein kinderfreundlicher Platz, der sich nur wenige Meter von der Ostsee entfernt befindet. **Lage/Anfahrt:** an der Straße 547 ist es der erste Platz, der auf der linken Seite gelegen ist; **Platzanzahl:** 150; **Untergrund:** Wiese; fest; **Sicherheit:** bewacht; **Preiskat.:** €€€; **Geöffnet:** Ostern-16. September; **Kontakt:** 8961 Allingåbro, Nordkystvejen 65, Tel. +45 86317313, www.dalgaardcamping.dk

178 Hestehaven Camping

GPS 56.51194, 10.59138

Kinderfreundlicher Platz, jedoch am weitesten vom Strand entfernt. **Lage/Anfahrt:** in Fjellerup am Kreisverkehr links fahren, der Platz befindet sich dann auf der rechten Seite; **Platzanzahl:** 200; **Untergrund:** Wiese; fest; **Sicherheit:** bewacht; **Preiskat.:** €€€; **Geöffnet:** Ostern-16. September; **Kontakt:** 8585 Glesborg, Fælledevej 2, Tel. +45 86317191, http://hestehavencamping.dk

070wd-mm

179 Fjellerups Strand Camping

GPS 56.51638, 10.58972

Größter Platz im Ort und mit direktem Zugang zum Strand. **Lage/Anfahrt:** in Fjellerup am Kreisverkehr links, vor der Rezeption vom Hestehavn Camping links in die kleine Straße hinein; **Platzanzahl:** 250; **Untergrund:** Wiese, Sand; fest; **Sicherheit:** bewacht; **Preiskat.:** €€€; **Geöffnet:** April–16. September; **Kontakt:** 8585 Glesborg, Møllebækvej 6, Tel. +45 86317116, www.fjellerup-strand.dk

180 Stellplatz Bønnerup

GPS 56.531091, 10.708913

Stellplatz an einer Marina. **Lage/Anfahrt:** Auf den Straßen 16 und 547 nach Glesborg und weiter über Hemmedvej bis Bønnerup Strand, dann direkt durch bis zum Hafen; **Platzanzahl:** 8; **Untergrund:** Schotter; **Preiskat.:** €€; **Geöffnet:** ganzjährig; **Kontakt:** Vestre Mole 2, 8585 Glesborg, www.boennerup-lbh.dk

Am Ende der Straße 16 hat man Grenaa erreicht, das in gewisser Weise Ähnlichkeit mit Hirtshals hat, denn Grenaa ist ebenfalls eine Hafenstadt mit einer internationalen Fährverbindung – in diesem Fall nach Schweden – und hat nur eine herausragende Sehenswürdigkeit. War dies in Hirtshals das Nordseemuseum, so ist es hier an der Ostsee das **Kattegatcenter,** welches ebenfalls in mehreren Aquarien das Leben unter Wasser vorstellt, wobei auch ein Extrabecken für Haie vorgesehen ist. Und wer gesundheitlich fit ist, schwimmen kann und einiges auf das Eintrittsgeld drauflegt, der hat die Möglichkeit, unter Anleitung zwischen den Haien tauchen zu gehen.

Touristeninformation

› **Grenaa Touristenbüro,** 8500 Grenaa, Torvet 1, Tel. +45 87581200, www.visitdjursland.com, Mo–Do 9–16.30 Uhr, Fr 9–16 Uhr, Sa 10–13 Uhr, in der Hauptsaison Mo–Fr 9–17 Uhr, Sa 9.30–13.30 Uhr

Gammel Estrup, ein prächtiger Landsitz aus dem 16. Jahrhundert, heute ein Museum

Sehenswertes

- **Kattegatcentret Dänemarks Haicenter,** 8500 Grenaa, Færgevej 4, Tel. +45 86325200, www.kattegatcentret.dk, verschiedene Öffnungszeiten, im Kern aber von 10–16 Uhr, in den Sommermonaten morgens und abends länger, Eintritt: 185 DKK.
- **Maschinen- und Motorensammlung,** Kristiansmindevej 14, 8500 Grenaa, www.motorsamlingen.dk. Diese kleine Ausstellung ist etwas für Motorenbegeisterte. Vom Schiffsdiesel bis zum Waschmaschinenantrieb findet in der privaten Scheune eine interessante Zeitreise durch die Welt der Motoren statt. Eintritt 75 DKK.

Essen

- **FriskFisken,** Søndre Kajgade 4, 8500 Grenaa, www.friskfisken.dk. Fischrestaurant mit fangfrischen Produkten und großer Auswahl sowie großzügigen Portionen.

181 Grenaa Strand Camping

GPS 56.38972, 10.91166

Großer, lebhafter Platz im Wald mit angrenzendem Freibad und direktem Zugang zur Küste. **Lage/Anfahrt:** südlich von Grenaa, auf der Straße 15 durch Grenaa Strand fahren, auf der linken Seite; **Platzanzahl:** 500; **Untergrund:** Wiese; fest; **Sicherheit:** bewacht; **Preiskat.:** €€€€; **Geöffnet:** Ostern–16. September; **Kontakt:** 8500 Grenaa, Fuglsangvej 58, Tel. +45 86321718, www.grenaastrandcamping.dk

182 Stellplatz Grenaa Marina

GPS 56.405682, 10.924391

Stellplatz an sehr großer Marina. Die Parzellen sind mit Holzbalken abgetrennt. Nicht jede Parzelle bietet Blick aufs Wasser. Die Stellfläche ist fast komplett von kleinen Holzhäusern umgeben. Tagsüber ein wenig rummelig, nachts dennoch ruhig. **Lage/Anfahrt:** Die

⊡ *Blick in einen Innenhof von Grenaa*

Marina grenzt südlich an den Fährhafen nach Schweden an. Der Straße 16 bis zum Fährhafen folgen und nach Überquerung eines Flusses vor dem Hafen rechts zur Marina; **Platzanzahl:** 10; **Untergrund:** Schotter; **Sicherheit:** beleuchtet; **Preiskat.:** €€; **Geöffnet:** ganzjährig; **Kontakt:** Skakkes Holm 62, 8500 Grenaa, Tel. +45 86327255, www.grenaamarina.dk

EBELTOFT

(32 km – km 178)

Im Westen Grenaas treffen die Straßen 16 und 15 aufeinander und man nutzt letztere, um weiter Richtung Süden zu gelangen. Um den Weg nach Ebeltoft ein wenig abzukürzen, sollte man schon in Tirstrup links abbiegen. Kurz hinter dem Stubbe Sø trifft man auf die Straße 21 und kommt auf ihr nach Ebeltoft hinein.

Die Ortschaft liegt auf einem leichten Hügel oberhalb des Hafens und strahlt mit ihren kleinen Gassen eine angenehme Ruhe aus. Läuft man an den zahlreichen pittoresken **Fachwerkhäusern** vorbei, gelangt man automatisch zum Rathaus, dem angeblich kleinsten der Welt. Zumindest passt **Det gamle Rådhus** mit seinem Turm auf dem Dach perfekt in die Szenerie einer typisch dänischen Stadt.

Es gibt noch zwei weitere Sehenswürdigkeiten im Ort, die man nicht verpassen sollte. Dafür geht man hinab zum Hafen, wo hinter dem Museumsgebäude die **Fregatte Jylland,** das längste erhaltene Holzschiff der Welt, vor Anker liegt. Mit über 150 Jahren ist es zudem das älteste Schiff des Landes und kann heute, nach gründlicher Renovierung, besichtigt werden. Als es noch in Dienst war, lebten über 400 Seeleute auf der Fregatte, die in einem Gefecht während des Deutsch-Dänischen Krieges vor der Insel Helgoland gegen Deutschland eingesetzt wurde.

In direkter Nachbarschaft steht das moderne **Glasmuseum,** in dem die Geschichte der Ebeltofter Glasbläserei dokumentiert wird. Doch auch Exponate aus vielen anderen Ländern und von mehreren hundert Künstlern sind in der Ausstellung untergebracht und einen Besuch wert.

In Ebeltoft befindet man sich zugleich im **Nationalpark Mols Bjerge.** Er umfasst vor allen Dingen den südlichen Teil der Halbinsel Djursland und ist von einer sanften Hügellandschaft geprägt. Zum Nationalparkgebiet gehören auch die besiedelten Gebiete und der Stubbe See. Aber der Hauptanziehungspunkt liegt östlich von Knebel, wo sich mit dem **Agri Bavnehøj** der höchste Punkt des Schutzgebietes erhebt. Er ist 137 Meter hoch

198wd©u.perreten, stock.adobe.com

und damit nur geringfügig kleiner als der höchste Berg Dänemarks. Rund um den Agri Bavnehøj gibt es einige Wandermöglichkeiten und natürlich lässt sich auch dieser „Gipfel" erklimmen. Ab einem Wanderparkplatz ist es ein Kinderspiel, die wenigen Höhenmeter auf einem kurzen Spaziergang zu überwinden.

14 **Am Agri Bavnehøj,** GPS 56.228679, 10.530497

Touristeninformation

- **Ebeltoft Touristenbüro,** 8400 Ebeltoft, S. A. Jensensvej 3, Tel. +45 86341400, www.visitdjursland.com, Nebensaison Mo–Fr 9–16.30 Uhr, Sa 10–13 Uhr, sonst Mo–Fr 9–17 Uhr, Sa und So 10–16 Uhr, GPS 56.20000, 10.67694.

Sehenswertes

- **Fregatten Jylland,** 8400 Ebeltoft, Fregatøen, S. A. Jensensvej 4, Tel. +45 86341099, www.fregatten-jylland.dk. Hinter der Henrikshalle, die nach dem dänischen Prinzen benannt wurde, liegt das Holzschiff am Kai angetäut. Täglich 10–16 Uhr, im Sommer bis 17 Uhr, Eintritt: 170 DKK.
- **Glasmuseet Ebeltoft,** 8400 Ebeltoft, Strandvejen 8, Tel. +45 86341799. Sammlung moderner und internationaler Glaskunst, auf Wunsch auch mit Führung. Im Anschluss an den Rundgang kann man im hauseigenen Laden Glasprodukte im dänischen Design erstehen. Täglich 10–16 Uhr, im Sommer bis 17 Uhr, Eintritt: 130 DKK, www.glaskunst.dk.

183 Rugaard Camping

GPS 56.27222, 10.82222

Von jedem Stellplatz Blick auf das Meer. **Lage/Anfahrt:** die Straße 15 bei Tirstrup verlassen und in Richtung Hyllested fahren, dort der Beschilderung folgen; **Platzanzahl:** 150; **Untergrund:** Wiese; fest; **Sicherheit:** bewacht; **Preiskat.:** €€€; **Geöffnet:** Ostern–16. September; **Kontakt:** 8400 Ebeltoft, Rugårdsvej 4, Tel. +45 86336025

184 Dråby Strand Camping

GPS 56.22216, 10.73713

Kinderfreundlicher Platz mit direkter Küstenlage. **Lage/Anfahrt:** auf der Straße 15 kurz vor Ebeltoft links Richtung Dråby und der Beschilderung folgen; **Platzanzahl:** 150; **Untergrund:** Wiese, Sand; fest; **Sicherheit:** bewacht; **Preiskat.:** €€€; **Geöffnet:** Ostern–16. September; **Kontakt:** 8400 Ebeltoft, Dråby Strandvej 13, Tel. +45 86341619, www.draaby.dk

Blick auf Ebeltoft

185 Ebeltoft Strand Camping

GPS 56.20972, 10.67833

Mit Blick auf die Ebeltoft-Bucht und nur wenige Gehminuten vom Zentrum entfernt. **Lage/Anfahrt:** direkt an der Straße 15 beim Ortseingang von Ebeltoft; **Platzanzahl:** 400; **Untergrund:** Wiese; fest; **Sicherheit:** bewacht; **Preiskat.:** €€€€; **Geöffnet:** ganzjährig; **Kontakt:** 8400 Ebeltoft, Nordre Strandvej 23, Tel. +45 86341214, www.ebeltoftstrandcamping.dk

186 Mols Camping DCU

GPS 56.21361, 10.68777

Großer, kinderfreundlicher Platz mit beheizbarem Pool, Wasserrutsche und Kinderspielplatz. **Lage/Anfahrt:** an der Straße 15 beim Ebeltoft Strand Camping links abbiegen und die zweite Straße wieder links; **Platzanzahl:** 350; **Untergrund:** Wiese; fest; **Sicherheit:** bewacht; **Preiskat.:** €€€€; **Geöffnet:** ganzjährig; **Kontakt:** 8400 Ebeltoft, Dråbyvej 13, Tel. +45 86341625, www.camping-mols.dk

187 Sølystgaard Camping

GPS 56.17527, 10.53444

Ruhig gelegen, kurz vor der Halbinsel Helgenæs, mit Blick auf die Ebeltoft-Bucht. **Lage/Anfahrt:** kurz vor der einzigen Straße auf die Halbinsel auf der linken Seite; **Platzanzahl:** 250; **Untergrund:** Wiese; fest; **Sicherheit:** bewacht; **Preiskat.:** €€€€, Stellplatz vor der Schranke €€; **Geöffnet:** April–23. September; **Kontakt:** 8420 Knebel, Dragsmurvej 15, Tel. +45 86351239, www.soelystgaard.dk

188 Krakær Camping

GPS 56.25250, 10.60000

Quickstop. Kinderfreundlicher Platz im Wald, mit Pool. **Lage/Anfahrt:** von der Straße 21 zwischen Ebeltoft und Aarhus bei Krakær links abbiegen und der Beschilderung folgen; **Platzanzahl:** 250; **Untergrund:** Wiese; fest; **Sicherheit:** bewacht; **Preiskat.:** €€€€, Stellplatz vor der Schranke €€; **Geöffnet:** ganzjährig; **Kontakt:** 8400 Ebeltoft, Gamle Kærvej 18, Tel. +45 86362118, www.krakaer.dk

189 Stellplatz Ebeltoft

GPS 56.190601, 10.669900

Stellplatz an einer Marina und direkt an der Straße 21 mit entsprechender Geräuschkulisse. **Lage/Anfahrt:** Im Süden von Ebeltoft, rund einen Kilometer von der Fregatte und dem Glasmuseum entfernt. Der Straße 21 südwärts folgen und vor der Tankstelle rechts in das Hafengebiet hinein; **Platzanzahl:** 10; **Untergrund:** Schotter; **Preiskat.:** €€; **Geöffnet:** ganzjährig; **Kontakt:** Skudehavnen 61, 8634 Ebeltoft, Tel. +45 86343008, www.skudehavn.dk

190 Stellplatz Skødshoved

GPS 56.181154, 10.377087

Stellplatz an einer Marina und mit Spaziermöglichkeiten am Strand sowie Blick auf das zehn Kilometer Luftlinie entfernte Aarhus auf der gegenüberliegenden Seite der Bucht. **Lage/Anfahrt:** Auf der gleichnamigen Halbinsel Skødshoved, zu erreichen über Nebenstraßen ab der Straße 21 bei Ebeltoft; **Platzanzahl:** 5; **Untergrund:** Schotter; **Preiskat.:** €€; **Geöffnet:** ganzjährig; **Kontakt:** Vestre Strandvej 24, 8420 Knebel, www.skoedshoved.dk

191 Stellplatz Nappedam Lystbådehavn

GPS 56.277307, 10.495203

Stellplatz an einer Marina, von wo aus man an der Küste entlang zu einer Halbinsel wandern kann, an deren Ende sich die Ruinen von Schloss Kalø befinden. **Lage/Anfahrt:** Am nördlichen Ende der Kalø-Bucht in ruhiger Umgebung. Auf der Straße 21 nach Rønde abbiegen und im Ort abermals nach links bis zur Marina; **Platzanzahl:** 10; **Untergrund:** Schotter; **Sicherheit:** beleuchtet; **Preiskat.:** €€; **Geöffnet:** Mitte Mai–Mitte Okt.; **Kontakt:** Molsvej 33, 8410 Rønde, Tel. +45 25715476, www.nappedam.dk

AARHUS

(52 km - km 230)

Über die Straße 21 und später über die 15 erreicht man nach einer gut einstündigen Fahrt ab Grenaa den äußeren Cityring (O2) der zweitgrößten dänischen Stadt, Aarhus (alte Schreibweise Århus). Aarhus trägt den Titel **„Europäische Kulturhauptstadt 2017“** und bot nicht nur in diesem Jahr ein umfangreiches Kulturprogramm.

Dort, wo die Straße 26 von rechts kommt, biegt man links in den Viborgvej ein und sollte sich sogleich auf Parkplatzsuche begeben. Nach wenigen Hundert Metern ist nämlich schon die erste Sehenswürdigkeit erreicht. Auf der linken Seite befindet sich die „Altstadt“ von Aarhus, doch es handelt sich nicht um eine normale Altstadt, sondern um das sehr schöne und sehenswerte Freilichtmuseum **Den gamle By.** Begonnen hat alles vor etwas mehr als einhundert Jahren, als man im damaligen Botanischen Garten begann, historische Häuser aus dem ganzen Land zusammenzutragen und harmonisch in ein Gesamtkonzept zu integrieren. Die Häuser stehen nicht einfach nur da und können besichtigt werden, sondern wirken durch die kleinen Gassen mit dem Kopfsteinpflaster um sie herum eher wie ein sehr altes Dorf, das sich allerdings mitten in einer Großstadt befindet. In den Gebäuden werden in zahlreichen Ausstellungen Informationen über das Leben in früheren Zeiten vermittelt. Thematisiert wird aber nicht nur das 19. Jahrhundert. Im Museum durchläuft man eine Zeitreise und nur eine Straße weiter blickt man in die 1920er-Jahre, während ein weiterer Bereich mit mehreren Häusern, Ladenlokalen und Wohnungen aus dem Jahr 1974 zeigt, wie die noch nicht vernetzte Welt und der Alltag vor gerade einmal 50 Jahren aussahen. Hier hört man von den Besuchern oft den erfreuten Ausspruch, dass man das selber noch kenne.

Touristeninformation

› **Aarhus Touristenbüro,** 8000 Aarhus C, Dokk1, Hack Kampmanns Pl. 2, Tel. +45 87315010, www.visitaarhus.com, Mo–Do 9.30–17 Uhr, Fr 9.30–16 Uhr, Sa 10–13 Uhr, in der Hauptsaison Mo–Fr 9.30–18 Uhr, Sa 9.30–15 Uhr, So 9.30–13 Uhr.

Segelschiffe in der Marina von Aarhus

0
200 m
© REISE KNOW-HOW 2024
Science Park
Universitet
Naturhistorisk Museum (Naturgeschichtliches Museum)
Nørrebrogade
Wilhelm Meyers Allé
Steno Museet (Steno-Museum)
Vennelyst-parken
Bakke-gården
ØGADERNE
Langelandsgade
Sankt Markus Kirke
Væksthuset
Den Gamle By
Ungdomskirken
Vesterbro Torv
Vesterbrogade
Viborgvej
Areal in Bau
University College Campus
Mølleparken
VoxHall
Kunsthal Aarhus (Kunsthalle Aarhus)
Byret (Gericht)
ARoS Aarhus Kunstmuseum
Godsbanen
Musikhuset Aarhus (Musikhaus Aarhus)
Scandinavian Congress Center Arhus
Rådhus (Rathaus)
Rådhus-pladsen
Sønder Allé
Vor Frue Kirke
Lille Torv
Klostertorvet
Telefon-torvet
Thorvaldsensgade
Carl Blochs Gade
Vester Allé
Nørre Allé
Østergade
Aboulevarden
Frederiks Allé

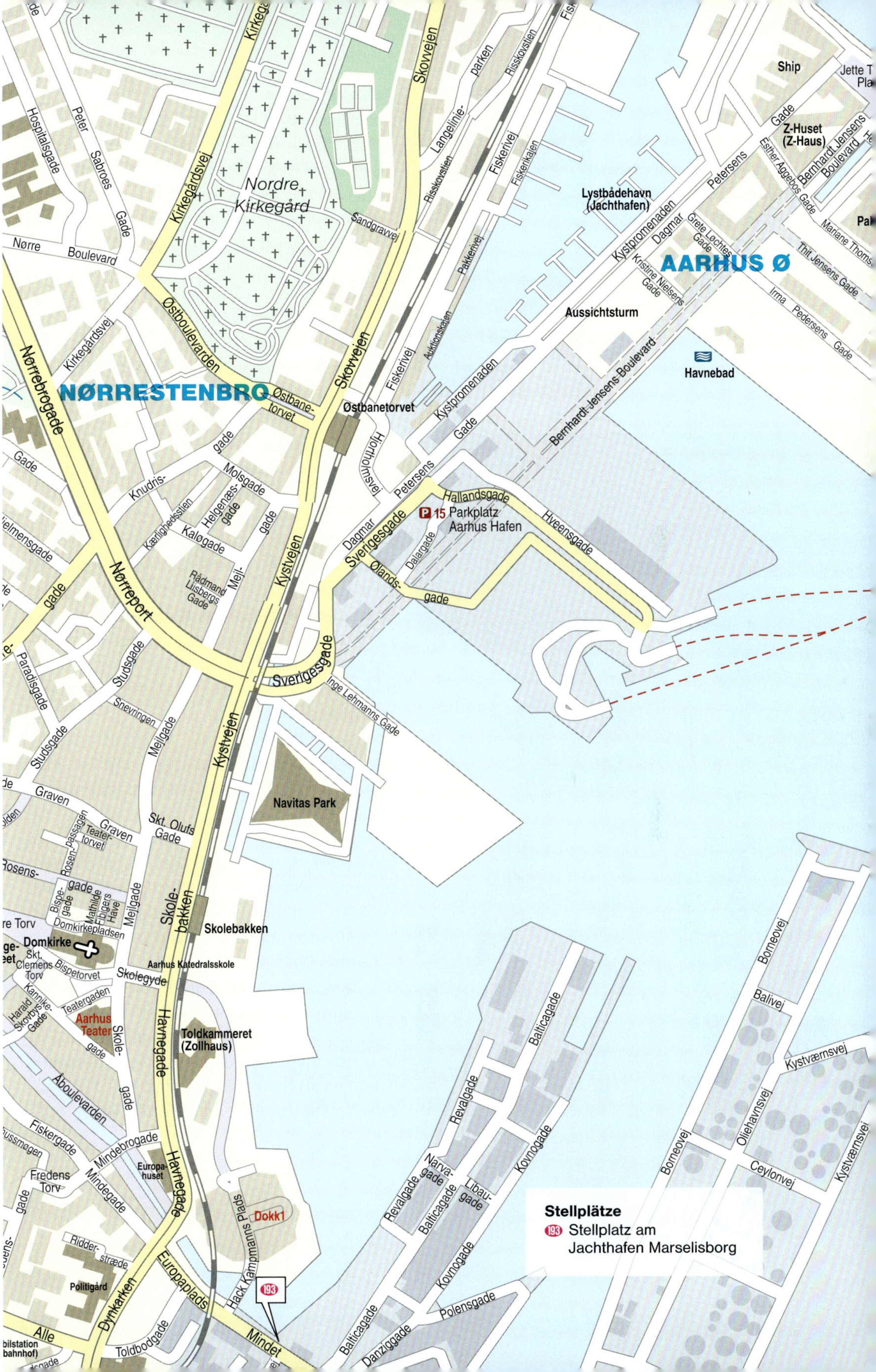

Nordre Kirkegård
NØRRESTENBRO
AARHUS Ø
Lystbådehavn (Jachthafen)
Aussichtsturm
Havnebad
Z-Huset (Z-Haus)
Ship
Østbanetorvet
15 Parkplatz Aarhus Hafen
Navitas Park
Skolebakken
Aarhus Katedralsskole
Domkirke
Aarhus Teater
Toldkammeret (Zollhaus)
Europahuset
Dokk1
Politigård
193
Hospitalsgade
Peter Sabroes Gade
Nørre Boulevard
Kirkegårdsvej
Østboulevarden
Skovvejen
Langelinieparken
Risskovstien
Fiskerivej
Fiskerikajen
Pakkerivej
Auktionskajen
Sandgravvej
Nørrebrogade
Østbanetorvet
Knudrisgade
Molsgade
Helgenæsgade
Kærlighedsstien
Kaløgade
Rådmand Lisbergs Gade
Meilgade
Kystvejen
Hjortholmsvej
Petersens Gade
Dagmar Petersens Gade
Sverigesgade
Hallandsgade
Dalgade
Ølandsgade
Hveensgade
Nørreport
Paradisgade
Studsgade
Snevringen
Inge Lehmanns Gade
Graven
Teatertorvet
Rosenpassagen
Skt. Olufs Gade
Rosensgade
Bispegade
Mathilde Fibigers Have
Domkirkepladsen
Skt. Clemens Torv
Bispetorvet
Skolegyde
Teatergaden
Harald Skovbys Gade
Kannikegade
Skolegade
Havnegade
Aboulevarden
Fiskergade
Mindebrogade
Mindegade
Fredens Torv
Ridderstræde
Dynkarken
Europaplads
Hack Kampmanns Plads
Mindet
Toldbodgade
Alle
Kystpromenaden
Bernhardt Jensens Boulevard
Grete Løchtes Gade
Kristine Nielsens Gade
Esther Aggebos Gade
Mariane Thomsens Gade
Thit Jensens Gade
Irma Pedersens Gade
Borneovej
Balivej
Kystværnsvej
Oliehavnsvej
Ceylonvej
Balticagade
Revalgade
Narvagade
Libaugade
Kovnogade
Polensgade
Danziggade
Stellplätze
193 Stellplatz am Jachthafen Marselisborg

Literaturtipp

„CityTrip Aarhus" von Michael Moll, Reise Know-How Verlag. Die zweitgrößte Metropole Dänemarks mit diesem praktischen Reiseführer in all ihren Facetten entdecken.

Sehenswertes

› **Den Gamle By,** 8000 Aarhus, Viborgvej 2, Tel. +45 86123188, www.dengamleby.dk. Das Museum gehört zum Pflichtprogramm einer Dänemarkreise. Man wandelt zwischen zahlreichen alten Gebäuden wie im Mittelalter oder lässt im Bierkeller den Tag ausklingen. Geöffnet: tgl. 10–16 Uhr, im Sommer 10–17 Uhr, Eintritt: 190 DKK, je nach Jahreszeit. (GPS 56.159806, 10.189683, nur zur Orientierung. Denn der Parkplatz ist für Pkw konzipiert und für Wohnmobile zu klein. Ohnehin ist es in Aarhus besser, eine der offiziellen Übernachtungsmöglichkeiten für Womos zu nutzen.)

199wd-mm

Wesentlich moderner und nicht minder interessant ist hingegen die „reale" Innenstadt von Aarhus. Sie ist vom Freilichtmuseum noch ein wenig entfernt, kann jedoch trotzdem zu Fuß erreicht werden. Hierfür spaziert man am **Fluss Aarhus Å** entlang, der vom Åboulevarden flankiert wird, und sieht auf der rechten Seite das **ARoS Aarhus Kunstmuseum.** Gut zu erkennen ist es an dem Rainbow Panorama auf der Dachterrasse. Das Kunstwerk ist begehbar und gibt einen farbenfrohen Blick auf die Stadt frei.

Unter anderem schaut man auf das von den Architekten Arne Jacobsen und Erik Møller konzipierte **Rathaus** mit seinem markanten Turm.

Besonders sehenswert ist auch das **Hafenviertel,** das in den letzten Jahren einem extremen Wandel unterworfen war. Es entstanden architektonische Highlights wie das hochmoderne **Kulturzentrum Dokk1.**

Aarhus Ø ist ein neues und modernes Viertel, dass sich durch teils futuristische und vor allem interessant konzipierte Gebäude auszeichnet. Das **Wohnhaus Isbjerget** (Eisberg) ist dabei wohl das auffälligste Bauwerk. Stand es im Kulturhauptstadtjahr 2017 noch relativ offen und frei im Viertel, ist es mitt-

Als „Eisberg" wird dieser Gebäudekomplex in Aarhus bezeichnet

200wd-mm

lerweile von vielen weiteren Neubauten fast komplett umschlossen und geht optisch fast ein wenig unter.

In der Innenstadt hingegen dominiert der **Dom,** der mit einer Länge und Höhe von jeweils 93 Metern das längste sowie höchste Gotteshaus des Landes ist.

Gleich daneben befindet sich das schöne **Theatergebäude** und die Reiterstatue von Christian X. Wer gemütlich einkehren oder shoppen möchte, der ist in den kleinen Gassen des Latinerquartiers nördlich des Doms genau richtig.

Im Süden der Stadt, im Ortsteil Frederiksbjerg, der aufgrund der Entfernung besser mit dem Auto oder mit öffentlichen Verkehrs-

⊡ *Historische Bauwerke in Den gamle By in Aarhus*

Gitte Hænning

„Ich will 'nen Cowboy als Mann" war in den 1960er-Jahren ein beliebter Titel im Radio. Gesungen wurde das Lied von der aus Aarhus stammenden Gitte Hænning, die auch einfach nur als Gitte bekannt wurde. Ursprünglich als berühmter Kinderstar in Skandinavien gefeiert, trat sie später auch gemeinsam mit dem Schlagersänger Rex Gildo auf und landete zahlreiche Hits. Berühmte Songs waren zum Beispiel „So schön kann doch kein Mann sein" und ihre Solo-Single „Ich will alles", mit der sie in den 1980er-Jahren ausgesprochen erfolgreich war.

Noch heute tritt sie regelmäßig auf, spielt Theater oder geht auf Tournee. Jedoch ist Gitte Hænning in Deutschland wesentlich erfolgreicher als in ihrem Heimatland Dänemark.

mitteln erreicht werden sollte, befindet sich das in einem hellen Weiß leuchtende **Schloss Marselisborg.** Es liegt mitten in einer Grünanlage, in der man spazieren darf, solange niemand aus dem Königshaus anwesend ist. Ansonsten kann man der Wachablösung um 12 Uhr beiwohnen.

Nicht weit davon entfernt befindet sich durch den Wald hindurch das Gegenstück zum später beschriebenen Vergnügungspark Tivoli in Kopenhagen. Ein kleiner Freizeitpark bietet das komplette Programm von Unterhaltungsshows bis hin zu rasanten Achterbahnfahrten. Wenn man schon mal in Marselisborg ist, sollte man auch gleich den Strand aufsuchen. Seit dem Kulturhauptstadtjahr wird alljährlich in den Sommermonaten die sogenannte „**Unendliche Brücke**" („Den Uendelige Bro") errichtet. Dabei handelt es sich um einen kreisförmigen Holzsteg, der in die Ostsee ragt.

Nicht vergessen werden darf natürlich der Besuch im **Moesgaard-Museum** außerhalb von Aarhus, südlich der Stadt. Das Museum gilt als Freilichtmuseum, doch das Kernstück ist ein futuristisch anmutendes Hauptgebäude, das im Jahr 2014 nördlich des alten Museumsgebäudes eingeweiht wurde. Es wurde in einen sanften Hang hineingebaut und zwar so, dass es sich auf der Nordseite aus dem Hang zu erheben scheint. Damit fällt das Dach des Gebäudes nach Süden hin ab und ist für die meisten Besucher der erste Anziehungspunkt. Denn es ist beinahe komplett grasbewachsen und kann bis zu seinem obersten Punkt betreten werden. Von oben hat man einen schönen Rundumblick über die umliegenden Wälder hinweg bis in die Aarhus-Bucht hinein.

› **Moesgaard-Museum,** GPS 56.086206, 10.223072, Moesgård Allé 15, 8270 Højbjerg, Tel. +45 87394000, www.moesgaardmuseum.dk, Eintritt 180 DKK

Beim Spaziergang durch Marselisborg blickt man auch auf das Schloss

204wd-mm

Entsorgungsstation

› Im Westen von Aarhus befindet sich an der Autobahn E45 zwischen den Ausfahrten 47 und 48 in beiden Fahrtrichtungen ein Rastplatz, auf dem entsorgt werden kann. GPS 56.178366, 10.065878

192 Blommehavn Camping DCU

GPS 56.11000, 10.23194

Sehr ruhig zwischen Wald und Ostsee gelegen. **Lage/Anfahrt:** südlich von Aarhus von der Straße 451 in Højbjerg in den Hørhavevej einbiegen, am Ende rechts; **Platzanzahl:** 350; **Untergrund:** Wiese; fest; **Sicherheit:** bewacht; **Preiskat.:** €€€€; **Geöffnet:** Ende März–Okt.; **Kontakt:** 8270 Højbjerg, Ørneredevej 35, Tel. +45 86270207, www.camping-blommehaven.dk

Parken

P 15 Parkplatz Aarhus Hafen, GPS 56.162210, 10.218140, Dagmar Pedersens Gade. Gegenüber vom Diner „Havnens Perle" erstreckt sich ein asphaltierter Parkplatz zwischen dem modernen Hafenviertel und der Innenstadt. Nur wenige Schritte bis Dokk1. Als Ausgangspunkt ideal, Übernachtung möglich, da man mit Parkscheibe bis zu 24 Std. kostenfrei parken darf. Wegen der uncharmanten Lage muss man das als Übernachtungsort aber mögen.

193 Stellplatz am Jachthafen Marselisborg

GPS 56.139556, 10.219537

Stellplatz an der Marina. Zur Haltestelle sind es 800 Meter, aber nach 30 Minuten Fußweg ist man ohnehin schon am zentral gelegenen Dokk1. Gleich neben dem Platz verläuft hinter einer Hecke jedoch direkt die Hauptzufahrtsstraße zum Hafen mit Schwerverkehr bereits in der Nacht. Enge Parzellen. **Lage/Anfahrt:** Vom Stadtzentrum auf dem Strandvejen südwärts in Richtung Marselisborg. Hinter dem Hafen links zum Jachthafen. Der Platz befindet sich auf dem Abstellplatz für Segelschiffe, bietet aber Blick aufs Meer; **Platzanzahl:** 15; **Untergrund:** Schotter; **Sicherheit:** Schranke, umzäunt; **Preiskat.:** €€–€€€, je nach Länge des Wohnmobils; **Geöffnet:** ganzjährig; **Kontakt:** Marselisborg Havnevej 54, 8000 Aarhus, Tel. +45 86198644, www.marselisborghavn.dk

Hans Christian Andersen: „Der Reisekamerad"

Ein Mann namens Johannes geht nach dem Tod seines Vaters auf Reisen und tut lauter gute Taten. Eines Tages begegnet er einem Mann, der ihn fortan als Reisekamerad begleitet. Beide treffen in einer Stadt ein, in der jeder um die Prinzessin werben darf, der will. Dafür stellt die Prinzessin drei Fragen, die richtig beantwortet werden müssen, andernfalls droht der Tod. Johannes verliebt sich auf Anhieb und entscheidet sich, die Fragen zu beantworten.

194 Stellplatz Egå Marina

GPS 56.210234, 10.287553

Stellplatz an einer der größten Marina in der Region. Ein wenig durch Fischerhäuser von den Anlegestellen abgetrennt und damit kein freier Blick auf das Meer. **Lage/Anfahrt:** Im Norden von Aarhus bzw. nördlich von Risskov. Ab der Straße 15 über die Straße 505 nach Egå und zur Marina; **Platzanzahl:** 10; **Untergrund:** Asphalt (3 auf Schotter vor dem eigentlichen Parkplatz, der normalerweise zum Überwintern der Segelschiffe dient); **Sicherheit:** beleuchtet; **Preiskat.:** €€; **Geöffnet:** ganzjährig; **Kontakt:** Egå Havvej 35–37, 8250 Egå, Tel. +45 86225551, www.egaa-marina.dk

195 Stellplatz Kaløvig Bådelaug

GPS 56.245919, 10.339386

Stellplatz an einer sehr großen Marina nördlich von Aarhus. Mit dem Bus Nummer 17 kann man von hier aus bis in die Innenstadt von Aarhus fahren. Fahrradverleih. **Lage/Anfahrt:** Auf der Straße 505 von Aarhus an Egå vorbei und noch vor den Kreisverkehren zur Straße 15 rechts in Richtung Åstrup; **Platzanzahl:** 12; **Untergrund:** Schotter; **Preiskat.:** €; **Geöffnet:** ganzjährig; **Kontakt:** Åstrup Strandvej, 8541 Skødstrup, +45 86199967, www.kblsail.dk

201wd©Ricochet64, stock.adobe.com

SKANDERBORG

(19 km – km 249)

Von der Aarhuser Ringstraße O2 verlaufen die Autobahn E45 und die Landstraße 170 fast parallel in südwestlicher Richtung nach **Skanderborg.** Bedeutsames gibt es in der kleinen 20.000-Einwohner-Stadt bis auf die **Schlosskirche** nicht zu entdecken. Sie ist der letzte übrig gebliebene Teil eines einst herrschaftlichen Schlosses. Ansonsten ist Skanderborg das südöstliche Gegenstück zu Silkeborg, das bereits in Route 2 bereist wurde. Beide Ortschaften grenzen das „Hochland" Dänemarks ein, in dem sich die bereits erwähnten Hügel rund um den **Himmelbjerget** und mehrere Seen befinden.

Übrigens: Hoch hinaus geht es auch zwischen Skanderborg und Horsens, dem nächsten Reiseziel. Nach knapp halber Strecke erreicht man auf der Autobahn die Ausfahrt Ejer Bavnehøj. Benannt ist sie nach dem gleichnamigen Berg, der einstmals als höchster Gipfel des Landes bezeichnet wurde. Neuere Messungen haben aber ergeben, dass zwei Hügel höher sind als der **Ejer Bavnehøj.** Da wäre zum einen der Yding Skovhøj und zum anderen der Møllehøj. Beide Berge werden als höchster Gipfel des Landes bezeichnet. Allerdings besteht die Kuppe des Yding Skovhøj aus einem Grabhügel und ist daher von Menschenhand geschaffen worden. Als höchste natürliche Erhebung gilt daher der Møllehøj. So oder so liegen die Unterschiede nur im Zentimeterbereich: Der Yding Skovhøj schafft es ohne Grabhügel auf eine Höhe von 170,77 m. Nur neun Zentimeter höher ist der Møllehøj mit 170,86 m. Der Ejer Bavnehøj ist 170,35 m hoch. Auf dem Møllehøj markiert ein Mühlstein einer ehemaligen Mühle den Gipfel. Nur 200 m weiter entfernt erhebt sich ein 12 m hoher Turm, der **Wiedervereinigungsturm,** auf dem Ejer Bavnehøj. Parken kann man gleich daneben, um die Hügel des sogenannten Ejer-Gebirges bei einem gemütlichen Spaziergang zu erkunden.

Parken

P 16 **Ejer Bavnehøj,** GPS 55.976573, 9.831294

Touristeninformation

› **Skanderborg Touristenbüro,** 8660 Skanderborg, Parkvej 14, Tel. +45 86522744, www.visitskanderborg.dk

197 Stellplatz Norsminde

GPS 56.022896, 10.264386
Großzügiger und ruhig gelegener Platz an einer Marina. Schöne Möglichkeit, um am Strand zu spazieren. Alternativ kann man von hier aus mit dem Fahrrad auch gut das Moesgaard-Museum erreichen. Um auf den Platz zu gelangen, muss man das Wohnmobil kurz vor der Schranke stehenlassen und zu Fuß zum Ticketautomaten gehen. Dort hängt ein Chip, den man an der Schranke vor ein Lesegerät hält, um selbige zu öffnen. **Lage/Anfahrt:** Auf gleicher Höhe wie Skanderborg, aber noch ein wenig näher an Aarhus gelegen, direkt an der Küste; **Platzanzahl:** 8; **Untergrund:** Schotter; **Sicherheit:** Schranke; **Preiskat.:** €€; **Geöffnet:** April–Oktober; **Kontakt:** Gl Krovej 1, 8300 Odder, Tel. +45 20141654, www.norsmindehavn.dk

265wd-mm

196 Skanderborg Sø Camping

GPS 56.02083, 9.89055
In der Nähe des Sees, am Westrand von Skanderborg. **Lage/Anfahrt:** auf dem Vroldvej in Skanderborg oder über die Autobahn in Richtung Westen, auf die Beschilderung achten; **Platzanzahl:** 200; **Untergrund:** Wiese; fest; **Sicherheit:** bewacht; **Preiskat.:** €€€€; **Geöffnet:** Ende April–Anfang Sept.; **Kontakt:** 8660 Skanderborg, Horsensvej 21, Tel. +45 86511311, www.campingskanderborg.dk

Entsorgungsstation

› Zwischen Skanderborg und Horsens kann auf einem Autobahnrastplatz entsorgt werden. Er befindet sich an der E45 zwischen den Ausfahrten 53 und 54 in beiden Fahrtrichtungen. GPS 55.978346, 9.865727

Blick auf die Schlosskirche von Skanderborg

HORSENS

(23 km – km 272)

Zwischen der Weltmacht USA und dem größten Land der Welt, Russland, befindet sich die kleine, nur von wenigen Menschen besuchte Beringstraße. Bedeutsam ist sie auch, da auf ihren 80 Kilometern Breite die Datumsgrenze verläuft.

Doch woher hat diese Meerenge eigentlich ihren Namen? Vitus war es, mit Nachnamen **Bering,** der im Jahr 1681 in der dänischen Kleinstadt Horsens zur Welt kam und als Marineoffizier für den russischen Zaren Peter der Große auf Entdeckungsreise ging. Er durchquerte die später nach ihm benannte Beringstraße, entdeckte als erster Europäer Alaska und starb auf seiner zweiten großen Expedition im Dezember 1741 auf der Beringinsel.

Horsens würdigt diesen Sohn der Stadt durch eine Schule gleichen Namens und eine Ausstellung im Horsens Museum. Zudem hei-

202wd©Irina Lepneva, stock.adobe.com

ßen natürlich eine Straße, ein Platz und ein Park nach dem berühmten Entdecker.

Ansonsten lohnt sich ein längerer Aufenthalt in Horsens nicht und die Ortschaft kann so wieder verlassen werden, wie man sie erreicht hat, nämlich entweder über die Straße 170 oder über die Autobahn E45.

Touristeninformation

› **Horsens Touristenbüro,** 8700 Horsens, Fussingsvej 8, Tel. +45 75602120, www.visithorsens.dk, Mo–Fr 10–16.30 Uhr, Sa 10–13 Uhr, in der Hauptsaison Mo–Fr 10–17.30 Uhr, Sa 10–14 Uhr

Sehenswertes

› **Horsens Museum,** 8700 Horsens, Sundvej 1a, Tel. +45 76292350, www.horsensmuseum.dk. Neben der Ausstellung über Vitus Bering, existiert in dem 2006 komplett renovierten Museum eine sehenswerte Silbersammlung und eine Ausstellung über Spielzeug der Vergangenheit. Di–So 11–16 Uhr, Eintritt: 30 DKK.

Essen

› **Restaurant Oksen,** 8700 Horsens, Grønnegade 3, Tel. +45 75626900, www.oksen-horsens.dk. Steakrestaurant in der Fußgängerzone in der Nähe des Theaters.

Sonstiger Stellplatz

S 17 **Stellplatz Horsens Lystbådehavn,** GPS 55.857515, 9.873039, Jens Hjernøs Vej, 8700 Horsens. Kleiner Schotterparkplatz mit Waschbecken im Jachthafen.

JELLING

(32 km – km 304)

Fährt man über die Autobahn, sollte man diese an der Ausfahrt zur Straße 170 verlassen und in das Zentrum von **Vejle** fahren. Wer sich für Architektur interessiert und bereits in Aarhus vom Eisberg am Hafen angetan war (s. S. 144), sollte hier ebenfalls den Hafen ansteuern. Fünf Häuser bilden hier eine wellenförmige Formation, die mal wieder zeigt, wie Design und Architektur in Dänemark harmonieren. Verantwortlich für das Gebäude namens **Bølgen** (dt. „Die Welle", GPS 55.710518, 9.556657) zeichnet dasselbe Architekturbüro, das auch das Moesgaard-

Die Klosterkirche von Horsens stammt aus dem 13. Jahrhundert

266wd-mm

Museum entworfen hat. Ein Spaziergang durch das Hafenviertel lohnt sich aber auch wegen des modernen Wohnviertels, das an Aarhus Ø erinnert. Neben dem wellenförmigen Bauwerk an der Nordseite sticht vor allem das **Fjordenhus** heraus. Klare Kanten und Ecken gibt es bei diesem Gebäude nicht und wenn man das im Wasser stehende Bauwerk über die kleine Brücke betritt, scheint man in einer Art Höhle zu stehen. Vom zentralen Punkt (es lohnt sich ein Blick in den Spiegel nach oben) gelangt man an die Seitenränder, die abrupt und ohne Geländer enden. Ein Schritt zu weit und man findet sich im Nass des Hafenbeckens wieder.

Ólafur Elíasson heißt der Künstler, der den Entwurf für dieses Bauwerk schuf. Begegnet ist man ihm auf der Dänemark-Rundreise bereits in Aarhus. Der farbenprächtige, begehbare Ring auf dem ARoS-Museum (s. S. 144) stammt ebenfalls von ihm.

Im Ort geht es an der ersten großen Kreuzung rechts, hinter der Eisenbahnunterführung abermals rechts und dann bis in das 11 km entfernte Jelling.

In diesem kleinen Ort trifft man auf der Rundreise nach dem Wattenmeer an der Nordseeküste wieder auf eine der dänischen **UNESCO-Welterbestätten.** Die Straße führt automatisch zu einer Kirche, die zwischen zwei begehbaren hohen Grabhügeln errichtet ist (GPS 55.755663, 9.417214). Bevor diese Steinkirche zu Beginn des 12. Jahrhunderts erbaut wurde, standen an dieser Stelle bereits Holzkirchen. Vor der Kirche befinden sich zwei **Runensteine,** Thyrastein und Haraldstein genannt. Thyra oder auch Thyre war die Frau des Wikingerkönigs Gorm. Dieser ließ den Stein für seine Gemahlin errichten und den nördlichen Grabhügel erweitern. Der größere Stein wurde von seinem Sohn Harald errichtet, der sich im Jahr 860 als dänischer König taufen ließ und das Christentum verbreitete. Ausgrabungen und Forschungen ergaben, dass von den beiden **Grabhügeln** nur einer eine Grabkammer besitzt, und diese war auch noch leer. Erst neuere Forschungen brachten Gebeine im Inneren der Kirche zutage, doch ob es sich hierbei um Thyre oder Gorm handelt, ist noch ungewiss. Fest steht, dass der kleine Ort Jelling durch die histo-

Der Name dieses Gebäudes ist Programm: Bølgen – „Die Welle“

risch wertvollen Anlagen als erste Hauptstadt Dänemarks bezeichnet werden kann.

Außerdem fand man eine **Schiffssetzung,** die als die größte weltweit gilt. Sie wird auf eine Länge von über 350 Metern und eine Breite von mehr als 80 Metern geschätzt. Inmitten der Schiffssetzung erheben sich heute die Kirche mit dem Friedhof sowie die beiden Grabhügel. Um den Besuchern die archäologischen Funde besser zu verdeutlichen, ist die Schiffssetzung heute mit Betonplatten kenntlich gemacht worden. Außerdem wurde das gesamte archäologische Areal mit strahlend weißen Stelen umrahmt.

Touristeninformation

- **Vejle Touristenbüro,** 7100 Vejle, Banegårdspladsen 6, Tel. +45 75821955, www.visitvejle.com, Mo–Do 10–17 Uhr, Fr 10–16.30 Uhr, Sa 10–12 Uhr.

Sehenswertes

- **Runensteine von Jelling mit Museum Kongernes Jelling** („Heimat der Wikingerkönige") als Teil des Nationalmuseums, Gormsgade 23, 7300 Jelling, +45 41206331, www.natmus.dk, Eintritt frei

Entsorgungsstation

- Auf der Autobahn E45 zwischen Vejle und Middelfart zwischen der Ausfahrt 61 (Vejle Syd) und dem Autobahndreieck zur E20 auf beiden Seiten je ein Rastplatz mit Entsorgungsmöglichkeit. GPS 55.641813, 9.558834

198 Vejle City Camping

GPS 55.71500, 9.56250

Mitten im Wald gelegener, schattiger Platz direkt am Sportplatz. **Anfahrt:** die E45 in Vejle Nord verlassen und vor dem Zentrum links in Richtung Sportplatz, der Campingplatz ist ausgeschildert; **Platzanzahl:** 100; **Untergrund:** Wiese; fest; **Sicherheit:** bewacht; **Preiskat.:** €€€, Quickstop €; **Geöffnet:** April–Mitte Sept.; **Kontakt:** 7100 Vejle, Helligkildevej 5, Tel. +45 75823335, www.vejlecitycamping.dk

Der Runenstein von Jelling gehört zum UNESCO-Weltkulturerbe

144wd-mm

199 Stellplatz Vejle Marina

GPS 55.706980, 9.551933
Einfacher Stellplatz direkt am Fjordenhus bzw. im neuen Wohnviertel am Hafen. Durch die Lage allerdings auch etwas unruhig. **Lage/Anfahrt:** Gleich neben den Wohnhäusern. Auf der Straße 170 in den Ort und weiter zum Hafen bzw. zum Fjordenhus; **Platzanzahl:** 5; **Untergrund:** Schotter; **Preiskat.:** €€; **Geöffnet:** ganzjährig; **Kontakt:** Strandgade, 7100 Vejle

Womo-Service

› **Campingshop und Werkstatt für Wohnmobile,** Ellehammersvej 10, 7100 Vejle, Tel. +45 75825522, www.campershoppen.dk

FREDERICIA

(45 km - km 349)

Auf der Straße 442 geht es zurück nach Vejle, welches zügig durchquert werden kann. Auf der Straße 28 erreicht man südlich vom Vejle Fjord die letzte Ortschaft auf dem dänischen Festland, Fredericia. Das Zentrum der Ortschaft, die strategisch günstig am eisfreien Kleinen Belt angelegt wurde, ist recht nüchtern und beherbergt rechtwinklige Straßenzüge. Altstadtgassen wie in anderen dänischen Orten sucht man hier vergebens, doch man kann noch deutlich die alten Wehranlagen sehen, die sich um die Innenstadt erheben und auf denen rund um den Wasserturm noch alte Kanonen zu sehen sind.

Wie die Stadt einst ausgesehen hat, kann man sich nordöstlich des Zentrums auf der anderen Seite des Bahnhofs ansehen. Dort wurde im **Madsby Park** im Maßstab 1 : 10 das Fredericia aus der Mitte des 19. Jahrhunderts nachgebaut.

Touristeninformation

› **Fredericia Touristenbüro,** 7000 Fredericia, Princessegade 27, Tel. +45 72113511, www.visitfredericia.dk, Mo–Fr 10–17 Uhr, Sa 10–13 Uhr.

Sehenswertes

› **Historische Ministadt,** 7000 Fredericia, Vestre Ringvej 102, Tel. +45 75910633. Rund 700 Gebäude des Fredericia von 1849 im Maßstab 1 : 10. Juni–August täglich 10–17 Uhr, im September nur am Wochenende 10–16 Uhr, Eintritt: 35 DKK, www.madsbyparken.dk

Fredericia und damit auch das dänische Festland bzw. Jütland kann man auf zwei Arten verlassen. Entweder über die moderne Autobahnbrücke der E20 oder gleich um die Ecke auf dem alten Übergang, der direkt nach

203wd©mema, stock.adobe.com

Diese Brücke über den Kleinen Belt überquert man nur mit dem Fahrzeug

202 Stellplatz Fredericia

GPS 55.552328, 9.729571

Gepflegter Stellplatz an der Marina. **Lage/Anfahrt:** Der Platz befindet sich deutlich außerhalb des Stadtzentrums, südlich des großen Hafengeländes. Auf der Straße 28 in Richtung Middelfart fahren und an der Ampelkreuzung am Ende des Hafenareals links abbiegen; **Platzanzahl:** 10; **Untergrund:** Schotter; **Sicherheit:** beleuchtet; **Preiskat.:** €€; **Geöffnet:** ganzjährig; **Kontakt:** Jesper Banks Vej 22, 7000 Fredericia

267wd-mm

Middelfart führt. Das ist auch die Brücke, auf der man bei einer Führung auf dem Stahlträger in luftiger Höhe unterwegs sein kann (s. S. 158).

200 Mørkholt Camping

GPS 55.65666, 9.72555

Kinderfreundlicher Platz mit Pool, direkt am Vejle Fjord. **Lage/Anfahrt:** auf der Straße 28 in Richtung Fredericia, bei Gærslev links abbiegen; **Platzanzahl:** 350; **Untergrund:** Wiese; fest; **Sicherheit:** bewacht; **Preiskat.:** €€€€; **Geöffnet:** ganzjährig; **Kontakt:**7080 Børkop, Hagenvej 105b, Tel. +45 75959122, www.morkholt.dk

201 Trelde Næs Supercamp

GPS 55.62472, 9.83277

Großer, lebhafter Platz, aber sehr abgelegen. **Lage/Anfahrt:** direkt auf der Halbinsel Trelde Næs, unweit vom Leuchtturm, bei Egeskov die Straße 28 nach links verlassen, immer geradeaus; **Platzanzahl:** 450; **Untergrund:** Wiese; fest; **Sicherheit:** bewacht; **Preiskat.:** €€€€; **Geöffnet:** ganzjährig; **Kontakt:** 7000 Fredericia, Trelde Næsvej 297, Tel. +45 75957183, www.dancamps.dk/trelde-naes

ROUTE 5

RUND UM DEN STOREBÆLT

011wd-mm

Vorseite: Auf Alleen zwischen Rapsfeldern reist man gemütlich durch Dänemark

ROUTENÜBERSICHT

Von Middelfart, am westlichsten Ende der Insel Fünen, verläuft die Route bis zur Kleinstadt Faaborg, von wo man mit einer Fähre drei kleinere Inseln im Kleinen Belt erreichen kann. Weiter östlich geht es bei Svendborg über eine Brücke auf die Insel Tåsinge und später nach Langeland. Nach der Besichtigung prähistorischer Denkmäler geht es zurück nach Svendborg, dem „Geburtsort“ der Container-Firma Mærsk. Wer nicht mit der Fähre auf die Insel Ærø übersetzt, fährt auf direktem Weg nordwärts, besichtigt das Oldtimermuseum in der Scheune des Egeskov-Schlosses und landet in der Hans-Christian-Andersen-Stadt Odense. Von hier geht es weiter nach Nyborg, wo man auf die größte Brücke Europas trifft: die Storebæltbrücke. Über sie erreicht man Seeland, die größte Insel des Landes. Dort findet man in Korsør zahlreiche kulturhistorische Bauten, die einen kurzen Besuch wert sind. Findet die Reise Ende Juni statt, erlebt man in Roskilde zudem das legendäre Musikfestival. Vorher besteht jedoch noch die Möglichkeit, in das westlich gelegene Kalundborg mit seiner pompösen fünftürmigen Kirche zu reisen.

Strecke:
Middelfart (s. S. 158) – **Assens und Helnæs By** (47 km, s. S. 160) – **Faaborg** (26 km, s. S. 163) – **Svendborg** (24 km, s. S. 165) – **Abstecher auf die Inseln Tåsinge, Ærø und Langeland** (99 km, s. S. 166) – **Odense** (47 km, s. S. 171) – **Kerteminde** (26 km, s. S. 175) – **Nyborg** (21 km, s. S. 177) – **Korsør** (19 km, s. S. 179) – **Slagelse** (17 km, s. S. 179) – **Kalundborg** (37 km, s. S. 181) – **Holbaek/Isefjord** (47 km, s. S. 182) – **Roskilde** (33 km, s. S. 185)

Streckenlänge:
Ohne Abstecher circa 344 km
Mit Abstecher circa 443 km

MIDDELFART

Mit Middelfart hat man **Fyn** bzw. **Fünen,** wie es auf Deutsch heißt, erreicht. Die Insel ist die drittgrößte des Landes und im Inneren von der Landwirtschaft geprägt. Die wichtigsten und größten Städte – von der Inselhauptstadt Odense einmal abgesehen – befinden sich im Süden des Eilandes. Middelfart ist aus der Anlegestelle für eine Fähre entstanden, die über den Kleinen Belt pendelte. Daher dürfte auch der Name der Stadt kommen, der so viel wie „mittlere Überfahrt" bedeutet, was bei einem Blick auf die Dänemarkkarte logisch erscheint. Vom futuristisch wirkenden, modernen Gebäude des Kulturzentrums in der Havnegade hat man den besten Blick auf beide Brückenbauwerke **Lillebæltsbro** und **Ny Lillebæltsbro.** Nicht weit davon entfernt, in der Algade, befindet sich das **Middelfartmuseum,** welches nicht nur über die Geschichte des einstigen Fährbetriebs informiert, sondern in einer eigenen Dauerausstellung den Bau der beiden Brücken dokumentiert.

Wer den Nervenkitzel mag, der kann sich einer geführten Tour anschließen und den **Kleinen Belt auf der alten Brücke (die westlich gelegene Den Gamle Lillebæltsbro) überqueren** – mit entsprechender Seilsicherung entlang des oberen Trägers. Dadurch befindet man sich 20 Meter über der Fahrbahn und 60 Meter über dem Wasser. Die Tour dauert rund zwei Stunden inkl. Sicherheitseinweisung und wird bei Vorbestellung auch auf Deutsch angeboten. Höhenangst sollte man besser nicht haben. Leider darf man unterwegs keine Bilder machen. Handys und Kameras müssen unten bleiben und können in Schließfächern verwahrt werden. Rucksäcke und größere Taschen lässt man im Wohnmobil. Ausgangspunkt ist das Begrüßungszentrum im Galsklintvej 2 in 5500 Middelfart (GPS 55.511087, 9.700701), gleich neben dem Campingplatz Hinsgavl (203). Für nähere Infos und für die Terminreservierung der Lillebæltsbron-Überquerung empfiehlt sich ein Blick auf die Website www.bridgewalking.dk. Der Spaziergang kostet 320 DKK. Den Overall, den man für die Überquerung erhält, darf man anschließend behalten.

Auf der Den Nye Lillebæltsbro reist man nach Middelfart

Touristeninformation

- **Middelfart Touristenbüro,** 5500 Middelfart, Havnegade 8a, Tel. +45 64411788, www.visitmiddelfart.de, geöffnet: Mo–Fr 9–17 Uhr, Sa 9–12 Uhr, Hauptsaison 9–17 Uhr, Sa 9–14 Uhr.

Sehenswertes

- **Middelfart Museum,** 5500 Middelfart, Algade 4, www.middelfart-museum.dk, Tel. +45 64414741. Neben der Dokumentation über die Kleiner-Belt-Brücken gibt es auch eine Ausstellung über Kachelöfen und Herde und außerdem jährlich eine zusätzliche Sonderausstellung. Di–Fr 13–17, Sa 11–17 Uhr, 30 DKK.

203 Hindsgavl Camping

GPS 55.5125, 9.69894

Kleiner, gemütlicher, auf einer bewaldeten Halbinsel gelegener Platz mit angenehmer Atmosphäre. **Lage/Anfahrt:** Fredericia nicht über die Schnellstraße, sondern über die alte Lillebæltbrücke verlassen, nach der Überquerung die erste rechts, der Platz liegt direkt am südlichen Brückenkopf; **Platzanzahl:** 110; **Untergrund:** Wiese; fest; **Sicherheit:** umzäunt; **Preiskat.:** €€€; **Geöffnet:** ganzjährig; **Kontakt:** 5500 Middelfart, Søbadvej 10, Tel. +45 64415542, www.hindsgavl-camping.dk

204 Gals Klint Camping

GPS 55.51666, 9.68166

Größerer Platz, aber weiter von der Brücke entfernt, dadurch etwas ruhiger. **Lage/Anfahrt:** gleiche Anfahrt wie Hindsgavl Camping, an diesem aber dann vorbei durch den Wald; **Platzanzahl:** 200; **Untergrund:** Wiese; fest; **Sicherheit:** bewacht; **Preiskat.:** €€€€; **Geöffnet:** Ostern–Mitte September; **Kontakt:** 5500 Middelfart, Gals Klintvej 11, Tel. +45 64412059, www.galsklint.dk

205 Lillebælt Naturistcamping

GPS 55.46000, 9.78000

Nur für FKK-Freunde. **Lage/Anfahrt:** bei Nørre Åby rechts Richtung Gamborg, Beschilderung folgen, einsam auf Landzunge; **Platzanzahl:** 75; **Untergrund:** Wiese; fest; **Sicherheit:** umzäunt; **Preiskat.:** €€€; **Geöffnet:** Ostern–September; **Kontakt:** 5500 Middelfart, Fjordvej 74, Tel. +45 64403359, www.naturisme.dk

207 Stellplatz Middelfart

GPS 55.505267, 9.737421

Zentraler Stellplatz auf dem Hafengelände mit Blick auf die neue Lillebælt-Brücke. Leider etwas enge Parzellen. Durch die Lage hat man direkten Zugang zum benachbarten Kulturzentrum mit Panoramablick und auch das nahegelegene Sparkassengebäude ist mit seiner Fassade einen Blick wert. **Lage/Anfahrt:** An der Ampelkreuzung im Ort rechts in den Kappelsbjergvej einbiegen (Ausschilderung zur Kulturinsel/Kulturø). Der Platz befindet sich sehr zentral direkt neben dem Kulturzentrum und an der Marina. Die Lage bringt natürlich auch die übliche innerstädtische Geräuschkulisse mit sich; **Platzanzahl:** 20; **Untergrund:** Schotter; **Sicherheit:** beleuchtet; **Preiskat.:** €€; **Geöffnet:** ganzjährig; **Kontakt:** Havnegade 4, 5500 Middelfart, Tel. +45 21227114, www.nyhavn2middelfart.dk

268wd-mm

206 Ronæs Strand Camping

GPS 55.43972, 9.82416

Quickstop. Einsam, an einer ruhigen Bucht gelegener Platz. **Lage/Anfahrt:** bei Nørre Åby rechts in Richtung Rolund, dort der Beschilderung folgen; **Platzanzahl:** 160; **Untergrund:** Wiese; fest; **Sicherheit:** bewacht; **Preiskat.:** €€€€; **Geöffnet:** April–16. Sept.; **Kontakt:** 5580 Nr. Åby, Ronæsvej 10, Tel. +45 64421763, www.camping-ferie.dk

Picknickplatz

18 **Fænø Odde,** GPS 55.494254, 9.704450, Oddevejen. Am Ende einer Sackgasse, wo die kleine private Fähre auf die Insel Fænø übersetzt. Sehr schöner Ausblick auf den schmalen Sund.

Grandioser Blick von der Halbinsel Helnæs, im Hintergrund der Damm nach Fyn

ASSENS UND HELNÆS BY

(47 km – km 47)

In Middelfart sollte man die Straße 161 nutzen und an der Autobahnauffahrt auf die Straße 313 abbiegen. Diese führt überwiegend an Bauernfeldern vorbei bis in das südlicher gelegene Assens.

Der Ort ist stark von der Industrie geprägt, die sich besonders im Süden angesiedelt hat, im Westen hingegen ist der große Jachthafen mit mehreren Hundert Anlegeplätzen. In der Østergade 36 wurde Peter Willemoes geboren, der später Karriere als „Seeheld" machte und unter anderem gegen den legendären Engländer Lord Horatio Nelson kämpfte.

In seinem Geburtshaus ist heute das **kulturhistorische Museum** untergebracht und erläutert die damalige Seefahrt. Ansonsten besteht von Assens aus auch die Möglichkeit, nach einer halbstündigen Überfahrt das kleine Inselchen **Bågø** zu erreichen.

079wd-mm

Touristeninformation

› **Assens Touristenbüro,** Tobaksgården 7, 5610 Assens, Tel. +45 23378466, www.visitassens.dk

Sehenswertes

› **Willemoesgaardens Mindestuer,** 5610 Assens, Østergade 36, Tel. +45 64713190, www.museum-vestfyn.dk, in der Hauptsaison Di–So 10–16 Uhr, sonst nur Mi und Sa 10–16 Uhr, Eintritt: 60 DKK, Kinder unter 18 Jahren frei.

208 Sandager Næs Camping

GPS 55.33416, 9.89000

Quickstop. Familienfreundlicher Platz mit Pool und Bootsanleger. **Lage/Anfahrt:** die Straße 313 bei Sandager verlassen und Richtung Næs fahren; **Platzanzahl:** 150; **Untergrund:** Wiese; fest; **Sicherheit:** bewacht; **Preiskat.:** €€€–€€€€; **Geöffnet:** Ostern–9. September; **Kontakt:** 5610 Assens, Strandgårdsvej 12, Tel. +45 64791156, www.sandagernaes.dk

209 Stellplatz Assens

GPS 55.269347, 9.884124

Stellplatz an der Marina mit Blick auf die Silhouette der Stadt und die Fähre zur Insel Bågø. Fahrradverleih. **Lage/Anfahrt:** Direkt am Hafen von Assens, am Supermarkt zur Marina abbiegen; **Platzanzahl:** 14; **Untergrund:** Rasen; **Sicherheit:** beleuchtet; **Preiskat.:** €€; **Geöffnet:** Mai–November; **Kontakt:** Næsvej 29, 5610 Assens, Tel. +45 +4564713580, www.assens-marina.dk

269wd-mm

210 Citycamp Assens Strand

GPS 55.26527, 9.88527

Kleiner Platz zwischen industrieller Bebauung und Hafen. **Lage/Anfahrt:** vor der Fabrik in Assens rechts abbiegen, der Platz liegt rechts neben dem Hafen; **Platzanzahl:** 200; **Untergrund:** Wiese; fest; **Sicherheit:** bewacht; **Preiskat.:** €€€; **Geöffnet:** ganzjährig; **Kontakt:** 5610 Assens, Næsvej 15, Tel. +45 63606362, www.assensstrand.dk

211 Aa Strand Camping

GPS 55.21694, 9.97416

Quickstop. Kleiner, ruhiger Platz, nur durch eine wenig befahrene Straße vom Strand getrennt. **Lage/Anfahrt:** Richtung Helnæs und hinter Ebberup die erste Möglichkeit rechts; **Platzanzahl:** 100; **Untergrund:** Wiese; fest; **Sicherheit:** bewacht; **Preiskat.:** €€€; **Geöffnet:** Ostern–15. September; **Kontakt:** 5631 Ebberup, Aa Strandvej 61, Tel. +45 64741003, www.aa-strand.dk

Auf der Straße 323 erreicht man wenige Kilometer östlich von Assens Ebberup. Von dort kann man einen kleinen Abstecher auf die **Helnæs-Halbinsel** unternehmen. Sie ist lediglich über einen schmalen Damm mit dem Festland verbunden und verfügt praktisch nur über ein paar Wohnhäuser, einen Campingplatz und einen Leuchtturm. Gerade in der Abgeschiedenheit kommen Angler auf ihre Kosten. Besonders beliebt ist hier die Aussicht auf die Straße, die sich über den Damm schlängelt und die gerne als Fotomotiv genutzt wird. Den schönsten Blick hat man von einem Parkplatz am südlichen Ende des Damms (GPS 55.174596, 9.985482). Nur 50 Meter dahinter, hinter einer kleinen Anhöhe, gibt es einen weiteren Parkplatz.

212 Helnæs Camping

GPS 55.13250, 10.03611

Für Angler ein idealer Platz, der Besitzer gibt gerne Tipps. Mit Kiosk und Café. **Lage/Anfahrt:** am Ende der Halbinsel Helnæs, über den Damm und einfach geradeaus bis zum Ende; **Platzanzahl:** 120; **Untergrund:** Wiese; fest; **Sicherheit:** umzäunt; **Preiskat.:** €€€; **Geöffnet:** ganzjährig; **Kontakt:** 5631 Ebberup, Strandbakken 21, Tel. +45 64771339, www.helnaes-camping.dk

238wd-mm

079wd-mm

FAABORG
(26 km – km 73)

Es geht zurück Richtung Ebberup und an der T-Kreuzung nach rechts über Snave bis zum kleinen Ort Haarby, wo es auf der Straße 329 bzw. auf dem Faaborgvej in die gleichnamige Stadt geht. Als Erstes erreicht man den auf der rechten Seite liegenden Hafen, von wo aus man Ausflüge auf die vorgelagerten Inselchen **Lyø, Bjørnø und Avernakø** sowie nach Ærø (s. S. 166) unternehmen kann.

Direkt neben Jachthafen und Touristenbüro befindet sich ein großer Parkplatz, der als Ausgangspunkt für eine kleine Stadtbesichtigung genutzt werden kann. Faaborg hat keine spektakulären Sehenswürdigkeiten, doch ähnlich wie Ribe oder Ebeltoft versprüht der Ort durch seine kleinen Gassen, hübschen Häuser und den alten **Glockenturm der St.-Nikolai-Kirche** einen gewissen Charme. Die Kirche selbst wurde mittlerweile allerdings abgerissen.

Im Faaborgmuseum, das nicht weit entfernt ist, werden Gemälde von Malern der Insel Fyn gezeigt. Zu dem Ensemble der sogenannten „fünischen Maler“ gehören zum Beispiel Peter Hanse, Johannes Larsen oder auch Kai Nielsen.

Touristeninformation

- **Faaborg Touristenbüro,** 5600 Faaborg, Torvet 19, Tel. +45 63759444, www.visitfaaborg.dk, geöffnet: Mo–Fr 9–16 Uhr, Sa 10–13 Uhr, in der Hauptsaison Mo–Sa 10–17 Uhr, So 10–14 Uhr.

Sehenswertes

- **Faaborg Museum,** 5600 Faaborg, Grønnegade 75, Tel. +45 62610645, www.faaborgmuseum.dk. Ausschließlich Kunst der fünischen Maler. März–Juni 11–16 Uhr, Eintritt: 100 DKK.

Essen

- **Restaurant Ved Brønden,** 5600 Faaborg, Torvet 5, Tel. +45 62611135. Thailändisches Restaurant in einer kleinen Parallelstraße zur Fußgängerzone.

Einkaufen

- **Imerco,** 5600 Faaborg, Østergade 8, Tel. +45 62610054, www.imerco.dk. Geschenkartikel aus Glas und Porzellan im dänischen Design.

Über diesen Damm verlässt man die Halbinsel Helnæs

Stadtansicht von Faaborg

213 Stellplatz Faaborg

GPS 55.096466, 10.23376

Kleiner, einfacher Stellplatz an der Marina. **Lage/Anfahrt:** Direkt an der Marina. Etwas lebhaft, dafür aber fußläufig zum Zentrum der Stadt; **Platzanzahl:** 6; **Untergrund:** Schotter; **Preiskat.:** €€; **Geöffnet:** ganzjährig; **Kontakt:** Værftsvej 7, 5600 Faaborg

214 Falsled Strand Camping

GPS 55.14711, 10.15293

Ein durch zahlreiche Bäume schattiger Platz mit direktem Zugang zur Helnæs-Bucht. **Lage/Anfahrt:** auf der Straße 329 in Richtung Faaborg fahren, in Falsled rechts abbiegen; **Platzanzahl:** 120; **Untergrund:** Wiese; fest; **Sicherheit:** bewacht; **Preiskat.:** €€€€; **Geöffnet:** Mai–August; **Kontakt:** 5642 Millinge, Assensvej 461, Tel. +45 62681095, www.falsledstrand camping.dk

151wd-vd©Ole Eskling

215 Sinebjerg Camping

GPS 55.08055, 10.18388

Ruhiger, abgeschiedener Platz. **Lage/Anfahrt:** in Faaborg auf der Straße 8 in westliche Richtung, im Ortsteil Bjerne links abbiegen; **Platzanzahl:** 200; **Untergrund:** Wiese; fest; **Sicherheit:** umzäunt; **Preiskat.:** €€€, Quickstop €€; **Geöffnet:** Ostern–16. September; **Kontakt:** 5600 Faaborg, Sinebjergvej 57, Tel. +45 62601440, www.sinebjergcamping.dk

216 NAB Camping

GPS 55.06416, 10.31361

Mit Blick auf die vorgelagerten Inseln. **Lage/Anfahrt:** auf der Straße 44 Richtung Svendborg bei Bogentved rechts abbiegen; **Platzanzahl:** 100; **Untergrund:** Wiese; fest; **Sicherheit:** bewacht; **Preiskat.:** €€€; **Geöffnet:** Mai–Anfang Sept.; **Kontakt:** 5600 Faaborg, Kildegårdsvej 8, Tel. +45 62616779, www.nabstrand camping.dk

217 Stellplatz Fjellebroen

GPS 55.060807, 10.379332

Kleiner Stellplatz in ruhiger Lage an einer Marina. **Lage/Anfahrt:** Ungefähr auf halber Strecke zwischen Faaborg und Svendborg die Straße 44 in Vester Åby verlassen und zum Hafenort; **Platzanzahl:** 3; **Untergrund:** Schotter; **Preiskat.:** €€; **Geöffnet:** ganzjährig; **Kontakt:** Fjællebrovejen 79, 5600 Faaborg, Tel. +45 62615953, www.fjellebroenhavn.dk

Kreativ gestaltete Schwimmanlagen an der Pier von Faaborg bei GPS 55.093617, 10.24298

145wd-vd

SVENDBORG

(24 km – km 97)

In Faaborg treffen wieder größere Hauptstraßen aufeinander, von denen man die nach Süden bzw. nach Svendborg verlaufende Straße 44 nutzt und an mehreren hübschen Windmühlen vorbeifährt.

Svendborg liegt genau gegenüber der Inseln Tåsinge und Thuro, zwischen denen der Svendborg Sund verläuft. Aufgrund dieser Lage wurden in den frühen Tagen der Stadt zahlreiche Werften gebaut, was dazu führte, dass mehr als zwei Drittel aller dänischen Schiffe gegen Ende des 19. Jahrhunderts in Svendborg registriert waren. So kommt es nicht von ungefähr, dass die Ortschaft zahlreiche Schiffsanlegestellen besitzt, dafür aber so gut wie keinen Strandabschnitt ihr Eigen nennt. Aber wer benötigt schon Strände, wenn man unter fachlicher Anleitung Segeln und Windsurfen erlernen oder Ausflüge auf die kleinen Eilande **Skarø** und **Drejø** machen kann? Reisenden, die sich weniger für das Maritime erwärmen können, bleibt ein Gang durch das Zentrum Svendborgs. Auch wenn das Stadtbild mittlerweile zu einem großen Teil durch Industrie und moderne Häuser geprägt ist, so sind doch einige hübsche Fachwerkhäuser, insbesondere am Hauptmarkt, zu sehen. Eine der sieben Kirchen, die **Vor Frue Kirke,** steht ebenfalls direkt am Marktplatz der über 750 Jahre alten Stadt. Durch die kleine Straße Kattesundet gelangt man zum bedeutendsten Gotteshaus von Svendborg. Die **St.-Nikolai-Kirche** wurde in der Mitte des 13. Jahrhunderts aus Ziegelsteinen errichtet.

In Svendborg bleibt nun die Möglichkeit nordwärts über die Straße 9 nach Odense zu fahren oder erst den nachfolgend beschriebenen Abstecher auf die Inseln zu machen.

⌃ *Svendborg verfügt über viele Anleger für Segler*

218 Syltemae Camping

GPS 55.04194, 10.45888
Kleiner, gemütlicher Platz mit Blick auf die Insel Skarø. **Lage/Anfahrt:** die Straße 44 in Ulbølle nach rechts auf die Langegyde verlassen und immer geradeaus fahren; **Platzanzahl:** 70; **Untergrund:** Wiese; fest; **Sicherheit:** umzäunt; **Preiskat.:** €€€; **Geöffnet:** 17. Mai–19. August; **Kontakt:** 5762 Vester Skerninge, Strandgårdsvej 13, Tel. +45 62241177, www.syltemae-camping.dk

219 Skårupøre Camping

GPS 55.05995, 10.70875
Kurios gelegen, da sich der Platz alleine auf einer Halbinsel befindet. **Lage/Anfahrt:** in Svendborg nicht über die Brücke, sondern vorher am Kreisverkehr links und immer geradeaus; **Platzanzahl:** 100; **Untergrund:** Wiese; fest; **Sicherheit:** umzäunt; **Preiskat.:** €€€€; **Geöffnet:** Mai–August; **Kontakt:** 5881 Skårup, Skårupøre Strandvej 56a, Tel. +45 62232147, www.skaarupoerecamping.dk

220 Svendborg Sund Camping

GPS 55.05416, 10.63166
Abgelegen und ruhig, mit Bootsanleger. **Lage/Anfahrt:** in Svendborg über die Brücke, die erste links und in der Rechtskurve hinter dem Hafen erneut links; **Platzanzahl:** 150; **Untergrund:** Wiese; fest; **Sicherheit:** bewacht; **Preiskat.:** €€€; **Geöffnet:** April–September; **Kontakt:** 5700 Svendborg, Vindebyørevej 52, Tel. +45 62225425, www.svendborgsund-camping.dk

221 Carlsberg Camping

GPS 55.03218, 10.61818
Familien- und kinderfreundlicher Platz mit Freibad. **Lage/Anfahrt:** in Svendborg über die Brücke, hinter der Kreuzung die erste Möglichkeit links; **Platzanzahl:** 350; **Untergrund:** Wiese; fest; **Sicherheit:** bewacht; **Preiskat.:** €€€; **Geöffnet:** ganzjährig; **Kontakt:** 5700 Svendborg, Sundbrovej 19, Tel. +45 62225384, www.carlsbergcamping.dk

222 Tåsinge Camping

GPS 54.97805, 10.63277
Quickstop. Sehr kleiner Platz, für Kinder eher ungeeignet. **Lage/Anfahrt:** an der Straße 9 kurz vor der Brücke nach Langeland auf der rechten Seite; **Platzanzahl:** 40; **Untergrund:** Wiese; fest; **Sicherheit:** umzäunt; **Preiskat.:** €€€, Übernachtung vor der Schranke zwischen 20 und 10 Uhr €€; **Geöffnet:** ganzjährig; **Kontakt:** 5700 Svendborg, Sundbrovej 130, Tel. +45 62541327, https://taasingecamping.com

ABSTECHER AUF DIE INSELN TÅSINGE, ÆRØ UND LANGELAND

(Rundreise über alle Inseln 99 km)

Die Region südlich von Faaborg und Svendborg wird in Dänemark auch als Südfünisches Inselmeer bezeichnet. Kein Wunder, da nicht weniger als 11 Inseln untereinander und mit dem Festland durch Brücken, Dämme oder regelmäßige Fährverbindungen verbunden sind. Die drei größten sind Langeland, Ærø und Tåsinge, die man in einer Rundreise besuchen kann. Von Svendborg verkehrt beispielsweise eine Fähre zur westlichen Insel Ærø und von dort wiederum eine zur Insel Langeland, die durch eine Brücke mit Tåsinge verbunden ist. Die Verbindung zwischen Tåsinge und Langeland führt zwar über die Insel Siø, doch die ist aufgrund ihrer Größe und der Besiedelung mit nur einem einzigen Bauernhof eher zu vernachlässigen. Von Tå-

Auf der Insel Tåsinge befindet sich das Valdemars Slot

084wd-mm

singe kommt man über eine weitere Brücke zurück nach Fyn.

Mit dem Schiff erreicht man zweimal täglich nach rund 75 Minuten Fahrt die hyggelige Stadt **Ærøskøbing,** die mit bunten kleinen Häusern rechts und links der kopfsteingepflasterten Straße typisch dänisch wirkt. Von hier aus hat man gute Möglichkeiten, die Insel mit dem Wohnmobil oder auch mit dem Fahrrad zu erkunden. Am nördlichsten Punkt trifft man auf einen leuchtend roten Leuchtturm, der von innen besichtigt werden kann. Da es auf Ærø keinen Durchgangsverkehr gibt, fällt es nicht schwer, Ruhe zu finden. Besonders die Strände sind zwar schmal, aber dafür menschenleer.

Hans Christian Andersen: „Die alte Kirchenglocke"

Diese Geschichte erzählt von einer Kirchenglocke im baden-württembergischen Marbach. Dabei wird in diesem Märchen von einer wahren Begebenheit gesprochen, denn als Hauptakteur tritt ein kleiner Junge auf, der am 10. November 1759 dort geboren und in Deutschland als Johann Christoph Friedrich Schiller berühmt wurde. Mit dieser Erzählung geht Andersen auf das Leben Schillers ein und erklärt auf seine Weise dessen berühmtes Gedicht „Das Lied von der Glocke".

Im Süden geht es in die Ortschaft **Marstal,** wo man sich unbedingt das **Solarkraftwerk** im Westen des Ortes anschauen sollte. Auf zwei großen und einem kleineren Feld wird mittels Sonnenenergie Strom erzeugt, der ein Drittel des Marstaler Energiebedarfs abdeckt. Von Marstal aus besteht die Möglichkeit, die Ortschaft **Rudkøbing** auf **Langeland** per einstündiger Schifffahrt zu erreichen.

Im Süden der Insel sind einige schöne Windmühlen zu sehen und man kann die Orte **Bagenkop** und **Humble** als Einkaufsmöglichkeiten nutzen. Früher war hier allerdings noch wesentlich mehr los, da eine Fähre zwischen Bagenkop und Kiel verkehrte. Doch diese Schiffsverbindung rentierte sich nicht mehr und musste eingestellt werden.

Auf dem Weg nach Süden passiert man **Kong Humbles Grav** (Parken: GPS 54.841369, 10.708737). Dabei handelt es sich um einen Grabhügel, der jedoch keinen König beherbergt, wie man eigentlich aus dem Namen ableiten könnte, und sich zudem mitten auf einem Feld befindet und über einen schmalen Pfad durch das Feld zu erreichen ist.

Auf der Straße 305 gelangt man auch in den nördlichen Teil Langelands. Für die kleine Ortschaft **Lohals** ganz im Norden scheint der Hafen viel zu groß zu sein, doch das liegt daran, dass von hier aus bis zum Ende des letzten Jahrhunderts eine Fähre ablegte, die Korsør auf Seeland zum Ziel hatte.

Touristeninformationen

- **Æro Touristenbüro,** 5970 Ærøskøbing, Ærøskøbing Havn 4, Tel. +45 62521300, www.visitaeroe.dk
- **Turist- og Erhvervsforeningen Langeland,** 5900 Rudkøbing, Torvet 5, Tel. +45 62513505, www.langeland.dk, Mo–Fr 9.30–16.30 Uhr, Sa 9.30–12.30 Uhr, in der Hauptsaison 9–17 Uhr, Sa 9–15 Uhr

Essen

- **Bregninge Mølle,** 5700 Svendborg (Insel Tåsinge), Kirkebakken 19, www.bregningemolle.dk, Tel. +45 62225255, GPS 55.025691, 10.613345. Auf drei Etagen kann in der alten Mühle gespeist werden. Da die Mühle auf dem höchsten Punkt der Insel steht, genießen Besucher neben dem Essen auch eine besonders gute Aussicht.

Die Hauptsehenswürdigkeit Langelands ist das **Schloss Tranekær,** das man auf dem Weg nach Norden automatisch passiert. Das ganz in Rot gehaltene Schloss kann nicht besichtigt werden, doch hinter dem Bauwerk befindet sich ein großer Park, in dem man vor der Kulisse des Schlosses spazieren kann.

Verlässt man auf der Straße 9 die Insel wieder, so hat man auf der östlichen Seite der Insel, südlich der kleinen Ortschaft Troense, die Gelegenheit ein weiteres Schloss zumindest von außen zu besichtigen. **Valdemars Slot** gilt als einer der größten privaten Wohnsitze des Landes und erstreckt sich mit mehreren Gebäuden auf einer Fläche von rund 8000 m². Gebaut wurde es Mitte des 17. Jh. auf Geheiß von Christian IV. Aufgrund diverser Besitzerwechsel in den letzten Jahren ist eine Innenbesichtigung leider nicht mehr möglich. Doch ein Spaziergang auf dem und rund um das Anwesen lohnt sich allemal. Denn der Gebäudekomplex macht auch von außen etwas her, was u. a. an der schönen Lage direkt an der Küste liegt. Gleich links vom Schloss sollte man einen kleinen Spaziergang auf dem Nør-

083wd-mm

reskovvej unternehmen. Wer hier genau hinschaut, sieht über den kleinen See hinter dem Schloss hinweg einen stolzen Mammutbaum am Waldesrand aufragen. Diesen kann man auf einem schmalen Pfad, der von der Straße in den Wald abzweigt, zu Fuß erreichen.

Nach dem Zwischenstopp an Valdemars Slot wird auch die Insel Tåsinge verlassen und es geht nun über die Brücke zurück nach Svendborg, wo man auf dem Weg nach Odense einfach dem Verlauf der Straße 9 folgen kann.

Sehenswertes

› **Valdemars Slot,** GPS 55.02368, 10.65409

› **Schloss Tranekær,** GPS 55.00027, 10.85500

Picknickplatz

19 **Skjolnæs Fyr,** GPS 54.969242, 10.207674, Ærø. Die Nordspitze der Insel Ærø befindet sich fest in der Hand eines Golfplatzes – fast, denn inmitten des Golfplatzes erhebt sich der Skjolnæs-Leuchtturm, der bestiegen werden kann und ein tolles Rundum-Panorama bietet. Die einzige Zufahrtsstraße bis zum Ende des Eilands verläuft am Golfplatz vorbei und endet an dem ruhig gelegenen Picknick- und Parkplatz.

223 Rudkøbing Camping

GPS 54.93333, 10.71722

Drei kleine Wiesen am Stadtrand von Rudkøbing. **Lage/Anfahrt:** hinter der Brücke die erste rechts, am Ende der Straße der Beschilderung folgen; **Platzanzahl:** 40; **Untergrund:** Wiese; fest; **Sicherheit:** umzäunt; **Preiskat.:** €€€; **Geöffnet:** Ostern–September; **Kontakt:** 5900 Rudkøbing, Engdraget 11, Tel. +45 62511830, www.rudkobing-camping.dk

224 Langelands Camping og Motel

GPS 54.92388, 10.80444

Kleiner Platz, von Agrarfeldern eingerahmt. **Lage/Anfahrt:** Anfahrt wie Færgegårdens Camping, aber daran und an Billevænge Camping vorbei; **Platzanzahl:** 65; **Untergrund:** Wiese; fest; **Sicherheit:** umzäunt; **Preiskat.:** €€; **Geöffnet:** ganzjährig; **Kontakt:** 5900 Rudkøbing, Spodsbjergvej 277, Tel. +45 62501092, www.langelandcamping.dk

225 Færgegårdens Camping

GPS 54.93222, 10.82833

Kleiner, parzellierter Platz, nur durch eine Straße vom Steinstrand getrennt. **Lage/Anfahrt:** auf der Straße 9 bis zum Ende, vor dem Fähranleger rechts zum Jachthafen; **Platzanzahl:** 200; **Untergrund:** Wiese; fest; **Sicherheit:** bewacht; **Preiskat.:** €€€, Stellplatz vor der Schranke €€; **Geöffnet:** ganzjährig; **Kontakt:** 5900 Rudkøbing, Spodsbjergvej 335, Tel. +45 62501136, www.spodsbjerg.dk

226 Feriepark Langeland

GPS 55.03333, 10.84833

Lebhafter, kinderfreundlicher Platz mit direktem Zugang zum Strand. **Lage/Anfahrt:** von der Straße 305 in Lejbølle links abbiegen; **Platzanzahl:** 300; **Untergrund:** Wiese; fest; **Sicherheit:** bewacht; **Preiskat.:** €€€€; **Geöffnet:** Ostern–Sept.; **Kontakt:** 5953 Tranekær, Emmerbøllevej 24, Tel. +45 62591226, www.feriepark-langeland.dk

227 Lohals Camping

GPS 55.13388, 10.90555

Quickstop. Mitten in Lohals, von Wohnhäusern umgeben, mit Minigolf. **Lage/Anfahrt:** in Lohals bis zum Hafen fahren und dann zweimal links; **Platzanzahl:** 110; **Untergrund:** Wiese; fest; **Sicherheit:** bewacht; **Preiskat.:** €€€; **Geöffnet:** Ostern–Sept.; **Kontakt:** 5953 Tranekær, Birkevej 11, Tel. +45 58375080, www.lohalscamping.dk

Das Tranekær Slot auf Langeland kann leider nur von außen besichtigt werden (s. S. 168)

228 Stellplatz Søby

GPS 54.941417, 10.26087
Kleiner, einfacher Stellplatz mit durch Holzbalken voneinander abgetrennten Parzellen. Da es sich hier um einen Fährhafen handelt, ist mit entsprechender Geräuschkulisse zu rechnen. **Lage/Anfahrt:** Entweder direkt ab Faaborg mit der Fähre oder auf der Insel Ærø bis zum nördlichen Ort Søby. Direkt am Hafen gelegen; **Platzanzahl:** 6; **Untergrund:** gepflastert; **Sicherheit:** beleuchtet; **Preiskat.:** €€; **Geöffnet:** ganzjährig; **Kontakt:** Ellehøjvej 1, 5985 Søby Ærø

229 Stellplatz Bagenkop

GPS 54.751018, 10.677454
Stellplatz an einer Marina, jedoch mit wenig Blick aufs Meer und als große Asphaltfläche ein wenig uncharmant, dafür ist man über einen schmalen Fußweg schnell an einem kleinen Strandabschnitt. **Lage/Anfahrt:** An der Südspitze der Insel Langeland. Auf der Straße 305 bis Bagenkop, im Ort dann rechts; **Platzanzahl:** offiziell 7, aber es ist Platz für mehr; **Untergrund:** Asphalt; **Sicherheit:** beleuchtet; **Preiskat.:** €€; **Geöffnet:** April–Okt., Strom und reine Übernachtungsmöglichkeit jedoch ganzjährig; **Kontakt:** Færgevej, 5935 Bagenkop, www.langelandhavne.dk

230 Stellplatz Rudkøbing

GPS 54.940466, 10.709875
Stellplatz an der Marina mit schönem Ausblick auf die Brücke zur Insel Siø. **Lage/Anfahrt:** Rudkøbing ist der Hauptort der Insel Langeland und lässt sich von Süden über die Straße 305 erreichen oder direkt ab der Insel Tåsinge über die Brücke, im Ort dann zur Marina; **Platzanzahl:** 10; **Untergrund:** Asphalt; **Sicherheit:** beleuchtet; **Preiskat.:** €€; **Geöffnet:** April–Oktober, sonst nur Übernachtung ohne Ausstattung; **Kontakt:** Havnepladsen 22, 5900 Rudkøbing, www.langelandhavne.dk

Hinter dem Dom von Odense grüßt Hans Christian Andersen

Sonstiger Stellplatz

S 20 Tullebølle, GPS 54.960773, 10.803741.
Einfacher, aber überraschend schöner Stellplatz für sechs Womos mitten auf Langeland ohne Zugang zum Meer. Keine Ver- und Entsorgung. Lage/Anfahrt: Direkt neben einem großen Kinderspielplatz in der zentral gelegenen Ortschaft Tullebølle und unmittelbar neben der Straße 305. Von Süden kommend auf der rechten Seite; Untergrund: Schotter; Preiskat.: €; Geöffnet: ganzjährig; Kontakt: Bygaden 74A, 5953 Tranekær-Tullebølle

231 Stellplatz Dageløkke

GPS 55.062638, 10.862879
Einfacher Stellplatz an kleiner Marina, direkt am Wasser. **Lage/Anfahrt:** Auf der Straße 305 auf Langeland nordwärts und nach links in Richtung Dageløkke abbiegen; **Platzanzahl:** 4; **Untergrund:** Schotter; **Sicherheit:** beleuchtet; **Preiskat.:** €€; **Geöffnet:** ganzjährig; **Kontakt:** Dageløkke Havn 5, 5953 Tranekær

232 Stellplatz Lohals

GPS 55.135048, 10.902311
Etwas ungewöhnlicher Platz an einer Marina, da man hier direkt am zentral gelegenen Hafenkontor steht. Das Gebäude sowie die Stellflächen liegen mitten auf einer Asphaltfläche, die von Autos und dem örtlichen Bus umrundet wird. **Lage/Anfahrt:** Auf der Straße 305 nach Norden bis Lohals und dort an der Marina nach links; **Platzanzahl:** 3; **Untergrund:** Asphalt; **Sicherheit:** beleuchtet; **Preiskat.:** €€; **Geöffnet:** ganzjährig; **Kontakt:** Lohals Havn 5, 5953 Tranekær, www.lohalshavn.dk

Entsorgungsstation

- Auf der E20 befindet sich zwischen den Ausfahrten 57 und 58 in Fahrtrichtung Odense ein Rastplatz mit Entsorgungsmöglichkeit, GPS 55.478048, 9.879036

ODENSE

(47 km – km 144)

Bevor man Odense erreicht, sollte man auf fast halber Strecke bei Kværndrup einen kleinen Abstecher zum nur 2 km entfernten **Schloss Egeskov** machen. Schon die großen Parkplätze vor dem herrschaftlichen Anwesen lassen ahnen, dass es sich hierbei um ein beliebtes Ausflugsziel handelt.

Das sehr gut erhaltene Wasserschloss erreicht man hinter dem Tor über eine schmale Allee und die anschließende Brücke. Um das Schloss herum befinden sich ein großer Park, ein Labyrinth und ein Museum, das sich mit Fortbewegungsmitteln aller Art, von der Kutsche bis zum Düsenjet, befasst.

Dazu zählt übrigens auch das **angeblich erste Wohnmobil Dänemarks.** Es handelt sich um einen Selbstausbau des Malers Sigurd Swane aus den 1950er-Jahren. Er und seine Familie liebten es zu reisen und zogen mit diesem Gefährt nach Portugal. Das Wohnmobil, auf Basis eines Bedford-Lastwagens gebaut, nannten sie Casambu. Das Kofferwort leitet sich von Casa („Haus") und Ambulante („mobil" bzw. „unterwegs") ab.

Touristeninformation

› **Odense Touristenbüro,** www.visitodense.dk

Sehenswertes

› **Schloss Egeskov,** 5772 Kværndrup, Egeskov Gade 18, www.egeskov.dk. Geöffnet: tgl. Mai–Sept. 10–17 Uhr, Juli bis Mitte August bis 20 Uhr, mittwochs dann aufgrund zahlreicher Veranstaltungen sogar bis 23 Uhr, Eintritt: 260 DKK inkl. Besuch des Schlossparks und der Ausstellung.

089wd-mm

Der Name Odense leitet sich von Odin ab, wie alte Funde und Münzen aus der Wikingerzeit belegten, auf denen dieser Name zu lesen ist. Damals noch eine Ansiedlung weniger Häuser, entwickelte sich Odense zur heute drittgrößten Stadt Dänemarks und ist nicht nur das Zentrum der Insel Fünen, sondern durch seine zentrale Lage auch eine wichtige Handels- und Industriestadt im gesamten Dänemark.

Die Sehenswürdigkeiten der Stadt Odense konzentrieren sich auf das Zentrum und sind fußläufig erreichbar. Am südlichen Rand der Innenstadt verläuft ein Grünstreifen, durch den sich der schmale **Odense Å** windet, der bis zum Odensekanal fließt und damit in die Ostsee mündet. Das Zentrum des Parks ist ein beliebter Treffpunkt, vor allem bei den Studierenden der Stadt.

In den Sommermonaten bevölkern die jungen Leute die Wiesen rund um den **H.-C. Andersen-Platz,** der sich vor dem **Kloster** und dem **Dom** ausbreitet.

Der gotische Dom, auch **St.-Knuds-Kirche** genannt, aus dem 13. Jh. gibt sich mit seinen drei Kirchenschiffen im Inneren schlicht, verfügt aber über einen schönen Flügelaltar und eine Rokokokanzel.

Direkt daneben im gleichnamigen Kloster ist heute eine Bibliothek eingerichtet. Vor dieser erhebt sich die Statue des wohl berühmtesten Sohnes der Stadt, Hans Christian Andersen, der über den nach ihm benannten Park blickt.

Über die Straße Klosterbakken hinweg sieht man am Flakhavn das **Rathaus** Odenses, dahinter verläuft die Fußgängerzone und Einkaufsstraße Vestergade.

Blickt man nach rechts, ist die **St.-Albani-Kirche** am Ende der Straße zu erkennen. In diesem neogotischen Haus wurde Knud der Heilige ermordet, der nun im Dom begraben liegt und diesem seinen Namen gab. Geht man vor der St.-Albani-Kirche nach links und an der nächsten Kreuzung rechts in den östlichen Teil der Fußgängerzone (Overgade), steht man plötzlich vor einem einbeinigen Soldaten.

Es handelt sich um die Darstellung des **Zinnsoldaten** aus dem Andersen-Märchen. Gleich dahinter links führen kleine Gassen

zum 2021 neu errichteten **H.-C.-Andersen-Haus,** in dem eine große Ausstellung über den bekanntesten dänischen Dichter eingerichtet ist. Typisch dänisch ist hier wieder einmal die auffällige Architektur des Gebäudes, das mit verschlungenen Pfaden passenderweise märchenhaft wirkt. Der Großteil der Ausstellung ist in unterirdischen Räumen zu sehen. Neben Dokumenten über sein Leben, einer Nachbildung seines Wohnraumes und weiteren zahlreichen Informationen gibt es eine große Bibliothek mit Andersens gesammelten Werken in allen Übersetzungen.

Nach Überquerung der Hauptstraße und einem Spaziergang durch die Fußgängerzone gelangt man schließlich zu einer alten Fabrikhalle, in der früher Kleider hergestellt wurden. Heute befindet sich in dieser ehemaligen Textilfabrik das **Brandts Kunstmuseum.**

092wd-mm

Sehenswertes

› **H.C. Andersens Hus,** 5000 Odense C, H.C. Andersen Haven 1, https://hcandersenshus.dk, Tel. +45 65514601, Di–So 10–16 Uhr, im Sommer täglich 10–17 Uhr, Eintritt: 165 DKK. Es wird dringend empfohlen, Tickets im Voraus zu reservieren, denn nur so ist garantiert, dass ein Audioguide bzw. ein Kopfhörer zur Verfügung steht und dass man eingelassen wird.

› **Brandts Kunstmuseum,** Amfipladsen 7, 5000 Odense C, Tel. +45 65207000, www.brandts.dk, Di–So 10–17 Uhr, Eintritt 135 DKK/Erw. Wechselausstellungen mit klassischer und moderner Kunst in einer ehemaligen Textilfabrik.

218wd© Dmitry Pistrov , stock.adobe.com

Wer sämtliche Museen der Stadt Odense besichtigen möchte, sollte sich überlegen, ob er sich bei der Vereinigung der Odenser Museen eine Jahreskarte kauft. Diese kostet 450 DKK pro Person und ermöglicht kostenlosen Zugang zu allen Ausstellungen und Museen, die sich dem Verband angeschlossen haben. Mehr Infos zu der Karte gibt es auf www.odensebysmuseer.dk.

Die St.-Albani-Kirche von Odense

Herrlich im Grünen liegt Schloss Egeskov

Essen

- **Restaurant Den gamle Kro,** 5000 Odense C, Overgade 23, Tel. +45 66121433, www.dengamlekro.dk. Internationale Küche in gemütlichem Haus aus dem Jahr 1683, angenehme Atmosphäre.
- **Café Nelles Bar,** Overgade 21A, 5000 Odense, www.nellesbar.dk. Kleines, charmantes Café in der Altstadt gleich gegenüber vom Zinnsoldaten. Klassische dänische Kuchenteile stehen hier auf der Speisekarte.

233 Odense Camping DCU

GPS 55.36944, 10.39305

Parzellierter und zentral gelegener Platz mit Minigolf und Pool. **Lage/Anfahrt:** im südlichen Odense; an der St.-Albani-Kirche im Zentrum vorbei und immer geradeaus; **Platzanzahl:** 200; **Untergrund:** Wiese, Schotter; fest; **Sicherheit:** bewacht; **Preiskat.:** €€€€; **Geöffnet:** ganzjährig; **Kontakt:** 5260 Odense S, Odensevej 102, Tel. +45 66114702, www.camping-odense.dk

Sonstiger Stellplatz

S 21 Stellplatz Tarup Campingcenter, GPS 55.365509, 10.466304, Agerhatten 31, Tornbjerg, 5220 Odense SØ, www.tarup.dk. Zwei kostenfreie Stellplätze am Zaun eines Wohnmobilhändlers in einer ruhigen Sackgasse eines Industriegebietes. Von dort sind es auf einem Radweg am Ende der Sackgasse nur wenige Kilometer ins Zentrum von Odense.

Auch der **nördliche Teil der Insel Fyn** bzw. Fünen ist eine Reise wert, insbesondere, wenn man Ruhe und Erholung an der Küste sucht. Die findet man zwischen der Kleinstadt Bogense und dem Odense-Fjord, wo einige Landschaftsschutzgebiete den Küstenbereich dominieren. Dazu zählt z. B. der Gyldensteen-Strandabschnitt. Man hat auch die Möglichkeit, bei Ebbe durch das Watt zur unbewohnten Insel Æbelø zu wandern. Letzteres sollten sich jedoch nur geübte Wanderer zutrauen, die sich vorab mit den Örtlichkeiten und dem schmalen Zeitfenster für die Tour auseinandergesetzt haben. Der Odense-Fjord ist wiederum ein beliebtes Ziel zur Vogelbeobachtung und gilt in weiten Teilen als Wildreservat, auch wenn sich auf der Ostseite mittlerweile der Hafen von Odense ausgebreitet hat. Wer neben der Natur auch urbanes Treiben wünscht, ist in **Bogense** gut aufgehoben. Das Städtchen ist touristisch gut aufgestellt, bietet mehrere Campingplätze, einen Hafen, zahlreiche Einkehrmöglichkeiten und sogar eine Kopie des berühmten Manneken Pis aus Brüssel.

234 Stellplatz Bogense

GPS 55.566036, 10.083503

An der großen und lebhaften Marina von Bogense gibt es mehrere dezentrale Standorte, an denen man übernachten kann. Die Lage reicht vom eher bescheidenen Winterlagerplatz bis hin zu malerischen Stellflächen mit Picknicktisch direkt am Wasser. **Lage/Anfahrt:** Ab Odense über die Straße 311 bis Bogense und im rummeligen Ort der Ausschilderung zur Marina folgen; **Platzanzahl:** 15; **Untergrund:** Asphalt; **Sicherheit:** beleuchtet; **Preiskat.:** €€; **Geöffnet:** ganzjährig; **Kontakt:** Vestre Havnevej 31, 5400 Bogense

235 Kyst Camp Bogense

GPS 55.567713, 10.083341

Der Platz befindet sich in Top-Lage neben dem Hafen von Bogense und an der angrenzenden Kirche vorbei geht es direkt in den Ort. **Lage/Anfahrt:** Auf der Straße 311 von Odense nach Bogense fahren und dort zum Hafen bzw. zum Campingplatz; **Platzanzahl:** 50; **Untergrund:** Rasen; **Sicherheit:** beleuchtet, bewacht, eingezäunt; **Preiskat.:** €€€; **Geöffnet:** Ostern–Sept.; **Kontakt:** Østre Havnevej 1, 5400 Bogense, Tel. +45 64811443, www.kystcamping.dk

236 First Camp Bogense City

GPS 55.56169, 10.085279

Klassischer Campingplatz mit Pool, Hüpfburg und großzügigen Parzellen. **Lage/Anfahrt:** Am Ortsrand von Bogense, nicht direkt am Wasser, aber nur wenige Schritte entfernt; **Platzanzahl:** 100; **Untergrund:**

Rasen; **Sicherheit:** bewacht, beleuchtet; **Preiskat.:** €€€€; **Geöffnet:** ganzjährig; **Kontakt:** Vestre Engvej 11, 5400 Bogense, Tel. +45 64813508, www.firstcamp.dk

Parken

P 22 Am Wattwanderweg zur Insel Æbelø, GPS 55.593752, 10.190683

237 Flyvesandet Strand DCU

GPS 55.620497, 10.30082
Fernab jeglicher Ortschaft gelegener Campingplatz mit Strandzugang und einem Vogelbeobachtungsturm zwischen Campingplatz und Küstenlandschaft. **Lage/Anfahrt:** Ab Odense auf der Straße 162 nach Norden und auf Nebenstraßen über Agernæs zum Campingplatz; **Platzanzahl:** 80; **Untergrund:** Rasen; **Sicherheit:** bewacht, beleuchtet; **Preiskat.:** €€€€; **Geöffnet:** März–Okt.; **Kontakt:** Flyvesandsvej 37, 5450 Otterup, Tel. +45 64871320, www.dcu.dk

Ein beliebter Treffpunkt von Studenten ist der Andersen-Park

238 Stellplatz Otterup

GPS 55.526570, 10.470710
Stellplatz in abgeschiedener und ruhiger Lage mit der Möglichkeit, zum Leuchtturm auf der Halbinsel Enebærodde zu wandern oder zu radeln (eine Strecke ca. 9 km). Der Leuchtturm markiert die schmale Zufahrt in den Odense-Fjord. Dabei passiert man ein ganz kleines, reizendes Kartoffelmuseum. **Lage/Anfahrt:** Am Westufer des Odense-Fjords. Ab Odense auf der Straße 162 nordwärts nach Otterup, dort auf Nebenstraßen zum abseits gelegenen Lystbådehavn; **Platzanzahl:** 6; **Untergrund:** Schotter; **Preiskat.:** €€; **Geöffnet:** April–Okt.; **Kontakt:** Bogøvej 71, 5450 Otterup

KERTEMINDE

(26 km – km 170)

Wer es eilig hat, der kann zwischen Odense und Nyborg die Autobahn benutzen, schöner ist jedoch die Strecke auf der Straße 165, die über Kerteminde und die Kerteminde Bucht ebenfalls nach Nyborg führt.

In Kerteminde geht es wieder wesentlich gemütlicher und damit dänischer zu als in der

150wd-vd

Großstadt Odense. Mittelpunkt des Ortes ist die aus dem 15. Jahrhundert stammende **St.-Laurentius-Kirche,** lohnenswert ist aber auch ein Spaziergang am Jachthafen, wo mehr Schiffe vor Anker liegen als der gesamte Ort Kerteminde Häuser hat. Die Ortschaft breitet sich beiderseits der schmalen Mündung zwischen Kerteminde Fjord und Ostsee aus.

Ein wenig im Landesinneren liegt in unmittelbarer Nähe des Fjords das **Hügelgrab Ladbyskibet.** Es handelt sich um das Schiffsgrab des Wikingerschiffes Ladbyskibet. Die archäologische Fundstelle ist begehbar, enthält den gut erhaltenen Abdruck des 22 m langen Schiffes und zeigt einige freigelegte Überreste wie Nägel und Anker.

239 Stellplatz Kerteminde

GPS 55.452104, 10.664635

Direkt an der Marina gelegen mit Blick auf den Großen Belt. **Lage/Anfahrt:** Ab Odense auf der Straße 165 nach Kerteminde bis zur Ampelkreuzung fahren, hier links halten, sofort rechts und über die Entsorgungsstation zum Platz; **Platzanzahl:** 20; **Untergrund:** Schotter; **Sicherheit:** beleuchtet; **Preiskat.:** €€; **Geöffnet:** April–Oktober; **Kontakt:** Marinavejen 4, 5300 Kerteminde

271wd-mm

Hans Christian Andersen

Am 2. April 1805 erblickte in Odense der berühmte Schriftsteller und Dichter Hans Christian Andersen das Licht der Welt und schenkte der Welt im Laufe der nächsten Jahrzehnte zahlreiche literarische Werke. Bereits früh verließ er seinen Geburtsort und zog im Alter von nur 14 Jahren nach Kopenhagen, wo er sich als Schauspieler am Theater versuchte. Doch erfolgreicher war er mit dem Schreiben, das er in der Folgezeit auch intensiver betrieb. Andersen reiste viel und kam in Europa weit herum. Unter anderem war er dutzende Male in Dresden. Sein privates Glück erreichte er aber niemals. Riborg Voigt, die Schwester eines Kommilitonen, war die einzige Frau, in die er sich verliebte, doch diese heiratete einen anderen Mann. Bis zu seinem Tode am 4. August 1875 trug Andersen ihren Abschiedsbrief mit sich.

In den 1830er-Jahre begann Andersen, Volksmärchen zu schreiben, die er als Kind erzählt bekommen hatte – es sollten bis zum Ende seines Lebens mehr als 150 werden. Einige seiner berühmtesten Werke sind „Des Kaisers neue Kleider", „Die kleine Meerjungfrau", „Das hässliche Entlein" und „Die Prinzessin auf der Erbse". Doch auch viele andere Märchen, die weit weniger bekannt sind, waren verantwortlich dafür, dass er noch zu Lebzeiten mit dem höchsten dänischen Orden ausgezeichnet wurde.

Sehenswertes

› **Wikingermuseum Ladby,** Vikingevej 123, 5300 Kerteminde, Tel. +45 65321667, www.vikingemuseetladby.dk, Eintritt 100 DKK/Erw. Interessanter Einblick in die Geschichte der Wikinger an einem Ort, wo im 10. Jahrhundert ein Wikingerkönig begraben wurde.

240 Kerteminde Camping

GPS 55.46361, 10.67027

Quickstop. Freundlicher Platz, durch eine Straße und einen Parkplatz von der Ostsee getrennt. **Lage/Anfahrt:** auf der Straße 315 durch Kerteminde nach Norden; **Platzanzahl:** 200; **Untergrund:** Wiese; fest; **Sicherheit:** bewacht; **Preiskat.:** €€€€, Stellplatz vor der Schranke €€ (nur von Anfang Juli bis Mitte August); **Geöffnet:** Ostern – 16. September; **Kontakt:** 5300 Kerteminde, Hindsholmvej 80, Tel. +45 65321971, www.kertemindecamping.dk

Abendstimmung in einem der vielen Häfen der Insel Fünen

NYBORG

(21 km – km 191)

Nyborg wird heute meist mit der Storebæltbrücke in Verbindung gebracht und von vielen als Durchgangsstation auf dem Weg nach Kopenhagen genutzt. Dabei sollte aber unbedingt ein kleiner Stopp eingelegt werden. Schräg gegenüber der Touristeninformation befindet sich das aus dem 12. Jh. stammende **Schloss Nyborg,** das nicht nur Angriffe von hoher See abwehrte, sondern auch als königliche Residenz diente. Hinter der Festung verläuft der ehemalige Schutzwall, auf dem noch Kanonen aus der damaligen Zeit aufgestellt sind. Im Ortszentrum gibt es neben einigen schönen Fachwerkhäusern jedoch keine weiteren besonderen Sehenswürdigkeiten.

Touristeninformation

› **Nyborg Touristenbüro,** 5800 Nyborg, Torvet 2b, Tel. +45 65310280, www.visitnyborg.dk

Essen

› **Restaurant Central Caféen,** 5800 Nyborg, Nørregade 6, www.centralcafeen.dk, Tel. +45 65310183. Gutbürgerliche Küche aus Dänemark, mit gemütlichem Biergarten.

093wd-mm

241 Grønnehave Strand Camping

GPS 55.35871, 10.78650

Einsam und ruhig gelegener Platz. **Lage/Anfahrt:** von der Straße 160 in Avnslev links abbiegen, erste sofort wieder rechts und bis zum Ende; **Platzanzahl:** 150; **Untergrund:** Wiese; fest; **Sicherheit:** bewacht; **Preiskat.:** €€€€; **Geöffnet:** Mai–August; **Kontakt:** 5800 Nyborg, Rejstrupvej 83, Tel. +45 65361550, www.gronnehave.dk

242 Nyborg Strandcamping

GPS 55.30416, 10.82500

Lauter Platz, dafür mit eigenem Sandstrand und Blick auf den ersten Teil der Storebæltbrücke. **Lage/Anfahrt:** direkt neben der Autobahn, in Nyborg die Autobahn überqueren und neben ihr südwärts in Richtung Brücke fahren; **Platzanzahl:** 160; **Untergrund:** Wiese; fest; **Sicherheit:** bewacht; **Preiskat.:** €€€€, Stellplatz vor der Schranke €€; **Geöffnet:** 21. April–23. September; **Kontakt:** 5800 Nyborg, Hjejlevej 99, Tel. +45 65310256, www.strandcamping.dk

243 Stellplatz Nyborg

GPS 55.307569, 10.78671

Kleiner, einfacher Stellplatz an einer Marina. **Lage/Anfahrt:** Südlich der Altstadt am Jachthafen, zu erreichen über die Straße 163; **Platzanzahl:** 6; **Untergrund:** Schotter; **Preiskat.:** €€; **Geöffnet:** ganzjährig; **Kontakt:** Lystbådevej 12, 5800 Nyborg

Entsorgungsstation

- auf dem Rastplatz an der letzten Ausfahrt vor der Storebæltbrücke Richtung Kopenhagen. GPS 55.297516, 10.840

KORSØR

(19 km – km 210)

Nach Überquerung der Storebæltbrücke kann man gleich rechts abbiegen und die Kleinstadt Korsør besuchen. Sie verfügt zwar über einen großen Fährhafen, doch bereits seit Jahren legt hier keine Fähre von Nyborg mehr an. Nicht weit vom Hafen entfernt erhebt sich mit ca. 23 m der **Festungsturm** aus der Mitte des 12. Jahrhunderts. Die sogenannte **Korsør Søbatteri** (Seebatterie) ist das letzte Überbleibsel eines Schlosses, welches einst die Einfahrt zur Stadt bewachte.

Sehenswert ist zudem noch das sehr schön gestaltete Haus Nummer 25 in der Algade. Dieses Rokokogebäude aus der zweiten Hälfte des 18. Jahrhunderts wurde von verschiedenen dänischen Königen als Übernachtungsplatz genutzt.

Ein Klassiker ist nach der Überquerung aber auch ein kurzer Abstecher zu einem Parkplatz am Strandabschnitt südlich der Mautstation. Es gibt zweifellos schönere Strände in Dänemark, doch hier hat man einen unvergleichlich guten Ausblick auf die Storebælt-Brücke.

Parken

P 23 Halsskov Odde,
GPS 55.348365, 11.102965

244 Stellplatz Korsør Lystbådehavn

GPS 55.325932, 11.131164

Stellplatz an der Marina mit Ausblick auf den Großen Belt und auf die Storebælt-Brücke. **Lage/Anfahrt:** An der Marina von Korsør. Von der E20 auf die Straße 265 wechseln und im Ort der Beschilderung zur Marina folgen; **Platzanzahl:** 15; **Untergrund:** Schotter; **Sicherheit:** beleuchtet; **Preiskat.:** €; **Geöffnet:** ganzjährig; **Kontakt:** Sylowsvej 10, 4220 Korsør, Tel. +45 58375930, www.korsorlystbaadehavn.dk

◁ *Festungswall in Nyborg*

245 Storebælt Camping og Feriecenter

GPS 55.34777, 11.10666

Quickstop. Gut besuchter Platz, eingegrenzt von Autobahn, Belt und Hafen. **Lage/Anfahrt:** hinter der Brücke, die erste Abfahrt ganz rechts, erneut rechts bis zum Kreisverkehr fahren, dort befindet sich die Einfahrt zum Campingplatz; **Platzanzahl:** 250; **Untergrund:** Wiese; fest; **Sicherheit:** bewacht; **Preiskat.:** €€€; **Geöffnet:** März–Oktober; **Kontakt:** 4220 Korsør, Storebæltvej 85, Tel. +45 58383805, www.storebaelt feriecenter.dk

SLAGELSE

(17 km – km 227)

Um nach Slagelse, der „heimlichen Hauptstadt" von Westseeland, zu gelangen, umrundet man die Bucht von Korsør (also Korsør Nor) entweder südwärts über die Landstraße 150 oder auf der E20 nordwärts. Beide Straßen verlaufen durch Slagelse, das an historischen Gebäuden oder Sehenswürdigkeiten nur wenig zu bieten hat. Dazu gehören allerdings die Kirche **St. Mikkel,** mit dem angrenzenden Kloster, sowie die **St.-Peders-Kirche,** die im 12. Jahrhundert von Valdemar dem Großen gestiftet wurde.

Ansonsten ist Slagelse eher ein Verkehrsknotenpunkt. Auf der Ost-West-Tangente verlaufen die Straße 150 und die Autobahn E20 sowie die Bahnverbindung zwischen Kopenhagen und Odense. In Nord-Süd-Richtung verkehren ebenfalls Züge sowie die Straße 22, auf der die Reise weiter gen Norden nach Kalundborg führt.

246 Slagelse Camping DCU

GPS 55.394753, 11.345488

Kleiner Campingplatz, der zur benachbarten Jugendherberge mit Restaurant und Minigolfplatz gehört. **Lage/Anfahrt:** Neben einer dreispurigen Hauptstraße

Dänische Brückenbauer

Als Seefahrernation ist Dänemark schon lange bekannt. In den letzten Jahrzehnten erarbeiteten sich die Dänen aber durch zahlreiche Bauwerke auch einen Ruf als Brückenbauer. So ist die Insel Langeland mit der Insel Tåsinge verbunden, diese wiederum mit Fyn, welche eine Brückenverbindung zum Festland besitzt und seit 1998 auch zur östlichen Insel Seeland. Auch die Inseln Lolland, Falster, Møn und Seeland sind untereinander durch Brücken verbunden und selbst internationale Verbindungen wie die Brücke zwischen Kopenhagen und der schwedischen Stadt Malmö stellen für die Dänen kein Hindernis dar. Die aber mit einer Hauptspannweite von über 1600 m größte Brücke des Landes, die ***Storebæltbrücke*** *(s. S. 21), ist zugleich auch eine der größten Hängebrücken Europas und wird weltweit nur von je einer Brücke in Japan, China und seit 2022 von einer Brücke in der Türkei übertroffen. Über sie führt die Autobahn E20 zwischen Nyborg und Slagelse.*

Mittlerweile haben es die Brücken Dänemarks auch auf die ***Banknoten*** *der Dänischen Krone geschafft. Auf den Scheinen, die seit 2009 im Umlauf sind, sind folgende Brücken abgebildet: die Sallingsundbroen (50 DKK), Den Gamle Lillebæltsbro (100 DKK), die Knippelsbro (200 DKK), die Dronning Alexandrines Bro (500 DKK) und die Storebæltsbroen (1000 DKK).*

in einem Wohnviertel. Das Stadtzentrum ist zu Fuß in 15 Minuten erreichbar; **Platzanzahl:** 25; **Untergrund:** Schotter, Rasen; **Sicherheit:** umzäunt; **Preiskat.:** €€€; **Geöffnet:** ganzjährig; **Kontakt:** Hotel Lillevang, Jyllandsvej 32, 4200 Slagelse, Tel. +45 69155656, www.dcu.dk

247 Camping Stenrøjlervej

GPS 55.421448, 11.451982

Kleiner, privater Hof, umgeben von Feldern, der eine Campingwiese anbietet. **Lage/Anfahrt:** Östlich von Slagelse, auf der Straße 150 die Stadt in Richtung Sorø verlassen und nach rechts in Richtung Vedbysønder abbiegen. Am zweiten Hof bzw. Wohnhaus auf der rechten Seite einfahren; **Platzanzahl:** 6; **Untergrund:** Rasen; **Service:** kleine Küche, Waschmaschine; **Sicherheit:** Privatgrundstück; **Preiskat.:** €€; **Geöffnet:** ganzjährig; **Kontakt:** Stenrøjlervej 6, 4200 Slagelse

KALUNDBORG

(37 km – km 264)

Am Ende der Straße 22 biegt man am Kreisverkehr links ab und passiert den Bahnhof sowie den Containerhafen von Kalundborg. Dahinter liegt auf der rechten Seite die Innenstadt mit zahlreichen Fachwerkhäusern und dem ansehnlichen Rathaus am Markt, wo es gute Möglichkeiten zum Parken gibt.

Direkt an den Marktplatz schließt sich die Adelgade an. Dort befindet sich das Geschichtsmuseum, das in einem Haus aus dem 17. Jahrhundert, dem sogenannten **Lindegaardenm,** untergebracht ist.

◁ *Stünde auf der Fahrbahn der Storebæltbrücke die New Yorker Freiheitsstatue, würde sie gerade bis zum Querträger reichen*

Hans Christian Andersen: „Vænø und Glænø“

Andersen beklagt in diesem Märchen den Verlust der beiden Inseln Vænø und Glænø, die sich südlich von Seeland befinden. Als Vænø tatsächlich eines Tages durch einen Sturm verschwindet und von der Ostsee verschluckt wird, prophezeit er, dass Glænø ein ähnliches Schicksal erleiden würde.

Zum Schluss der Geschichte stellt sich heraus, dass Glænø tatsächlich nicht mehr als Insel existiert. Doch sie wurde nicht vom Meer geholt, sondern von der wesentlich größeren Insel Seeland „verschluckt“, da die beiden Inseln mit einem Damm verbunden wurden.

Touristeninformation

› **Kalundborg Touristenbüro,** www.visitwestzealand.com

Sehenswertes

› **Kalundborg-Museum,** 4400 Kalundborg, Adelgade 23, Tel. +45 59512141. Sammlung von Trachten der Region, alte Werkstätten und ein Rittersaal. Das Museum, das sich thematisch vor allen Dingen mit dem Mittelalter auseinandersetzt und außerdem einen botanischen Kulturgarten präsentiert, zeigt auch immer wieder interessante Sonderausstellungen. Di–Do und Sa/So 10–16 Uhr, Eintritt: 75 DKK, www.vestmuseum.dk

Doch die Hauptsehenswürdigkeit der Stadt ist die ungewöhnlichste Kirche ganz Dänemarks, wenn nicht sogar Nordeuropas. Die **Vor Frue Kirke** am Ende der Adelgade besticht durch fünf Türme, von denen sich vier achteckige Türme um den etwas größeren Mittelturm erheben. Entstanden ist das Gotteshaus mit der für Dänemark untypischen Bauweise gegen Ende des 12. Jahrhunderts. Kalundborg ist auch Ausgangspunkt für eine Fährfahrt auf die **Insel Samsø,** auf der hauptsächlich Landwirtschaft betrieben wird und die nur im Norden leicht bewaldet ist.

Routenübersicht S. 156

248 Stellplatz Reersø

GPS 55.516613, 11.117705

Noch näher ans Wasser kommt man kaum. Hier übernachtet man auf dem Kiesstrand gleich an der Marina. **Lage/Anfahrt:** Auf dem Weg von Slagelse nach Kalundborg die Straße 22 verlassen und über Nebenstraßen auf die kleine Halbinsel Reersø. Durch den Ort bis zum Ende der Straße am Hafen; **Platzanzahl:** 6; **Untergrund:** Schotter; **Preiskat.:** €; **Geöffnet:** ganzjährig; **Kontakt:** Strandvejen 116, 4281 Gørlev (Reersø)

HOLBAEK/ISEFJORD

(47 km – km 311)

Von Kalundborg gelangt man spielend einfach über die Straße 23 in Richtung Holbæk. Die Stadt befindet sich am gleichnamigen **Holbæk-Fjord,** der wiederum Teil des Isefjords ist.

Wie bei dänischen Fjorden üblich, darf man hier keinen Fjord in der Größenordnung norwegischer Fjorde erwarten. Der Begriff bezeichnet in Dänemark vielmehr einen Meeresarm, der in das Festland hineinreicht. Beim **Isefjord** ist es sogar so, dass man hier beinahe von einem Bodden sprechen könnte, da das Wasser nur eine sehr geringe Tiefe hat. Im Nordosten des Isefjords zweigt ein weiterer, schmaler Meeresarm ab, der als **Roskilde-Fjord** bezeichnet wird.

Beim Isefjord hat man als Wohnmobilist ein wenig die Qual der Wahl, in welcher Richtung man ihn umrundet. Denn ab Holbæk kann man auf der Straße 21 nordwärts fahren und ab Rørvig die Fähre benutzen, um die dortige schmale „Einfahrt" zum Fjord mit einer kurzen Schiffsfahrt zu überbrücken. Die Fähre endet am Ostufer in Hundested, von wo aus es nur noch ein Katzensprung zu den in Route 6 beschriebenen Ortschaften Frederiksværk und Frederikssund ist (s. S. 192).

Für den Weg dorthin nutzt man unter anderem die Straße 21. Wer will, kann dieser Straße sogar bis zu ihrem Ende folgen, denn sie verläuft über die landschaftlich schöne und immer schmaler werdende Landzunge **Sjællands Odde.** Kurz vor der nördlichsten Spitze dieser Halbinsel endet die 21 am Fähranleger, der von Molslinjen bedient wird und eine Überfahrt nach Aarhus ermöglicht. Die Spitze der Halbinsel, Gniben genannt, kann erwandert werden, obwohl weite Teile der Landschaft fest in militärischer Hand sind.

Touristeninformation

› **Holbæks Touristenbüro,** www.visitodsherred.dk

249 First Camp Holbæk Fjord

GPS 55.71777, 11.76027

Freundlicher Platz mit Wellnessangebot, Whirlpool und Blick über den Fjord. **Lage/Anfahrt:** am östlichen Rand von Holbæk zwischen Jachthafen und Ferienhaussiedlung, auf Beschilderung achten; **Platzanzahl:** 200; **Untergrund:** Wiese; fest; **Sicherheit:** bewacht; **Preiskat.:** €€€€; **Geöffnet:** ganzjährig; **Kontakt:** 4300 Holbæk, Sofiesminde Allé 1, Tel. +45 59435064, www.holbaekfjord.dk

250 First Camp Tempelkrogens Familiecamping

GPS 55.66083, 11.76250

Lauter, kinderfreundlicher Platz. **Lage/Anfahrt:** unmittelbar neben der Autobahn, auf der Straße 155 südwärts und auf dem Agerupvej die Autobahn überqueren; **Platzanzahl:** 120; **Untergrund:** Wiese; fest; **Sicherheit:** bewacht; **Preiskat.:** €€€; **Geöffnet:** ganzjährig; **Kontakt:** 4390 Vipperød, Krogvej 2, Tel. +45 59181307, https://tempelkrogens-familiecamping.dk

Küstenlandschaft am Storebælt

251 Stellplatz Hørby Havn

GPS 55.735233, 11.706128

Stellplatz an einer Marina mit Blick auf Holbæk. **Lage/Anfahrt:** Am Nordufer des Holbæk-Fjords und daher „nur“ mit Blick auf die Stadt, die am Südufer liegt. Mit dem Fahrrad kann man den Fjord umrunden, um nach einer halben Stunde in der Stadt anzukommen; **Platzanzahl:** 4; **Untergrund:** Schotter; **Sicherheit:** beleuchtet; **Preiskat.:** €€; **Geöffnet:** ganzjährig; **Kontakt:** Hørby Færgevej 45, 4300 Holbæk

252 Stellplatz Nykøbing

GPS 55.914761, 11.670550

Stellplatz an einer Marina. **Lage/Anfahrt:** Auf dem Weg von Holbæk zur Fähre Richtung Hundested passiert man die Stadt Nykøbing. Hier die Straße 225 verlassen und in Richtung Marina fahren. Am Westufer des Isefjords gelegen; **Platzanzahl:** 10; **Untergrund:** Schotter; **Sicherheit:** Schranke; **Preiskat.:** €€; **Geöffnet:** ganzjährig; **Kontakt:** Snekkevej 9, 4500 Nykøbing Sjælland, Tel. +45 70203838, www.odsherredhavne.dk

253 Stellplatz Odden Havn

GPS 55.971435, 11.369288

Einfacher, kleiner Stellplatz an einer Marina. **Lage/Anfahrt:** Auf der Halbinsel Sjællands Odde gelegen. Über die Straße 21 bis Odden kurz vor dem Fähranleger nach Aarhus fahren. Auf der rechten Seite bis zur überschaubaren Marina; **Platzanzahl:** 3; **Untergrund:** Schotter; **Preiskat.:** €€; **Geöffnet:** ca. Ostern (witterungsabhängig)–November; **Kontakt:** Østre Havnevej 51, 4583 Sjællands Odde, www.odsherredhavne.dk

Das weitläufige Gebiet nördlich von Holbæk wurde im Jahr 2014 als erster Geopark Dä-

Ländliche Idylle

217wd© Mikhail Markovskiy, stock.adobe.com

nemarks ins Leben gerufen und trägt den Namen **Odsherred.** Auf einem Trail kann man zum Beispiel Grabhügel betreten und unter anderem von dort die Aussicht auf eine Landschaft genießen, die von der Eiszeit geformt wurde. Der Wanderweg Højderygstien verläuft nördlich von Asnæs und auch an einigen Kunstobjekten vorbei durch **Høve.** Einer der Ausgangspunkte für einen Besuch wäre beispielsweise dieser Parkplatz:

Parken

P **24 Høve,** GPS 55.837852, 11.484608

UNESCO-Weltkulturerbe: der Dom von Roskilde

ROSKILDE

(33 km – km 344)

Die Strecke nach Roskilde verläuft ab Holbæk südlich der Isefjord-Ausläufer. Wahlweise benutzt man die kleine Landstraße 155 oder die fast parallel verlaufende größere Straße 21, um das Wohnmobil auf dem großen Hafenparkplatz nördlich der Roskilder Altstadt abzustellen, wo man aber nicht über Nacht stehen darf.

Sehenswert ist die **St.-Nikolai-Kirche,** die leicht oberhalb der Stadt liegt. Doch von größerer Bedeutung ist ein weiteres Gotteshaus von Roskilde: Der **Dom** der Stadt ist seit 1995 Teil des **UNESCO-Weltkulturerbes,** dabei ist sein Aussehen eher schlicht. Doch diese Backsteinkirche im romanischen Stil beherbergt die Gebeine von 21 dänischen Königen und 17 Königinnen, angefangen bei Harald I.

Hans Christian Andersen: „Holger Danske“

Unter dem Schloss Kronborg bei Helsingør soll Holger Danske ruhig und friedlich schlafen und über das dänische Volk wachen. Sollte dieses angegriffen werden, würde der mächtige Holger Danske erwachen und es verteidigen, so die Legende. Das Märchen handelt von einem Großvater, der eine Schiffsfigur in Form von Holger Danske schnitzt und dabei seinem Enkel von diesem dänischen Helden erzählt.

Blauzahn (verstorben im 10. Jahrhundert) bis hin zum Königspaar Friedrich IX. und seiner Frau Inge von Schweden, die im Jahr 2000 in der Kathedrale beigesetzt wurde.

Hinter dem Dom befindet sich der dreiflügelige, gelb leuchtende und nicht zu übersehende **Bischofspalast,** denn Roskilde war lange Zeit Bischofssitz. Hinter dem Palast steht nur wenige Schritte entfernt das **Roskilde Museum,** das einen interessanten Einblick in die Geschichte von Stadt und Umgebung gewährt. Vor dem Palast breitet sich der Marktplatz aus, an dessen Westflanke das alte Rathaus von Roskilde zu sehen ist.

Doch noch bevor man in die Altstadt schlendert, kann man bereits am Parkplatz am Hafen eine sehenswerte Ausstellung besichtigen. Dort sind in den **Wikingerschiffshallen** mehrere Wikingerboote ausgestellt, die bei Grabungsarbeiten im Fjord gefunden wurden. Auf dem Weg zwischen Hafen und Altstadt hat man außerdem die Möglichkeit, mit einem kurzen Umweg den kleinen Hügel

⊡ *Im Museum in Roskilde kann man Wikingerschiffe bestaunen*

149wd-vd©Cees van Roeden

zu besteigen, auf dem sich die St.-Jørgens-Kirche befindet. Lohnenswert ist dies weniger wegen der Kirche, sondern aufgrund der schönen Aussicht auf den Roskilde Fjord.

Abschließend sei noch anzumerken, dass Roskilde seit 1971 regelmäßig Ende Juni/Anfang Juli von mehreren Zehntausend Rockmusikfans besucht wird. Für einen gemütlichen Familienausflug ist der Zeitraum des legendären **Roskilde-Festivals** daher eher unpassend.

Touristeninformation

› **Roskilde Touristenbüro,** www.visitfjordlandet.dk

Sehenswertes

› **Roskilde Museum,** Sankt Ols Stræde 3, 4000 Roskilde, Tel. +45 46316500, www.roskildemuseum.dk, täglich 10–16 Uhr, Eintritt: 60 DKK. Geschichts- und Archäologiemuseum, das einen interessanten Einblick in die Historie der Region vermittelt.

› **Wikingerschiffsmuseum,** 4000 Roskilde, Vindeboder 12, Tel. +45 46300200, www.vikingeskibsmuseet.dk. Austellung der Wikingerschiffe, Informationen über den Schiffsbau, die Wikingerzeit und die Archäologie unter Wasser. Täglich 10–17 Uhr, Eintritt: 160 DKK, in der Nebensaison 125 DKK.

Parken

P **25 Hafenparkplatz,** GPS 55.648618, 12.079060, Übernachtung verboten

254 DK Borrevejle Camping

GPS 55.65277, 11.92083

Kleiner, gemütlicher Platz. **Lage/Anfahrt:** südlich der Autobahn und der Straße 155; **Platzanzahl:** 135;

Schiffe im Hafen von Roskilde

Untergrund: Wiese; fest; **Sicherheit:** bewacht; **Preiskat.:** €€€; **Geöffnet:** ganzjährig; **Kontakt:** 4060 Kirke Såby, Hornsherredvej 3, Tel. +45 46400140, www.borrevejlecenteret.dk

255 Roskilde Camping

GPS 55.67384, 12.08223

Großer, kinderfreundlicher Platz. **Lage/Anfahrt:** auf der Halbinsel Veddelev, nördlich von Roskilde, direkt an der Küste; **Platzanzahl:** 300; **Untergrund:** Wiese; fest; **Sicherheit:** bewacht; **Preiskat.:** €€€€, Quickstop €€; **Geöffnet:** Ostern–16. September; **Kontakt:** 4000 Roskilde, Baunehøvej 7–9, Tel. +45 46757996, www.roskildecamping.dk

Sanitärgebäude auf einem dänischen Campingplatz

ROUTE 6

SCHLÖSSERROUTE UND KOPENHAGEN

012wd-mm

Strecke:

Frederikssund und Frederiksværk (40 km, s. S. 192) – **Hillerød** (17 km, s. S. 194) – **Helsingør** (15 km, s. S. 196) – **København** (43 km, s. S. 200)

Streckenlänge:

Ohne Abstecher circa 115 km

◁ *Vorseite: Auf der Straße Nyhavn in Kopenhagen herrscht stets ein lebhaftes Treiben*

290wd-mm

ROUTENÜBERSICHT

Die Route beginnt mit dem imposanten Wasserschloss Frederiksborg bei Hillerød, wo der Große Nordische Krieg zwischen Schweden und Dänemark beendet wurde. Ein weiteres, weithin bekanntes Schloss liegt nur wenige Kilometer entfernt mit Blick auf Schweden. Das unter dem Schutz des UNESCO-Weltkulturerbes stehende Schloss Kronborg befindet sich direkt am Øresund in Helsingør und dient als Schauplatz von Shakespeares Tragödie „Hamlet, Prinz von Dänemark". Über die Autobahn fährt man in südlicher Richtung am breiter werdenden Øresund entlang und erreicht nach Passieren der Parforce-Jagdlandschaft – Teil eines weiteren UNESCO-Weltkulturerbes – schließlich die Hauptstadt Kopenhagen. In Dänemarks größter Stadt lässt man natürlich das Wohnmobil stehen und begibt sich zu Fuß zu den zahlreichen Sehenswürdigkeiten, angefangen bei der weltberühmten „Kleinen Meerjungfrau" über das Schloss Christiansborg bis hin zum Tivoli und vielen weiteren Bauwerken, die man gesehen haben sollte.

Für die sommerliche Abkühlung kann man von diesem Steg aus in den Isefjord eintauchen

FREDERIKSSUND UND FREDERIKSVÆRK

(40 km – km 40)

Auf der Hauptstraße 6, die Roskilde nach Norden hin verlässt, passiert man zunächst **Jyllinge,** um kurz darauf nordwestlich auf die Straße 211 zu wechseln. Man fährt östlich des Roskilde-Fjords nach Norden zu den Ortschaften Frederikssund und Frederiksværk. Beide Städte wurden nach einem Frederik benannt, aber nicht nach demselben. Frederikssund erhielt die Bezeichnung durch **Frederik III.,** im nördlicheren Ort war es **Frederik V.** Frederikssund ist bekannt für die alljährlich stattfindenden **Wikingerspiele,** die auf der Freilichtbühne in Hafennähe aufgeführt werden. Außerdem gibt es hier das kleine **Willumsens-Kunstmuseum** und nur wenige Meter entfernt die Kronprins Frederiks Bro, die als Klappbrücke den Roskilde-Fjord überspannt. Nur drei Kilometer weiter südlich verläuft die Straße 53 über die Kronprinsesse Marys Bro. Die damalige Kronprinzessin höchstpersönlich eröffnete die Brücke feierlich im Jahr 2019 nach dreijähriger Bauzeit. Die Fahrt über die Brücke ist mautpflichtig. Währenddessen besteht im nördlichen Nachbarort Frederiksværk die Möglichkeit, das Krudværksmuseum zu besichtigen und die Industriegeschichte von Frederiksværk kennenzulernen oder auf der gemütlichen Einkaufsstraße, die parallel zu einem kleinen Bach verläuft, zu schlendern.

Touristeninformation

› **Touristinformation Frederikssund und Frederiksværk,** www.visitfjordlandet.dk

256 Liseleje Camping

GPS 55.99857, 11.96813

Ruhiger, parzellierter Platz. **Lage/Anfahrt:** am nördlichen Ortsrand von Melby, nördlich von Frederiksværk; **Platzanzahl:** 140; **Untergrund:** Wiese; fest; **Sicherheit:** umzäunt; **Preiskat.:** €€€; **Geöffnet:** April–September; **Kontakt:** 3370 Melby, Lindebjergvej 13, Tel. +45 47923094, www.liseleje-camping.dk

257 Byaasgaard Camping

GPS 55.96368, 11.95641

Küstennaher Platz, jedoch mit viel Wiese bzw. Schwemmland. **Lage/Anfahrt:** auf der Halbinsel westlich von Frederiksværk am Nordrand der Bucht; **Platzanzahl:** 290; **Untergrund:** Wiese; fest; **Sicherheit:** bewacht; **Preiskat.:** €€€; **Geöffnet:** April–Sept.; **Kontakt:** 3390 Hundested, Amtsvejen 340, Tel. +45 47923102, www.byaas.dk

097wd-mm

260 Stellplatz Frederiksværk Havn

GPS 55.967107, 11.999523

Herrlich ruhiger Stellplatz an einer großen Marina. Schöner Ausblick auf den Roskildefjord. Für die Bezahlung wird man möglicherweise schon frühmorgens um 8 Uhr geweckt, wenn man am Vorabend nicht zahlen konnte. Dafür kann man aber sogar am Wohnmobil mit Karte bezahlen. **Lage/Anfahrt:** Außerhalb der Stadt am Nordufer gelegen. Die Fahrt von der Straße 16 durch den Ortskern verläuft anschließend durch ein Industriegebiet; **Platzanzahl:** 6; **Untergrund:** Schotter; **Preiskat.:** €€; **Geöffnet:** ganzjährig; **Kontakt:** Havnelinien 23, 3300 Frederiksværk, Tel. +45 47721190, www.frv-havn.dk

272wd-mm

258 Stellplatz Jyllinge Lystbådehavn

GPS 55.743687, 12.097121

Netter Stellplatz an einer gepflegten Marina. **Lage/ Anfahrt:** Auf dem Weg von Roskilde nach Norden die Straße 6 bei Jyllinge verlassen und zur Marina fahren; **Platzanzahl:** 8; **Untergrund:** Asphalt; **Sicherheit:** beleuchtet; **Preiskat.:** €€; **Geöffnet:** ganzjährig; **Kontakt:** Strandpromenaden 6, 4040 Jyllinge, Tel. +45 46789348, www.jyllingehavn.dk

◻ *Auf der Kronprins Frederiks Bro gelangt man nach Frederikssund*

259 Stellplatz Marbæk Lystbådehavn

GPS 55.827775, 12.063233

Einfacher Stellplatz an einer Marina, nur Barzahlung möglich. **Lage/Anfahrt:** Am kleinen Jachthafen, der nicht mit dem etwas größeren Jachthafen von Frederikssund zu verwechseln ist. Beide liegen unmittelbar nebeneinander. Zufahrt durch ein Wohnviertel. Achtung, die Straße Strandlystvej kann man schnell übersehen. Dann einfach geradeaus weiter bis zum Kreisverkehr am Einkaufszentrum und wenden; **Platzanzahl:** 5; **Untergrund:** Schotter; **Sicherheit:** beleuchtet; **Preiskat.:** €€; **Geöffnet:** ganzjährig; **Kontakt:** Strandlystvej 26, 3600 Frederikssund

273wd-mm

261 Stellplatz Hundested

GPS 55.962784, 11.842456
Einfacher Stellplatz zwischen den Segelschiffen einer Marina und einem Industriegelände. Gleichzeitig kann man hier gemütlich zusehen, wie die Fähre am Fjordeingang pendelt. Weitere Stellflächen, die zur Marina gehören, befinden sich nördlich des Fähranlegers neben dem Strand auf Asphalt (GPS 55.967018, 11.844685). **Lage/Anfahrt:** Auf der Straße 16 bis kurz vor den Fähranleger in Hundested. Dort links und zur Marina; **Platzanzahl:** 12; **Untergrund:** Schotter; **Preiskat.:** €€; **Geöffnet:** ganzjährig; **Kontakt:** Isefjorden 24, 3390 Hundested, Tel. +45 47937234, www.hundestedhavn.dk

Prachtvoll und imposant sind das Schloss Frederiksborg und seine Parkanlage in Hillerød

HILLERØD

(17 km – km 57)

Da diese Route die Überschrift „Schlösserroute“ hat, soll nun nach den hyggeligen Örtchen mit der Vorstellung der einzelnen Schlösser begonnen werden. Über die Straße 16 erreicht man entlang des Arresøs die Kleinstadt **Hillerød,** wo es wieder etwas zu besichtigen gibt, das nach einem Frederik benannt ist. In diesem Fall handelte es sich um **Frederik II.,** der im 16. Jh. für den Aufschwung der Stadt verantwortlich war. Um den Ort zu schützen, wurde von Christian IV. das **Frederiksborg Slot** gebaut. Das prächtige Wasserschloss im Stil der Renaissance verteilt sich auf drei Inseln innerhalb des weitläufigen Schlosssees. Auf der südlichen Insel befinden sich die Brücke und der Zugangsbereich zum Hauptgebäude aus Backsteinziegeln. Auf der mittleren Insel ist der prachtvolle und aufwendig gestaltete Neptunsbrunnen zu sehen. Um in das Innere des Schlosses zu gelangen, wird heutzutage in der Regel das Westportal benutzt, was bedeutet, dass man um die Inseln herumgehen muss.

Ist man schon einmal dabei, so sollte auch der hinter dem Schloss liegende terrassenförmig angelegte Park besucht werden, der zusammen mit dem Schloss ein prachtvolles Bild abgibt.

Touristeninformation

› **C4 Hillerød Touristenbüro,** Krakasvej 17, 3400 Hillerød, Christiansgade 1, Tel. +45 45271000, www.c4.dk

Sehenswertes

› **Nationalhistorisches Museum im Schloss Frederiksborg,** 3400 Hillerød, GPS 55.935049, 12.297320, www.dnm.dk, November–März 11–15 Uhr, April–Oktober 10–17 Uhr, Eintritt: 110 DKK

262 Hillerød Camping

GPS 55.92361, 12.29527

Idealer Platz für die Besichtigung des Schlosses. **Lage/Anfahrt:** mitten im Stadtzentrum, nur wenige Meter vom Schloss entfernt; **Platzanzahl:** 80; **Untergrund:** Wiese; fest; **Sicherheit:** umzäunt; **Preiskat.:** €€€€; **Geöffnet:** Ostern–16. Sept.; **Kontakt:** 3400 Hillerød, Blytækkervej 18, Tel. +45 48264854, www.hillerod camping.dk

Ein weiteres Schloss, das jedoch in der Regel nur von außen besichtigt werden kann, findet sich auf der Straße 6 in östlicher Richtung, nur wenige Kilometer hinter Hillerød. Das barocke **Schloss Fredensborg** wird auch als das Versailles Dänemarks bezeichnet und heute noch von der Königsfamilie als Residenz genutzt. Sollte das Königspaar anwesend sein, kann man täglich um 12 Uhr die **Wachablösung** sehen. Bei dem Bau dieses Schlosses hatten diesmal sogar mehrere Frederiks ihre Hand im Spiel: Schloss Fredensborg wurde unter **Frederik IV.** errichtet und von seinen Nachfolgern Frederik V. und Frederik VI. erweitert und schließlich fertiggestellt. Hinter dem Schloss befindet sich ein halbkreisförmig angelegter Park, der allerdings auch nur stark eingeschränkt besucht werden kann.

Sehenswertes gibt es auch außerhalb von Hillerod zu entdecken. Nördlich der Stadt erstreckt sich der jüngste Nationalpark des Landes, der zugleich nach dem Wattenmeer der zweitgrößte des Landes ist. Der **Nationalpark Kongernes Nordsjælland** verbindet dank eines weitgespannten Routennetzes mehrere Schlösser zwischen Binnenseen, Steilküsten und einer ausgeprägten Waldlandschaft miteinander.

Sehenswertes

› **Schloss Fredensborg,** GPS 55.98027, 12.3961

263 Højsager Camping

GPS 55.96777, 12.45527

Abgelegener, gemütlicher Platz. **Lage/Anfahrt:** südöstlich von Fredensborg auf dem Weg zur Autobahn kurz vor Søholm; **Platzanzahl:** 100; **Untergrund:** Wiese; fest; **Sicherheit:** umzäunt; **Preiskat.:** €€€; **Geöffnet:** ganzjährig; **Kontakt:** 3480 Fredensborg, Humlebækvej 31, Tel. +45 49194448, www.fredens borgcamping.dk

274wd-mm

Der Nationalpark Kongernes Nordsjælland ist Weltkulturerbe und Wandergebiet zugleich

264 Nyrup Camping

GPS 56.00083, 12.51555

Kleiner, durch viele Bäume schattiger Platz. **Lage/ Anfahrt:** direkt neben der Autobahn gelegen, der Beschilderung folgen; **Platzanzahl:** 1000; **Untergrund:** Wiese; fest; **Sicherheit:** bewacht; **Preiskat.:** €€€, Quickstop €–€€ (ohne und mit Strom); **Geöffnet:** ganzjährig; **Kontakt:** 3490 Kvistgård, Kongevejen 383, Tel. +45 49139103, www.nyrupcamping.dk

HELSINGØR

(15 km – km 72)

Nach dem prächtigsten und dem königlichsten geht es weiter zum wohl bekanntesten Schloss im Nordosten Dänemarks. Allerdings hat **Schloss Kronborg** seinen Bekanntheitsgrad wohl einzig und alleine William Shakespeares Drama **Hamlet** (s. S. 198) zu verdanken, das hier seinen Schauplatz hat. Das Schloss liegt mit bester Aussicht auf Schweden an der engsten Stelle des **Øresunds** und auf dem Wasser sieht man zahlreiche Fähren, die im Viertelstundentakt zwischen Helsingør und dem schwedischen Gegenüber Helsingborg pendeln und zu einem kurzen und sogar günstigen Ausflug als Fußpassagier nach Helsingborg in Schweden locken.

Die erste Festung wurde an dieser Stelle bereits in der ersten Hälfte des 15. Jahrhunderts erbaut, doch das heutige Schloss, das mit seinen Wällen von oben in der Tat wie eine Krone aussieht, stammt aus dem 17. Jahrhundert. In seiner Geschichte diente das mächtige Bauwerk auch schon als Gefängnis und als Kaserne. Seit dem Jahr 2000 steht es auf der Liste des **UNESCO-Welterbes,** nicht zuletzt auch wegen des **Rittersaales,** der mit seinen fast 700 qm als der größte Nordeuropas gilt.

Im benachbarten ehemaligen Trockendock ist das **Maritime Museum Dänemark (Museet for Søfart)** untergebracht, das mit einer großen Ausstellung die zivile dänische Seefahrt der letzten Jahrhunderte thematisiert.

Schloss Kronborg, Schauplatz des Dramas „Hamlet“

276wd-mm

Helsingør
0
300 m
© Reise Know-How 2024
Øresund
Marienlyst
Jachthafen
Strandprom.
Camping Vej
Marienlyst Trb.
Marienlyst Slot
Lappen
G. Hellebækvej
Nationernes alle
Slotsv.
Øresunds-akvariet
Nordhavnsv.
Grønnehavev.
Grønnehave Station
Stellplatz Helsingør
Kronborg Slot
Museet for Søfart
Ny Kronborgvej
Kronborgvej
Claessen sv.
Sct. Anna G.
Lundegade
Marienlystalle
Sct. Anna
Havnegade
Ørebakken
Mølle-vænget
Esrumvej
Sankt Vincents Kirke
Karmeliter Klosteret
Gade
Gurrevej
Kirkegård
Bjergegade
Kirkestr.
Stjerne
Dom
Wibrots Plads
Rathaus
Olai Gade
Bramstr.
Rosenhøjv.
I L Tvedes Vej
Sudergade
Enighedv.
Rosenkildevej
Fiolgade
Sct. Olai gade
Søstræde
Strandgade
Bahnhof
Fähren nach Schweden
Stengade
Trækbanen
Rosenkildestien
Rolighedsv.
Gl. Banegårdsv.
Strandgade
Jernbanevej
Simon Spied Plads
Hollandsvej
Kongevejen
Færgevej
Stubbe-damsv.
Søndre Strandv.
Vinkelvej
Flynderborgv.
Stellplätze
265 Helsingør Camping Grønnehave
266 Stellplatz Helsingør

Hamlet

Der berühmte englische Schriftsteller William Shakespeare schrieb Komödien wie „Der Widerspenstigen Zähmung" und Dramen wie „Othello", „Macbeth", „Romeo und Julia" und „Hamlet". Aus letzterem kennen viele das Zitat „Es ist was faul im Staate Dänemark" und spätestens „Sein oder Nichtsein" ist jedem bekannt.

Shakespeares Stück spielt in Dänemark, genauer gesagt in Helsingør auf dem **Schloss Kronborg** *(s. S. 196). Dort stirbt der Vater des dänischen Prinzen Hamlet, womit die Tragödie ihren Lauf nimmt. Hamlet erfährt vom Geist des Vaters, dass dieser ermordet wurde, und beschließt, Rache zu üben. Er spielt den Wahnsinnigen, ermordet versehentlich den Vater seiner großen Liebe Ophelia und wird daraufhin nach England geschickt, wo er heimlich hingerichtet werden soll. Auf der Überfahrt gelingt es ihm jedoch, zu fliehen und nach Dänemark zurückzureisen. Dort trifft er zur Beerdigung von Ophelia ein, die sich das Leben genommen hat, und beginnt einen Streit mit dem Bruder der Verstorbenen, der zu einem Duell führt, bei dem sich die Ereignisse überschlagen.*

Aufgeführt wurde „Hamlet" zum ersten Mal zu Beginn des 17. Jahrhunderts in England und gilt bis heute als eines der meistgespielten Theaterstücke und zählt zur Weltliteratur. Neben Aufführungen auf der Bühne wurde das Drama bereits zahlreiche Male verfilmt. Im Jahr 1948 gewann ein Hamlet-Film von Laurence Olivier vier Oscars, während einige Jahrzehnte später Mel Gibson den dänischen Prinzen mimte.

Schon alleine architektonisch ist die ungewöhnliche Ausstellungshalle im ehemaligen Trockendock, das sich zwischen Schloss und Altstadt befindet, sehenswert und mit mehreren Architekturpreisen ausgezeichnet worden. Gleich neben dem Museum erheben sich die ehemaligen Werfthallen, die heute als Kultur- und Veranstaltungshallen genutzt werden.

Touristeninformation

- **Helsingør Touristenbüro,** www.visithelsingor.dk

Sehenswertes

- **Schloss Kronborg,** 3000 Helsingør. Im Sommer tgl. 10–17 Uhr, sonst Di–So 11–16 Uhr, www.kronborg.dk, 145 DKK. GPS 56.04000, 12.61444.
- **Øresund Aquarium,** Strandpromenaden 5, Eintritt: 3–11 J. 70 DKK, ab 12 J. 90 DKK, Tel. +45

277wd-mm

266 Stellplatz Helsingør

GPS 56.040512, 12.6149

Man muss es mögen, auf so einem Stellplatz zu übernachten. Und man muss viel Glück haben, denn die wenigen Parzellen sind oft belegt. Sie befinden sich am Rande eines trubeligen Großparkplatzes, aber zentraler geht es in der Stadt wirklich nicht. **Lage/Anfahrt:** unmittelbar an der Marina und gleich neben Schloss Kronborg gelegen; **Platzanzahl:** 6; **Untergrund:** Asphalt; **Sicherheit:** beleuchtet; **Preiskat.:** €€; **Geöffnet:** Juni–September; **Kontakt:** Nordhavnsvej, 3000 Helsingør

275wd-mm

35321970, www.oresundsakvariet.ku.dk, Juli/Aug. 10–18, Sept.-Juni Mo–Fr 10–16, Sa/So 10–17 Uhr. Kleines, für Kinder geeignetes Salzwasseraquarium, GPS 56.041786, 12.610759 (Parkplatz).

› **Maritimes Museum Dänemark,** Ny Kronborgvej 1, www.mfs.dk, Eintritt 135 DKK. Unterirdisches, preisgekröntes Museum, dass so ziemlich alles rund um die zivile dänische Seefahrt beleuchtet. Mit Café.

265 Helsingør Camping Grønnehave

GPS 56.04327, 12.60498

Kleiner Platz, gut zur Besichtigung. **Lage/Anfahrt:** nördlich des Schlosses und des Hafens, dort der Beschilderung folgen; **Platzanzahl:** 50; **Untergrund:** Wiese; fest; **Sicherheit:** umzäunt; **Preiskat.:** €€€; **Geöffnet:** ganzjährig; **Kontakt:** 3000 Helsingør, Strandalleen 2, Tel. +45 49281212, www.helsingor camping.dk

278wd-mm

▷ *Kleiner Leuchtturm an der Hafeneinfahrt von Helsingør*

◁ *Die alte Werftanlage wurde zum Maritimen Museum umgebaut*

KØBENHAVN (KOPENHAGEN)

(43 km – km 115)

In Helsingør hat man die Wahl zwischen zwei Routen in die Hauptstadt. Die einfachste ist die Fahrt über die Autobahn E47 bzw. E55. Etwas anstrengender, da sie durch zahlreiche kleinere Städte entlang des Øresunds verläuft, ist die Benutzung der Straße 152.

Allerdings hat diese den Vorteil, dass man in **Humlebæk** am **Louisiana Museum für Moderne Kunst** vorbeikommt. Dieses Museum präsentiert regelmäßig Wechselausstellungen, zu den festen Exponaten gehören beispielsweise Werke von Andy Warhol, Pablo Picasso, Max Ernst und Anselm Kiefer.

Zudem passiert man auf dem Weg nach Kopenhagen einen Teil des UNESCO-Weltkulturerbes Parforce-Jagdlandschaft. Diese nach der Hetzjagd der Adeligen benannte Wald- und Kulturlandschaft besteht aus drei Gebieten im nördlichen Seeland. Im Norden von Kopenhagen umfasst es den Jægersborg Dyrehave mit einem Bestand von über 2000 Hirschen.

Egal für welche Route man sich entscheidet, beide Verkehrswege treffen in der Hauptstadt automatisch auf den Cityring O2. Kopenhagen macht es den Wohnmobilisten nicht ganz leicht und das Übernachtungsangebot in der dänischen Hauptstadt ist einerseits überschaubar und andererseits wenig verlässlich. Befand sich der Citycamp einst in Innenstadtnähe, so wurde er später zum Südhafen und mittlerweile in die Peripherie gedrängt. Es scheint, als seien Wohnmobilisten in der dänischen Hauptstadt nicht mehr willkommen. Das bedeutet, dass Reisende Schwierigkeiten haben, in unmittelbarer Nähe des Stadtzentrums zu übernachten. Immerhin gibt es in der näheren Umgebung der dänischen Hauptstadt mehrere Stellplätze (s. S. 212).

Will man nur einen Tag in Kopenhagen verbringen, dann sollte man sich auf eine **Parkplatzsuche** einstellen, die sich allerdings

Im Viertelstundentakt pendeln Schiffe nach Schweden

noch im Rahmen hält, wenn man nicht direkt vor dem Tivoli in Nyhavn parken möchte. Gute Möglichkeiten gibt es schon in den Seitenstraßen am Cityring O2 oder sogar direkt neben dem Kastell auf der dortigen Hauptstraße.

Daher soll an dieser Stelle das Kastell als Ausgangspunkt für eine Stadtbesichtigung genommen werden. Die Beschreibung einer Stadt, über die ganze Bücher geschrieben wurden, kann hier allerdings selbstverständlich nur die wichtigsten Sehenswürdigkeiten beinhalten, alles andere würde an dieser Stelle den Rahmen sprengen. Man sollte für den Besuch Kopenhagens mindestens zwei Tage einplanen, viele Reisende nutzen auch direkt die Gelegenheit, über die Øresundbrücke zu fahren und auch das gegenüberliegende schwedische Malmö zu besichtigen.

An dieser Stelle soll jedoch ein Rundgang durch das Zentrum von Dänemarks Hauptstadt ausreichen. Durch die gepflegten Grünanlagen geht es zum Südtor des **Kastells,** womit man den Außenbereich der heutigen Königlichen Garnisonsbibliothek betritt. Erbauen ließ sie Frederik III. in der zweiten Hälfte

Dänisches Königshaus

Immer wieder wird auch in Dänemark darüber diskutiert, ob eine Monarchie noch zeitgemäß ist. Doch in der ausländischen Presse fällt das dänische Königshaus bei Weitem nicht so durch Schlagzeilen auf wie zum Beispiel das britische. Bis 2024 stand Königin Margrethe II. an der Spitze Dänemarks, deren Motto wie folgt lautete: „Gottes Hilfe, die Liebe des Volkes, Dänemarks Stärke“. Durch ihren scharfen Intellekt sowie ihre künstlerischen Werke als Bühnenbildnerin und Illustratorin und ihre Übersetzungen literarischer Werke in das Dänische verschaffte sie sich einen großen Respekt in der Bevölkerung. Nach ihrer überraschenden Abdankung und 52 Jahren Regentschaft bestieg ihr ältester Sohn als König Frederik X. am 14. Januar 2024 den Thron.

☑ *Die berühmteste Meerjungfrau der Welt*

128wd-mm

Kopenhagen

0 200 m

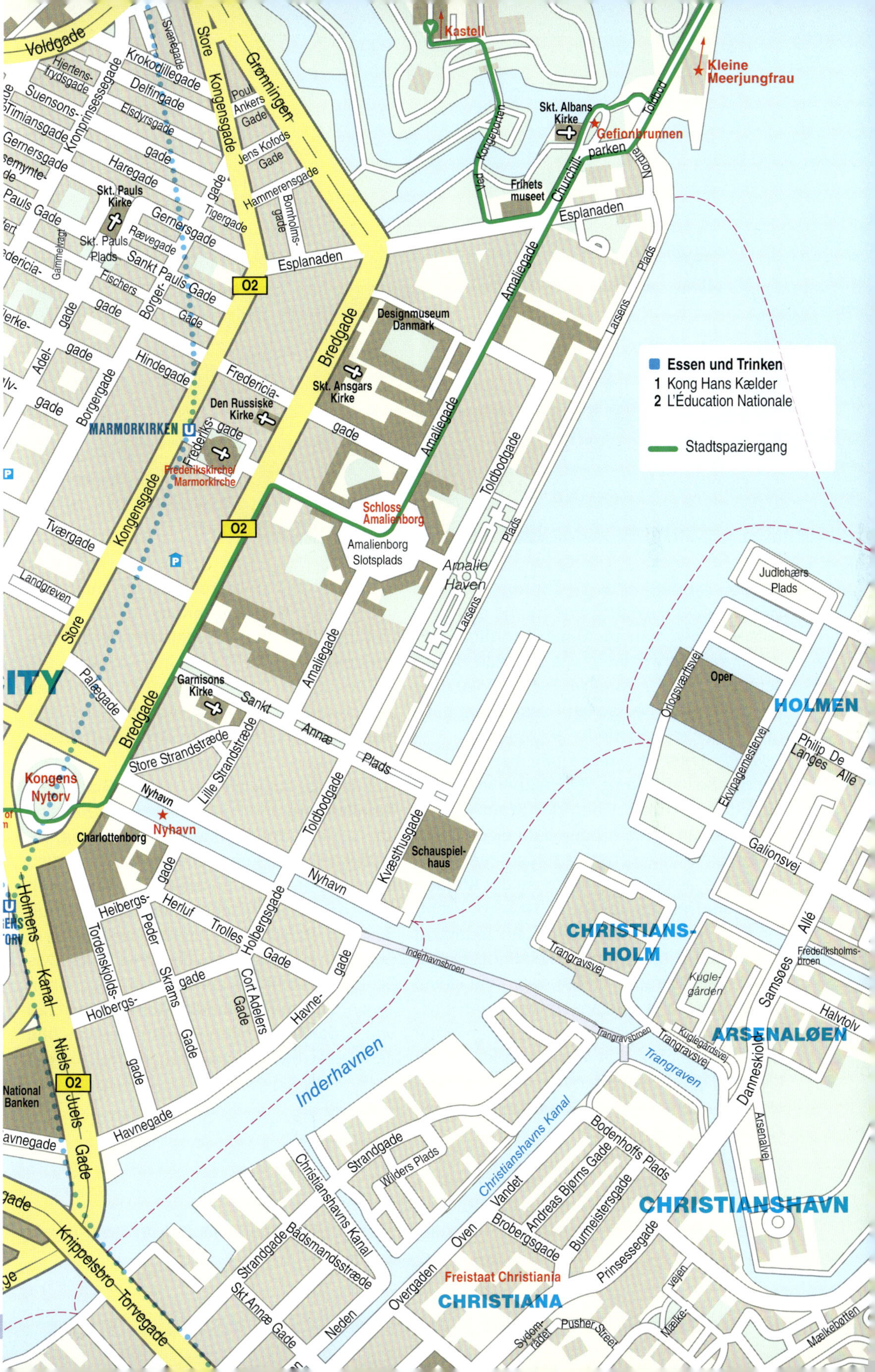

Essen und Trinken
1 Kong Hans Kælder
2 L'Éducation Nationale
Stadtspaziergang
Kastell
Kleine Meerjungfrau
Skt. Albans Kirke
Gefionbrunnen
Churchill-parken
Frihets museet
Esplanaden
Designmuseum Danmark
Skt. Ansgars Kirke
Den Russiske Kirke
MARMORKIRKEN
Frederikskirche/ Marmorkirche
Schloss Amalienborg
Amalienborg Slotsplads
Amalie Haven
Garnisons Kirke
Kongens Nytorv
Nyhavn
Charlottenborg
Schauspiel-haus
Oper
HOLMEN
CHRISTIANS-HOLM
ARSENALØEN
Inderhavnen
Inderhavnsbroen
Trangravsbroen
Trangraven
CHRISTIANSHAVN
Freistaat Christiania
CHRISTIANA
National Banken
CITY
O2
Voldgade
Krokodillegade
Delfingade
Store Kongensgade
Grønningen
Bredgade
Amaliegade
Toldbodgade
Larsens Plads
Kvæsthusgade
Sankt Annæ Plads
Store Strandstræde
Lille Strandstræde
Holbergsgade
Herluf Trolles Gade
Tordenskjolds-gade
Peder Skrams Gade
Cort Adelers Gade
Havnegade
Niels Juels Gade
Holmens Kanal
Knippelsbro
Torvegade
Strandgade
Christianshavns Kanal
Wilders Plads
Overgaden Oven Vandet
Brobergsgade
Andreas Bjørns Gade
Burmeistersgade
Bodenhoffs Plads
Prinsessegade
Danneskiold
Arsenalvej
Trangravsvej
Galionsvej
Philip De Langes Allé
Ekvipagemestervej
Judichærs Plads
Samsøes Allé
Halvtolv
Frederiksholms-broen
Kuglegården
Pusher Street
Mælkebøtten
Bådsmandsstræde
Skt Annæ Gade
Hammerensgade
Tigergade
Sankt Pauls Gade
Skt. Pauls Kirke
Hindegade
Fredericia-gade
Borgergade
Tværgade
Landgreven
Palægade
Heibergs-gade
Frederiks gade
Kronprinsessegade
Gernersgade
Haregade
Rævegade
Fischers
Adel-gade
Dronningens

des 17. Jahrhunderts. Im Zentrum befindet sich die gelb angestrichene Kirche des Kastells, während man nur wenige Schritte weiter durch das Norwegentor wieder nach außen schreitet. Das Tor wurde im Zweiten Weltkrieg zwar durch die deutschen Besatzer zerstört, aber anschließend wieder aufgebaut.

Gleich hinter der Brücke geht man links auf der Straße in Richtung der Hafenanlagen, wo bereits das Wahrzeichen der Stadt wartet. Zu erkennen ist es an den zahlreichen Touristen, die sich gegenseitig fotografieren und sich dabei an der Schwanzflosse der **Kleinen Meerjungfrau** festhalten. Es ist nicht leicht, ein Foto zu machen, auf dem kein Tourist zu sehen ist. Die beste Möglichkeit findet sich in den frühen Morgenstunden, wenn die kleine Jungfrau noch alleine am Hafenbecken sitzt. Möglicherweise erwischt man zugleich einen der Übeltäter, die sich immer wieder an der kleinen Figur zu schaffen machen. Abgesägter Kopf, Farbanstrich, Sprengung, Burkas, Graffiti im Namen des Tierschutzes oder gegen Rassismus – was hat die mittlerweile über 100-jährige Dame nicht schon alles mitgemacht? Geht man von der Lille Havfrue aus ein wenig am Hafenbecken in Richtung des Zentrums spazieren, gelangt man zum imposanten **Gefionbrunnen,** der die gleichnamige Göttin an den Zügeln von vier Ochsen darstellt.

Genau in Blickrichtung der Göttin geht man geradewegs in Richtung Kopenhagener Zentrum und passiert dabei den Amalienborg Plads.

Dieser ist zugleich der Hof des **Schlosses Amalienborg** und Paradeplatz für die täglich um 12 Uhr stattfindende **Wachablösung,** vorausgesetzt, ein königliches Familienmitglied ist in Kopenhagen anwesend. Dies erkennt man an der dänischen Flagge, die dann auf dem südlichsten Gebäude weht, also in Gehrichtung das Gebäude vorne links. Das Schloss besteht aus den vier sich gegenüberliegenden **Palais Schack, Moltke, Levetzau und Brockdorff.** Zwischen dem Schack- und dem Levetzau-Palais sieht man am Ende der

Südliches Tor zum Kastell

Der Gefionbrunnen nördlich des Zentrums

Straße die große, grüne Kuppel der **Frederikskirche.** Fast eineinhalb Jahrhunderte hat es gedauert, bis dieses mächtige Gotteshaus, welches oft als „Marmorkirche" bezeichnet wird, fertiggestellt wurde.

Geht man vor der Kirche links, trifft man nach wenigen Metern auf den großen Platz **Kongens Nytorv,** um dessen Reiterstandbild ovalförmig Bäume angepflanzt und Sitzgelegenheiten aufgestellt wurden.

Gleich auf der linken Seite dümpeln in einem kleinen Kanal mehrere Fischerboote und Ausflugsschiffe, während die Promenade eine gut besuchte Flaniermeile ist. Es handelt sich um die Straße **Nyhavn** mit ihren Häusern aus dem 18. und 19. Jahrhundert. Sie ist weit über die Landesgrenzen hinaus bekannt und lockt als weiteres Wahrzeichen der Stadt nicht nur allabendlich ausgehfreudige Besucher und Gäste an, sondern auch tagsüber jede Menge Besucher.

Schräg gegenüber vom Kongens Nytorv beginnt die Fußgängerzone Strøget, die aus mehreren einzelnen Staßen mit jeweils eigenem Namen besteht und sich bis zum Rathausplatz und mit ihren Stichstraßen in die andere Richtung bis zum Nørreport hinzieht. Neben Einkaufsläden und Straßenmusikern findet man aber auch andere interessante Dinge wie z. B. das Museum des Guinness-Buchs der Rekorde.

Über den Gammeltorv mit seinem Brunnen im Renaissance-Stil gelangt man zum **Rådhus Pladsen,** wo sich das dazugehörige **Rathaus** auf der linken Seite erhebt. Will man dem lebhaften Treiben auf dem Platz entgehen oder es sich von oben anschauen, dann lohnt sich die Besteigung des höchsten dänischen Turmes. Vom Rathausturm hat man einen prächtigen Blick auf die gesamte Stadt.

Den H.C. Andersens Boulevard überquerend, gelangt man zu einem weiteren Wahrzeichen der Hauptstadt, dem **Freizeitpark Tivoli.** Zahlreiche Shows und Fahrgeschäfte laden Groß und Klein zu einer Pause von der Stadtbesichtigung ein.

104wd-mm

129wd-mm

Nutzt man nach dem Besuch den Ausgang Ost, geht man abermals am Dänischen Design Zentrum vorbei, passiert das Nationalmuseum und trifft auf Schloss Christiansborg.

Alles, was irgendwie dänisch ist oder mit dem Land zu tun hat, ist im **Nationalmuseum** dokumentiert und so ist es kein Wunder, dass allein für die Besichtigung dieser Ausstellungen (z. B. Grönlandsammlung, Wikin-

Fingerplanen

Wer heute mit einem Stadtplan oder Smartphone durch die Gassen und Straßen von Kopenhagen zieht, weiß meistens nicht, dass die städtebauliche Entwicklung von Dänemarks Hauptstadt auf die 1940er-Jahre zurückgeht. Zum damaligen Zeitpunkt gab es ein enormes Bevölkerungswachstum in Kopenhagen und die Hovestadtkommision (Hauptstadtkommission) kam mit ihrer Stadtplanung kaum hinterher. Eine private Organisation erstellte daraufhin einen regionalen Entwicklungsplan mit dem Namen Fingerplanen.

Dieser Plan sah vor, dass die Entfernungen zwischen Wohn- und Arbeitsort möglichst gering gehalten werden und sich die Stadt nicht wahllos in alle Richtungen ausbreiten sollte. Außerdem achtete man darauf, dass zwischen dem Verkehrsnetz der Kopenhagener S-Bahn auch Grün- und Erholungsflächen angelegt wurden. Das S-Bahnnetz war dabei als Grundgerüst wie das Skelett einer Hand zu verstehen, woher sich der Name Fingerplanen ableitete.

Die Umsetzung dieses Konzepts wurde zwar nie endgültig beschlossen, doch ließ man sich bei zukünftigen Baumaßnahmen sehr von den Grundsätzen beeinflussen.

Im Jahr 2006 wurde Fingerplanen aufgrund seiner „robusten Planung und einer indiskutablen Pädagogik […] die weiterhin die gesamte Entwicklung der Hauptstadtregion prägt" in den Kulturkanon aufgenommen und erhielt somit auch das Prädikat eines dänischen Kulturerbes.

136wd-mm

gerhelme, mittelalterliche Altäre etc.) mehrere Stunden eingeplant werden müssen.

Das auf der anderen Seite des kleinen Kanals befindliche **Schloss Christiansborg** beherbergt das Finanzministerium, den Obersten Gerichtshof und nicht zuletzt das dänische Parlament. Doch bis es zum heutigen Bauwerk kam, hat es lange gedauert, da an der Stelle bereits mehrfach Schlossanlagen errichtet wurden. Die erste stammte im 12. Jahrhundert von Bischof Absalon, musste aber auf Wunsch von Christian IV. weichen. Besichtigt werden können die Stallungen des Königshauses, das Zeughausmuseum, das Theatermuseum sowie die Ruinen der Burg von Absalon. Auf der anderen Seite des Schlosses steht auf dem Schlossplatz rechter Hand die Kopenhagener **Börse,** ein Renaissancegebäude mit markantem Turm, das tragischerweise im April 2024 bei einem Großbrand schwer beschädigt wurde. Eine Statue des Bischofs Absalon sieht man auf dem auf der linken Seite gelegenen Højbro Plads.

Überquert man diesen und durchschreitet die **Fußgängerzone Købmagergade,** so hat man auf der rechten Seite das **Observatorium Rundetårn,** das mit seinen 36 m Höhe ebenfalls eine schöne Rundumsicht auf die Stadt bietet. Der Clou an der Sache ist, dass man keine einzige Treppenstufe benut-

Literaturtipp

„CityTrip Kopenhagen" von Lars Dörenmeier, Reise Know-How Verlag. Die dänische Hauptstadt mit diesem praktischen Reiseführer in all ihren Facetten entdecken.

Nyhavn, beliebt bei Einheimischen und Touristen

Wache am Schloss Amalienborg

106wd-mm

zen muss. Ein Wendelgang führt ansteigend nach oben. Der russische Zar Peter der Große nutzte die Möglichkeit und stieg auf dem Weg nach oben erst gar nicht von seinem Pferd ab. Hätte es zu seiner Zeit schon Autos gegeben, dann wäre er wohl hochgefahren, so wie man es zum ersten Mal im Jahr 1902 machte.

Zum Turm gehört die direkt dahinter liegende **Trinitatiskirche** mit ihrem barocken Altar. Hinter der Kirche sollte man rechts abzweigen, um zum **Schloss Rosenborg** zu gelangen. Das über 400 Jahre alte Bauwerk entstand wie so vieles auf Geheiß von Christian IV. Im Inneren sind neben 24 original möblierten Räumen unter anderem auch in der königlichen Schatzkammer die Kronjuwelen zu besichtigen. Auf der Südseite erstreckt sich der Rosenborgs Have genannte Schlosspark, während auf der anderen Seite der Øster Voldgade der **Botanische Garten** und das **Naturhistorische Museum** zu einem Besuch einladen. In direkter Nachbarschaft befindet sich das **Staatliche Museum für Kunst** und zeigt neben dänischer Kunst der letzten 400 Jahre auch eine Skulpturen- und Gemäldesammlung des Königshauses.

Über die Øster Voldgade gelangt man abschließend zur Grøningen Gade bzw. zum Kastell.

Geschichte der Stadt Kopenhagen

Kopenhagens Geschichte ist untrennbar mit der Lage der Stadt verbunden. Der Name leitet sich nämlich von „Køpmannæhafn" ab, was so viel bedeutet wie „Kaufmännerhafen". Die Kaufleute des 12. Jahrhunderts handelten mit ihren Waren zwischen den Bischofssitzen Lund, das damals noch zu Dänemark gehörte, und Roskilde. Aufgrund der zentralen Lage und der Anbindung an das Meer wuchs der Handelsplatz schnell zu einer wichtigen Ortschaft heran, die Mitte des 15. Jahrhunderts zur Hauptstadt wurde, eine Rolle, die bis dahin Roskilde innehatte. Seine Blütezeit hatte Kopenhagen unter König Christian IV., der jedoch den Rest des Landes völlig vernachlässigte und in den Ruin stürzte. Die Stadt musste die Pest, Stadtbrände und Angriffe der Engländer im 18. und 19. Jahrhundert überstehen. Während des Zweiten Weltkrieges war Kopenhagen fast die gesamte Zeit von den Deutschen besetzt, blieb aber weitgehend von Zerstörungen verschont.

In der Stadt selbst wohnen heute für eine europäische Hauptstadt relativ wenig Menschen, doch der Großraum rund um Kopenhagen wächst kontinuierlich weiter. Dies ist nicht zuletzt auch bedingt durch den Bau der Øresundbrücke, die die Stadt mit dem schwedischen Malmö verbindet, was auch ein Zusammenwachsen beider Städte fördert.

Zwei Sehenswürdigkeiten sollten nicht ausgelassen werden, sind aber vom eigentlichen Zentrum ein gutes Stück entfernt, sodass man entweder mit öffentlichen Verkehrsmitteln oder mit dem eigenen Wagen dorthin fahren muss. Zudem gehören beide nicht zu Kopenhagen (und irgendwie wiederum doch).

Im Westen liegt auf einem Hügel im Grünen das **Schloss Frederiksberg,** welches nach den Besichtigungen der bisherigen Schlösser auf dieser Route zwar eher schlicht ausfällt, aber dennoch nicht unbeachtet gelassen werden sollte. Eine Besonderheit von Frederiksberg ist der Umstand, dass es sich nicht um einen Stadtteil Kopenhagens handelt, sondern um eine eigenständige Kommune, die seit über 100 Jahren von der Hauptstadt umschlossen ist und sich daher flächenmäßig nicht ausbreiten kann.

Die zweite Sehenswürdigkeit, die man automatisch mit zu Kopenhagen zählt, die aber eigentlich lieber für sich alleine sein will, ist die **Freistadt Christiania,** nach dem Tivoli die zweitbeliebteste Touristenattraktion der Hauptstadt. 1971 gründeten Hippies und Aussteiger auf einem ehemaligen Militärgelände die Mikronation „Freie Republik Christiania“. Zwei Jahrzehnte wurde die alternative Wohnsiedlung geduldet, bis man sich im Jahr 1991 darauf einigte, dass die Besetzung des Geländes als soziales Experiment weitergeführt wird, während die Bewohner Miete zahlen. Damit hatten die Bewohner von Christiania einen Teilerfolg erzielt. Nach vermehrten Polizeieinsätzen gegen die autonome Kolonie, die teilweise auch zu Ausschreitungen führten, haben die Bewohner von Christiana dem dänischen Staat einige Gebäude und Grundstücke abgekauft und dabei die Geburtsstunde der Freistadt gefeiert.

Vom Turm des Rathauses (s. S. 205) hat man einen schönen Blick auf die Stadt

Blick vom Turm der Erlöserkirche in Christiania

Niels Bohr

Einen wichtigen Schritt in der Quantenmechanik stellt das Bohr'sche Atommodell dar, welches der Kopenhagener Niels Bohr im Jahr 1913 vorstellte. Neun Jahre später erhielt er den Nobelpreis für Physik für seine Bemühungen zur Erforschung von Atomstrukturen sowie der dazugehörigen Strahlung. Dieses Talent schien in der Familie zu liegen. Sein Vater beschäftigte sich mit naturwissenschaftlichen Themen und Bohrs Sohn erhielt im Jahr 1975 ebenfalls den Physik-Nobelpreis. Nach Niels Bohr wurde das chemische Element Bohrium benannt.

Fahrradfreundliches Kopenhagen

Dänemark bietet vorzügliche Voraussetzungen für Drahtesel und ihre Reiter (s. S. 37). Diese enden zum Glück nicht in der lauten Hauptstadt – ganz im Gegenteil. Schon seit Jahrzehnten wird der Fahrradverkehr in Kopenhagen gefördert und die Metropole war bei unterschiedlichen Vergleichstests weltweit immer unter den ersten drei Städten, wenn es um die Fahrradfreundlichkeit ging. Doch auf den Lorbeeren dieser hervorragenden Ergebnisse wurde sich nicht ausgeruht: Die Metropole gilt schon lange als fahrradfreundlichste Stadt der Welt. Dazu gehört zum Beispiel auch der Ausbau der über 400 Kilometer Radwege in Kopenhagen, die in der Regel als Einbahnstraße angelegt sind und eine Mindestbreite von 1,70 Metern aufweisen müssen. Vielfach sind die Radwege sogar deutlich breiter. Außerdem sind sie oft baulich von anderen Fahrbahnen oder vom Bürgersteig abgetrennt. Mancherorts wurden sogar Brücken eigens nur für Radler angelegt. Kein Wunder also, dass 45 % der Hauptstadtbewohner mit dem Fahrrad unterwegs sind. Dennoch sollte man als Fußgänger gut aufpassen, wo man entlang läuft, da Kopenhagens Radfahrer durch diese besonderen Maßnahmen auf eine hohe Geschwindigkeit kommen.

Touristeninformation

- **Kopenhagen Touristenbüro,** 1620 København V, Vesterbrogade 4A, www.visitcopenhagen.com, Tel. +45 70222442, Mo–Fr 10–16 Uhr

Sehenswertes

- **Absalon-Ruinen unter dem Schloss Christiansborg,** 1218 København K, www.kongeligeslotte.dk, Mai–September täglich 10–16 Uhr, sonst Mo geschlossen, Eintritt: 60 DKK.
- **Botanischer Garten,** 1353 København K, Øster Farimagsgade 2b, Tel. +45 35322222, www.snm.ku.dk. Neben dänischen Pflanzen und einem Rosengarten gibt es in dem 10 Hektar großen Park auch ein Palmenhaus. In der Hauptsaison täglich 8.30–18 Uhr, sonst nur bis 16 Uhr, Eintritt frei (Palmenhaus 60 DKK)
- **Chronologische Sammlung der dänischen Könige,** 1257 København K, Amalienborg Schlossplatz, Tel. +45 33122186, www.kongernessamling.dk. Zu sehen gibt es die Privatgemächer von König Christian IX bis Frederik IX. Täglich 10–16 Uhr, Eintritt: 125 DKK
- **Naturhistorisches Museum,** 1350 København K, Øster Voldgade 5, Tel. +45 35322345, www.snm.ku.dk. Neben Versteinerungen von Flora und Fauna gibt es auch eine Sammlung von Meteoriten und einen Gesteinsbrocken des Mondes. Do–Di 13–16 Uhr, mittwochs ist der Eintritt frei, sonst kostet er 105 DKK.
- **Guinness World of Records Museum,** 1100 København K, Østergade 16, Tel. +45 33323131, www.guinnessworldrecordsmuseum.dk, Do–Mo 10–18 Uhr, Fr und Sa 10–20 Uhr, im Sommer durchgehend von 9.30–22.30 Uhr, Eintritt: 169 DKK.
- **Königliche Repräsentationssäle, Schloss Christiansborg,** 1218 København K, www.kongeligeslotte.dk. Vom Thronsaal bis zum Rittersaal können die Säle bei einer Führung in englischer Sprache besichtigt werden, vorausgesetzt, es steht kein offizieller Staatsbesuch an. Eintritt: 95 DKK.
- **Nationalmuseum,** 1471 København K, Ny Vestergade 10, Tel. +45 33134411, www.natmus.dk. Die gesamte Geschichte Dänemarks von der Vorzeit bis zum 21. Jahrhundert in Form von Dokumenten, verschiedenen Exponaten und einem kleinen Spielzeugmuseum. Di–So 10–17 Uhr, 120 DKK.
- **Observatorium Rundetårn,** 1150 København K, Købmagergade 52a, Tel. +45 33730373, www.rundetaarn.dk. Fast ganz oben in dem ehemaligen Observatorium befindet sich eine Bibliothek mit Wechselausstellungen. April–Sept. 10–20, sonst 10–18 Uhr, Eintritt: 40 DKK.

Bunte Häuserfront im alternativen Bezirk Christiania

- **Staatliches Museum für Kunst,** 1307 København K, Sølvgade 48, Tel. +45 33748494, www.smk.dk. Europäische Malerei und Bildhauerkunst der letzten 800 Jahre. Do–Di 10–17 Uhr, Mi bis 20 Uhr, Eintritt: 120 DKK.
- **Theatermuseum, Schloss Christiansborg,** 1218 København K, Christiansborg Ridebane 18, Tel. +45 33115176, www.teatermuseet.dk. Im Hoftheater aus dem Jahr 1767 ist das Museum untergebracht und erläutert anhand von Kulissen und Kostümen die Geschichte des dänischen Theaters. Sämtliche Einrichtungen des Theaters wie z. B. Bühne und Garderobe dürfen besichtigt werden. **Aktuell wegen Restaurierung geschlossen.**
- **Tivoli,** Vesterbrogade 3, S-Bahn: Hauptbahnhof, Tel. +45 33151001, www.tivoli.dk, Eintritt: Kinder von 3 bis 7 Jahren 60 DKK, über 8 Jahre 155 DKK, Turpassbillet (freie Fahrt in allen Fahrgeschäften) zusätzl. 169–439 DKK, geöffnet: Mitte April–Ende September So–Do 11–23 Uhr, Fr–Sa bis 24 Uhr, sowie um Halloween und in der Vorweihnachtszeit von Mitte November bis 23. Dezember
- **Zeughausmuseum, Schloss Christiansborg,** 1214 København K, Tøjhusgade 3, Tel. +45 33116037, www.natmus.dk. Das Zeughaus von Christian IV. besticht durch eine große Halle mit Gewölbedecke im Stil der Renaissance und präsentiert eine Waffensammlung sowie eine Ausstellung über Fahnen, Uniformen und Rüstungen. So–Mo 12–16 Uhr, Eintritt: 80 DKK, mittwochs ist der Eintritt frei.
- **Louisiana Museum,** 3050 Humlebæk, Gammel Strandvej 13, GPS 55.969489, 12.541624, Tel. +45 49190719, geöffnet: Di–Fr 11–22 Uhr, Sa/So 11–18 Uhr, Eintritt: 145 DKK, www.louisiana.dk. Nur wenige Meter vom Öresund entfernt, befindet sich das bedeutendste Museum für moderne Kunst in Dänemark.

267 Nærum Camping DCU

GPS 55.80750, 12.53027

Günstig gelegen für einen Besuch der Hauptstadt. **Lage/Anfahrt:** direkt neben der Autobahn gelegen; **Platzanzahl:** 250; **Untergrund:** Wiese; fest; **Sicherheit:** bewacht; **Preiskat.:** €€€€; **Geöffnet:** 24. März–21. Oktober; **Kontakt:** 2850 Nærum, Ravnebakken, Tel. +45 45801957, www.camping-naerum.dk

137wd-mm

Routenübersicht S. 190

268 Hundige Strand Familiecamping

GPS 55.59388, 12.34166

Guter Ausgangsort für eine Besichtigung der Hauptstadt, das Zentrum ist in 20 Minuten mit der S-Bahn zu erreichen. Mit eigenem Stellplatz für 42 Fahrzeuge vor der Schranke. **Lage/Anfahrt:** zwischen Køge und Kopenhagen die Ausfahrt 27 benutzen; **Platzanzahl:** 200; **Untergrund:** Wiese; fest; **Sicherheit:** umzäunt; **Preiskat.:** €€€€; **Geöffnet:** 3. Januar–20. Dezember; **Kontakt:** 2670 Greve, Hundige Strandvej 72, Tel. +45 43903185, www.hundigestrandcamping.dk

Essen

- **Aamanns Smørrebrød,** Øster Farimagsgade 12, Tel. +45 35553310, www.aamanns.dk. Hier ist der Name Programm: Smørrebrød (s. S. 16).
- **Kong Hans Kælder,** Vingaardstræde 6, 1070 Kopenhagen K, Tel. +45 33116868, www.konghans.dk. Gediegenes und nobles Restaurant mit französischer Küche.
- **L'Éducation Nationale,** Larsbjørnsstræde 12, 1454 Kopenhagen K, Tel. +45 33915360, www.leducation.dk. Es bewirbt sich selbst mit „Omelette im Alpenstil mit Pommes Frites und leicht unverschämter Bedienung". Beliebter Treffpunkt mit Szenecharakter.

269 Kopenhagen City Camp

GPS 55.670497, 12.62411

Die Betreiber dieses Stellplatzes müssen eine Engelsgeduld haben, denn innerhalb von zehn Jahren musste der Stellplatz vier Mal umziehen. War der Platz einst nahe des Zentrums, später in einem Industriegebiet, so liegt er heute östlich von Christiania. Angesichts dieser Historie ist es wenig verwunderlich, dass der Platz einfach gehalten ist und wenig Investitionen erfährt. Aber er liegt weiterhin halbwegs günstig, um das Stadtzentrum gut und einfach zu erreichen. **Lage/Anfahrt:** Durch den Ortsteil Christianshavn und hinter der Brücke zwei Mal links halten. Der Platz befindet sich gleich hinter einem Sportplatz; **Platzanzahl:** 74; **Untergrund:** Asphalt, Schotter; **Sicherheit:** umzäunt; **Preiskat.:** €€€; **Geöffnet:** Anfang Juni–Anf. Sept.; **Kontakt:** Prags Boulevard 69, 2300 København, Tel. +45 61718255, www.citycamp.dk

270 Camping Charlottenlund Fort

GPS 55.74545, 12.58673

In einem ehemaligen Fort nördlich von Kopenhagen übernachtet man hier wie auf einer Insel. Windgeschützte Lage und mit Bussen oder dem Fahrrad gute Erreichbarkeit der Hauptstadt. **Lage/Anfahrt:** auf der Ringstraße O2 auf die 152 (Strandvejen) abbiegen und nördlich bis zum Fort fahren; **Platzanzahl:** 75; **Untergrund:** Wiese; **Sicherheit:** versenkbare Poller an der Einfahrt, Videoüberwachung; **Preiskat.:** €€€€; **Geöffnet:** März–Okt.; **Kontakt:** 2920 Charlottenlund, Charlottenlundfort, Tel. +45 44220065, www.campingcopenhagen.dk

271 Stellplatz Svaneknoppen

GPS 55.717910, 12.588774

Stellplatz an einer Marina. Wie es in der Zukunft (ca. ab 2025) hier aussehen wird, ist unklar, da der Hafen große Umbaumaßnahmen erfahren wird. Mit dem geplanten Projekt namens Nordhavnstunnel werden die Kais vorübergehend verlegt. **Lage/Anfahrt:** Auf der Ringstraße O2 nach Norden und der Beschilderung zum Svanemøllehavnen folgen; **Platzanzahl:** 10; **Untergrund:** Schotter; **Sicherheit:** Schranke; **Preiskat.:** €€€€; **Geöffnet:** Mai–Sept.; **Kontakt:** Svaneknoppen, 2100 København

272 Stellplatz Kastrup Lystbådehavn

GPS 55.642100, 12.649241

Schöner Stellplatz an einer Marina, aber auch in Flughafennähe. Daher hört man schon mal entsprechenden Fluglärm. Allerdings ist er ein guter Ausgangspunkt, um nicht nur Kopenhagen, sondern auch

In Übergröße zeigen sich die fantastischen Skulpturen von Thomas Dambo, hier nur zwei von vielen in ganz Dänemark

Holzskulpturen von Thomas Dambo

Zum Schluss sei noch eine Fahrt durch die Peripherie von Kopenhagen empfohlen. Denn im gesamten Umfeld der Hauptstadt findet man immer wieder sehenswerte Holzskulpturen des dänischen Künstlers Thomas Dambo. Und nicht nur dort, auch im restlichen Dänemark trifft man auf seine übergroßen Figuren, die meist Trolle darstellen. Der Kopenhagener Künstler hat auf seiner Website www.thomasdambo.com seine Werke bildhaft aufgelistet, aber auch einen Link zur sogenannten „Troll Map" gesetzt (www.trollmap.com).

Auf der Karte sieht man die Standorte der sehenswerten und niedlichen Figuren. So erkennt man sofort, dass einige seiner Werke auch in den Wäldern Nordamerikas und in Asien anzutreffen sind. Doch der Schwerpunkt liegt auf Dänemark.

Neben den Skulpturen in Christiania und am Kreuzfahrtterminal gibt es in der Region rund um Kopenhagen auch die Serie der „sechs vergessenen Giganten", die in kleineren Parks und Wäldern zwischen der Hauptstadt und Roskilde aufgestellt wurden. Hier eine kleine Auswahl an Standorten mit den GPS-Angaben zu den nächstgelegenen Parkplätzen:

- ***Teddy friendly,** GPS 55.662229, 12.262559, in der Nähe des Wohnmobilstellplatz 273 auf dem Hotelparkplatz Taastrup*
- ***Thomas on the Mountain und Little Tilde,** GPS 55.642640, 12.351551*
- ***Oscar under the Bridge,** GPS 55.605474, 12.364058, zwischen dem Wohnmobilstellplatz Greve 277 und dem Campingplatz Tangloppen 276*
- ***Hill Top Trine,** GPS 55.630259, 12.441080*

279wd-mm

280wd-mm

Malmö auf schwedischer Seite zu besuchen. **Lage/Anfahrt:** Auf der E20 die letzte Ausfahrt in Dänemark nehmen (Flughafen/Lufthavn – nicht verpassen, sonst überquert man die mautpflichtige Öresundbrücke nach Schweden). Dann zwei Mal nach links in Richtung Kastrup und Marina; **Platzanzahl:** 20; **Untergrund:** Schotter; **Sicherheit:** beleuchtet; **Preiskat.:** €€; **Geöffnet:** ganzjährig; **Kontakt:** Ved Havnen 2, 2770 Kastrup, Tel. +45 32502127

273 Stellplatz Taastrup Park Hotel

GPS 55.653839, 12.300524

Übernachtungsmöglichkeit auf dem Parkplatz des Hotels, jedoch nur Do–So. **Lage/Anfahrt:** Zwar weit außerhalb des Stadtzentrums, westlich von Kopenhagen. Doch die S-Bahn-Station ist nur wenige Schritte entfernt und man ist schnell im Zentrum. Übrigens auch eine praktische Alternative, um nach Roskilde in die andere Richtung zu fahren. Auf der Ringstraße 04 oder der Straße 21 bis zur Ausfahrt Roskildevej; **Platzanzahl:** 5; **Untergrund:** gepflastert; **Sicherheit:** Privatgrundstück; **Preiskat.:** €€; **Geöffnet:** ganzjährig, außer an den genannten Tagen; **Kontakt:** Brorsonsvej 3, 2630 Taastrup, Tel. +45 43711819, www.tphotel.dk

274 Stellplatz Dragør

GPS 55.592716, 12.677482

Einfacher Stellplatz an einer Marina mit Blick auf die Öresundbrücke. **Lage/Anfahrt:** Südlich des Kopenhagener Flughafens. Ab der E20, Ausfahrt Tårnby über die Straße 221 bis zum Ende; **Platzanzahl:** 10; **Untergrund:** Schotter; **Preiskat.:** €€; **Geöffnet:** ganzjährig; **Kontakt:** Gamle Havn 2, 2791 Dragør, Tel. +45 32891570, www.dragoerhavn.dk

275 Stellplatz Vallensbæk Lystbådehavn

GPS 55.61305, 12.396385

Sehr volle Marina, an der man sich am besten einen Platz zuweisen lässt. Nicht mit den Marinas im restlichen Dänemark zu vergleichen und eher als Zwischenübernachtung empfehlenswert. **Lage/Anfahrt:** Auf der Straße 151 nach Vallensbæk und dort zum Hafen; **Platzanzahl:** 5; **Untergrund:** Asphalt, Schotter; **Sicherheit:** Schranke; **Preiskat.:** €€; **Geöffnet:** ganzjährig; **Kontakt:** Vallensbæk Havnevej, 2665 Vallensbæk Strand, Tel. +45 43543575, www.vhkb.dk

ROUTE 7

INSELLEBEN
VON BORNHOLM BIS LOLLAND

013wd-mm

6 km
© Reise Know-How 2024
Lammefjord
Orø
Skibby Kommune
259
Frederikssund
Gammel Ølstykke
267
Dyrehavsbakken
Havnsø
251
Inder-bredning
249
Snertinge
21
HOLBÆK
Egholm Museum
258
271
270
Roskilde Fjord
KOPENHAGEN
Mørkøv Sogn
255
Roskilde
269
Jyderup Sogn
250
Ordrup
254
Gevninge
273
272
Brøndby
Jerslev
268
276
277
275
274
Hundige
Dragør
Nationalpark Skjoldungernes Land
ROUTE 7
Gørlev Kommune
SJÆLAND
Store Merløse
Viby
Køge Bucht
Jersie
Ruds Vedby
Stenlille Sogn
Borup
Reersø
E20
Køge
Sorø
Ringsted
247
Herfølge Sogn
SLAGELSE
246
284
Præsteskov
E20
E47
Haslev
Karise
Gelsted
Dalmose
Fuglebjerg Sogn
Bonbon Freizeitpark
Rønnede
Højerup
285
Rødvig
Faxe
Skælskør Sogn
Næstved
Faxe Ladeplads
Tappernøje
Bisserup
Faxe Bucht
Blangslev
Præstø
Smålandsfarvandet
Køng
Hastrup
ROUTE 7
Stuby
Kalvehave Sogn
Vordingborg
Møn
Labyrintpark
286
Stege
288
Femø
Storstrømmen
Klintholm Havn
Orehoved
287
Bogø
Fejø
Bogø By
Damsholte
Hjelm Bucht
Torrig
Askø By
Guldborg
Stubbekøbing
Lolland
Bandholm
292
E47
SJÆLAND
ROUTE 7
Limpopland
Sakskøbing
Hesnæs
290
Højreby
Øster Skørring
Maribo
Falster
289
Schloss Vindeholme
Fuglsang Kunstmuseum
Nykøbing Falster
293
Ostsee
Marrebæk
Rødbyhavn
Nysted
Guldborgsund
Puttgarden (DE)
Gedser
Rostock (DE)

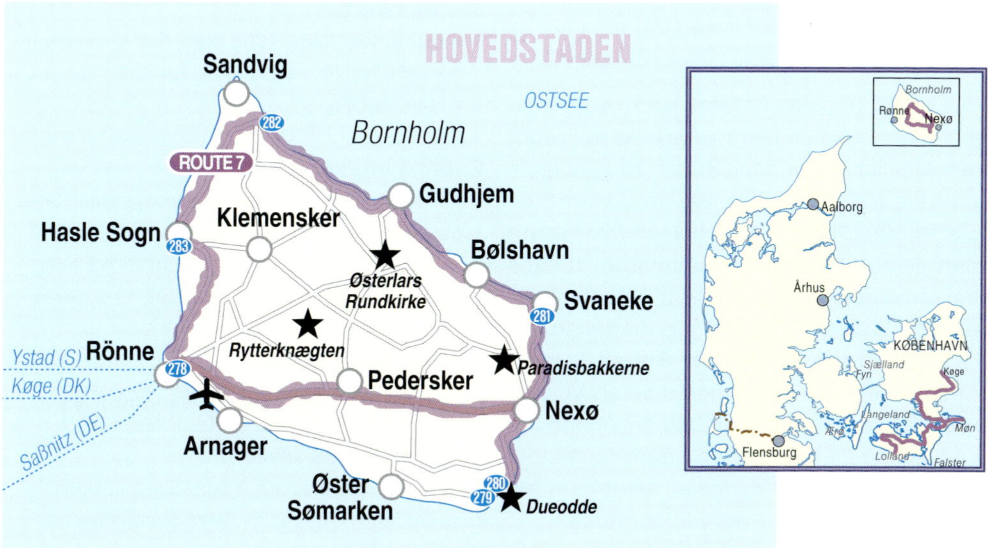

ROUTENÜBERSICHT

Etwa gleich weit entfernt von Schweden, Polen und Deutschland befindet sich die östlichste Insel Dänemarks, Bornholm. Der Weg dorthin ist zwar etwas weiter, ein Besuch aber dennoch empfehlenswert. Kiefernwälder, die bis an den Strand reichen, und Sand, der so fein ist, dass er in früheren Zeiten für Sanduhren benutzt wurde, sind die natürlichen Attribute der Insel. Hinzu kommen die schönen Altstädte der pittoresken Hafen- und Fischerörtchen Gudhjem, Allinge und Rønne. Als Tipp bleibt nur zu sagen, dass man das Wohnmobil auf einem der Campingplätze abstellen und Bornholm mit dem Fahrrad erkunden sollte. Dabei kann man rundherum an der Küste entlangfahren oder quer durch die Mitte, wobei auch die höchste Erhebung, der Rytterknægten, passiert wird.

Falster ist bekannt für den südlichsten Punkt Dänemarks bei Gedser und für die Stadt Nykøbing F mit ihren Fachwerkhäusern. Von dort geht es über den Guldborgsund weiter auf die Insel Lolland, deren höchste Erhebung es gerade einmal auf 25 m schafft. In Richtung Nordwesten passiert man zunächst das kleine Städtchen Maribo und besucht Dodekalitten, Dänemarks „Stonehenge".

Strecke:

Køge (34 km, s. S. 218) – **Bornholms Süden** (45 km, s. S. 218) – **Bornholms Norden** (56 km, s. S. 221) – **Stevns Klint und Faxe** (43 km, s. S. 223) – **Næstved und Vordingborg** (53 km, s. S. 225) – **Insel Møn** (85 km, s. S. 226) – **Nykøbing F** (39 km, s. S. 228) – **Insel Lolland** (95 km, s. S. 229)

Streckenlänge:

Ohne Abstecher circa 450 km

◻ *S. 215: Auch im Osten Dänemarks geht es idyllisch, ruhig und „hyggelig" zu*

KØGE

(34 km – km 34)

Wie schon auf der Anfahrt nach Kopenhagen, hat man auch beim Verlassen der Stadt zwei Möglichkeiten nach Süden zu gelangen. Über die Autobahn E20, die an dieser Stelle auch die E47 und E55 beinhaltet, kommt man gemütlich aus der Hauptstadt hinaus und lässt den dichten Verkehr langsam hinter sich. Weniger ruhig ist die Küstenstraße 151 über **Greve Strand** und **Solrød Strand.** Diese beiden Badeorte kann man als Vororte Kopenhagens bezeichnen, die besonders an sonnigen Wochenenden von den Hauptstädtern bevölkert werden, und so sieht man auf der Straße nicht allzu viel von der Küste.

Das auf einem dieser beiden Wege erreichte **Køge** zeigt sich rund um den **mittelalterlichen Marktplatz** mit einigen sehenswerten Fachwerkhäusern von seiner schönsten Seite. Mittelpunkt des Ortes ist das gotische Gotteshaus aus dem 13. Jh. Bemerkenswert ist der dazugehörige Turm, der in der Vergangenheit auch als Leuchtturm genutzt wurde. Kunst- und Kulturinteressierte besuchen das Stadtgeschichtliche Museum oder das **Kunstmuseum.** Beide befinden sich in der Nørregade und zeigen neben lokalhistorischen Exponaten einen Silberschatz und eine Darstellung, wie ein Kunstwerk von der ersten Skizze an entsteht. Dies alles kann man in Ruhe besichtigen, während man den Nachmittag und Abend über auf die Fähre nach Bornholm wartet. Der Hafen befindet sich nördlich des Zentrums und ist gut beschildert.

Touristeninformation

› **Køge Touristenbüro,** www.visitkoege.dk

⊡ *Farbenfrohe Hausfassaden in Nexø (s. S. 220)*

Sehenswertes

› **Kunstmuseet Køge,** 4600 Køge, Nørregade 29, Tel. +45 56676020, www.koes.dk, Di–So 11–17 Uhr, Eintritt: 90 DKK

Entsorgungsstation

› Auf der Autobahn zwischen Kopenhagen und Køge befindet sich zwischen den Ausfahrten 29 und 30 in beiden Fahrtrichtungen ein Rastplatz mit einer Entsorgungsstelle. GPS 55.560534, 12.229003

276 Tangloppen FDM

GPS 55.60750, 12.38000

Geräumiger Platz mit Blick auf das Kunstmuseum. **Lage/Anfahrt:** direkt an der Køge-Bucht. Über die Straße 151 Richtung Ishøj Strand; **Platzanzahl:** 120; **Untergrund:** Wiese; fest; **Sicherheit:** bewacht; **Preiskat.:** €€€; **Geöffnet:** Anfang März–Anfang Okt.; **Kontakt:** 2635 Ishøj, Tangloppen 2, Tel. +45 43540767, www.tangloppen.dk

277 Stellplatz Greve

GPS 55.593591, 12.35614

Stellplatz an einer Marina. **Lage/Anfahrt:** Auf der Straße 151 bis Greve und dort über den Hundige Havnevej zur Marina. Durch eine Busverbindung auch eine gute Alternative, um Kopenhagen zu besuchen; **Platzanzahl:** 8; **Untergrund:** gepflastert; **Preiskat.:** €€; **Geöffnet:** ganzjährig; **Kontakt:** Hejren 24, 2670 Greve, Tel. +45 43908618, www.greve-marina.dk

BORNHOLMS SÜDEN

(45 km – km 79)

Es gibt mehrere Bücher, die sich ausschließlich mit der Insel **Bornholm** befassen und damit dürfte das Eiland die einzige dänische Insel sein, die so gewürdigt wird. Was ist also so Besonderes an Bornholm? Zum einen die Lage, denn die rund 30 km breite Insel befindet sich weit außerhalb von Dänemark im „Dreiländereck“ von Schweden, Polen und

Deutschland und erinnert auch eher an Südschweden als an Dänemark.

Touristeninformation

› **Bornholms Velkomstcenter,** 3700 Rønne, Ndr. Kystvej 3, Tel. +45 56959500, www.bornholm.info, Mo–Fr 9–16 Uhr

Die **Fähre von Køge** pendelt rund 5 ½ Stunden zur Inselhauptstadt **Rønne** und erreicht diese gegen 6 Uhr in den frühen Morgenstunden. Wer also nicht viel Zeit hat und nur einen Tagesausflug machen möchte, für den sind diese Fahrzeiten ideal, da man den ganzen Tag damit verbringen kann, die Insel zu erkunden. Allerdings stellt sich die Frage, ob sich die Mitnahme des Wohnmobils für einen Tag lohnt. Entscheidet man sich stattdessen für eine Radtour auf dem Eiland, wird man zwar an einem Tag nicht alles sehen können, dafür aber eine Menge Geld sparen. Mehrere Fahrradgeschäfte in Rønne verleihen auch Fahrräder. Wer jedoch ausreichend Zeit mitgebracht hat, der sollte sich einen mehrtägigen Aufenthalt auf Bornholm nicht entgehen lassen.

Wie bereits erwähnt, ist Rønne der erste Anlaufpunkt und größter Ort von Bornholm. Rund drei Viertel aller Insulaner wohnen in der dennoch gemütlich wirkenden Stadt. Da der Bornholmer Wehrmachtskommandant auch noch nach der deutschen Kapitulation im Zweiten Weltkrieg Widerstand leistete, kam es dazu, dass Rønne weiterhin Bombenangriffen ausgesetzt war. Dies hatte zur Folge, dass das alte Stadtbild zu großen Teilen unter Trümmern verschwand und sich heute eine modern gestaltete Ortschaft präsentiert.

Überragt wird Rønne von der hübschen **St.-Nikolai-Kirche** aus dem 13. Jahrhundert.

Die Stadt hat mit mehreren Museen auch interessante (Regentag-)Alternativen im Angebot. Zu nennen wären das **Bornholm Museum,** das einen guten Einblick in die Inselgeschichte ermöglicht, sowie das **Militärmuseum,** das die Historie aus militärischer Sicht

beleuchtet. Auch die 150 Jahre alte Bornholmer Keramikfabrik Hjorths, die zum Bornholm Museum gehört, ist einen Besuch wert. Gleichwohl hat man Rønne schnell besichtigt und es geht stadtauswärts nach Osten. Entweder nutzt man die größte Straße der Insel (Straße 38), um nach Aarkirkeby und nach Nexø zu gelangen, oder man fährt an der bewaldeten Küste auf einer nicht nummerierten schmalen Straße entlang, wo man zum südlichsten Punkt Bornholms gelangt, nach Dueodde. Neben der besonderen Beliebtheit als Badeort ist **Dueodde** auch bekannt dafür, dass der hiesige weiße und sehr feine Sand in der Vergangenheit dafür genutzt wurde, um Sanduhren zu füllen.

Die bereits erwähnte Ortschaft **Aakirkeby** ist die älteste Siedlung auf der Insel und auch die größte, die sich nicht direkt an der Küste befindet. Zudem besitzt Aarkirkeby das größte sakrale Gebäude Bornholms, das mit seinem Doppelturm aber in früheren Zeiten auch zur Abwehr diente. Eine Kirche ganz anderer Art findet sich westlich der Ortschaft in Nylars (GPS 55.074056, 14.814249). Sie ist eine der vier **Rundkirchen,** die das typische Bild von Bornholm prägen. Sie sind bis zu 800 Jahre alt, verfügen über einen frei stehenden Kirchturm und dienten ursprünglich ebenfalls zum Schutz, was ihren wehrhaften Charakter mit den dicken Außenmauern erklärt. Die weiteren Rundkirchen befinden sich in Nyker (GPS 55.139087, 14.769432), in Østerlars (GPS55.171298, 14.960717) und in Olsker (GPS 55.235848, 14.800760).

Nördlich von Aakirkeby gelangt man zu einem großen Waldgebiet mit zahlreichen Wanderwegen. Ein beliebtes Ziel in dem **Almindingen** genannten Wald ist hierbei der höchste Berg Bornholms, der 162 m hohe **Rytterknægten.**

Weitere Wanderwege finden sich weiter östlich, kurz vor den Toren der Ortschaft **Nexø.** Dort liegt mit seinen zahlreichen Findlingen und Heideflächen das zerklüftete Felsgebiet **Paradisbakkerne,** welches als Naturschutzgebiet ausgewiesen ist. Nexø (auch Neksø geschrieben) ist weniger spektakulär und von der Fischindustrie geprägt. Durch die Zerstörungen der alten Fischersiedlung im Zweiten Weltkrieg sind zudem keine wesentlichen Baudenkmäler erhalten geblieben. Erwähnenswert ist jedoch ein Schriftsteller namens Andersen – mit Vornamen jedoch nicht Hans Christian, sondern Martin – der aus dem Ort stammt und den Roman „Pelle, der Eroberer“ verfasste. Das Buch wurde später verfilmt und mit einem Oscar ausgezeichnet.

Touristeninformation

› **Nexø Touristenbüro,** 3730 Nexø, Sdr. Hammer 2, Tel. +45 56497079, www.bornholm.info

Sehenswertes

› **Bornholms Museum,** Sankt Mortens Gade 29, 3700 Rønne, Tel. +45 56950735, www.bornholms museum.dk, Mo–Fr 13–16 Uhr, Sa 11–15 Uhr, Eintritt 90 DKK

› **Bornholms Militärmuseum,** Arsenalvej 8, 3700 Rønne, Tel. +45 51330033, www.formus.dk, Eintritt 85 DKK

Essen

› **Restaurant Molen,** Havnen 6, 3730 Nexø, www.restaurantmolen.dk. Fischspezialitäten mit schönem Blick auf die Ostsee.

278 Rønne Strand – Galløkken DCU

GPS 55.08916, 14.70472

Sehr kinderfreundlicher Platz. **Lage/Anfahrt:** ca. einen Kilometer von Rønnes Zentrum entfernt, direkt am Meer; **Platzanzahl:** 90; **Untergrund:** Wiese; fest; **Sicherheit:** bewacht; **Preiskat.:** €€€€; **Geöffnet:** 4. Mai–31. August; **Kontakt:** 3700 Rønne, Strandvejen 4, Tel. +45 56952320, www.gallokken.dk

279 Møllers Dueodde Camping

GPS 54.9958, 15.07889

Quickstop. Großer Platz mit südländischem Flair und Freibad. **Lage/Anfahrt:** direkt am Strand von Dueod-

214wd©Mariusz witulski, stock.adobe.com

de, von der Straße 38 vor Nexø rechts abbiegen; **Platzanzahl:** 250; **Untergrund:** Wiese, Sand; fest; **Sicherheit:** bewacht; **Preiskat.:** €€€€; **Geöffnet:** 15. Mai–20. September; **Kontakt:** 3730 Nexø, Duegårdsvej 2, Tel. +45 56488149, www.dueodde-camp.dk

280 Bornholms Familiecamping

GPS 55.00349, 15.09686

Mit Garantie hat man nach diesem Campingplatz Sand im Auto. **Lage/Anfahrt:** sehr schöne Lage, direkt am feinen Sandstrand von Dueodde neben Møllers Dueodde Camping; **Platzanzahl:** 170; **Untergrund:** Wiese, Sand; fest; **Sicherheit:** bewacht; **Preiskat.:** €€€€; **Geöffnet:** Mitte Mai–Mitte Sept.; **Kontakt:** 3730 Nexø, Krogegårdsvejen 2, Tel. +45 56488150, www.bornholms-familiecamping.dk

Das malerische Gudhjem im Norden der Insel Bornholm

BORNHOLMS NORDEN

(56 km – km 135)

War die Küste im Süden mit feinstem Sand überzogen, so dominieren im Norden eher Steilküsten und zerklüftete Felsenlandschaften das Bild Bornholms. An der nordöstlichsten Ecke liegt das kleine Örtchen **Svaneke,** das bereits mehrfach für sein bewahrtes Stadtbild ausgezeichnet wurde. Wahrzeichen der kleinsten Stadt Bornholms ist die alte **Bockmühle,** die bereits von Weitem zu erkennen ist.

Touristeninformation

- **Bornholm (Nordbornholm) Touristenbüro,** 3770 Allinge, Kirkegade 4, Postboks 40, Tel. +45 56480001

Auf der Straße 158 kann man die gesamte Küstenlinie abfahren. Dabei durchquert man zumeist kleine, sich ähnelnde Dörfer, bis man Gudhjem erreicht. Südlich von Gudhjem befindet sich die mit 18 m Durchmesser größte der vier Rundkirchen mit dem Namen **Øster Lars Kirke.** Der Ort selbst gilt mit seinen überraschend steilen Straßen als der schönste der gesamten Insel. Da sich dies aber schnell herumspricht, sind die angeblich weniger schönen Orte Bornholms wesentlich leerer. Wer also in der Hauptsaison nach **Gudhjem** fährt, sollte sein Fahrzeug möglichst vor der Stadt stehen lassen. Von hier pendeln übrigens Fähren zum östlichsten Einflussbereich Dänemarks. Die kleine Insel **Christiansø** ist nur 700 m mal 350 m groß und befindet sich nordöstlich von Bornholm.

Touristeninformation

› **Gudhjem Touristenbüro,** 3760 Gudhjem, Åbogade 9, Tel. +45 56485210

Auf der Straße 158 geht es weiter in Richtung Westen zur Doppelstadt **Allinge-Sandvig.** Eigentlich sind es zwei Gemeinden, aber das fällt kaum auf. Wie im Ruhrgebiet ist der Übergang von einer Ortschaft zur nächsten fließend. Auch hier muss man mit sehr vielen Reisenden rechnen, da in Allinge und Sandvig der Tourismus blüht, nicht zuletzt deshalb, weil es hier wieder einen schönen **Badestrand** gibt und sich die Städtchen mit hübschen Gassen und farbenfrohen kleinen Häusern präsentieren.

Essen

› **Allinge Røgeri,** Sverigesvej 5, 3770 Allinge, Tel. +45 56480533, www.smokedfish.dk. Beliebte Räucherei mit Produkten zum Mitnehmen und beim Speisen vor Ort mit Blick auf die Küste.

Nicht weit davon entfernt liegt auf einem Felsplateau hoch über der Ostsee die Ruine der **Festung Hammershus** (GPS 55.269757, 14.761378). Entstanden ist sie vermutlich zwischen dem 12. und 13. Jahrhundert auf Anordnung des Bischofs Lund. Nach zahlreichen Besitzerwechseln in den folgenden Jahrhunderten wurde die Festung in den 1740er-Jahren aufgegeben und von den Bornholmer Bewohnern als Steinbruch genutzt, um mit dem Material ihre Häuser zu befestigen. Dem Treiben wurde erst Einhalt geboten, als man Hammershus 1822 unter Denkmalschutz stellte.

Südlich der Festung erreicht man als letzten Ort vor der Inselhauptstadt die wesentlich kleinere Ortschaft **Hasle.** Doch einmal im Jahr, Mitte Juli, hat Hasle so viele Besucher wie Rønne Einwohner hat, denn dann findet regelmäßig das **Hafenfest** statt, die größte Feierlichkeit der Insel. Spätestens dann kommt man nicht umhin, das typische Produkt von Bornholm zu probieren, **geräucherten Fisch.** Überall auf der Insel kann man zahlreiche haushohe Schornsteine entdecken. In Hasle wird es spätestens Zeit, eine dieser Räuchereien von innen zu besichtigen. Direkt daran angeschlossen ist das **Räuchereimuseum.**

Von Hasle geht es südwärts weiter nach Rønne, wo abermals in den späten Abendstunden die Fähre nach Køge ablegt.

Touristeninformation

› **Hasle Touristenbüro,** 3790 Hasle, Havnegade 1, Tel. +45 56964481, Juni Mo–Fr 10–16 Uhr, Sa 10–12 Uhr, Juli und August Mo–Fr 10–16 Uhr, Sa 10–12 Uhr, September Mo–Fr 10–14 Uhr

Sehenswertes

› **Silderøgerierne,** 3790 Hasle, Søndre Bæk 16–20. Das Museum in der Räucherei ist im Stil des Jahres 1897 erhalten geblieben. Mai–Sept. tägl. 10–17 Uhr, Eintritt frei.

281 Hullehavn Camping

GPS 55.12888, 15.15111

Einer der ruhigeren Plätze auf der Insel. **Lage/Anfahrt:** von der Straße 158 rechts abbiegen, zum Teil auf den Küstenfelsen gelegen; **Platzanzahl:** 100 (davon 55 mit Strom); **Untergrund:** Wiese; fest; **Sicherheit:** bewacht; **Preiskat.:** €€€; **Geöffnet:** Mai–August; **Kontakt:** 3740 Svaneke, Sydskovvej 9, Tel. +45 56496363, www.hullehavn.dk

Hans Christian Andersen: „Die alte Straßenlaterne“

Dieses Märchen handelt von einer Straßenlaterne, die sich Gedanken darüber macht, was mit ihr geschehen wird, wenn sie durch ein neueres Modell ausgewechselt wird. Dabei hat sie hauptsächlich Angst eingeschmolzen zu werden und ihre Erinnerungen zu verlieren. Doch alles wendet sich zum Guten: Der Wächter, der sie jahrelang gepflegt hat, nimmt sie bei seinem Ruhestand mit nach Hause und pflegt sie dort weiter.

282 Sandkaas Familiecamping

GPS 55.26361, 14.81194

Quickstop. Kleiner, aber familienfreundlicher Platz mit Zugang zur Felsenküste. **Lage/Anfahrt:** kurz vor Allinge auf der rechten Seite; **Platzanzahl:** 800; **Untergrund:** Wiese; fest; **Sicherheit:** bewacht; **Preiskat.:** €€€; **Geöffnet:** April–21. Oktober; **Kontakt:** 3770 Allinge, Poppelvej 2, Tel. +45 56480441, www.sandkaas-camping.dk

283 Hasle Familiecamping

GPS 55.17888, 14.70694

Für Kinder sehr gut geeigneter Platz. **Lage/Anfahrt:** südlich von Hasle gelegen, auf der Straße 159 der Beschilderung folgen; **Platzanzahl:** 200; **Untergrund:** Wiese; fest; **Sicherheit:** bewacht; **Preiskat.:** €€€€; **Geöffnet:** März–16. Sept.; **Kontakt:** 3790 Hasle, Fælledvej 30, Tel. +45 56964202, www.haslecamping.dk

STEVNS KLINT UND FAXE

(43 km – km 178)

Zurück auf der Insel Seeland geht es weiter in Richtung Süden. Auf der Straße 261 erreicht man nach einer halben Stunde von Køge aus den kleinen Ort **Store Heddinge.** Die Gemeindekirche verfügt über ein außergewöhnliches, achtkantiges Kirchenschiff.

Eine weitere sehenswerte Kirche befindet bzw. befand sich südöstlich von Store Heddinge. An der steilen **Felsenküste aus Kalkstein** stehen noch die Überreste der Kapelle, die im Jahr 1928 ihren Chorraum verloren hat, als dieser bei einem Sturm von der See weggerissen wurde und in die Tiefe stürzte. **Stevns Klint** heißt dieser Küstenabschnitt, der geologisch betrachtet mit Møns Klint verwandt ist und schon einen Vorgeschmack auf die Insel Møn gibt. Im Jahr 2014 wurde Stevns Klint in die Liste des UNESCO-Weltnaturerbes aufgenommen.

Absolut lohnenswert ist ein Spaziergang entlang der Küste, so zum Beispiel ab dem Parkplatz (GPS 55.279324, 12.444136) an Stevns Klint in nördliche Richtung zum dortigen **Leuchtturm.** Dieser kann gegen einen kleinen, freiwilligen Obolus bestiegen werden und bietet ein weites Panorama. Doch schon

282wd-mm

Beeindruckend, wie sich die Kirche über der Steilküste von Stevns Klint erhebt

auf dem Weg zwischen Parkplatz und Leuchtturm genießt man von der Steilküste einen traumhaften Ausblick auf das Meer, den Küstenabschnitt und auf die **Kirche,** die schwindelerregend an der Abbruchkante steht. Auch sie kann besichtigt werden und hat zudem einen kleinen Balkon, der genau über der steilen Felswand endet. Rechts neben der Kirche führt zudem eine steile Treppe hinab zum felsigen Strandabschnitt. Beeindruckend ist die Felswand nämlich auch von unten, wenn man am schmalen Küstenstreifen zwischen Meeresbrandung sowie steil aufragender Felswand steht und man weit oben über sich die kleine Kirche sieht.

Von Stevns Klint geht es über die Straße 154 nach **Faxe** bzw. nach Faxe Ladeplads, dem **Hafen- und Badeort** von Faxe. Östlich des Ortes wird seit Jahren in Dänemarks größtem **Tagebau** Kalk abgebaut, doch bekannter wurde die Gemeinde durch die Herstellung eines gleichnamigen Getränks: das Faxe-Bier.

Touristeninformation

› **Touristinfo Faxe Ladeplads,** 4654 Faxe Ladeplads, Strandvejen 1, www.southcoastofdenmark.com, Tel. +45 56717444, Mo–Fr 10–16 Uhr, in der Hauptsaison Sa 10–16 Uhr

284 Stellplatz Vallø Golf Køge

GPS 55.390231, 12.253538
Einfache Übernachtungsmöglichkeit auf dem Parkplatz eines Golfvereins. **Lage/Anfahrt:** Südlich von Køge an der Straße 209 kurz vor Store Tårnby auf der rechten Seite; **Platzanzahl:** 3; **Untergrund:** Schotter; **Preiskat.:** €€; **Geöffnet:** ganzjährig; **Kontakt:** Køgevej 87, 4600 Køge, Tel. +4523290004

285 Stellplatz Rødvig Marina

GPS 55.254235, 12.372807
Stellplatz an einer Marina, man steht recht nah beieinander. **Lage/Anfahrt:** Zwischen Stevns Klint und Faxe Ladeplads, zu erreichen über die Straße 261; **Platzanzahl:** 10; **Untergrund:** Asphalt; **Preiskat.:** €€; **Geöffnet:** ganzjährig; **Kontakt:** Fiskerihavnen 9, 4673 Rødvig Stevns

Auf dem Weg in die Altstadt von Næstved

109wd-mm

NÆSTVED UND VORDINGBORG

(53 km – km 231)

Faxe verlässt man über die Straße 154 nach Westen, durchquert Rønnede, passiert die Autobahn und erreicht schließlich auf der Straße 54 die Ortschaft **Næstved.** Beim Wechsel auf die Straße 54 sollte man einen Stopp am Kletterpark **Camp Adventure** einlegen. Wie ein nach oben geöffneter Trichter erhebt sich dort der **Skovtårnet,** den man über einen gut einen Kilometer langen Holzbohlenweg im Wald erreicht. Dieser Aussichtsturm besteht aus einer 650 Meter langen Rampe, die spiralförmig nach oben führt und den Besucher auf eine Aussichtsplattform in 45 Metern Höhe bringt. Damit hat man über den Bäumen einen fantastischen Rundumblick über die Landschaft. Aber auch der Blick in die Tiefe, genauer gesagt, in die „Trichteröffnung" hinein, ist spektakulär. Nicht umsonst wurde der Turm bereits vor seiner Eröffnung 2019 mit internationalen Design- und Architekturpreisen ausgezeichnet. Wer Lust und keine Höhenangst hat, kann im angrenzenden Hochseilgarten gleich weiterklettern.

› **Camp Adventure,** Skovtårnsvej 1, 4683 Rønnede, Tel. +45 38150030, www.campadventure.dk, Eintritt Turm: 195 DKK zzgl. 65 DKK Parkplatz, Öffnungszeiten Turm: April–Okt. 10–18, Nov.–März 10–15 Uhr. Der dazugehörige Kletterpark (375 DKK) ist April–Okt. 10–18 Uhr geöffnet, der auch sehr sehenswerte Blumenpark nebenan Juli–Okt. 10–18 Uhr.

Die Ortschaft Næstved am **Karrebæk-Fjord** besticht durch ein schönes Gildehaus und hat an jedem Ende der Stadt ein Schloss. Im Norden ist es das **Schloss Herlufsholm,** ein ehemaliges Kloster und Internat. Im Südwesten erreicht man auf der **Halbinsel Gavnø** das gleichnamige Schloss mit seinem ansprechenden Park. Im Inneren beherbergt es eine große private Gemäldegalerie.

Auf dem weiteren Weg nach Süden über die Straße 22 lohnt noch ein kleiner Abstecher auf die Halbinsel **Knudshoved Odde.** Am Ende der Sackgasse wartet ein in Privatbesitz befindliches Waldareal, das aber besucht werden darf. Allerdings hat der Besitzer am Parkplatz eine kleine Kasse aufgestellt, deren Erlös zur Pflege und zum Erhalt der Flora und Fauna der Halbinsel dient.

Das als nächstes erreichte **Vordingborg** ist schnell durchquert und wenig sehenswert. Einen Stopp sollte man aber im Osten des Ortes einlegen. Dort befand sich einstmals eine große Wehranlage, von der heute jedoch nur

283wd-mm

Höhenangst sollte man für die Besteigung des Skovtårnet nicht haben

110wd-mm

Fragmente und der **Gåsetårnet** übrig geblieben sind. Dieser 34 m hohe Turm steht durch das Fehlen der Festung heute inmitten einer Grünanlage. Seinen Namen erhielt der ehemalige Gefängnisturm durch die vergoldete Gans, die oben auf dem Dach angebracht ist.

Touristeninformation

› **Næstved Touristenbüro,** 4700 Næstved, Havnen 1, Tel. +45 55721122, www.visitnaestved.com, Jan.-Mitte Juni und Sept.-Dez. Mo-Fr 9-16 Uhr, Sa 9-12 Uhr, Juni und August Mo-Fr 9-17 Uhr, Sa 9-14 Uhr, Juli Mo-Fr 9-18 Uhr, Sa 9-14 Uhr

INSEL MØN

(85 km - km 316)

Nach erneuter Überquerung der Autobahn bleibt man auf der Straße 59, die als **Møn-Brücke** den **Ulvsund** überspannt und auf die Insel Møn führt.

Am Ende der Straße hat man die Hauptstadt von Møn, **Stege,** erreicht. Nach kurzer Durchquerung des überschaubaren Ortes geht es auf der Straße 287 gleich weiter in Richtung Osten.

Dabei passiert man die schöne **Kirche Elmelunde** auf der rechten Seite. Ein kleiner Blick in das Innere lohnt sich, denn diese älteste Kirche der Insel ist mit zahlreichen schönen Fresken geschmückt, was für Dänemark eher untypisch ist.

Die Straße mündet am Campingplatz in einen Wald, der aber befahren werden kann und an dessen Ende sich ein kostenpflichtiger Parkplatz befindet. Wer sich die Parkgebühren sparen möchte, der sollte den ersten Parkplatz – rund einen Kilometer zuvor – benutzen und einen kleinen Waldspaziergang machen. Herauskommen wird man in beiden Fällen an **Møns Klint,** der spektakulären Steilküste, die mit ihren Kreideklippen bis zu

284wd-mm

286 Stellplatz Kalvehave Lystbådehavn

GPS 54.995441, 12.167008

Ruhiger Stellplatz an einer Marina. Einkaufsmöglichkeit gleich auf der anderen Seite der Straße. Schöner Blick auf die Brücke. **Lage/Anfahrt:** Auf der Straße 59 zur Insel Møn und noch vor der Brücke am Kreisverkehr geradeaus zur Marina; **Platzanzahl:** 10; **Untergrund:** Schotter; **Sicherheit:** beleuchtet; **Preiskat.:** €€; **Geöffnet:** ganzjährig; **Kontakt:** Kalvehave Havnevej 56, 4771 Kalvehave

281wd-mm

128 m über der Ostsee aufragt. Møns Klint gilt als eine der schönsten Natursehenswürdigkeiten des gesamten Landes und sollte nicht verpasst werden. Besonders schön ist der Anblick von oben auf das türkis leuchtende Wasser der Ostsee, doch auch von unten ist die gewaltige Steilküste sehenswert und es lohnt sich, die lange Holztreppe nach unten zu gehen. Allerdings ist diese nicht immer geöffnet, besonders im Winter und auch noch kurz danach, im Frühjahr, muss mit Steinschlag gerechnet werden. Dennoch sieht man immer wieder Unverantwortliche, die den Verbotsschildern trotzen, über die Brüstung klettern und sich auf den einsamen Weg nach unten machen. Sollte ihnen etwas passieren, wird man sie so schnell nicht finden.

Møns Klint

› GPS 54.96666, 12.54666

Hans Christian Andersen: „Die Prinzessin auf der Erbse“

Ein Prinz ist auf der Suche nach einer Prinzessin, findet auf seinen Reisen aber keine, die seinen Erwartungen entspricht. Eines Tages klopft es an der Tür und eine junge Frau behauptet, eine Prinzessin zu sein, und bittet um ein Nachtlager. Sie soll daraufhin, um ihre Feinfühligkeit zu testen, auf einem Berg von 20 Matratzen schlafen, die auf einer einzelnen Erbse liegen.

Skulpturengruppe in Vordingborg. Die Männchen sind nur faustgroß.

Immer wieder schön ist der Blick auf die Steilküste von Møns Klint

111wd-mm

Entsorgungsstation

- Auf der kleinen Insel Farø befindet sich unterhalb der Autobahnausfahrt 42 ein sehr schöner Parkplatz mit einer Entsorgungsmöglichkeit für das Chemie-WC. Das Parken ist hier nur max. zwei Stunden erlaubt, was aber viele nicht davon abhält, den Blick auf die imposante Brücke länger zu genießen. GPS 54.948843, 11.986887

287 Stellplatz Café-Restaurant Stalden

GPS 54.930021, 12.028043

Kleiner Stellplatz an einem netten, freundlichen Café mit leckerem Angebot. **Lage/Anfahrt:** Auf der Straße 287 von der Insel Møn auf die Insel Bogø wechseln und dann etwas außerhalb der einzigen Ortschaft rechts halten; **Platzanzahl:** 3; **Untergrund:** Rasen; **Sicherheit:** Privatgrundstück; **Preiskat.:** € (nur Strom), Einkehr obligatorisch; **Geöffnet:** ganzjährig; **Kontakt:** Hougårdsbanke 5, 4793 Bogø By, Tel. +45 24677705, www.staldenscafe.dk

Kirche in Elmelunde auf der Insel Møn

288 Camp Møns Klint

GPS 54.97972, 12.52388

Der Platz ist ein idealer Ausgangspunkt für einen Ausflug zu den Kreidefelsen. **Lage/Anfahrt:** auf der 287 der Beschilderung zu Møns Klint folgen, der Platz liegt vor der Einfahrt in den Wald; **Platzanzahl:** 400; **Untergrund:** Wiese; fest; **Sicherheit:** bewacht; **Preiskat.:** €€€€; **Geöffnet:** April–Oktober; **Kontakt:** 4791 Borre, Klintevej 544, Tel. +45 55812025, www.camping moensklint.dk

NYKØBING F

(39 km – km 355)

Westlich von Stege zweigt die Straße 287 ab, auf der man die kleine **Insel Bogø** erreicht. Von dieser kann man in den Sommermonaten mit einer Fähre nach **Stubbekøbing** auf der **Insel Falster** übersetzen. Anderenfalls nutzt man die Autobahnbrücke bei Farø. Folgt man der E55, so geht es automatisch nach Nykøbing, das mit einem F seinen Standort auf der Insel Falster markiert. Nykøbing F ist selbst nicht besonders sehenswert, doch am Nordrand der Stadt liegt das Middelaldercentret, also das **Mittelalterzentrum.** Bei diesem handelt es sich um ein Freilichtmuseum, welches Techniken und das Handwerk aus der Zeit vor einigen Hundert Jahren dokumentiert und erlebbar macht. Zu sehen gibt es z. B. einen Turnierplatz, eine Werft, eine Schmiede und weitere Handwerksbetriebe des Mittelalters.

Touristeninformation

- **Nykøbing F Touristenbüro,** 4800 Nykøbing F, Østergågade 7, Tel. +45 54851303, www.visitlolland-falster.dk

Sehenswertes

- **Mittelalter-Freilichtmuseum (Middelaldercentret),** Ved Hamborgskoven 2, 4800 Nykøbing Falster, www.middelaldercentret.dk, Mai–Sept. 10–16 Uhr, Eintritt 165 DKK/Erw.

112wd-mm

289 Stellplatz Toreby Sejlklub

GPS 54.76059, 11.86019
Stellplatz an einer Marina mit Blick über den Guldborgsund zur Ortschaft. **Lage/Anfahrt:** Auf der westlichen Seite des Sunds, über die Straße 9 ab dem Ortszentrum über eine Brücke erreichbar; **Platzanzahl:** 10; **Untergrund:** Schotter; **Sicherheit:** beleuchtet; **Preiskat.:** €€; **Geöffnet:** Mai–Ende September; **Kontakt:** Dæmningen 2, 4800 Nykøbing Falster

290 Falster Familiecamping

GPS 54.81250, 12.07666
Gemütlicher Platz mit kleinem Pool. **Anfahrt:** südlich von Stubbekøbing, zu erreichen über die Straße 271, in Falkerslev links ab; **Platzanzahl:** 120; **Untergrund:** Wiese; fest; **Sicherheit:** bewacht; **Preiskat.:** €€, Stellplatz vor der Schranke €€; **Geöffnet:** ganzjährig; **Kontakt:** 4871 Horbelev, Tværmosevej 2, Tel. +45 54445219, www.199.dk

Rinder auf der Insel Bogø

INSEL LOLLAND

(95 km – km 450)

Mit dem Verlassen von Nykøbing erreicht man zugleich die letzte Insel auf der Dänemark-Rundreise. Lolland gilt als die wirtschaftlich schwierigste Region des Landes. Überwiegend wird hier Landwirtschaft betrieben, die touristischen Sehenswürdigkeiten und Attraktionen sind in ihrer Anzahl zwar überschaubar, in ihrer Art aber zum Teil besonders. Und es gibt jede Menge Stell- und Campingplätze, sodass man auf dem Eiland ganz entspannt zur Ruhe kommt und die Natur beim Spazieren oder Radeln genießen kann. So scheint es nicht verwunderlich, dass die erste Ortschaft, **Sakskøbing,** schnell bereist ist. Der Ort nennt sich selbst „Stadt des Lächelns", doch das einzig Bemerkenswerte ist der Wasserturm, dem man ein Lächeln aufgemalt hat.

Touristeninformation

› **Sakskøbing Touristenbüro,** 4990 Sakskøbing, Torvet 16, Tel. +45 93914990, Juni bis August Mo–Fr 10–15 Uhr. Die Touristinformation wird von Ehrenamtlichen in einem kleinen Pavillon auf dem Markt geführt.

(291) Stellplatz Tårs Fiskeri- og Lystbådehavn

GPS 54.878236, 11.023575

Stellplatz an einer abgelegen und ruhigen Marina. **Lage/Anfahrt:** Auf der Straße 9 ganz nach Westen bis zum Fähranleger zur Insel Langeland. Kurz vorher nach rechts und zur kleinen Marina; **Platzanzahl:** 8; **Untergrund:** Schotter; **Preiskat.:** €€; **Geöffnet:** ganzjährig; **Kontakt:** Tårsvej 215, 4912 Harpelunde, Tel. +45 30532921, www.taarshavn.dk

Parken

P 26 Am Fährhafen von Sandby/Spodsbjerg, GPS 54.875817, 11.031763

Über die Straße 153 oder auch über die Autobahn E47 erreicht man das nahe gelegene **Maribo.** Zu besichtigen gibt es in der zentral gelegenen Stadt die **Domkirche** mit ihren zwei Chorräumen. Das ehemalige Klostergebäude war unterteilt in einen Bereich für die Mönche und einen für die Nonnen. Diese Trennung wurde daher auch in der Kirche fortgeführt.

Nördlich von Maribo gelangt man nach Bandholm, wo sich neben dem kleinen Ort der große **Knuthenborg Safaripark** ausbreitet. Mit mehr als 1000 Tieren gilt er als einer der größten Safari- und Erlebnisparks im europäischen Norden. Der Park kann mit dem eigenen Wohnmobil befahren werden (eventuell vorhandene Fahrradgepäckträger am Fahrzeug müssen aber vorab entfernt werden, damit keine Tiere aufspringen können). Der Safaripark bietet auch noch das Limpopoland, einen kleinen Freizeitpark mit Achterbahn, Wasserrutsche und Spielplätzen.

› **Knuthenborg Safaripark,** Knuthenborg Alle 1, 4930 Maribo, GPS 54.810931, 11.510727, Tel. +45 54788089, www.knuthenborg.dk, Eintritt: 299 DKK/Erw. (online inkl. Reservierung eines bestimmten Datums 249 DKK)

292 Stellplatz Bandholm

GPS 54.839803, 11.479305

Moderner Stellplatz, der nichts vermissen lässt und freien Blick aufs Wasser ermöglicht. **Lage/Anfahrt:** Von Maribo auf der Straße 289 nach Bandholm. Im Ort vor dem Hafen nach links; **Platzanzahl:** 50; **Untergrund:** Rasen; **Sicherheit:** Schranke, beleuchtet; **Preiskat.:** €€; **Geöffnet:** ganzjährig; **Kontakt:** Strandparken 10, 4941 Bandholm, Tel. +45 21477456, www.bandholm-stellplatz.dk

Eine etwas ungewöhnliche Sehenswürdigkeit befindet sich auf dem Weg von Bandholm in Richtung Westen nach Nakskov. Auf der Straße 289 gelangt man nach Birket, wo man nach rechts der Ausschilderung zu Dodekalitten folgt. Kurz vor dem Hafen von Kragenæs erreicht man einen Parkstreifen an der Straße (GPS 54.916051, 11.352429), von dem aus man durch einen Wald zum Ziel gelangt: **Dodekalitten** erinnert ein wenig an das südenglische Stonehenge, ist aber deutlich jünger und hat einen künstlerischen Hintergrund. Zwölf Säulen werden hier einmal stehen, wenn das Kunstwerk im Jahr 2025 wie geplant fertiggestellt ist. Jede dieser Säulen, die sich in einem Kreis erheben, ist mit dem Abbild eines menschlichen Kopfs kunstvoll gekrönt. Sie sollen ein fiktives Volk symbolisieren.

Touristeninformation

- **Maribo Touristenbüro,** 4930 Maribo, Torvet 1, Tel. +45 54780496, www.visitlolland-falster.dk, Mo–Fr 10–16 Uhr, Sa 10–12 Uhr.

Am westlichen Rand von Lolland wartet schließlich **Nakskov,** doch auch hier herrscht kaum touristisches Treiben. Sehenswert ist hier ein weiteres **Schiffs- und Seefahrtsmuseum,** das im Frühjahr 2024 in größere Räumlichkeiten der ehemaligen Bibliothek in die Klostergade umgezogen ist. Vom Umfang und der Ausstattung kann es zwar nicht mit dem Seefahrtsmuseum in Helsingør mithalten, aber dafür wirkt es mit seinen Modellbauschiffen typisch dänisch – nämlich hyggelig. Nicht uninteressant, aber ebenfalls überschaubar ist das **Zuckermuseum,** das sich mit dem süßen Produkt und der einst hier vorhandenen Zuckerfabrik befasst.

Über die Straße 291 geht es schließlich Richtung **Rødbyhavn,** wo die Fähre nach Puttgarden ablegt.

Wer sich noch einen letzten Freizeitspaß in Dänemark gönnen will, besucht vor der Rückreise das **Bade- und Planschparadies Lalandia,** das mit Wasserrutschen, Bowlingbahnen, Restaurants und vielem mehr jede Menge Badeerlebnis bietet. Lalandia Rødby ist das älteste der dänischen Ferienparkkette.

Touristeninformation

- **Nakskov Touristenbüro,** 4900 Nakskov, Axeltorv 3, Tel. +45 54922172, www.visitlolland-falster.dk, Mo–Do 10–17 Uhr, Fr 10–18 Uhr, Sa 9–12.30 Uhr

Sehenswertes

- **Schiffs- und Seefahrtmuseum,** Klostergade 22, 4900 Nakskov, Tel. +45 54953909, www.skibsmuseum-nakskov.dk, Öffnungszeiten s. Website.
- **Zuckermuseum,** Løjtoftevej 22, 4900 Nakskov, Tel. +45 54923644, www.sukkermuseet.dk, Eintritt 50 DKK/Erw., Anfang März–Ende Mai Sa 13–16 Uhr
- **Lalandia Rødby,** Lalandia Centret 1, 4970 Rødby, Tel. +45 54610500, www.lalandia.dk, GPS 54.665698, 11.334597

293 Western Camping

GPS 54.70944, 11.25694

Ungewöhnlichster Platz des Landes, komplett im Western-Stil. Sollte man gesehen haben. **Lage/Anfahrt:** die Straße 291 in Richtung Kramnitse bzw. Windmühlenpark verlassen und der Beschilderung folgen; **Platzanzahl:** 250; **Untergrund:** Wiese; fest; **Sicherheit:** bewacht; **Preiskat.:** €€€; **Geöffnet:** März–Oktober; **Kontakt:** 4970 Rødby, Noret 2, Tel. +45 54946100, www.westerncamp.dk

◁ *Unterwegs am Hafen von Nysted auf Lolland*

015wd-mm

014wd-mm

ANHANG

WOMO-WÖRTERLISTE DEUTSCH – DÄNISCH

A

Abblendlicht	*nærlys*
abdichten	*tætte*
abschleppen	*slæbe*
Abschleppdienst	*redningstjeneste*
Abschleppseil	*slæbetov*
abstellen	*stille bort*
Abwasser	*kloakvand*
Achse	*akse*
Alarmanlage	*alarmapparat*
Alkoholtest	*spiritusprøve*
Ampel	*ampel, hængelampe*
Anlasser	*starter*
Anschluss	*tilslutning*
Anwohner	*nabo*
Auffahrt	*opstigning*
Auffahrunfall	*påkørsel*
Ausfahrt	*køretur*
Auspuff	*udblæsning*
Auto	*bil, vogn*
Autobahn	*motorvej*
Autowerkstatt	*bilværksted*

B

Batterie	*batteri*
befahrbar	*farbar*
Benzin	*bensin*
beschädigt	*beskadiget*
Bleifrei	*blyfri*
Blinker	*blinklys*
Breite	*bredde, breddegrad*
Bremse, bremsen	*bremse, bremse (op)*
Bremsbelag	*bremsbelægning*
Bremsflüssigkeit	*bremsevædske*
Bremslicht	*stoplys*
Brücke	*bro*

C

Campingwagen	*campingvogn*
Campingplatz	*camping-plads*
Chemietoilette	*kemitoilet*

D

defekt	*i stykker*
dicht	*tæt*
Dichtung	*tætning*
Diebstahl	*tyveri*
Diesel	*diesel*
Differenzial	*differential*

E

Einbahnstraße	*gade med ensrettet kørsel*
Einspritzmotor	*indsprøjtningsmotor*
eng, schmal	*smal, snæver*
entleeren	*tømme*
erlauben	*tillade*
Ersatzrad	*reservehjul*
Ersatzteil	*reservedel*

F

Fahrbahn	*kørebane*
fahren	*køre*
Fahrer	*chauffør*
Fahrerlaubnis	*køretilladelse*
Fahrrad	*cykel*
Fahrspur	*spor*
Fahrtrichtung	*kørselsretning*
Fährschiff	*færge*
Fährverbindung	*færgefornbindelse*
Feder	*fjeder*
Fernlicht	*fjernlys*
Feuerlöscher	*ildslukker*
Frostschutzmittel	*kølervæske*
Führerschein	*kørekort*

G

Gang	*gear*
Gas	*gas*
Gasflasche	*kosangas, gasflaske*
Gaspedal	*speeder*
Gasse	*gyde, smøge, stræde*
gebrochen	*brudt*
Gebühr	*pligt, skyldighed*
gebührenpflichtig	*afgiftspligtig*
geöffnet	*åben*
Gepäckträger	*tagbagagebærer*
geradeaus	*lige ud*
geschlossen	*lukket, sluttet*
Geschwindigkeit	*hastighed, fart*

Geschwindigkeits-beschränkung	*hastighedsbegrænsning*
Getriebe	*gearkasse*
Gewicht	*vægt*
Glühbirne	*pære*

H

Handbremse	*håndbremse*
Hebel	*løftestang*
Heizung	*opvarmning, varmeanlæg*
Hilfe	*hjælp, støtte*
Höhe	*højde*
Hubraum	*cylindervolumen*
Hupe	*bilhorn*

K

Kabel	*kabel*
Kanister	*dunk*
kaputt	*aput, ødelagt, i stykker*
Kardanwelle	*kardanaksel*
Karosserie	*karosseri*
Keil	*kile*
Keilriemen	*ventilatorrem*
Kennzeichen	*kendetegn*
Kfz	*motorkøretøj*
km/h	*km/t*
Kolben	*kolbe*
Kugellager	*kugleleje*
Kühler	*køler*
Kühlschrank	*køleskab*
Kühlwasser	*kølevand*
Kupplung	*kobling*
Kurve	*kurve, sving*
Kurzschluss	*kortsluttning*

L

Länge	*lændge*
langsam	*langsom*
leer	*fri, ledig*
Lenkradschloss	*bilrat*
Lenkung	*ledelse, styrelse*
Licht	*lys*
Lichtmaschine	*generator*
links	*til venstre*
Luftdruck	*lufttryck*
Lüftung	*ventilation, luftning*

M, N

Motor(-haube)	*motor (-hjelm)*
Motorrad	*motorcykel*
M+S Reifen	*vinterdæk*
(Schrauben)Mutter	*møtrik*
Nabe	*(hjul)nav*
Nebel	*tåge, dis*
Nebelscheinwerfer	*tågelygte*
Nebelschlussleuchte	*tågebaglygte*

O

Öl	*olie*
Ölwanne	*olietrug*
Ölwechsel	*olieskift*

P, Q

Panne	*motorskade, uheld*
Pannenhilfe	*vejhjælp*
parken	*parkere*
Parkgebühr	*parkeringsafgift*
Parkscheibe	*p-skive*
Parkuhr	*parkometer*
Parkverbot	*forbud, mod parkering*
Pkw	*personbil*
Polizei	*politi*
Propangas	*flaskegas*
Querstraße	*tværgade*

R

Rad	*hjul*
Radweg	*cykelsti*
Rast	*rast, hvile*
Rasthaus	*landevejskro*
rechts	*til højre*
Reifen	*dæk*
Reifenpanne	*punktering*
Reparatur	*reparation*
Reparaturwerkstatt	*reparationsværkstad*
Rücklicht	*baglygte*
Rückspiegel	*bakspejl*
Rückwärtsgang	*bakgear*

S

Schalter	*afbryder, kontakt*
Scheibe	*skive*
Scheibenwaschanlage	*sprinkleranlæg*
Scheibenwischer	*vinduevisker*

Scheinwerfer	*lyskaster, projektør*
Schlauch	*slange*
Schlüssel	*nøgle*
Schneekette	*snekæder*
Schraubendreher	*skruetrækker*
Schraubenschüssel	*skruenøgle*
Sicherung	*sikring*
Sommerreifen	*sommerdæk*
Starthilfe	*hjælp til start*
Steckdose	*stikkontakt, stikdåse*
Stecker	*stik, stikprop*
Stoßdämpfer	*støddæmper*
Straße	*stræde*
Straßengraben	*landevejsgrøft*
Straßenkreuzung	*gadekryds*
Strom	*strøm*

T, U

Tank	*tank*
Tankstelle	*benzintank, servicestation*
Tempo	*tempo, fart, hastighed*
Trinkwasser	*drikkevand*
übernachten	*overnatte*
undicht	*utæt*
Unfall	*ulykke, ulykkestilfælde*

V

Ventil	*ventil, klap*
Ventilator	*ventilator*
verboten	*forbudt, ikke tilladt*
Vergaser	*karburator*
Verletzte(r)	*såret*
Versorgung	*forsyning, pasning*

W

Wagen	*vogn*
Wagenheber	*donkraft*
Wagenwäsche	*bilvask*
Wasser	*vand*
Werkstatt	*værkstad*
Werkzeug	*værktoj*
Wohnmobil	*campingbil*
Wohnwagen	*campingvogn, caravan*

Z

Zoll	*tomme*
Zulassung	*adgang, tilladelse*
Zündkerze	*tændrør*
Zündschüssel	*tændingsnøgle*
Zylinder	*cylinder*

193wd-mm

REGISTER

DER AUTOR

115wd-mm

Michael Moll ist seit vielen Jahren als Reisebuchautor unterwegs und veröffentlichte bisher über einhundert Reiseführer, überwiegend in den Bereichen Wander- und Wohnmobilreisen. Für seine Recherchetouren benutzt er niemals das Flugzeug, weshalb er zwar langsamer unterwegs ist, jedoch weitaus mehr Eindrücke aufnehmen kann. Um Ozeane zu überqueren, fährt er auf Frachtschiffen und für eine Reise nach China war er ausschließlich mit dem Zug unterwegs. Innerhalb Europas tourt er mit einem Wohnmobil von Ziel zu Ziel und lebte auch drei Jahre in einem.

Neben der Erstellung von Reiseführern hält er Multimediavorträge über seine Touren und veranstaltet Ausstellungen, in denen er seine Bilder präsentiert. Anzutreffen ist er auch auf seinem eigenen Wohnmobilstellplatz am Barockschloss Nordkirchen im Münsterland.

Über seine Reisen und Projekte berichtet er selbstverständlich auch im Internet: www.dieweltenbummler.de.

IMPRESSUM

Michael Moll

Die schönsten Routen durch DÄNEMARK

7., neu bearbeitete und aktualisierte Auflage 2024

ISBN 978-3-8317-3887-8

Printed in Germany

Druck und Bindung:
mediaprint solutions GmbH, Paderborn

Herausgeber: Klaus Werner
Layout: amundo media GmbH (Inhalt), Wayan Rump (Umschlag)
Lektorat: amundo media GmbH
Routenkarten: world mapping project
Ortspläne: Catherine Raisin, amundo media GmbH, Ingenieurbüro K. Wendler, der Verlag
Kontakt: Reise Know-How Verlag Peter Rump GmbH, Osnabrücker Str. 79, 33649 Bielefeld, Deutschland, Tel. +49-521-946490, info@reise-know-how.de
Anzeigenvertrieb: KV Kommunalverlag GmbH & Co. KG, Alte Landstraße 23, 85521 Ottobrunn, Tel. 089 928096-0, info@kommunal-verlag.de

---

Bildnachweis: Umschlagvorderseite: ©lavizzara, stock.adobe.com | Umschlagrückseite: Michael Moll | S. 257: ©by-studio, stock.adobe.com. Soweit ihre Namen nicht vollständig am Bild vermerkt sind, stehen die Kürzel an den Abbildungen für die folgenden Fotografen, Firmen und Einrichtungen. Michael Moll: mm | www.dreamstime.com: dt | ®2014 The LEGO Group, Billund-Dänemark: Lego | www.visitdenmark.dk: vd

---

ÜBERSICHT STELL- UND CAMPINGPLÄTZE

Die **GPS-Koordinaten der Stell- und Campingplätze im Buch** können auf der Verlags-Website www.reise-know-how.de von der Artikelseite dieses Buches als Waypoint-Liste heruntergeladen werden.

ANFAHRT

1 Stellplatz Citti-Park, Flensburg S. 13
2 Ostseecamp Glücksburg-Holnis S. 13

ROUTE 1

3 Krusaa Camping og Hytter S. 44
4 Frigård Camping S. 44
5 Lærkelunden Camping S. 45
6 Gammelmark Strand Camping S. 45
7 Stellplatz Kruså S. 45
8 Rinkenæshus Camping S. 46
9 Stellplatz an der Marina Sønderborg S. 48
10 Sønderborg Camping S. 48
11 Madeskov Camping S. 48
12 Augustenborg Yachthavn Camping S. 49
13 Hertugbyns Camping S. 49
14 Augustenhof Strand Camping S. 49
15 Købingsmark Strand Camping S. 49
16 Lavensby Strand Camping S. 50
17 Naldmose Camping S. 50
18 Lillebælt Camping S. 50
19 Mommark Marina Camping S. 50
20 Lysabildskov Camping S. 50
21 Skovmose Camping S. 50
22 Drejby Strandcamping S. 50
23 Sønderkobbel Camping S. 51
24 Sønderby Strand Camping S. 51
25 Aabenraa Citycamping S. 52
26 Camper Stop Aabenraa S. 52
27 Skarrev Camping S. 52
28 Tiny Seaside, Loddenhøj S. 52
29 Sandskær Camping S. 52
30 Genner Hoel Camping S. 52
31 Stellplatz Kystvej S. 53
32 Sønderballe Camping S. 53
33 Gåsevig Strand Camping S. 53
34 Vikær-Diernæs Strand Camping S. 54
35 Stellplatz im Jachthafen von Haderslev S. 54
36 Camper Parken S. 54
37 Park2Night S. 54
38 Stellplatz Årøsund S. 54
39 Gammelbro Camping S. 54
40 Camping am Bauernhof Kolindsholm S. 55
41 Stellplatz Kolding Lystbådehavn S. 57
42 Dancamps Kolding S. 57
43 Foldingbro Camping S. 57
44 Darum Camping S. 58
45 Esbjerg Camping S. 60
46 Sjelborg Camping S. 60
47 Rødgård Camping Fanø S. 61
48 Feldberg Familie Camping S. 61
49 Feldberg Strand Camping S. 61
50 Ribe Camping S. 64
51 Mandø Brugs Camping S. 65
52 Stellplatz Storkesøen Ribe S. 65
53 Stellplatz Kammerslusen S. 65
54 Stellplatz Marsk Tower S. 66
55 Stellplatz Oasen S. 68
56 Skærbæk Familie Camping S. 69
57 Lakolk Camping S. 70
58 Kommandørgårdens Camping S. 70
59 Tønder Camping S. 72
60 Campingplatz Højer S. 72

ROUTE 2

61 Stellplatz Sternlicht S. 77
62 Hvidbjerg Strand Camping S. 77
63 Vejers Familie Camping S. 77
64 Vejers Strand Camping S. 77
65 Stjerne Camping I/S S. 78
66 Børsmose Strand Camping S. 78
67 Henne Strand Camping S. 78
68 Henneby Camping S. 78
69 Lyngboparken Naturistcamping S. 78
70 Houstrup Camping S. 78
71 Nymindegab Familie Camping S. 78
72 Tipperne Camping S. 79

ROUTE 3

ROUTE 4

ROUTE 5

ROUTE 6

ROUTE 7

So mancher Stellplatz bietet viel Platz und Erholung pur

175wd-mm

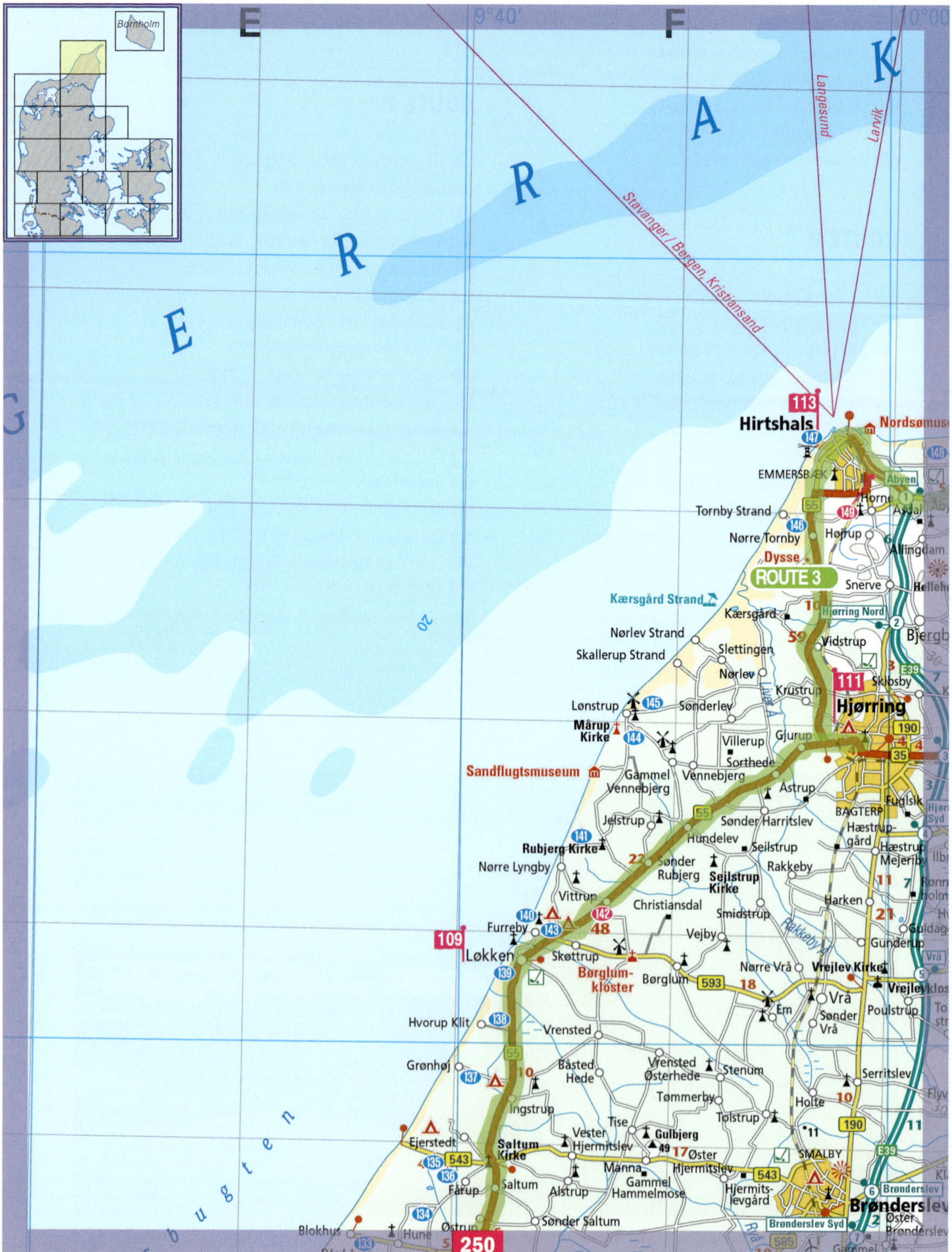

E
F
9°40′
10°00′
Bornholm
S
K
A
R
R
E
Langesund
Larvik
Stavanger / Bergen, Kristiansand
113
Hirtshals
Nordsømus
EMMERSBÆK
Abyen
Horne
Asdal
Tornby Strand
Nørre Tornby
Højrup
Allingdam
Dysse
ROUTE 3
Snerve
Kærsgård Strand
Kærsgård
Hjørring Nord
Nørlev Strand
Skallerup Strand
Slettingen
Vidstrup
Bjergby
Nørlev
111
Skibsby
Lønstrup
Sønderlev
Krustrup
Hjørring
Mårup Kirke
Villerup
Gjurup
Sorthede
Sandflugtsmuseum
Gammel Vennebjerg
Vennebjerg
Astrup
Fuglsig
BAGTERP
Jelstrup
Sønder Harritslev
Hæstrup-gård
Hundelev
Seilstrup
Hæstrup Mejeriby
Rubjerg Kirke
Nørre Lyngby
Sønder Rubjerg
Sejlstrup Kirke
Rakkeby
Vittrup
Christiansdal
Harken
Smidstrup
Furreby
Vejby
Gunderup
109
Løkken
Skøttrup
Børglum-kloster
Børglum
Nørre Vrå
Vrejlev Kirke
Vrejlevklos
Vrå
Em
Sønder Vrå
Poulstrup
Hvorup Klit
Vrensted
Grønhøj
Bästed Hede
Vrensted Østerhede
Stenum
Serritslev
Ingstrup
Tømmerby
Holte
Tolstrup
Ejerstedt
Tise
Vester Hjermitslev
Gulbjerg
Saltum Kirke
Øster Hjermitslev
SMALBY
Manna
Saltum
Gammel Hammelmose
Fårup
Alstrup
Hjermits-levgård
Brønderslev
Blokhus
Østrup
Hune
Sønder Saltum
Brønderslev Syd
Øster Brønderslev
Gammel
250

G
10°00'
10°20'
1 cm = 3 km
5 km
© Reise Know-How 2024
Nordstrand
Grenen
Drachmanns Grav
NORDBY
HØJEN
116
Skagen
Skagen Klitplantage
Den tilsandede Kirke
Tranestederne
Kandestederne
Rannerød
Hulsig
Bunken Klitplantage
Råbjerg Kirke
Lods-kovvad
Skiveren
Tannis Bugt
Tversted Plantage
Ørnereservatet
Albæk
Ålbæk Bugt
Uggerby Klitplantage
Tversted
Tuen
Gårdbogård
Øster Knasborg
Uggerby
Østenåen
Nørre Elkær
Hvims
Napstjært
Abyen
Stabæk
Terpet
Sørig Kirke
Retholt
Uggerby Å
Stenbæk
Råbjerg Mose
Jerup Hede
Jerup
Mygdal
Odden
Bindslev
Blæsbjerg
Hellehøj
Grøntved
Bindslev Kirke
Sønder Bindslev
ROUTE 3
Bratten Strand
Bjergby
Mogensbæk
Måstrup
Dysse
Baggesvogn
Sindal
Mosbjerg Kirke
Mosbjerg
Tågholt
Nielstrup
Strandby
Græsholm
Hirsholmene
Hirsholm
Borrisholt
Sindal gamle Kirke
Dverget-ved
Tolne
Klæstrup
Astrup
Kvissel
Elling
Lerbæk
Rønnerne
Bøgsted
Hovedgård
Sindal
Tolne Kirkeby
Skårupgård
Elling Å
Hjørring Centrum
Sønderskov
Hørmested
Mejling
Kniyholt
Høgholt
Rammelhøj
Ravnshøj
120
Deget
Frederikshavn
Oslo
Göteborg
Skærum
Åsted
Favrholt
Egebjerg
Linderum
Hjørring Syd
Glimsholt
Rydal
Kilden
Lørslev
Ugilt
Tingstedet
Bangsbo
Ilbro
Lendum
Rønnovsholm
Borup
Dysse
Gærum
Halbjerg
Hvidstedgård
Tårs
Trøderup
Blakshøj
Bangsbo Å
Øksnebjerg
Guldager
Morild
Løth
Stenhøj
Højstrup
Skibtved
Høgsted
Sæby Nord
Sulbæk
Vrå
Graum
Sæsing
Søholt
Hørbylund
Understed
Karup
Vejlevkloster
Ny Rønnebjerg
Gammel Rønnebjerg
Tollestrup
Koldbro
Øster Vrå
Torslev Kirke
Hørby Kirke
Ottestrup
Thorshøj
Øksenhede
123
Sæby
Sæby Å
Volstrup Kirke
Sæbygård
Sterup
Mylund
Ormholt
Try
Hørby
Volstrup
Flyvbjerg
Kirkholt
Rampen
Hejselt
Haven
Syvsten
Sæby Syd
Store Ørtoft
Kragelund
Søhedens Bakke
Skæve Kirke
Badskær
Jerslev
Brønden
Hugdrup
Solsbæk
Klæstrup
Stagsted
Dybvad
Stidsholt
Hellum
Hellum Kirke
Sønderklit
Flauenskjold
Mølholt
Lyngså
Kølskegård
Storstenbakke
Læsø
251

Bornholm
NORD-
SØEN
20
Lerwick (Shetlands), Seydisfjord (Island)
Egersund, Bergen
Kristiansand
Hanstholmfæstningen
103
Roshage
Hanstholm
Hanstholm
Risbjerge
181
Bløgsø
Vildtreservat
Hykær
Tved
Klitplantage
Klitmøller
124
Vilsbøl
Klit-
plantage
Hinding
Nors Sø
Vandet
Sø
Agerholm
Vester Vandet
Øster
Vandet
557
Nystrup
Klitplantage
Vangså
ROUTE 3
Vang
Vandet
Klitplantage
Skinnerup
Torup Kirke
Torup
Klitplantage
Skårup
Torup
Thorsted
Dollerup
Nordsøakvariet
123
Nørre Vorupør
Voldsted
539
Sjørring
Jannerup
Snejstrup
Sønder Vorupør
Råstrup
Sperring
Næstrup
Faddersbøl
Stenbjerg
Hundborg
Stenbjerg
Klitplantage
122
Fredskilde
Ulstrup
Skjoldborg
Tegå
Nørhå
571
Årup
Sundby
26
Ås
Istrup
Snedsted
120
Vilsund Vest
Elsted
Øland
121
119
Lyngby
Hvidbjerg
Klitplantage
Ovesø
Sønderhå
Kjallerup
Hørsted
Harring
Kirke
Stagstrup
Gærup
Hvidbjerg Kirke
Madsted
Kovstrup
Hørdum
Koldby
Lyngholm
Svankær
Tandrup
Skyum
Skyum
Bjerge
Vilsund
Lodbjerg Fyr
Svindborg
Hassing
Irup
Gammel
Bedsted
Tolbøt
Ørum
Villerslev
Gudnæs
Strand
Dragstrup
Vig
Flade
Sø
Ørum
Sø
Villerup
Bedsted
527
Agger
Tåbel
Kloster
Mølle
Trankær
Visby
Ørndrup
Mark
Tæbring
Grurup
Gammelby
Tygstrup
Visby
Bredning
Agger Tange
Vestervig
Kirke
545
Ettrup
Ullerup
Blåbjerg
Gårde
Krik
Vestervig
Lundhøj
Torp
Krik
Vig
Ashøj
Heltborg
Karby
Rakkeby
Hurup
Randrup
Toftum
Arbjerg
545
Øster Hvidbjerg
Refs
Vester
Hvidbjerg
Nees Sund
Thyborøn Kanal
Flarup
Nees
Dover
Glomstrup
Gettrup
527
Doverodde
Boddum
Bisgård
Agerø
Thyborøn
Ydby
Sønderby
Helligsø
Boddum
Munkholm
Odde
Lindholm
Ydby Hede
Sindrup
Sønder
Ydby
252

1 cm = 3 km
5 km
© Reise Know-How 2024
Vigsø Bugt
Skarreklit
Lild Strand
Lild Klitplantage
Stenbjerg Sande
Torup Strand
Grønnestrand
Nørklit
Vester Torup Klitplantage
Klim Strand
Andrup
Hindelbjerge
Hamborg
Febbersted
Hanstholm
Vigsø
Hesseldal Bjerg
Glæde
Lund
Lund Fjord
Vust
Klim Bjerg
Vester Torup
Klim
Kollerup
Bjerget
Hjardemål Klit
Kærup Holme
Frøstrup
Torup Holme
Ullerup
Fjerritslev
Bryggerimus
Ågård
Vullum Sø
Hjardemål Plantage
Langvad
Tømmerby Kirke
Sløjkanal
Tømmerby
Tømmerby Fjord
Østerild Fjord
Østerild Klitplantage
Hjardemål
Korsø
Nørby
Ballerum
Søhuse
Klastrup
Bygholm Vejle
Kettrup
Skerping
Gundestrup
Gottrup
Gronhøj
Sønderby
Hunstrup
Johan Skjoldborg
Hannæs
Fjordholme
Drøstrup
Nors
Kåstrup
Østerild
Vesløs Huse
Vesløs
Arup Vejle
Øsløs
Skårup
ROUTE 3
Bejstrup
Hillerslev
Skovsted
Lønnerup
Gammel Vesløs
Amtoft
Amtoft Vig
Holmtange
Ullerup
Trehøje
Aggersund
Hovsør
Kjelstrup
Hov
Arup Kirke
Sønder Arup
Aggersborg
Langholm
Borreholm
Lønnerup Fjord
Tofthuse
Arup Holm
Feggerøn
Løggstør Bredning
Brund
Thisted
Dragsbæk
Silstrup
Semmels
Fårtoft
Eshøj Plantage
Skarrehage
Feggesund
Feggeklit
Molermuseet
Løgstør
Limfjordmuseet
Frederik d. VII's Kanal
Østerbæk
Kornum
Ravnstrup
Hesselbjerg
Ejerslev Røn
Mjallerup
Løgsted
Lendrup Strand
Thisted Bredning
Skærbæk
Sejerslev
Ejerslev
Ejerslev Lyng
Vandsted
Engelstrup
Malle
Næsby
Limfjorden
Salgjerhøj
Blinderøn
Livø
Brøttrup
Vilsted
Ranum
Fårtoft
Flade
Nandrup
Sønder Dråby
Jørsby
Rønbjerg Huse
Munksjørup
Sundby
Bjergby
Ullerup
Dråby Vig
Livø Bredning
Åle
Vitskøl Kloster
Klosterhave
Skallerup
Skarum
Buksør Odde
Bjørnsholm
Solbjerg
Tøving
Fur
Favnedyb
Overlade
Galtrup
Alsted
Borregård
Øster Jølby Kirke
Øster Jølby
Mors
Rodstenen
Bugt
Trend
Ersløv
Morsø
Tødsø
Lille Jenshøj
Anshede
Færker Vig
Sønderlade
Hyllebjerg
Dragstrup
ROUTE 3
Engelst
Nykøbing Mors
Vodstrup
Madsbad
Nederby
Ertebølle
Gunderup
Tandrup
Hvanstrup
Frøslev
Elsø
Søndergårde
Stenøre
Fur Sund
Branden
Køkkenmødding
Fredbjerg
Gøttrup
Fjallerslev
Mollerup
Frøslevvang
Noreng
Floutrup
Myrhøj
Vannerup
Damsgård
Refshammer
Grynderup
Strandby
Sjørup Gårde
Ovtrup
Lødderup
Risum
Selde
Fredsø
Holmgårde
Åsted
Batum
Lindum
Risgårde
Fragtrup
Grønnerup
Vejerslev Kirke
Vils
Nissum
Jungetgård
Junget
Glyngøre
Sæby
Østergård
Fandrup
Vejerslev
Kårup
Durup
Thorum
Risgårde Bredning
Stistrup
Dammergårde
Hvidbjerg
Ljørslev
Nautrup
Tøndering
Græstrup
Svingelbjerg
Redsted
Centrum
Toustrup
Hegnet
Hinnerup
Hestbæk
Store Rotholm
Dollerup
Foulum
Blidstrup
Ørding
Salling Sund
Vile
Dalstrup
Yttrup
Nørre Thise
Ullits
Vester Assels
Harre
Kirkeby
Sundsøre
Illerisøre
Gammel Ullits
Øster Assels
Lysen Bredning
Harre Vig
ROUTE 2
Roslev
Grinderslev
Stouby
Vester-bølle
Sillerslev
Over Hjerk
Ilbjerg
Thise
Hvalpsund
Alstrup
Eskær
Hessel
Breum

246
249
254
Jammerbugt
Blokhus
Hune
Blokhus Klitplantage
Kvorup
Rimmehuse
Rødhus
Rødhus Klit
Rødhus Kirke
Lundergård Mark
Pandrup
Jetsmark Kirke
Kaas
Mergelsbæk
Moseby
Tranum Klitplantage
Tranum Strand
Sønder Saltum
Øster Rendbæk
Store Vildmose
Sandels Fenner
Damfenner
Skovengene
Brændskov
Gammel Vrå
Tylstrup
Ajstrup Kirke
Ajstrup
Milbakken
Sønder Elkær
Nørre Halne
Sulsted
Sulsted Kirke
Vestbjerg
Hostrup
Vang
Vodskov
Brønderslev Syd
Gammel Burholt
Hvilshøj
Kraghede
Koldmose Kirke
Slettestrand
Hjortdal
Lerup Kirke
Tranum
Bratbjerg
Tranum Enge
Birkelse
Ryå
Aabybro
Biersted
Bjørnkær
Nørlang
ROUTE 3
Frisbrup
Nørre Økse
Arentsminde
Fredensdal
Bratskov
Halvrimmen
Aldrup
Telling
Janum
Janum Kjøt
Tingskov
Øster Svenstrup
Skovsgård
Brovst
Sønder Økse
Skallerne
Ølands Vejle
Nørredige
Haldager
Vejlen
Vadum
Torpet
Vadum Kirke
Hvorup Kirke
Hvorup
Aalborg
Nørredyb
Tagholme
Fruens Holm
Egholm
Lindholm
Nørresundby C.
Nørresundby N
Bouet
Nørre Uttrup
Hennedal
Skræm
Bonderup
Flegum
Kokkedal
Hvisselhøj
Øland Kirke
Ulvedyb
Bjerget
Gjøl
Gjøl Bredning
Oxholm
Vesterby
Østerby
Vilsbæksminde Kanal
Haverslev
Ravsten
Troldholme
Rønholm
Klitgårds Fiskerleje
Nørholm
Nørholm Enge
Resrup Enge
Hasseris
Porsheden
Mellemholm
Troldkirken
Aalborg Centrum
Skalborg
Vejgård
Øster Sundby
Nørre Trand
Humlebakken
Universitet
T.H Sauersvej
Gug
Aalborg S
Visse
Klarup
Gistrup
Stavn
Vår
Vår Mark
Nibe Bredning
Nørrekær
Sønderholm
Store Restrup
Frejlev
Dall Villaby
Jættestuer
Tostrup
Svenstrup
Poulstrup
Dall
Gultentorp
Nøvling
Godthåb
Finnelstrup
Sæderup
Lundby
Næsborg
Brøndum
Farstrup
Kølby
Barmer
Valsted
Nibe
Binderup
Gelstrup
Tårup
Krastrup
Sebberkloster
Grydsted
Erkilstrup
Hemdrup
Skarp Salling
Store Ajstrup
Sebbersund
Halkær Bredning
Lundbæk
Bislev
Vokslev
Moldbjerg
Klæstrup
Nørreknold
Volstrup
Svenstrup
Ferslev
Oppelstrup
Bonderup
Guldbæk
Gunderup
Brårup
Lundby
Frejstrup
Djørup
Simested
Pandum
Øster Hornum
Abildgårde
Mjels
Fjellerad
Ellidshøj
Vindblæs
Borup
Skørbæk
Halkær
Estrup
Hæsum
Flamsted
Hals
Volsted
Langdysse
Gundersted
Byrsted
Støvring Nord
Annerup
Lindenborg
Ørnhøje
Horsens
Ejdrup
Veggerby
Bradsted
Sørup
Gerding
Lille Ajstrup
Vegger
Kirketerp
Hjeds
Støvring
Øster Faldgårde
Gatten
Bjørnstrup
Hyllested
Støvring Syd
Mastrup
Gammel Skørping
Skindbjerg
Blenstrup
Tustrup
Flejsborg
Skivum
Albæk Mark
Fløe
Askildrup
Søttrup
Blære
Blære Stationsby
Hjedsbæk
Fræer
Buderupholm
Store Brøndum
Krogstrup
Hornum
Troelstrup
Lynnerup Gårde
Suldrup
Thingbæk Kalkmine
Gravlev
Sejlstrup
Vester Hornum
Aars
Svenstrup
Katby Huse
Trængstrup
Rebstrup
Tøttrup
Trøjborg
Grårup
Vester Oustrup
Oplev
Rebild
Højodde
Skørping
Asp
Torup
Siem
Hvorvarp
Tolstrup
Gundestrup
Sønderup
Sønderup
Ersted
Aarestrup
Store Økssø
Hellum
Torup Kirke
Havbro
Mosbæk
Braulstrup
Torstedlund
Den Jyske Skovhave
Madum Sø
Jelstrup
Rold Skov
Mølgård
Pisselhøj
Sjøstrup
Nørlund
Akselterp
Holme
Ebdrup
Borremosefæstningen
Haverslev
Lille Binderup
Ladelund
Cirkusmuseum
Tisted
Farsø
Morum
Nyrup
Smorup
Skårup
Rold
Arden
Lille Arden
Villestrup
Møldrup
Astrup
Svoldrup
Store Binderup
Gislum
Brorstrup
Fyrkilde
Nysum
Rold Bavnehøj
Store Arden
Vognsild
Vestrup
Mejlby
Ravnkilde
Gandrup
Brøndbjerg
Østrup
Bonderup
Lille Rørbæk
Bradstrup
Stenstrup
Vrå
Lerkenfeld
Lerkenfeld Å
Kjemtrup
True
Rostrup
Grevelund
Søkbæk
Testrup
Testrup Kloster
Gammel Nørager
Vebbestrup
Fragdrup
Hedegårde
Knudstrup
Oldtidsboplads
Guldager
Grynderup
Monstrup
Femhøj
Vesterbølle
Østerbølle
Nørager
Rørbæk
Øster Doense
Stubberup
Glerup
Cykel-
Simested
Torup
Hondrup
Barsbøl
Nordjylland

247
1 cm = 3 km
5 km
© Reise Know-How 2024
Kølskegård
Storstenbakke
Flauenskjold
Mølholt
Degnehøje
Lyngså
Hvilshøje
Hallund
Røgelhede
Allerup
Dorf Kirkeby
Voer Kirke
Præstbro
Albæk
Favrholt
Hollensted
Klokkerholm
Dorf Mølle
Dorf
Gammel Agersted
Voersaa
Læsø Rende
Ørum Vestermark
Jyske Ås
Sukkertoppen
Agersted Bakker
Fæbroen
Store Rugtved
Krabdrup
Thorup
Dysse
Dronninglund Storskov
Agersted
Ørum
Hjallerup Kirke
Hjallerup
Ravnstrup
Pyldbørsdysse
Ørsø
Nørre Sørå
Sønder Sørå
Nordkær
Hammer Kirke
Grindsted
Dronninglund
Møgelmose
Asaa
Stagsted
Dronninglund Slot
Lyngdrup
Kærsgårde
Hammer Bakker
Try
Bolle
Østerled
Uggerhalne
Langholt
ROUTE 3
Rørholt
Geraa Enge
Geraa
Vodskov Nord
Tranholm
Hylholt
Gerå
Gettrup
Melholt
Rærup
Langholt
Vodskov
Hellighøe
Stae
Ulsted
Vester Hassing
Øster Hassing
Ulstedlund
Hou
Gandrup
Øster Uttrup
Langerak
Mikkelmark
Holtet
Hals Nørreskov
Møllestenen
Klarupgård
Gåser Kirke
Ålebæk
Klarup
Storvorde
Gåser
Nymark
Bisnap
Romdrup
Østerågård
Hals
Skansen
Lillevorde
Sejlflod
Skellet
Tiendegårds Mark
Egense-kloster
Hådybet
Hals Barre N
Skovstrup
Gudumholm
Mou
Egense
Hals Barre S
Hals Barre
Torderup
Kærsholm
Møllegård Huse
Gudum
Varst
Gudumlund
Høstemark
Klattrup
Vestergårde
Mulbjerge
Refsnæs
Nørre Kongerslev
Lille Vildmose
Dokkedal
Komdrup
Store Monshøj
Kongerslev
Lillesø
Dollerup
Kongstedlund
Vildmosegård
Randrup
Skibsted
Smidie
Svanfolk
Svitringen Rende S
Lyngby
Dragsgård
Bælum
Lille Brøndum
Terndrup
Solbjerg
Nørre Hurup
Sønder Hurup
Øster Hurup
Gammel Viffertsholm
Graverhuse
Fruerlund
ÅLBORG BUGT
Bornholm
Tisted
Sønderholt
Rønholt
Møgelholt
Kørup
Veddum
Trinnerup
Skelund
Tornskær
Vejhuse
Glerup
Visborggård
Hadsund
Als
Glargårde
Bud-dum
Visborg
Brohuse
Helberskov
Vester Lovnkær
Hadsund
Havnø
Odde
Vive
Mariager Fjord
Hadsund Syd
Østergårde
Als Odde
K
255

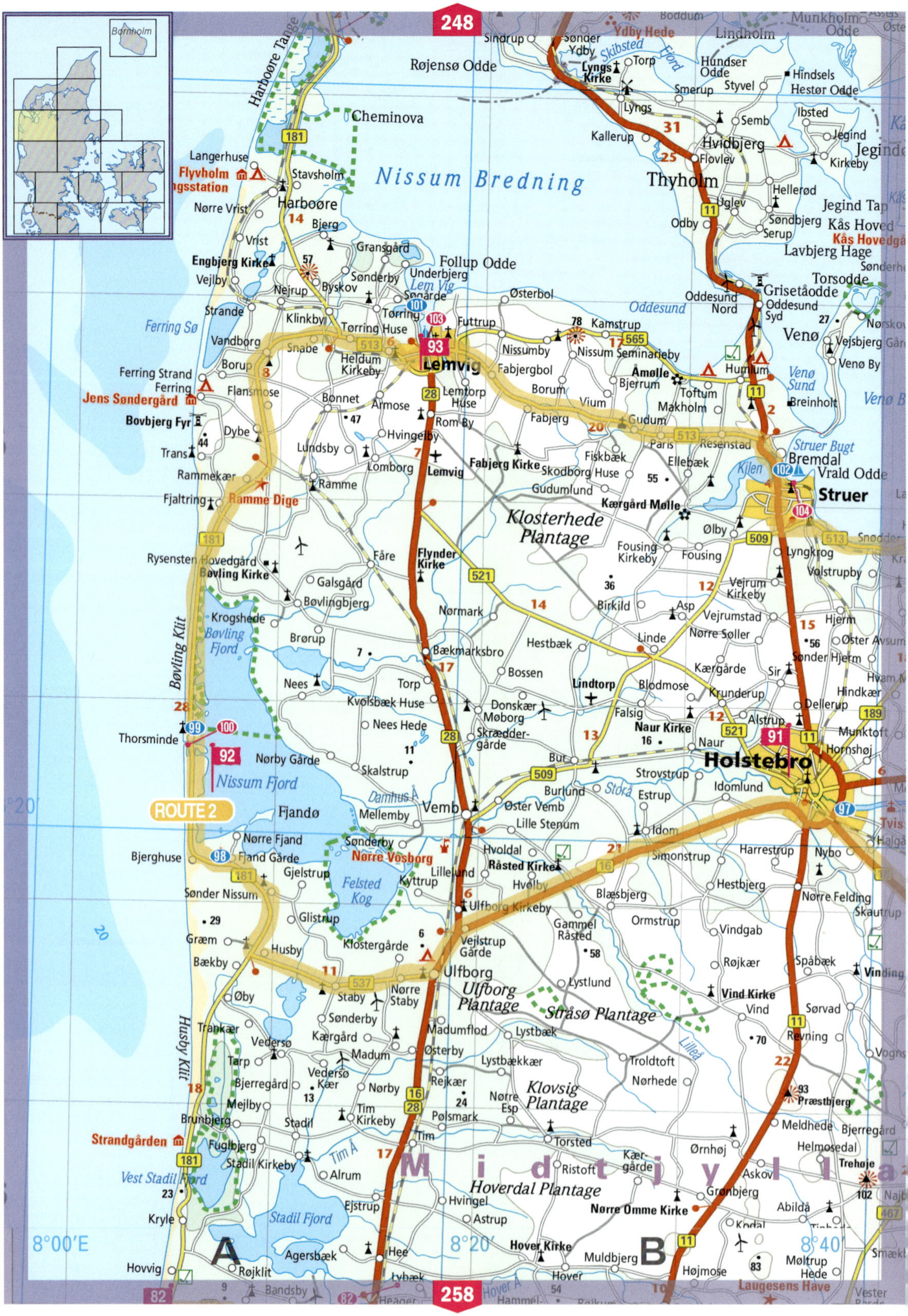
248
258
Nissum Bredning
Nissum Fjord
Harboøre Tange
Cheminova
Røjensø Odde
Langerhuse
Flyvholm
Stavsholm
Harboøre
Nørre Vrist
Bjerg
Vrist
Engbjerg Kirke
Vejlby
Gransgård
Follup Odde
Underbjerg
Lem Vig
Sønderby
Byskov
Nejrup
Søgårde
Klinkby
Strande
Tørring
Tørring Huse
Ferring Sø
Vandborg
Snabe
Heldum Kirkeby
Lemvig
Futtrup
Nissumby
Fabjergbol
Østerbol
Kamstrup
Nissum Seminarieby
Oddesund
Oddesund Nord
Oddesund Syd
Grisetåodde
Torsodde
Venø
Vejsbjerg Gård
Venø By
Venø Sund
Breinholt
Ferring Strand
Ferring
Borup
Flansmose
Jens Søndergård
Bønnet
Armose
Lemtorp Huse
Borum
Vium
Bjerrum
Åmølle
Toftum
Humlum
Makholm
Gudum
Bovbjerg Fyr
Dybe
Rom By
Fabjerg
Hvingelby
Lundsby
Trans
Rammekær
Lomborg
Lemvig
Fabjerg Kirke
Skodborg Huse
Fiskbæk
Paris
Ellebæk
Resenstad
Struer Bugt
Bremdal
Vrald Odde
Struer
Kilen
Ramme
Ramme Dige
Fjaltring
Gudumlund
Kærgård Mølle
Klosterhede Plantage
Ølby
Fousing Kirkeby
Fousing
Lyngkrog
Volstrupby
Snodde
Rysensten
Hovedgård
Bøvling Kirke
Fåre
Flynder Kirke
Galsgård
Bøvlingbjerg
Nørmark
Birkild
Vejrum Kirkeby
Vejrumstad
Asp
Hjerm
Øster Avsum
Sønder Hjerm
Krogshede
Bøvling Fjord
Bøvling Klit
Brørup
Hestbæk
Linde
Nørre Søller
Kærgårde
Bækmarksbro
Bossen
Sir
Hvam
Hindkær
Nees
Torp
Lindtorp
Blodmose
Krunderup
Dellerup
Kvolsbæk Huse
Donskær
Møborg
Falsig
Alstrup
Munktoft
Hornshøj
Thorsminde
Nees Hede
Skrædder-gårde
Naur Kirke
Naur
Holstebro
Nørby Gårde
Skalstrup
Bur
Strovstrup
Idomlund
ROUTE 2
Fjandø
Damhus Å
Mellemby
Vemb
Øster Vemb
Burlund
Storå
Estrup
Lille Stenum
Idom
Nørre Fjand
Fjand Gårde
Sønderby
Nørre Vosborg
Hvoldal
Råsted Kirke
Simonstrup
Harrestrup
Nybo
Bjerghuse
Gjelstrup
Felsted Kog
Kyttrup
Lillelund
Hvolby
Blæsbjerg
Hestbjerg
Nørre Felding
Skautrup
Sønder Nissum
Ulfborg Kirkeby
Glistrup
Gammel Råsted
Ormstrup
Vindgab
Græm
Klostergårde
Vejlstrup Gårde
Røjkær
Spåbæk
Vinding
Bækby
Husby
Ulfborg
Ulfborg Plantage
Lystlund
Vind Kirke
Vind
Øby
Staby
Nørre Staby
Stråsø Plantage
Sørvad
Sønderby
Tranekær
Vedersø
Kærgård
Madumflod
Lystbæk
Lilleå
Revning
Tarp
Madum
Østerby
Lystbækkær
Troldtoft
Vedersø Kær
Bjerregård
Nørby
Rejkær
Nørre Esp
Klovsig Plantage
Nørhede
Præstbjerg
Mejlby
Tim Kirkeby
Polsmark
Husby Klit
Brunbjerg
Stadil
Tim
Torsted
Meldhede
Bjerregård
Strandgården
Fuglbjerg
Tim Å
Ørnhøj
Helmosedal
Stadil Kirkeby
Midtjylland
Ristoft
Kær-gårde
Askov
Trehøje
Vest Stadil Fjord
Alrum
Hoverdal Plantage
Grønbjerg
Ejstrup
Hvingel
Nørre Omme Kirke
Abildå
Kryle
Stadil Fjord
Astrup
Kodal
8°00'E
8°20'
8°40'
A
B
Agersbæk
Hee
Hover Kirke
Muldbjerg
Højmose
Møltrup Hede
Hovvig
Røjklit
Bandsby
Lybæk
Hover
Laugesens Have
Sindrup
Sønder Ydby
Ydby Hede
Skibsted Fjord
Lyngs Kirke
Torp
Hundser Odde
Hindsels
Lindholm
Styvel
Hestør Odde
Smerup
Lyngs
Semb
Ibsted
Kallerup
Hvidbjerg
Jegind
Flovlev
Jegindø
Kirkeby
Thyholm
Hellerød
Uglev
Jegind Tap
Søndbjerg
Kås Hoved
Odby
Serup
Kås Hovedgård
Lavbjerg Hage
Bornholm

249
1 cm = 3 km
5 km
© Reise Know-How 2024
Grinderslevkloster
Hessel
Hvalpsund
Gedsted
Sillerslev
Over Hjerk
Sønderby
Nørre Andrup
Nannerup
Breum
Eskær
Lovns
Fjordkær
Frammerslev
Vium
Jebjerg
Mogenstrup
Skovgårde
Jenle
Ringvold
Kås Bredning
Neder Ginderup
ROUTE 2
Bostrup
Astrup Vig
Jelse Odde
Lovns Bredning
Krejbjerg
Oddense
Grønning
Spøttrup
Rødding
Buksager
Øster Grønning
Otting
Kåstrup
Nyby
Grønning Øre
Vadum
Lyby
Kås Sø
Nørre Balling
Ejskær
Øster Lyby
Lundø
Ulbjerg
Ålbæk
Hindborg
Intrup
Kås Mark
Balling
Vester Dølby
Hejlskov
Hovedgård
Vejby
Bådsgård Vig
Virksund
Lihme
Brodal
Grove
Øster Dølby
Bøstrup
Lem
Hem
Skive Fjord
Stårup
Stårup Hovedgård
Hald
Ørslev-kloster
Sundstrup
Sønderhede
Ramsing
Vester Hærup
Vester Lem
Brøndum
RESEN
Skive
Højslev
Sønder Lem
Håsum
VINDE
Krabbesholm
Sejstrup
Strandet
Nørre Rind
Hostrup Strand
Sønder Lem Vig
Rettrup
Halskov
Nørre Ørum
Nørskov
Hvidbjerg
Østerris
Gårde
Lavhede
Dommerby
Vinkel
Sønder Ørum
Borup
Lynderup
Remmer
EGERIS
BRÅRUP
Højslev Stationsby
Nørre Søby
Skive
Knudby
Geddal
Egebjerg
Gammel Rønbjerg
Kisum
Tårupgård
Hjarbæk Fjord
Venø Bugt
Ejsing
Rønbjerg
Estvad
Søby
Røgind
Kvosted
Kvols
Ejsingholm
Flyndersø
Karup Å
Kobberup
Jordbro Å
Hjarbæk
Hvidemose
Feldingbjerg Kirke
Fiskbæk
Råst
Stokholm
Hjelm Hede
Bærs
Tastum
Dysse
Ålskov
Ål
Landting Mark
Hasselholt
Sebstrup
Karstoft
Fly
Gammelstrup
Vinderup
Sahl
Frilands-museum
Åkær
Iglsø
Stoholm
Sparkær
Kirkebæk
Handbjerg
Mogenstrup
Romlund
Nørre Bjert
Svenstrup
Kjeldbjerg
Smollerup
Kragelund
Sønder Bjert
Øster Børsting
Jegstrup
Lindholt
Sevel
Trevad
Kalkgruber
Vejsgårde
Trandum
Mønsted
Fusager
Stubbergård Sø
Stubberkloster
Vridsted
Lånum
Kvium
Rovt
Ryde
Felde
Hedegård
Vroue
Daugbjerg
Ravnstrup
Gårdsal
Djeld
Dueholm
Sønderma
Avsum
Brødbæk
Stendis
Sjørup
254
Hvam
Hagebro
Finderup
Hvam Mejeriby
Borbjerg
Mogelvang
Herrup
Søvsø
Hald Ege
Trabjerg
Vivtrup
Sønder Hvam
Bjergby
Jættestue
Hald Slot
Risum
Skave
Haderup
Stanghede
Birgitte
Gammelby
Brunbjerg
Nordre Feldborg Plantage
Kongenshus Mindepark
Hald Sø
Høstrup
Resen
Fallesgårde
Hogager
Grønhøj
Dollerup
Savstrup
Fårbæk
Resen Østerhede
Mejrup Kirkeby
Abildholt
Skelhøje
Magrethe Kape
Nørreholm
Stavlund
Tvis Kloster
Egelund
Firehuse
Lysgård
Halgårde
Yllebjerg
Feldborg
Rabis
Høgild
Sjørup
E'Bindstow
Alhede
Frederiks
Tvis
Brogård Mark
Stora
Hessellund Hede
Hessellund
Havredal
Neder Hvam
Hodsager
Skautrup
Morre
Vester Vistorp
Grove
Karup
Karup
Årestrup
Stovbæk
Hallundbæk
Helligkilden
Skræ
Varhede
Kølvrå
Neder Simmelkær
Vistorp
Over Uhre
Thorning
Vinding Kirke
Ommosegård
Vallerbæk
Lundby
Skjerk
Skærbæk
Simmelkær
Nørre Knudstrup
Lille Grøskov
Vejvad
Aulum
Tved
Skåphus Mark
Hestlund Hede
Grathestenen
Jersild
ROUTE 2
Kong Knaps Dige
Grathe Kirke
Kilde
Ovstrup
Røjen
Kompedal Plantage
Vognstrup
Ljørring
Nørre Linå
Ilskov
Ilskov Kirke
Bøgelund
Gråmose
Romvig Gårde
Ørre
Vester Linå
Helleskov
Sønderos
Munklinde
Frede
Krogshøj
Sinding
Rødding
Remme
Sunds
Frederiks
Vildbjerg
Merrild
Nyby
Sikær
Hollingholt
Ruskær
Stenho
Trælund
Skygge
Klode Mølle
Herning V.
Stubkær
Najbjerg
Nøvling
Herning
Favrholt
Bording Mark
Timring
Skinderholm
Engesv
Skibbild
Grøderiso
Tårnborn
Vrå
Bording Kirkeby
TJØRRING
Øster
Tvevad
Frølund
Smækbjerg
Birk-mose
C
Fonvad
Gjellerup-Lund
Tulstrup
D
Hestlund
Moselund
Tarnborg
H.Nord
Gjellerup
Busk
Bording
Over Julianehede
Trostrup Mark
Helstrup
Vester
Alle
259
Ikast
9°20'

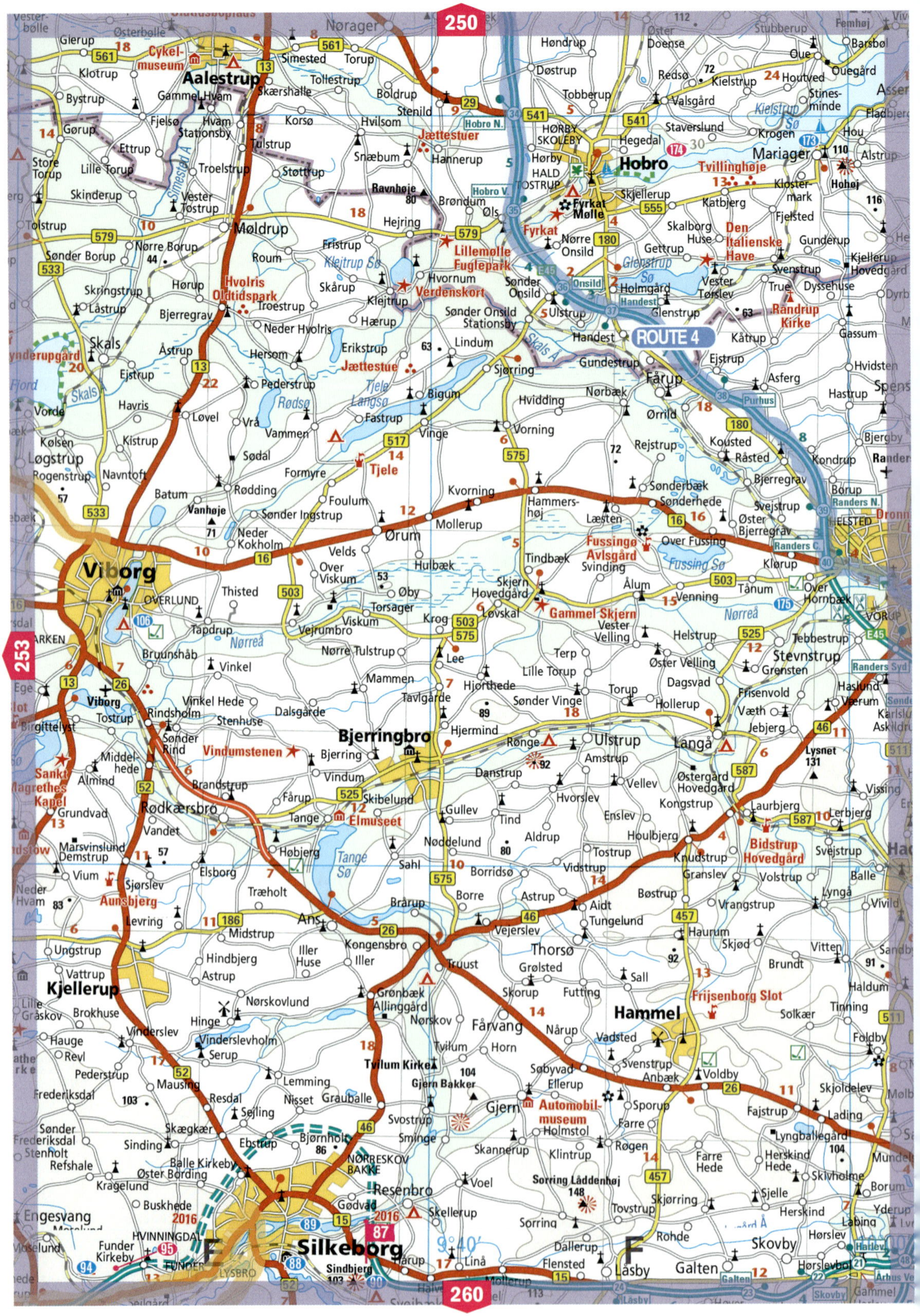

250
253
260
Aalestrup
Cykel-museum
Simested
Torup
Nørager
Gerlup
Klotrup
Bystrup
Gammel Hvam
Skærshalle
Tollestrup
Boldrup
Stenild
Hvam Stationsby
Fjelsø
Gørup
Ettrup
Korsø
Hvilsom
Hobro N.
Jættestuer
Tulstrup
Snæbum
Hannerup
Store Torup
Lille Torup
Troelstrup
Støttrup
Ravnhøje
Skinderup
Vester Tostrup
Brøndum
Møldrup
Hejring
Øls
Tolstrup
Nørre Borup
Sønder Borup
Roum
Fristrup
Kleitrup Sø
Lillemølle Fugleparken
Hvornum
Verdenskort
Hvolris Oldtidspark
Hørup
Skringstrup
Låstrup
Bjerregrav
Troestrup
Skårup
Kleitrup
Neder Hvolris
Hærup
Skals
Åstrup
Hersom
Erikstrup
Lindum
Jættestue
Ejstrup
Pederstrup
Rødsø
Tjele Langsø
Bigum
Havris
Løvel
Vrå
Fastrup
Vorde
Vammen
Vinge
Kølsen
Kistrup
Løgstrup
Rogenstrup
Navntoft
Sødal
Formyre
Tjele
Batum
Rødding
Foulum
Vanhøje
Sønder Ingstrup
Neder Kokholm
Ørum
Mollerup
Kvorning
Hammershøj
Viborg
Velds
Over Viskum
Hulbæk
Overlund
Thisted
Øby
Torsager
Tapdrup
Viskum
Nørreå
Vejrumbro
Krog
Nørre Tulstrup
Bruunshåb
Vinkel
Lee
Mammen
Tavlgårde
Vinkel Hede
Rindsholm
Dalsgårde
Hjorthede
Hjermind
Tostrup
Stenhuse
Sønder Rind
Bjerringbro
Vindumstenen
Bjerring
Vindum
Middelhede
Almind
Sankt Margrethes Kapel
Brandstrup
Fårup
Skibelund
Elmuseet
Tange
Grundvad
Rødkærsbro
Vandet
Marsvinslund
Demstrup
Vium
Sjørslev
Aunsbjerg
Elsborg
Høbjerg
Tange Sø
Sahl
Neder Hvam
Træholt
Levring
Midstrup
Ans
Bårup
Ungstrup
Vattrup
Kjellerup
Hindbjerg
Astrup
Iller Huse
Iller
Kongensbro
Nørskovlund
Grønbæk
Allinggård
Grønbæk
Brokhuse
Hinge
Vinderslev
Vinderslevholm
Serup
Hauge
Revl
Pederstrup
Mausing
Lemming
Frederiksdal
Resdal
Nisset
Grauballe
Sejling
Sønder Frederiksdal
Stenholt
Refshale
Sinding
Skægkær
Ebstrup
Bjørnholt
Balle Kirkeby
Øster Bording
Kragelund
Buskhede
Engesvang
Funder Kirkeby
Hvinningdal
Funder
Lysbro
Silkeborg
Sindbjerg
Nørreskov Bakke
Resenbro
Gødvad
Skellerup
Svostrup
Sminge
Tvilum Kirke
Gjern Bakker
Tvilum
Nørskov
Fårvang
Horn
Gjern
Automobil-museum
Holmstol
Skannerup
Klintrup
Voel
Sorring Låddenhøj
Sorring
Dallerup
Flensted
Linå
Hårup
Truust
Skorup
Grølsted
Thorsø
Vejerslev
Borre
Noddelund
Borridsø
Tind
Gullev
Aldrup
Danstrup
Hvorslev
Rønge
Ulstrup
Amstrup
Vellev
Enslev
Kongstrup
Houlbjerg
Tostrup
Vidstrup
Astrup
Aidt
Tungelund
Sall
Futting
Nårup
Hammel
Vadsted
Svenstrup
Anbæk
Søbyvad
Ellerup
Sporup
Farre
Røgen
Tovstrup
Skjørring
Låsby
Galten
Rohde
Skovby
Voldby
Frijsenborg Slot
Haurum
Skjød
Vitten
Brundt
Solkær
Tinning
Haldum
Foldby
Fajstrup
Lading
Skjoldelev
Lyngballegård
Herskind Hede
Herskind
Skivholme
Sjelle
Borum
Yderup
Labing
Hørslev
Hørslevbol
Farre Hede
Knudstrup
Granslev
Bøstrup
Vrangstrup
Volstrup
Lyngå
Vivild
Bidstrup Hovedgård
Svejstrup
Laurbjerg
Lerbjerg
Vissing
Lysnet
Langå
Østergård Hovedgård
Jebjerg
Væth
Frisenvold
Haslund
Værum
Torup
Hollerup
Dagsvad
Lille Torup
Terp
Sønder Vinge
Øster Velling
Grensten
Stevnstrup
Tebbestrup
Helstrup
Vester Velling
Gammel Skjern
Løvskal
Skjern Hovedgård
Tindbæk
Svinding
Ålum
Venning
Tånum
Over Hornbæk
Vorup
Randers
Randers C.
Randers N.
Randers Syd
Kløvrup
Fussingø Avlsgård
Over Fussing
Fussing Sø
Læsten
Sønderbæk
Sønderhede
Øster Bjerregrav
Svejstrup
Bjerregrav
Råsted
Kousted
Kondrup
Borup
Rejstrup
Vorning
Hvidding
Sjørring
Nørbæk
Ørrild
Fårup
Gundestrup
Handest
Ejstrup
Asferg
Hastrup
Hvidsten
Kåtrup
Gassum
Randrup Kirke
Glenstrup
Vester Tørslev
Holmgård
Glenstrup Sø
Gettrup
Skalborg Huse
Den Italienske Have
True
Dyssehuse
Svenstrup
Fjelsted
Gunderup
Kjellerup Hovedgård
Sønder Onsild
Sønder Onsild Stationsby
Ulstrup
Onsild
Nørre Onsild
Fyrkat
Fyrkat Mølle
Skjellerup
Katbjerg
Tvillinghøje
Kloster-mark
Mariager
Hohøj
Alstrup
Hou
Krogen
Staverslund
Hegedal
Hobro
Hørby
Hørby Skoleby
Hald Tostrup
Hobro V.
Tobberup
Døstrup
Håndrup
Doense
Redsø
Kielstrup
Valsgård
Kielstrup Sø
Houtved
Stines-minde
Oue
Ouegård
Barsbøl
Stubberup
Øster
ROUTE 4
Skals Å
Purhus
Handest
Helsted

251
1 cm = 3 km
5 km
© Reise Know-How 2024
Bornholm
Randers
Allingåbro
Auning
Ryomgård
Hornslet
Hadsten
Hinnerup
Lystrup
Århus
Randers Fjord
Grund Fjord
Kalø Vig
Egens Vig
Ebeltoft Vig
Begtrup Vig
Knebel Vig
Løgten Bugt
Langsø
Midtjylland
Overgård
Gjessing-gård
Støvring-gård
Stenalt
Dronningborg
Krakamarken
Clausholm
Sjellebrosten
Gammel Estrup
Løvenholm
Skafø-gård
Rosenholm
Kalø Slot
Møllerup
Jættestue
Mejlgård
Kokkenmødding
Trehøje
Poskær Stenhus
Agri Bavnehøj
Fregatten Jylland
Olaf Ryes Skanse
Universitet
Aarhus-Tirstrup
Løvenholm Skov
Fjeld Skov
Udbyhøj Vasehuse
Ebeltoft
Ahl Hage
Mols Hoved
Assens
Vindblæs Kirke
Lyshøj Mølle
Ørnbjerg Mølle
Bregnet Kirke
ROUTE 4
10°20'
10°40'
H
256
261

1 cm = 3 km
5 km
© Reise Know-How 2024
Bornholm
Gjerrild Nordstrand
Emmedsbo
Bønnerup
Brond-strup
Stokkebro
Gjerrild Klint
Gjerrild
Gjerrild Bugt
Glesborg
Kær
Hemmed
Sostrup
Glesborg
Rimsø
Vegger-slev
Hjembæk
Sangstrup Klint
Karlby
Emmelev
Selkær
Kast-bjerg
Dalstrup
Voldby
Sangstrup
Thorsø
Anholt
Stensmark
Fornæs Fyr
Mastrup
Skind-bjerg
Villersø
Hammelev
Fornæs
Skærvad
Dolmer
Åstrup
255
Kni
Godthåb
Kirial
Ålebugt
135
Enslev
Varberg
Kattegat-centret
Ginnerup
Næsby
Grenaa
Kolindsund
Fannerup
Ingvorstrup Hovedgård
Grenaa Strand
Fævejle
Revn
Hesselager
Fuglsang
Allelev
Hessel
Fladstrup
Vejlby
Høbjerg
Lyngby
Homå
Alsø
Katholm Hovedgård
Ravnhøj
Lund
Ålsrode
Obdrup
Trustrup
ROUTE 4
Bjørnholm
Lykkesholm
Høegholm
Balle
Østerballe
Ørup
Glatved
Hoed
Rosmus
Glatved Strand
Birkesig
Fuglslev
Rugård
Nørresø
Øksenmølle
Hyllested
Gravlev
Hyllested Skovgårde
Jernhatten
Stubbe
Arnakke
Holme
Skærsø Hovedgård
Dråby
Boeslum Strand
Boeslum
Ebeltoft
Kobberhage
Øerne
J
11°00′
56°
262

252
Hovvig
Røjklit
Bandsby
Klaster
Holmsland
Heager
Lybæk
Fladbjerg
Hover
Hammel-
svang
Røjkum
Ølstrup
Spjald
Brejninggård
Brejning
Vægerskilde
Laugesens Have
Vester Barde
Solsø Hede
Torhuse
Abild Barde
Søndervig
Øster Nørby
Bøndergårde
Gammelsogn Kirke
Tyvmose
Klegod
Ringkøbing
Mejlby
Øster No
Hjortmose
Sønder Brorstrup
Attenagre
Spjald
Opsund
Videbæk
Vorgod
Røgind
Hede-
gårdsmark
Hebeltoft
Hestkær
Trøstrup
Rindhuse
Fårborg
Herborg
Kovstrup
Velling
Nørby
Højmark
Øster Lem
Finderup
Fiskbæk
Lille Fiskbæk
Sønderup
Nørre Lyngvig
Lyngvig Kirke
6
Venner
Lem
Landting
Skårup
Sædding
Hangaards Have
Nørby
Hanning
Bundsbæk Mølle
Rækker Mølle
Fasterlund
Sønder Lyngvig
Hvide Sande
56°00′N
Holmsland Klit
Halby
Sandager
Dejbjerg
Lykkeby
Astrup
Ejstrup
Veteranflysamling
Klægbanke
Østerby
Stauning
Leding
Bølling
Faster
Borris Nørreland
Højby
Ringkøbing Fjord
Nørre Vognbjerg
Hedeby
Øster Marup
Hjoptarp
Årgab
Stauning
Sønderby
Østerby
Kjelstrup
Langkær
Ganer
Lundenæs
Borris
Sønderby
Nørre Havrvig
Havrvig Kirke
Strandby
Hedeby
Skjern
Ånum
Gjaldbæk
Sønder Havrvig
Skjern Å
Kodbøl
Borris Sønderland
ROUTE 2
Stovstrup
Lønborg-gård
Nørre Bøel
Tarm
Skaven Strand
Hemmet Strand
Vostrup
Lønborg
Præstbro
Bjerregård
Tipperne
Skuldbøl
Fjerbæk
Egvad Kirke
Bundsgård
Galgebjerg
Gundesbøl
Bandsbøl
Lønborg Hede
Gråhede
Ådum
Vernengene
Hemmet
Foersum
Vittarp
Bork Havn
Gundesbøl
Tøstrup
Barslund
7
Galgebjerg
Vallund
Krageris
Nørre Bork
Nymindegab
Vester-
lund
Obling
Østergård
Havlund
Stejlund
Vejrup
Sønder Vium
Sønder Bork
Nørhede
Østtarp
Lønne Klint
Lønne
Lydum
Lyne
Ølgod
Højlund
Lønnestak
Rærup
Sønderdiger
Strellev
Mejeri-
museum
Lovebjerg
Nørre Nebel
Glibstrup
Mosbøl
Adsbøl
Lindbjerg
Sønder Tarp
Lønne Hede
Houstrup
Åsded
Bjalderup
Frøsig
Blåbjerg Klitplantage
Klinting
Lunde
Hallum
Kolle
Lundager
Kvong
Malle
Gårde
Henne
Henne Strand
Frøstrup
Asp
Hauge
Hennebjerg
Lundtang
Snittrup
Gunderup
Stausø
Allerslev
Øster Debel
Bjerremose
Hornelund
Kirkeby
Over Fidde
Outrup
Horne
Tønding
Skovlund
Vester Debel
Krarup
Henne Stationsby
Filsø
Neder Fidde
Søndersig
Stundsig
Olling
Tistrup
Skole-
museum
Bækhuse
Kærgård
Jættestue
Hulvig
Hodde
Filsø Ø
Søvig Sund
Vittarp
Yderik
Nørholm
55°40′
Søvig Bæk
Jegum
Thorstrup
Frisvad
Langsø
Børsmose
Søvig Mark
Blaksmark
Sig
Vesterbæk
Orten
Tange
Grærup Strand
Vester Vrøgum
Kærup
Tinghøj
Karlsgårde Sø
Nordenskov
Grærup
Øster Vrøgum
Hannevang
Lunderup
Skonager
Agervig
Øse
Borre
Nørre Hebo
Vejers
Janderup
Heager
Vejers Strand
Øster Nordby
Oksbøl
Billum
Hyllerslev
Varde
Gellerup
Biltoft
Hesselmed
Sønder Hebo
Næsbjerg
Skodstrup
Vrenderup
Gelleruplund
Mosevrå
Tarp
Vissel-
bjerg
Vestervang
Kjelst
Alslev
Kallesmærsk Hede
Bordrup
Tranbjerg
Spangdale
Nørre Gunderup
Kravnsø
265

253
1 cm = 3 km
5 km
© Reise Know-How 2024
Herning
Hammerum
Ikast
Snejbjerg
Mørupstenen
Sig
Rind Kirke
Lind
Hammerum
HI-Park
Ikast-Cent.
Ikast-Øst
Bording
Christianshede Kirke
Ravnholt-lund
Guldfor-hoved
Pårup
ROUTE 2
Alle
Trøstrup Mark
Helstrup
Albæk
Havnstrup
Tovstrup
Frifelt
Abildtrup Barde
Vester Barde
Studsgård
Tanderupkær
Rimmerhus
Jyllands mini Zoo
Vorgod
Fjelstervang
Vorgod Østerby
Egeris
Velhusted
Kibæk
Nørre Vium
Høgildgård Plantage
Nørre Kollund
Hauge
Bjødstrup
Langelund
Slumstrup
Høgild
Kølkær
Isenvad
Rom
Kærshoved
Over Isen
Store Nørlund Mark
Gludsted Plantage
Nørlund Plantage
Store Nørlund
Gludsted
Bredlund
Holt
Søby
Søby Sø
Søbylund
Vovlund
Harreskov
Mosegård
Olling
Arnborg
Arnborg Kirke
Oldtidsagre
Hallundbæk
Smedebæk
Hampen
M
i
d
t
j
y
l
Assing
Albæk Hede
Troldhede
Højby
Gåsdal
Hjøllund
Skibbild
Fasterholt
Ejstrup Sø
Vester Kejlstrup
Store Thorlund
Ejstrupholm
Green
Skarrild Overby
Skarrild
Skjern Å
Bukkær
Hedeby
Nørrelandet
Overtarp
Gejlbjerg
Brande Nord
Dørslund
Arvad
Hedegård
Krej-bjerg
Ensø
Rønslunde
Gammelmark
Gårdsvig
Ahler Gårde
Ronnum
Borup
Brande
Grarup
Pomphole
Kulsø
Nederso
Sønder Felding
Nørre Grene
Kærhede
Karstoft
Kærby
Uhre
Store Langkær
Kokborg
Vesterlund
Døvling
Karstoft Å
Drantum
Sønderlandet
Sandet
Omme Å
Sønder Askær
Thyregod
Thyregodlund
Torsbæk
Ilderhede Kirke
Stakroge
Barslund
Skærlund
Sejrup
Øster Nykirke Kirke
Dyrvig
Knaplund
Kratbanke
Engebæk
Omvrå Nordby
Blåhøj
Risbjerg
Ullerup
Løna
Dørken
Kollemorten
Vester Grene
Ørbæk
Kirkeby Mark
Gammel Blåhøj
Hallundbæk
Store Vorslunde
Bøllund
Hastrupsballe
Brande Å
260
Hoven
Nørre Skovsende
Lundager
Bøvl
Blåhøj Kirkeby
Øgelund
Hedegård
Give
Oksen-bjerge
Tyskland
Okslund
Skovsende
Sønder Omme
Omvrå Søndermark
Omme Å
Klink
Vibjerg
Givskov
Give Vest
Grimlund
Sønderkær Bæk
Påbøl
Filskov
Grønbjerg
Hedeby
Farre
Skolding
Harresø
ROUTE 2
Filskov Mark
Langelund
Ringive
Uhe
Nørskov
Tofthøj
Bejsnap
Urup
Dyvelsrække
Krusbjerg
Urup Kirke
Nollund
Simmelbæk
Stilbjerg
Lindeballe
Gadbjerg
Kuldbjerg
Hungerbjerg Mark
Engebæk
Lamborg
Loft
Eg
Jerrig
Zoologisk Museum
Terrarium
Båstlund
Grindsted Å
Trollerup
Lund
Grindsted
Hinnum
Silkeborg
Gødsbøl
Førstballe
Mørup
Rostrup
Kærbæk
Horsbøl
Løvlund
Legoland
Billund
Åst
Gammelby
Hoddeskov
Kærbæk
Grene Kirke
Grene
Sønderby Mark
Fugdal
Billund
Nørup
Engelsholm
Ansager
Kvie
Plougslund
Grene Å
Vandel
Gødding
Ny Nørup
Stenderup
Askær
Hejnsvig
Trøllund
Randbøl
Store Lihme
Vesterhede
Almstok
Randbøldal
Hodde Mark
Skjoldbjerg
Klink
Haltrup
Frederikshåb
Hostrup
Vestterp
Holme Å
Tofterup
Ansager Å
Donslund
Randbøl Hede
Starup
Bolhede
Nebel
Bindeballe Købmandsgård
Hesselho
Risbøl
Øster Vrenderup
Vorbasse
Vrenderup
Galstho
Fitting
Tågelund
Debel
Hovborg
Agerbæk
Rodebæk
Holme Å
Vester Torsted
Fåborg
Kærbjerg
Klelund
Okslund
Ålunde
266
Skibssætning Klebæk Høje
Kragelund
Bornholm

254
Sindbjerg
Sveibæk
Virklund
Halved
Gammel Laven
Laven
Låsby
Galten
Skovby
Gammel Harlev
Sejlgård
Pårup
Løgager
Giessø
ROUTE 2
Brande
Christianshede Stationsby
Hjortsballe
Them
Rodelund
Salten Skov
Julsø
Rye Nørreskov
Rye Sønderskov
Gammel Rye
Birksø
Ry
Knudsø
Alling
Tulstrup
Javngyde
Nørre Vissing
Høver
Storring
Stjær
Søballe
Veng
Ravnsø
Hemstok
Edslev
Adslev
Jeksen
Firgårde
Dover Kirke
Svejstrup
Hårby
Mesing
Bjedstrup
Skanderborg Nord
Stilling
Sepstrup
Bavnehøj
Knudlund
Salten
Hjøllund
Fogstrup
Tømmerby
Gudensø
Vessø
Boes
Illerup
Skanderborg
Fruering
Virring
Lille Hjøllund
Salten Langsø
Gudena-museet
Emborg
Alken
Mossø
Store Bredlund
Vrads
Katrinedal Mark
Addit
Velling
Hampen Sø
Torup
Bryrup
Vinding
Sønder Vissing
Voerladegård
Hem
Skanderborg Sø
Skårup
Gammel Hampen
Løve
Voervadsbro
Yding
Lille Tåning
Tåning
Båstrup
Nissumgård
Slagballe
Troelstrup
Gantrup
Havreballegård
Hylke
Gammel Giesing
Nørhoved
Boest
Løvet
Nimdrup
Tønning
Brørup
Halle Sø
Davding
Brædstrup
Såby
Ejer
Ris
Ejer Bavnehøj
Ustrup
Torrild
Grædstrup
Træden
Østbirk
Grumstrup
Vedslet
Nørre Snede
Lyngholm
Velgårde
Ring
Over Ástrup
Vestbirk
Sattrup
Elling
ROUTE 4
Krondal
Tyrsting Kirke
Urup
Kattrup
Borupgård
Hovedgård
Ørskov
Ballebo
Rørbæk Sø
Nortvig
Gribstrup
Tyrsting
Føvling
Underup
Torp
Vester Kirke
Skade
Mattrup
Brestenbro
Nim
Lundum
Horsens Nord
Gedved
Ås
Elbæk
Hundshoved
Klovborg
Hårup
Enner
Bleld
Sandvad
Linnerup
Tamdrup Kirke
Rådved
Egebjerg
Tvingstrup
Serridslev
Aggestrup
Hage
Hammer
Linnerup Kirke
Åle
Lund
Horsens Vest
Vær Kirke
Blirup
Søvind
Nørre Tinnet
Hjortsvang
Rask
Hvirring
Molger
Kørup
Hanstedgård
Nebel
Nørrestrand
Haldrup
Sønder Tinnet
Ørnsholt
Plovstrup
Hovedgård
Rask Mølle
Stensballegård
Tørring Fælled
Boring
Flemming
Neder Vrønding
Bygholm
STENSBALLE
Vorsø
Vonge
Uldum
Kalhave
Korning
Sønder Kollemorten
Tørring
Hatting
TORSTED
Horsens Fjord
Stougård
Ølholm
Hornborg
Horsens Syd
Havrum
Eriknauer
DAGNÆS
Boller
Sejet Nørremark
Mindstrup
Tremhuse
Hvolgård
Hessel-balle
Bøgballe
Ølsted Kirke
Horsens
Nørremark
Givskud
Hvejsel
Ildved
Nyborg
Vester Ørum
Bottrup
Ølsted
Uth
Over Ustrup
Sejet
Ørumskov
Kragelund
Dallerup
Østrup
Hallundstoft
Sandvad
Vindelev
Sindbjerg Kirke
Lindved
Løsning
Glud
Agersbøl
Stenderup
Møgelkær
Skjold
Stourup
Over Sønderby
Harresø
Hygum
Holtum
Ulkær
Båstrup
Øster Snede
Hedensted
Ny Sebberup
Bjerre
Nider Bjerre
Neder Sønderby
Kuldbjerg
Fløjstrup
Gesager
Rårup
Gram
Runesten
Solekær
Sønder Aldum
Urlev
Bråskov
Jelling
Grejs
Hornstrup
Soleskov
Hedensted
Hornsyld
Gramrode
Åstrup
Overby
Skovdallund
Horup
Lerbæk
Kirkeby
Bredal
Engum
Hornum
Hostrup
Skerrild-gård
Nøttrup
Hosby
Høgsholt
Hover Kirke
Grejsdal
Daugård
Klejs
Palsgård
Søskov
Fårup Sø
Vejle
Vejle Nord
BREDBALLE
Ørum
Stouby Kirke
Vrigsted
Breth
Barrit Kirke
Klakring Kirke
Sandbjerg
Jennum
Østengård
Korshøj
Tirsbæk
Hyrup
Bredsten
Belle
Barrit
Barritskov
Juelsminde
Haraldskær
BYBÆK
Holtserhage
Vejle Fjord
Daugårdstrand
Stouby
Klakring
Ravning
MØLHOLM
Staksrode
Rue
Nørre Vilstrup
Jerlev
Vejle S
Sellerupstrand
Fakkegrav
Træskohage
Åhuse
Rosenvold
Nøjen Kirke
Mejsling
VINDING
Åndkær
Brejning
Ødsted
Ny Højen
Lindet
Gauerslund
Stubberup
Børkop
Skærup
Ammitsbøl
Hvidbjerg
Klattrup
Store Velling
Børkop Mølle
Gårslev
Firehuse
Tudved
Tiufkær Mark
Tiufkær
Rands
Bogeskov
Trelde
Trelde Næs
Trelde Klint
Borlev
Smidstrup
Fredsted
Pjedsted
Egeskov
Østerby
Lillebælt
Mk.-Skærup
Follerup
Rands
Gammelby Mølle
Håstrup
Gravens
Viuf
267
259

255
1 cm = 3 km
5 km
© Reise Know-How 2024
Århus
Brabrand
Stavtrup
Ormslev
Viby
Hasselager
Holme
Højbjerg
Skåde Bakker
Frederiksbjerg
Kolt
Tranbjerg
Jelshøj
Moesgård
Hørretløkken
Hørning
Blegind
Mårslet
Langballe
Fulden
Tiset
Beder
Over Fløjstrup
Tander
Solbjerg
Malling
Ajstrup Strand
Astrup
Onsted
Tulstrup
Storenor
Norsminde
Kysing Næs
Svinsager
Hvilsted
Bøgeskov
Rantzausgave
Synnedrup
Kysing
Tvenstrup
Norsminde Fjord
Sophienlund
Balle
Nølev
Giesing
Odder
Rude
Saksild Bugt
Snærild
Saksild
Torrild
Rørt
Vedslet
Fillerup
Rathlousdal
Bjerager
Ondrup
Dyngby
Hadrup
Morsholt
Over Randlev
Spøttrup
Oldrup
Ørting
Gosmer
Hundslund
Dybvad
Torup
Åkær
Fensten
Hov
Hov Røn
Ålstrup
Falling
Søby
Sondrup
Skablund
Gylling
Amstrup
Lerdrupskov
Alrø
Gyllingnæs
Alrø By
Sonderby
Kalsenakke
Borre
Hjarnø
Hjarnø By
Snaptun
Østrup
Hundshage
Jensgård
Over Sonderby
As Vig
Hosby
Palsgård
As Hoved
Bøgehoved
Juelsminde
Bjørnsknude
Århus Bugt
Tunø Knob
Løkkegårde
Tunø
Tunø By
Svanegrund
Endelave
Øverste Ende
Møllegrund
Endelave Kloben
Endelave By
Lynger Hage
Æbelø
Æbelø Holm
Agernæs
Nørreby Hals
Egebjerggård
Lindø
Jersore
Nørreby
268
Kongsgårde
Borup
Fejrup
Esby
Ørby
Ellemandsbjerg
Helgenæs
Gåsehager
Sletterhage
Sjællands Odde
Kalundborg
Issehoved
Ballebjerg
Nordby
Nordby Bugt
Mårup
Nordby Kirke
Asmindør Hage
Kyholm
Vester Hedekrog
Langør
Kanhave Kanal
Besser
Stavns
Samsø
Dragey
Sælvig
Toftebjerg
Østerby
Samsø
Onsbjerg
Langemark
Tanderup
Tranebjerg
Pillemark
Kolhøj Mølle
Ballen
Brundby
Kolby Kås
Kolby
Ørby
Nørreskifte
Brattingsborg
Hjalmarsgård
Lushage
Samsø Bælt
Fyns Hoved
Lango Hov
Bornholm
262

256
261
269
Bornholm
Sjællands Rev N
Ebeltoft
Århus
Gniben
16
Yderby Lyng
Yderby
Havneby
253
29
21
Sjællands
Vejrø
Bosserne
Lindholm
Lindholm Dyb
Besser Rev
Draget
Hatterrev
Hatter Barn
Skagelse Bjerg
Sejerø
Sejerby
Kongstrup
Mastrup
Sejerø Bugt
Ordrup Næs
Elmebjerg
41
Nekselø
Nekselø Bugt
Stold
Havnsø
Røsnæs Puller
Nyby
Ulstrup
Ågerup
61
Røsnæs
Kalundborg Fjord
Lille Vrøj
Krageø
Saltbæk
Saltbæk Vig
Vollerup
Kongstrup
Nostrup
Nyrup
Brokkebjerg
Alleshave
Alleshave Kirke
Kalunborg
Følleslev
22
Favrbo
Eskebjerg
Kaldred
181
Kalundborg
Kåstrup
Spangsbro
Ubberup
Bregninge Å
155
Løgtved
Bregninge
Godthåb
Havnemark
Sortenstenen
Asnæs
Lerchenborg
Melby
Kærby
ROUTE 5
Svebølle
Bjergsted
Voldsted
Værslev
Årby
Bastrup
Rørby
Klovby
Forsinge
81
Gammel Svebølle
Østrup
Ugerløse
219
Ubby
Kelleklinte
Jerslev
Jorløse
Klattrup
Jammerland
Svallerup
Bjerge Nordstrand
Lille Fuglede
Bueurup
Halleby Å
Ø Bælt
20

1 cm = 3 km
5 km
© Reise Know-How 2024
Hesselø
11°40′
Hesselø Bugt
Iseffjord
Hundested
Holbæk
Nykøbing S
Rørvig
Jægerspris
Hørve
Vig
Lammefjord
Sidinge Fjord
Odsherred
Liseleje
Asserbo
Frederiksværk
Skibby
Tølløse
Jyderup
Mørkøv
Undløse
Svinninge
Gislinge
Orø
Gevninge
Lejre
Kirke Hyllinge
Ejby
Roskilde Fjord
Troldstuerne
Næsholm
Fundsted
Dragsholm
Lovenborg
Torbenfeld
Vinskoven
Andelslandsby
Jægerspris Slot
Rosenhaven
Svanholm
Selsø
Lejre Forsøgscenter
Ledreborg
Kongsgården
Knud Rasmussen
ROUTE 5
Sjælland
264
270

Bornholm
Gilleleje
Smidstrup
Udsholt
Fjellenstrup
Søborg Slot
Ølshøj
Munkerup
Villingebæk
Hornbæk
Dronningmølle
Ruudolph Tegner
Stenstrup
Hellebæk
Blistrup
Alme
Søborg
Dragstrup
Villingerød Kirke
Villingerød
Saunte
Kolsbæk
Aggebo
Græsted
Havreholm
Borsholm
Danmarks Tekniske Museum
Valby
Esrum
Bistrup
Nygård
Kronborg
Tisvilde
Dønnevælde
Esbønderup
Plejelt
Helsinge
Esrumkloster
Langesø
Trafikmuseum
Gurre
Helsingør
Tisvilde Hegn
Haregab
Skovhuse
Mårum
Esrum Sø
Tikøb
Gurre Slot
Ramløse
Skærød
Nejlinge
Ejlstrup
Gribskov
Jonstrup
Nyrup
Snekkersten
Helsingborg
Kagerup
Espergærde
Annisse Nord
Endrup
Brunemark
Kvistgård
Tibberup
Auderød
Nødebo
Fredensborg Slot
Annisse
Gadevang
Asminderød
Søholm
Louisiana
Humlebæk
Arresø
Alsønderup
Dageløkke
Dronningholm
Tulstrup
Fredensborg
Sletten
Frederiksværk
Nejede
Æbelholt Kloster
National-historisk Museum
Grønholt
Lønholt
Niverød
Nivå
Kregme
Lille Lyngby
Vejenbrod
Nivå Bugt
Ven
Frederiksborg
Hesselrød
Par force hunting landscape
Ølsted
Store Lyngby
Ny Harløse
ROUTE 6
Kyrkbacken
Tuna
Skævinge
Hillerød
Kokkedal
Hørsholm
Lille Havelse
Borup
Store Dyrehave
Karlebo
Gunderød
Stjernorp
Freerslev
Nørre Herlev
Hammersholt
Kirkelte
Usserød
Kongedyssen
Grønnegade
Rungsted
Strø
Strø Bjerg
Gørløse
Lillerød
Blovstrød
Sjælsmark
Isterød
Rungstedlund
Sigerslevøster
Sigerslevvester
Græse
Uvelse
Kollerød
Allerød
Ravnsnæs
Brådebæk
Græse Bakkeby
Birkerød
Vedbæk
Hørup
Hovedstaden
Høsterkøb
J.F. Willumsen
Slangerup
Uggeløse
Lynge
Kajerød
Bregnerød
Gammel Holte
Trørød
Sundbylille
Skodsborg
Frederikssund
Nymølle
Farum
Bistrup
Øverød
Holte
Nærum
Torlunde
Bastrup Stenhus
Sundby
Myrestenen
Søllerød
Slagslunde
Furesø
Brede
Store Rørbæk
Ganløse
Virum
Frilandsmuseum
Ølstykke
Kirke Værløse
Taarbæk
Klampenborg
Svestrup
Søsum
Værløse
Skovshoved
Skuldelev
Knardrup
Charlottenlund
Ordrup
Tangbjerg
Stenløse
Hareskovby
Bagsværd
Gentofte
Danmarks Akvarium
Jyllinge
Vekso
Måløv
Hjortespring
Østby
Smørumnedre
Buddinge
Søborg
Hellerup
Sønderby
Ballerup
Herlev
Gladsaxe
Malmö
Eskilsø
Gundsømagle
Østrup
Smørumovre
Bispebjerg
Middelgrund
København
Roskilde Fjord
Skovlunde
Herringløse
Ledøje
Tågerup
Gundsølille
Hvedstrup
Nybølle
Ejby
Islev
Brønshøj
Rosenborg Slot
Kastellet
Risby
Herstedøster
Vanløse
Ågerup
Vridsløsemagle
Frederiksberg
Christianshavn
Store Valby
Herstedvester
Rødovre
Christiansborg
Tivoli
Veddelev
Søderup
Sengeløse
Glostrup
Himmelev
Ølsemagle
Valby
Ørestad
Marbjerg
Albertslund
Brøndbyøster
Sundbyerne
Vikingeskibene
Domkirke
Høje Taastrup
Taastrup
Brøndbyvester
Valbyparken
Svogerslev
Roskilde
Hedehusene
Hvidovre
Kastrup
Reerslev
Vallensbæk
Avedøre
Tårnby
Torslunde
Ishøj
Vindinge
Gjeddesdal
Landsby
Kalvebod Fælled
Københavns Lufthavn Kastrup
Store Magleby
Darup
Vallensbæk Strand
Avedøre Holme
Vestamager
Vor Frue
Kildebrønde
Arken
Københavns Lufthavn Roskilde
Greve
Hundige
ROUTE 7
Dragør
Gøderup
Tune
Ullerup
Sydstranden
Skalstrup
Greve Strand
Øster Syv
Karlslunde
Mosede Strand
Søvang
Oslo
Torhavn
Landskrona
Rønne
Świnoujście
Øresund
Sweden
Hittarp
Sofiero
Domsten
Allerum
Bergå
Rosengården
Rydebäck
Ålabodarna
Bäckviken
Saltholm
Nordre Røse
Drogden
263
271
50 min

258
1 cm = 3 km
5 km
© Reise Know-How 2024
Kallesmærsk Hede
Blåvands Huk
Blåvand
Oksby
Bredmose
Ho
ROUTE 2
Ho Bugt
Myrtue
Kravnsø
Hostrup
Vesterstrand
HJERTING
Grenen
Skallingen
Hobo Dyb
Hjerting Løb
Esperance Bugt
Skalling Ende
Grådyb
FOVRFELD
Saltvandsakvariet
Fiskeri og Søfartsmuseet
Guldager
SÆDDING
GJESING
Torrup
Forum
Forumlund
Tarp
Bryndum
Esbjerg
Esbjerg Lufthavn
Esbj. N.
JERNE
Esbj. Øst
Andrup
Novrup
Skads
Sædding
Vester Nebel
Balle
Lifstrup
Ny Lifstrup
Skærbæk
Schæfergårde
Rousthøje
Gunderup
Roust
Arre
Jyllerup
Omme
Grimstrup
Korskro
Ravnsø
Nørre Vong
Solbjerg
Ålbæk
Bramming
Tømmerby
Tradsborg
Tjæreborg
Måde
Allerup
Lille Darum
Store Darum
Brandgårde
Esbjerg
ROUTE 1
Kikkebjerg
Nordby
Fanø
Vesterhavsbad
Rindby
Rindby Strand
Fanø
Fanø Klitplantage
Albuen
Pælebjerg
Knudtoft Bjerg
Vadehavet
Sønderho
Mosedal Bjerg
Hannes Hus
Harwich
55°20′
Vilslev
Jedsted
Hillerup
Kirkeby
Nørre Farup
Ribe Å
Ribe
266
Knudedyb
Sønder Farup
Vester Vedsted
Egebæk
Mandø Mølle
Mandø
Mandø
Mandøhuset
Enderup
Gammel Hviding
Høgsbro
Vadehavet
Koresand
Rejsby
Juvre Dyb
Vester Åbolling
Havervad
Brøns
Juvre Sand
Juvre
Nørreland
Kommandørgården
Høstbjerg
Astrup
ROUTE 1
Rømø
Tvismark
Lakolk
Kongsmark
Sønderland
Østerby
Mølby
Havneby
Havsand
NORD-SEE
Listerdyb
Rømø Dyb
Mövenberg
Forballum
Ballum Enge
Vesterende Ballum
Husum-Ballum
Randerup
Buntje-Ballum
Rejsby-Ballum
Skast
Koldby
Bornholm
272
8
9

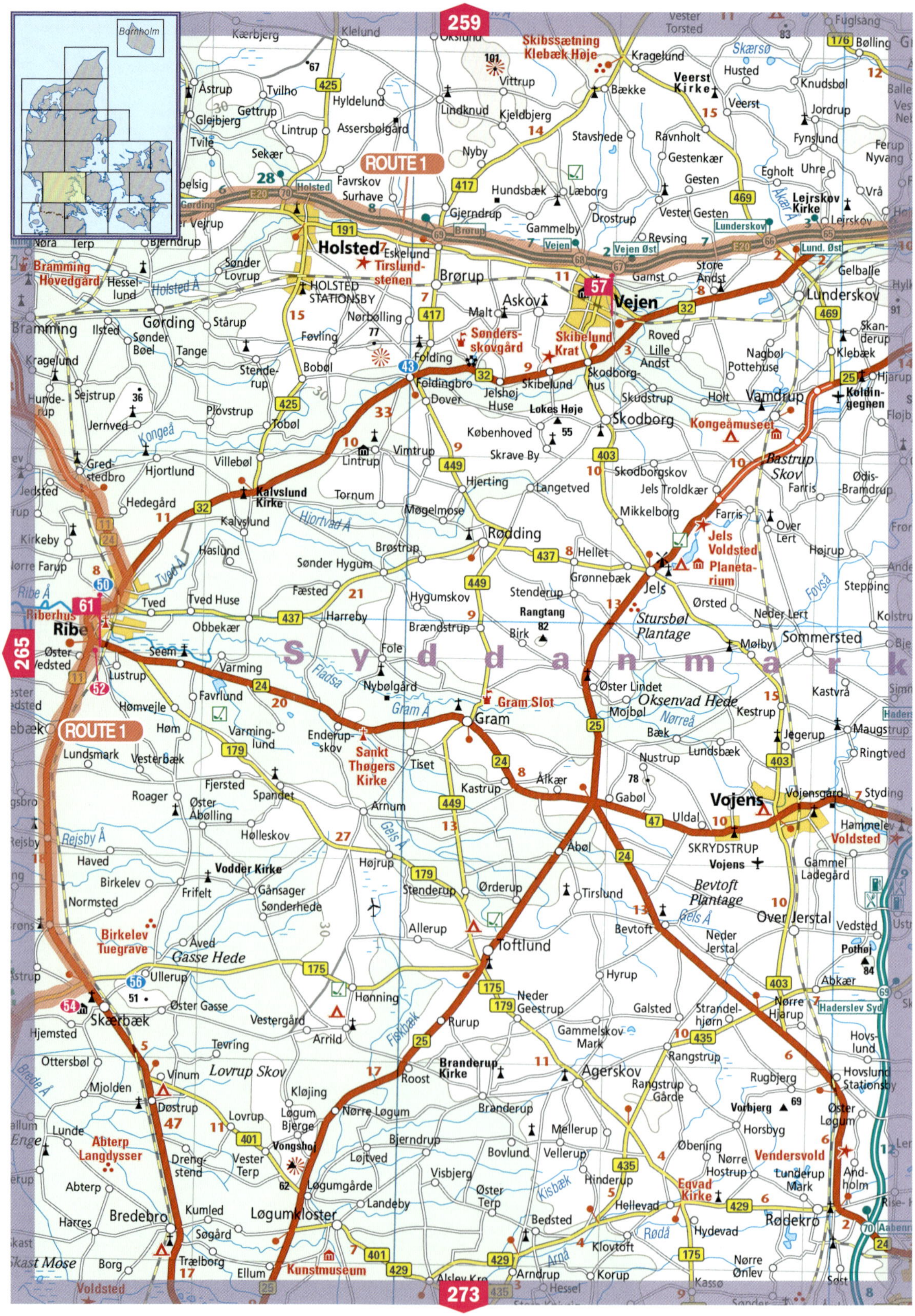
259
265
273
ROUTE 1
Syddanmark
Holsted
Vejen
Ribe
Gram
Rødding
Vojens
Toftlund
Skærbæk
Bredebro
Løgumkloster
Rødekro
Agerskov
Jels
Brørup
Gørding
Bramming
Askov
Lunderskov
Vamdrup
Skodborg
Sommersted
Skibssætning Klebæk Høje
Tirslund-stenen
Søndersskovgård
Skibelund Krat
Kongeåmuseet
Jels Voldsted
Planetarium
Gram Slot
Sankt Thøgers Kirke
Vodder Kirke
Birkelev Tuegrave
Abterp Langdysser
Kunstmuseum
Vendersvold
Voldsted
Bramming Hovedgård
Stursbøl Plantage
Oksenvad Hede
Bevtoft Plantage
Gasse Hede
Lovrup Skov
Bastrup Skov
Skast Mose
Kongeå
Gram Å
Gels Å
Fiskbæk
Rødå
Arnå
SKRYDSTRUP
Lejrskov Kirke
Veerst Kirke
Branderup Kirke
Egvad Kirke
Kalvslund Kirke
Vongshøj

260
1 cm = 3 km
5 km
© Reise Know-How 2024
Fredericia
ROUTE 4
Tragten
Staurshoved
Fogense Pynt
Båring Vig
Strib
Søborg
Snoghøj
Taulov
Hønborg
Middelfart
Hindsgavl
Slotsbanke
Kolding
Kolding Fjord
Geografisk Have
Almind
Bramdrupdam
Skærbæk
Sønder Bjert
Nørre Aaby
Ejby
Gelsted
Aarup
Fænø
Gamborg Fjord
Fønsskov
Fons Vig
Ålehoved
Bredningen
Tybrind Vig
Wedellsborg Hoved
Wedellsborg
Brandsø
ROUTE 1
Christiansfeld
Brødremenigheden
Gravenshoved
Anslet Hage
Knudshoved
Egholm
Bågø
Lillebælt
Haderslev
Haderslev Fjord
Linderum
Bastholm
Årø Kalv
Årø
ROUTE 5
Assens
Brahesborg
Ebberup
Voldsted
De syv haver
Åkrog Bugt
Råde Hoved
Halk Hoved
Sandvig
Brunbjerg
Diernæs Bugt
Sønderballe Hoved
Barsø
Genner Bugt
Løjt Kirkeby
Knudshoved
Helnæs
Lindehoved
Tontoft Nakke
Nordborg Slot
Nordborg
Aabenraa
Aabenraa Fjord
Varnæs Hoved
Traneroddе
268
274

261
275
267
Syddanmark
ROUTE 5
Odense
Svendborg
Faaborg
Glamsbjerg
Bogense
Kerteminde
Langeskov
Ringe
Kværndrup
Otterup
Søndersø
Vissenbjerg
Tommerup Stationsby
Tommerup
Morud
Haarby
Nørre Lyndelse
Årslev
Ørbæk
Gislev
Ryslinge
Munkebo
Seden
Bullerup
Højby
Stige
Lumby
Næsbyhoved-Broby
Bellinge
Brobyværk
Horsehoved
Gyldensteen
Hofmansgave
Hasmark Strand
Jættestue
Scheelenborg
Ladbyskibet
Fyns Akvarium
Erholm
Terrarium
Langesø
Skibssætning
Jernbanemuseum
H.C.Andersen
Dalum Kloster
Carl Nielsen
Frøbjerg Bavnehøj
Krengerup
Egeskov
Veteranmus.
Arreskov
Østrupgård
Stensgård
Holstenshus
Fynsk Malerkunst
Ravnholt
Lindeskov
Langdysse
Magelund
Voldsted
Ørkild
Odense Fjord
Egense Dyb
Seden Strand
Helnæs Bugt
Arreskov Sø
Lyø Krog
Lyø Havn
Faaborg Fjord
Nakkebølle Fjord
Dalby Bygt
Kertinge Nor
Hindsholm
Lindø
Langø Hoved
Galtehoved
Helnæs By
Sønderhjørne
Bøjden
Vigø
Illum
Knolden
Bjørnø
Holmene
Lyø By

262

1 cm = 3 km
5 km
Rindsholm
Romsø Tue
Romsø
Romsø Sund
Hverringe
Stavreshoved
Kerteminde Bugt
Kerteminde
Jomfruhøj
Risinge Hoved
Bovense
Nordenhuse
Skalkendrup
Aunslev
Regstrup
Skaboeshuse
Hjulby
Juelsberg
Nyborg
Knudshoved
Slipshavn
Vindinge
Holckenhavn
Nyborg Fjord
Vesterrenden
Storebæltbro
Toll
ROUTE 5
Sprogø
Østerrenden
STOREBÆLT
Reersø
Musholm
Musholm Bugt
Rævehøj
Mullerup Havn
Stillinge Strand
Store Kongsmark
Almindkrog
Trælleborg
Frølunde Fed
Svenstrup
Halsskov
HALSSKOV
Batteri
Korsør
Korsør Nor
Klarskov
Vester Bøgebjerg
Slagelse
Forlev
Vemmelev
Hemmeshøj
Skælskør
Borreby
Egeholm Flak
Vengeancegrund
Agersø
Agersø Sund
Agersø Flak
Omø Sund
45min
Helleholm
Kirkehavn
Langelandsøre
Omø
Ørespids
Vresen
Tårup Strand
Kongshøj
Revsøre
Bøsøre
Dammestenen
Hesselagergård
Broholm
Lundeborg
Lohals
Hov Kirke
Østerhuse
Langelandsbælt N
Udflyttere
Stengsgård
Stoense
Snøde
Tressebølle
Dageløkke
Egeløkke
Nedergård
Bøstrup E
Skårupøre Sund
Thurø
Små
Bornholm
Bjerge Nordstrand
Bugt
Lille Fuglede
Tissø
Buerup
Vedbygård
Gørlev
Høng
Bildsø
Årslev
Havrebjerg
Kelstrup
NY HOLMSTRUP
Hejninge
Slots Bjergby
Lundforlund
Boeslunde
Egeslevmagle
Tystofte
Magleby
Basnæs

270

276

263
277
269
Sjælland
Åmose
Skellingsted
Sønderød
Kongsted
Verup
Østrup
Ugerløse
Skov Vallenderød
Kirke Eskilstrup
Bukkerup
Kirke Hvalsø
Osager
Reerslev
Tagerup
Birkegårdens Haver
Niløse
Stenlille
Stenmagle
Store Tåstrup
Store Merløse
Stestrup
Gyldenløveshøj
Ny Tolstrup
Østed
Skjoldenæsholm
Sporvejsmuseet
Kirkebjerg
Søster
Ruds Vedby
Skellebjerg
Dianalund
Vedde
Nyrup
Kyringe
Ordrup
Voldsted
Ny Jystrup
Stubberup
Jystrup
Gammerød
Tersløse
Holberg
Munke Bjergby
Kirke Flinterup
Gyrstinge Sø
Allindemagle
Knud Lavards Kapel
Valsølille
Næbs Mølle
Valsømagle
Egemose
Grønholt
Borup
Tåderup
Døjringe
Estrup
Haraldsted
Ortved
Vigersted
Nordrup
Bromme
St Ebberup
Gyrstinge
Haraldsted Sø
Nørre Dalby
Ørslev
Lille-Ebberup
Fulby
Ørslevvester
Benløse Runding
Benløse
Kværkeby
Bøgede
Næsbyskov
Krøjerup
Fantasy World
Sønderup
Bjernede
Slimminge
Sorterup
Gudum
Haverup
Sorø
Tuelsø
Slaglille
Fjenneslev
Bringstrup
Ringsted
Fjællebro
Bedsted
Gummersmarke
Gørslev
Slagelse
Kindertofte
Borød
Fjenneslevmagle
Kirke Fjenneslev
Sigersted
Balstrup
Giesegård
Vollerslev
Nyvang
Vedbysønder
Grøfte
Frederiksberg
Broby Overdrev
Alsted
Skellerød
Høm
Mulstrup
Nordrup
Havbyrd
Lindebjerg
Lynge
Vester Broby
Vrangstrup
Vetterslev
Farendløse
Ottestrup
Ørslev
Nykobbel
Stenstrup
Lynge-Eskilstrup
Lorup
Suserup
Tyvelse
Sørup
Sneslev Kirke
Sneslev
Eskilstrup
Kagstrup
Rosted
Bøstrup
Næsbyholm
Næsby
Vrå
Åsø
Sandby
Almstofte
Terslev
Harrested
Sørbymagle
Glumsø
Buske
Orup
Hjelmsølille
Simmendrup
Tjæreby
Sludstrup
Skørpinge
Kirkerup
Ravnbjerg
Tystrup
Vinstrup
Næblerød
Vinderup
Herluflille
Tybjerg
Førslev
Averst
Levetofte
Sofiedal
Haslev
Gyldenholm
Bjærup
Katrineholm
Tystrup Sø
Regerup
Bavelse
Assendrup
Hæggerup
Tybjerglille Bakker
Teestrup
Freerslev
Bregentved
Haldagerlille
Rejnstrup
Kastrup
Ravnstrup
Trælløse
Svalebæk
Bråby
Gimlinge
Højbjerg
Fuglebjerg
Gunderslevholm
Skelby
Herlufmagle
Gelsted
Spragelse
Broksø
Skuderløse
Bråby Stationsby
Flakkebjerg
Sneslev
Holløse
Hjulebæk
Gisselfeld
Nielstrup
Ting Jellinge
Krummerup
Rislev
Holmegaard
Hesede
Eggeslevmagle
Dalmose
Høve
Hyllested
Flemstofte
Førslev
Kyse
Lund
Vallensved
Næby
Fensmark
Bjerge Å
Hårslev
Arløse
Harrestedgård
Gangesbro
Gødstrup
Rønnede
Eggeslevlille
Sønder Bjerge
Sandved
Hyllinge
Jenstrup
Herlufsholm
Holme-Olstrup
Toksværd
Vester Egede
Vognsamling
Venslev
Fyrendal
Kvislemark
Tåstrup
Saltø By
Fodby
Sørup
Dysted
Tjæreby
Bøgelunde
Nyrup
Torne-mark
Fodbygård
Lille Næstved
Næstved
Nørre Tvede
Sparresholm
Ørslev
Rude
Marvede
Saltø
Bistrup
Rønnebæk
Brandelev
Fiskebækgårds Mølle
Tågeskov
Vedskølle
Snedinge
Skafterup
Spjellerup
Menstrup
Saltø Å
Skraverup
Stenstrup
Næstelsø
Bøgesø
Everdrup
Stubberup
Basnæs
Holsteinborg
Bisserup
Grevensvænge
Rettestrup
Askov Huse
Brøderup
Glænø
Bisserup Red
Klinteby
Karrebækstorp
Gavnø
Appenæs
Mogenstrup
Åside
Klinteby Klint
Karrebæksminde
Vejlø
Myrup
Lov
Blangslev
Snesere
Tappernøje
Enø
Basnæs
Vester Egesborg
Hammer
Hammer-Torup
Bredeshave
Karrebæksminde Bugt
Dybsø Fjord
Ring
Oldtidsvej
Engelholm
ROUTE 7
Dybsø
Kostræde
Svinøvester
Lundbygård
Øbjerggård
Lundby
Gammel Lundby
Grumløse
Bårse
Hastrup
Beldringe
Thorvaldsen
Svinø
Køng
Dyrlev
Avnøgård
Sallerup
Sværdborg
Snertinge
Neble
Udby
Skallerup
Avnø Røn
Avnø Fjord
Skaverup
Klarskov
Grundtvig
Knudshoved
Snertingegård
Fæby
Lekkende
Knudshoved Odde
Næs
Smålandsfarvandet
Stuby
Kastrup
Ørslev
Oreby
Ornebjerg
Neder

264
1 cm = 3 km
5 km
© Reise Know-How 2024
Greve Strand
MOSEDE STRAND
KARLSLUNDE STRAND
KARLSTRUP STRAND
Solrød Strand
JERSIE STRAND
Staunings Ø
ØLSEMAGLE LYNG
ØLBY LYNG
Amager
Søvang
Aflandshage
Drogden
Sjælland
Køge Bugt
Køge
Køgegård
Strøby Egede
Strøby Ladeplads
Køge Sønakke
Strøbylille
Søholm
Magleby
Møllesø
Præsteskov
Stevns Terrarie
Gjorslev
Klippinge
Råby
Holtug
Sigerslev
ROUTE 7
Store Heddinge
Stevns Klint
Tommestrup
Renge
Højerup gamle Kirke
Højerup
Lille Heddinge
Rødvig
Havnelev
Lyderslev
Højstrup
Lund
Vemmetofte Kloster
Vemmetofte Strand
Lille Torøje
Store Spjellerup
Boestofte
Frøslev
Store-mark
Mariehøj
Arnøje
Tåstrup
Hellested
Barup
Juellinge
Karise
Smerup
Alslev
Pebringe
Store Linde
Hårlev
Ammerup
Varpelev
Himlingøje
St Tårnby
Vallø
Valløby
Strøby
Egøje
Vedskølle
Gunderup
Billesborg
HASTRUP
Ashøje
Vemmedrup
Lellinge
Bjæverskov
Lidemark
Druestrup
Juellund
Søllerup
HERFØLGE
Sædder
Tessebølle
Herfølge
Algestrup
Kanderød
Sonnerup
Skrosbjerg
Endeslev
Hestehave
Huse
Vråby
Lille Linde
Turebyholm
Tollerød
Haslev
Høsten
Kæderup
Tågerup
Dalby
Rode
Viverup
Ås
Frenderup
Tokkerup
Olstrup
Jomfruens Egede
Øster Egede Kirke
Bregentved
Lystrup
Rønnede
Faxe
Bonderød
Ebbeskov
Vivede
Stubberup
Kissendrup
Store Favrby
Blåbæks Møller
KONGSTED
Eskilstrup
Rosendal
Vallebo
Faxe Ladeplads
Strandhoved
Hyllede
Stavnstrup
Orup
Leestrup
Roholte
STRANDLODSHUSE
Strandegård
Bækkeskov
Vindbyholt
Sankt Peders Kapel
Leestrup Strand
Fakse Bugt
Præstø Fjord
Feddet
Nysø
Præstø
Ambæk
Lundegård
Skibinge
Bønsvig
Jungshoved
Stenstrup
Jungshoved Stavreby
Tjørnehoved
Rek-kende
Voldsted
Ægholm
Bøgestrøm
Allerslev
Kragevig
Oremands-gård
Sandvig
Nyord
Mern
Kindvig
Holen
Ulvshale
Søhundehavn
Hovdings-gård
Liliendal
Balle Strand
Hegnede
Nordfelt
Brunhoved
Møn
278
ØSTER-SØEN
Gadstrup
Viby
Ørsted
Havdrup
Gammel Havdrup
Skensved Å
Lille Skensved
Store Ladager
Højelse
Ølsemagle
Ølby
Ejby
Vemmedrup
Lille Salby
Skalstrup
Snoldelev
Hastrup
Karlstrup
Jersie
Solrød
KARLSLUNDE
Tune
Øster Syv
Bornholm

265
Listland
List
Jordsand
Koldby
Hjerpsted
Vester Gammelby
Sønder Sejerslev
Emmerlev Kirke
Emmerlev
ROUTE 1
Højer
Daler
Højer Dyb
Süderheidetal
Kampen (Sylt)
Wenningstedt (Sylt)
Braderup
Pandertief
Marghete Koog
Ny Frederikskog
Gammel Frederikskog
Westerland
St. Severin
Keitum
Altfriesisch. Haus
Markhauser
Rodenäs
Hindenburgdamm
Dikjen-Deel
Morsum
Archsum
Friedrich-Wilhelm-Lübke-Koog
Klanxbüll
Sylt
Rantum (Sylt)
Horsbüll
Emmelsbüll
Südwesthörn
Neugalmsbüll
Galmsbüll-koog
10
Nationalpark
Schleswig-
Holsteinisches
Wattenmeer
Puan Klent
Eidumtief
Hörnumtief
Hörnum (Sylt)
Ackerum
Dunsum
Oldsum
Osterland
Föhr
Süderende
Westerland
Midlum
Untersum
Witsum
Goting
Nieblum
Friesenmus.
Wyk auf Föhr
Dagebüll Hafen
Halligbahn
Norddorf
Amrum
Nebel
Süddorf
Steenodde
Wittdün
Norderaue
Nordmarsch-Langeneß
Hunnenswarf
Kirchwarf
Bandixwarf
Mayenswarf
Tadenswarf
Langeneß
Hilligenley
Oland
Gröde-Appellan
Gröde
Halli
Süderaue
Japsand
Ipkenswarft
Backenswarft
Sandshöm
Hooge
Ockenswarft
Pellworm
Hoogeloch
54°40'N
8°20'E
8°40'
A
B
11

266
274
1 cm = 3 km
5 km
© Reise Know-How 2024
ROUTE 1
Voldsted
Trøjborg
Nørre Sejerslev
Visby
Øster Gammelby
Daler
Østerby
Gallehus
Højer
Bønderby
Møgeltønder
Møgeltønder Kog
Ved Gaden
Sølsted
Abild
Ellum Mark
Tyvse
Draved
Draved Skov
Høgslund
Vennemose
Store Emmerske
Lille Emmerske
Schackenborg
Tønder
Dyrhus
Ubjerg
Gest Kog
Sæd
Rørkær
Jejsing
Adelvad
Solderup
Lund
Søvang
Holme
Øster Højst
Hyndning
Hessel
Store Knivsig
Ravsted
Bylderup-Bov
Sottrup
Bredevad
Stemmild
Burkal Kirke
Nolde
Burkal
Hajstrup
Frestrup
Fogderup
Hjolderup
Havsted
Vollerup
Rebbøl
Smedager
Heds
Gåskær
Terkelsbol
Bjolderup
Bolderslev
Todsbøl
Uge
Tinglev
Søndér Ønlev
Hjordkær
Arslev
Torp
Artoft
Plantage
Lovtrup
Bjerndrup
Perbøl
Kravlund
Gårdeby
Bajstrup
Gejlå
Vejbæk
Stade
Rens
Store Jyndevad
Lille Jyndevad
Lydersholm
Pebersmark
Aventoft
Nolde-Museum
Ellhöft
Neukirchen
Süderlügum
Westrefeld
Humtrup
Bökingharde
Uphusum
Westre
Bramstedtfeld
Bramstedt
Ladelund
Kruså-Padborg
Kragelund
Sofiedal
Frøslev
Frøslevlejren
Fårhus
Padborg
Frøslev Plantage
Nordergottes-koog
Bosbüll
Braderup
Karlum
Tinningstedt
Boverstedt
Weesby
Böxlund
Jardelund
Medelby
Holt
Lundtop
Langstoft
Niebüll
Klixbüll
Leckfeld
Lütjenhorn
Osterby
Achtrup
Sprakebüll
Ellund
Harrislee
Gottepel-feld
Wallsbühl
Flensburg/Harrislee
Klockries
Leck
Lindholm
Oster-schnatebüll
Schafflund
Meyn
Timmer-siek
Handewitt
Maasbüll
Risum-
Klintum
Stadum
Rantzau-höhe
Hörup
Hande-wittfeld
Hüllerup
Juliane-Marienkoog
Herrenkoog
Stedesand
Sande
Holzacker
Nordhack-stedt
Hüllerup-feld
Haurup
Karrharde
Soholmer-Au-Kanal
Enge-
Neuhörup
Kleinwiehe
Fahretoft
Efkebüll
Bargum
Knorburg
Rodau
Linnau
Lüngerau
Großenwiehe
Bärderup
Wiehekrug
Bongsieler Kan.
Soholm
Riesbriek
Lindewitt
Wanderup
Bongsiel
Loheide
Lütjen-holm
Goldelund
Goldebek
Sillerup
Schobüll
Oxlund
Oland
Langenhorn
Grünberg
Ockholm
Hogelund
Süderland
Seeland
Jerrisbek
Gröde-Appelland
Habel
Gröde
Büttjebüll
Stollberg
Dörpum
Högel
Joldelund
Süderzoll-haus
Gravelund
Ebüll
Norder-
Stieglund
Großjörl-feld
Sandhörn
Hamburger Hallig
Bordelum
Bred-stedt
Vollstedt
Ostenau
Löwenstedt
Janneby
Eggebek
Breklum
Drelsdorf
Kolker-heide
Großjörl
Pobüll
Kollund
Sollwitt
Süder-hackstedt
Kleinjörl
Struckum
Alm-dorf
Brook
Bohmstedt
Spinkebüll
Haselund
Der Strand
Goesharde
Boxlund
Viöl
Sollerup
Moorsteert
Neuwarft
Ahrenshöft
Hoxtrup
Behrendorf
Sollbrück
Altendeich
Arlewattfeld
Bondelum
DEUTSCHLAND

267
273
Aabenraa
Als
Nørreskov
Gammel Østerholm
Østerholm Slot
ROUTE 1
Sundeved
Augustenborg
Sønderborg
Augustenborg Slot
Gråsten
Gråsten Slot
Rinkenæs Skov
Nybøl Nor
Egernsund
Rinkenæs
Broager
Dybbøl
Skanser
Barsten
Klinting Høj
Hørup Hav
Kegnæs
Kegborg
Sønderborg Bugt
Flensburger Förde
Glücksburg
Flensburg
Geltinger Bucht
Gelting
Kappeln
Süderbrarup
Schlei
Südensee
Treßsee
Kruså
Kollund
Kliplev
Stubbæk
Felsted
Sandbjerg
Borreshoved
Store Okseø
Holnis
Langballig
Steinbergkirche
Sörup
Satrup
Großsolt
Oeversee
Tarp
Jübek
Hostrup
Ulsnis
Stolk
Böklund
Wellspang
Tolk
Twedt
Loit
Nottfeld
Boren
Lindaunis
Sieseby
Maasleben
Thumby
Karby
Brodersby
Rabenkirchen-Faulück
Ellenberg
Olpenitz
Maasholm
Rabel
Kronsgaard
Pommerby
Nieby
Falshöft
Langstedt
Bollingstedt
Gammelund
Friedrichsau
Idstedt
Wees
Munkbrarup
Husby
Quern
Sterup
Esgrus
Rügge
Saustrup
Wagersrott
Mohrkirch
Esmark
Obdrup
Freienwill
Jalm
Keelbek
Schaalby
Hestoft
Holzdorf
Söby
Booknis
Schwasturm
Damp
Dorotheenthal
Schuby
Winnemark
Kraghöh
Stutebüll
Oersberg
Gulde
Stoltebüll
Hasselberg
Oehe
Wormshöft

268
1 cm = 3 km
5 km
© Reise Know-How 2024
Lyø By
Lyø
Holmene
Avernakø Hoved
Avernak By
Munke
Avernakø
Korshavn
Lille Svelmø
Store Svelmø
Nakkeodde
Revtrille
Mejlhoved Odde
Næbbesodde
Drejø By
Drejø
Rantzausminde
Lehnskov
Skarø Odde
Skarø
Skarø By
Svendborg Sund
Vindeby
Troense
Thurø By
Valdemars Sl.
166
Tåsinge
Sydfyn
Strammelse
Landet
Bregninge
Lundby
Lunke-bugten
Kalveodde
Græsholm
Hjelms-hoved
Gesinge
Søby
Bjerreby
Hjortø By
Hjortø
Odden
Vårø
Stjovl
Stjovl Knude
Vårø Knude
Siø Sund
Alsenbelt
Næbbet
Skjoldnæs
Haven
228
Søby
Blomeskobbel
Mommark
Sarup
Lysabildskov
Skovby-balle
Pølshuk
Vestermølle
Vitsø Mølle
Langevrætte
Søby Volde
Skovby
Leby
68
Bregninge
Urehoved
Revkrog
Borgnæs Nakke
Strandhuse
Vindeballe
166
Voderup
Ærø
ROUTE 5
Birkholm
Store Egholm
Knudedyb
Sandhoved
Nyland
Dejro
Lille Egholm
Bredholm
Vogterholm
Strynø
Strynø By
Strynø Kalv
Ommelshoved
Ærøskøbing
Halmø
Ommel
Lindelse Nor
Stokkeby
Kragnæs
Lille Rise
Olde
Store Rise
Bro
Rolpe-sted
Marstal
Ærøs Hale
Storeholm
Kædeby Haved
Kædeby Kirke
Vestergård
Helsned
Harnbjerg
41
Ristinge
Rise Mark
Dunkær Mark
Vejsnæs Nakke
Marstal Bugt (Vejsnæs Bugt)
20
Ormstrup
Nordenbro Vesteregn
276
229
2h 45min
Kiel
Bagenkop
Søgård
Gulstav
Lotseninsel
Weidefeld
Schönhagen
Damp
Booknis
G
10°20'
H
Bornholm

269
Thurø
Thurø By
Egeløkke
Bøstrup
Bøstrup E
Lejbølle
Helletofte
Korsebølle
Slotsmølle
ROUTE 5
Åsø
Tranekær Slot
Tranekær
Botofte
Stenodde
Vemmenæs
Næshoved
Færgeodde
Pæregård
Jesbjerg
Klavsebølle
Frellesvig
Bjerreby Mølle
Kassebølle
Stengade
Siø
Rudkøbing
Tullebølle
Langeland
166
Oldenbjerg
Akva-rium
Spodsbjerg
Gammel Skrøbelev
Nørre Longelse
Henninge
Torpe
Søvertorp
Fuglsbølle
Skovsbo
Herslev
Illebølle
Højbjerg
Lindelse Mølle
Lindelse
Hennetved
Skovsgård
Kædeby
Kong Humbles Grav
Humble
Hjortholm
Fodslette
Langelandsbælt S
Lykkesholm
Bukkemose
Tryggelev
Sædballe
Brolokke
Vognsbjerg
Fakkebjerg
Dovnsklint
275
Langelandsbælt
Vindeby Havmøllepark
Rågø Kalv
Rågø
Rågø Sund
Bjælkehoved
Onsevig
Nøjsomheds Odde
Vensholm
Utterslev
Ravnsholt
Kastager
Urne
Nybølle
Tjørneby
Nøbbet
Svinsbjerg
Torslunde
Købelevskov
Vindeby
Torrig
Vesterbo
Roløkke
Lille Utterslev
Horslunde
Kong Svends Høj
Frederiksdal
Lille Købelev
Reventlow
Birket
Stensgård
Højsmarke
Købelev
Lille Løjtofte
Magletving
Lindet
Tårs
Asserstrup
Sandby
Vester Nordlunde
Skelstofte
Kragemose
Jysted
Vester Karleby
Øster Karleby
Vesterborg
Nakskov Ladegård
Branderslev
Halsted
Hellinge
Nakskov
Lindelse
Enehøje
Hellenæs
Halsted-kloster
Abed
Albuen
Lille Avnede
Store Avnede
Skovlænge
Søllestedgård
Fjord
Langø
Fredsholm
Gurreby
Søllested
Torpe
Ore
Højreby
Bjergeskov
Rårup
Holleby
Vestenskov
ROUTE 7
Arninge
Øllingesøgård
Toreby
Jordbjerg
Peter Hausens Have
Kappel
Læsø
Rudbjerggård
Græshave
Ålstrup
Næsby
Tillitse
Landet
Knubbeløkke
Gloslunde
Vejlebyskov
Riddertofte
Majbølle
Dannemare
Almindé
Brandstrup
Munkeby
Næsby Strand
Hoby
Hobyskov
Glukse
Vejleby Holle
Maglenøj Strand
Langholm
Rødbyfjord
Hummingen
Nebbelunde
Kramnitse
229
Lolland
Bredfjed
Rødbyhavn
Femern Bælt
Puttgarden 45min
Zug-, Autofähre
Bornholm
J
K
11°00'

270
1 cm = 3 km
5 km
© Reise Know-How 2024
Vejrø
Vindnæs Horn
Nørreby
Femø
Issemose Bjerg
Andemose Nakke
Sønderby
Sletteren
Femø Sund
Nebberne
Skovnakke
Skoven
Østerby
Vesterby
Dybvig
Fejø
Avernakke Hage
Kragenæs
Birket
Ravnsborg
Hejringe
Askø
Askø By
Østerhoved
Lindholm Dyb
Vestermark
Vigsnæs
Vigsø
Tårs Vig
Rodsnæs Nakke
Rommes Nakke
Guldborg Sund
Kallø
Tårs
Oreby
Sakskøbing
Sakskøbing Fjord
Orebygård
Knuthenborg
Saltvig
Keldernæs
Blans
Knuthenlund
Reersnæs
Havløkkegård
Bandholm
Stokkemarke
Havløkke
Sørup
Nørreballe
Hunsø
Stibanken
Eriksvolde
Erikstrup
Maribo Ladegård
Kråruр
Nielstrup
Hunseby
Våbensted
Anderstrup
Agerupgård
Maribo
Engestofte
Frilands-museum
Søndersø
Voldsted
Søholt
Udstolpe
Slemminge
Kristianssæde
Vester Skørringe
Øster Skørringe
Hillested
Rå
Binnitse
Bursø
Brandstrup
Vester Tirsted
Bukkehave
Sædinge-gård
Sædinge
Nebbelunde
Holeby
Krønge
Hillestolpe
Rødbølle Sø
Fuglse
Alsø
Godsted
Lille Musse
Store Musse
Bramsløkke
Dollefjelde
Grønnegade
Sløsse
Øster Ulslev
Herritslev
Vester Ulslev
Rødby
Lolland Falster
Torslunde
Ringsebølle
Tågerup
Bremersvold
Flårup
Flårup-mølle
Lungholm
Hyldtofte
Errindlev
Hovænge-stenen
Ålholm
Stubberup
Bilmuseum
Nysted
Lindholm
Rødbyhavn
Bjernæs
Sjælstofte
Bjernæs Husby
Errindlev Havn
Tjørneholm
Hyldtofte Østersøbad
Saksfjed Inddæmning
Storeager
Hyllekrog
Rødsand
Lolland
Masnedsund
Neder Vindinge
Ornebjerg
Gåsetårnet
Nyråd
Marienlyst
Vordingborg
Storstrømmen
Storstrømsbroen
Bakkebølle Strand
Orenæs
Vålse Vig
Orehoved
Gyldenbjerg Kirke
Gåbense
Havnsø Næb
Valnæsgård
Vålse
Nørre Vedby
Nørre Vedby Kirke
Vester Kippinge
Øster Kippinge
Alstrup
Egelev
Brarup
Nørre Alslev
Gundslev
Tårup
Motorcykel-museum
Guldborg
Stadager Kirke
Nørre Kirkeby
Torkilstrup
Skovby
Soesmarke
Storskov
Sundby
Lundby
Eskilstrup
Ovstrup
Skørringe
Vennerslund
Hjelms
Majbølle
Berritsgård
Ønslev
Nyby
Sørup
Byskov
Stubberup
Virket
Falsters Virke
Hjelm
Klodskov
Tingsted
Pogemosetofte
Møllehave
Bangsebro
Listrup
Systofte Skovby
Systofte
Nørre Ørslev
Ny Kirstineberg
ROUTE 7
Radsted
Krungerup
Krenkerup
Kartofte
Middelalder-center
Grænge
Toreby
Nykøbing F
Sønder Vedby
Orupgård
Rykkerup
Flintinge
Nagelsti
Hasselø Plantage
Hasselø By
Idestrup
Priorskov
Krattet
Fuglsang
Kalvø
Væggerløse
Sildestrup
Nørre Flejlev
Bredningen
Højet
Marielyst
Frejlev
Kettinge
Frejlev Enghave
Marrebæk
Sommerland
Nykøbing Strand
Roden Skov
Vantore
Bøtø Nor
Tågense
Ørsodde
Stavreby
Gedser-gård
Skelby
Nygårds Huse
Gedesby
Fugleholm
Gedser
Kroghage
Kroghage Dyb
Birkemose
Rostock
Rødsand
L
M
11°20'
11°40'
225
228
278
E47
E55

271
Møn
Brunhoved
Nordfelt
Hellehavns Nakke
Liselund
Ålebæk
Voldsted
Møns Klint
Østermark
Spejlsby
Ullemarke
Udby
Lindholm
Stege Bugt
Nyord
Hegnede
Balle Strand
Balle
Viemose
Kalvehave
Tolstrup
Liliendal
Petersgård
Skovhuse
Vordingborg
Stensved
Langebæk
Gammel Kalvehave
Stensby
Peters-kirken
Petersværft
Ulvsund
Langø
Kong Asgers Høj
Koster
Tjørnemarke
Stege
Keldby
Keldbylille
Elmelunde
Borre
Råbymagle
Magleby
Klintholm
Mandemarke
Busemarke
Svensmarke
Stege Nor
Neble
Bissinge
Tøvelde
Råbylille Strand
Klintholm Havn
Kraneled
Store Lind
Røddinge
Ebelnæs
Marienborg
Damsholte
Færø
Farø
Tærø
Kalve Strøm
Klekkendehøj
Tostenæs
Lille Damme
Sønder Frenderup
Hjelm
Hjelmbugt
Hjelm Kobbel
Bogø By
Bogø
Gundernæs
Fanefjord Kirke
Store Damme
Liseby
Hårbølle
Hårbøllebro
Vindebæk
Madses Klint
Blæsebjerg
Stubbekøbing
Næs
Vestergård
Tolkedyb
Grønsund
Maglebrænde
Åstrup
Moseby
Nørre Tåstrup
Falkerslev
Hestehoved
Horbelev
Bønnet
Hesnæs
Bregninge
Bønnet Slot
Horreby
Meelse
Halskov
Eget
Tunderup
Korselitse
277
Ørslev
Ulslev
Falster
Sildestrup Strand
Marielyst
Sommerland Falster
Strandhuse
OST-SEE
20
Bornholm
N
O
12°20'
12°40'E
54°4

1 cm = 3 km
5 km
© Reise Know-How 2024
Ertholmene
Tat
Græsholm
Frederiksø
Christiansø
Hovedstaden
Bornholm
Hammer Odde
Sandvig
Allinge
Hammershus
Sandkås
Tejn
Olsker
Stammershalle
Bådstedt
Kås
Vang
Bymølle
Sankt Ols Kirke
Teglkås
Helligpeder
Ruts Kirke
Rutsker
Krummeled
Humledal
Rø
Røbro
Salene Bugt
Gudheim
Melsted
Hasle
Brogårdsstenen
Spydelund
Krashave
Lensgård
Tofte
Splitsgård Huse
Klemensker
Krækket
Gamlevælde
Østerlars Kirke
Saltuna
Randkløve Skår
Randkløve
Ypnasted
Bølshavn
Listed
Svaneke Stubmølle
Svaneke
Muleby
Sorthat
Mæby
Asseregårds Huse
Gildesbo
Østerlars
Glappe
Stagge-huse
Østermarie
ROUTE 7
Nyker
Skarpeskade
Årsballe
Studeby
Ålose
Runesten
Louisenlund
Gøngeherred
Tingsted
Bjergebakke
Lilleborg
Almindingen
Lyrsby
Grisby
Næbbe Bugt
Møllevangen
Ringeby
Rytterknægten
Gamleborg
Gadeby
Sankt Ibs Kirke
Årsdale
Rønne
Vestermarie
Dalslunde
Årsdale Mølle
Åker Plantage
Rokkestenen
Kanondalen
Grisby
Blemmelyng
Smørege
Myreby
Pedersker Plantage
Malkværn
Lobbæk
Gryet
Slamrehuse
Nexø
Bornholm
Nylars
Aakirkeby
Myreagre Mølle
Sommerfuglefarm
Lundesten
Strøby
Nyby
Bodilsker
Arnager
Sose
Hundshale
Smålyngen
Gadeby
Langedeby
Stenseby
Balka
Grødby
Hofsmyrediget
Salthammer Odde
Snogebæk
Boderne
Pedersker
Rispebjerg
Sankt Povls Kirke
Broens Odde
Vester Sømarken
Øster Sømarken
Slusegårdens Mølle
Dueodde
Bornholm

LEGENDE DER IM ROUTENATLAS VERWENDETEN SYMBOLE

E60 218 23	Straßennummern Road numbers		Verwaltungsgrenze County boundary
	Autobahn mit Anschlussstelle / im Bau Highway with junction / under construction		Naturschutzgebiet Nature reserve
	Autobahn in Planung / Tunnel Highway projected / Tunnel		Sperrgebiet Restricted area
	Schnellstr. mit Anschlussstelle / im Bau / Tunnel Expressway with junction / under construction / Tunnel		Flugplatz Airfield
	Fernstraße / im Bau / Tunnel Major route / under construction / Tunnel		Flughafen Airport
	Nebenstraße Secondary road		Internationaler Flughafen International Airport
	Sonstige Straße Other road		Hafen Harbour
	Fahrweg / Fußweg Track / Path		Wintersportort Winter sports resort
	Fernwanderwege Hiking route		Zoo Zoo
	Im Winter gesperrt Closed during winter		Leuchtturm Lighthouse
10 10	Entfernung in Kilometern Distance in kilometres		Bergwerk Mine
	Eisenbahn / Eisenbahntunnel Railway / Railway tunnel		Höhle / Campingplatz Cave / Campingsite
	Autofähre Carferry		Aussichtspunkt Viewpoint
	Fluss / Wasserfall River / Waterfall		Archäologischer Fundort Archeological site
	Kanal Canal		Museum Museum
	Binnengewässer Inshore waters		Kirche sehenswert Church of interest
	Gletscher Glacier		Kloster sehenswert Monastery of interest
• 2072	Höhenpunkt (Höhe in m) Spot elevation (height in m)		Schloss, Burg sehenswert Palace, castle of interest
1244 Stipok	Berg (Höhe in m) Mountain (height in m)		UNESCO Welterbe UNESCO world heritage
	Besiedeltes Gebiet Populated area		Sonstige Sehenswürdigkeit Other place of interest
	Staatsgrenze mit Grenzübergang Int. boundary with border crossing	Mandal	Besuch empfohlen von Reise Know-How Recommended by Reise Know-How
300	Höhenlinie (Höhe in m) Contour (heights in m)	200	Tiefenschichtzahl (Tiefe in m) Bathymetric tints number (depths in m)

Höhenschichten / Tiefenschichten
> 1800 m
1500-1800 m
1200-1500 m
900-1200 m
600-900 m
300-600 m
150-300 m
0-150 m
0-200 m
200-300 m
300-500 m
500-1000 m
1000-1500 m
1500-2000 m
> 2000 m

Der in diesem Buch abgedruckte Routenatlas beruht auf dem Faltplan „Dänemark“ im Maßstab 1 : 300.000 aus dem world mapping project™, herausgegeben vom Reise Know-How Verlag. Er ist auf reiß- und wetterfestem Material gedruckt, GPS-tauglich und verfügt über einen ausführlichen Ortsindex.